Hans-Jürgen Walter

Gestalttheorie und Psychotherapie

Hans-Jürgen Walter

Gestalttheorie und Psychotherapie

Ein Beitrag zur theoretischen Begründung der integrativen Anwendung von Gestalt-Therapie, Psychodrama, Gesprächstherapie, Tiefenpsychologie, Verhaltenstherapie und Gruppendynamik

3. Auflage

Westdeutscher Verlag

Die erste Auflage erschien im Verlag Steinkopff, Darmstadt
Die zweite, erweiterte Auflage erschien in der Reihe „WV studium" im Westdeutschen Verlag

3. Auflage 1994

Der Westdeutsche Verlag ist ein Unternehmen der Verlagsgruppe Bertelsmann International.

Umschlaggestaltung: Horst Dieter Bürkle, Darmstadt

Gedruckt auf säurefreiem Papier

ISBN 978-3-531-12621-0 ISBN 978-3-322-93521-2 (eBook)
DOI 10.1007/978-3-322-93521-2

Meiner Großmutter,
Elisabeth Michel,
verw. Heck, geb. Scheld,
1884–1970
– die gläubig war,
aber nie gutgläubig

INHALT

II. Zu einer Gestalttheorie der menschlichen Persönlichkeit: eine veränderungsrelevante Grundlage für psychotherapeutisches Handeln

III. Zu einer Gestalttheorie der Psychotherapie: die Therapiesituation als Ort schöpferischer Freiheit

IV. Psychotherapeutische Schulen der Gegenwart und die Gestalttheorie

Vorwort zur zweiten erweiterten Auflage

Kürzlich fand ich in einer Serie des „Stern" (6/85) über eine gegenwärtig populäre „Psycho"-Sekte, zu der sich offenbar nicht zuletzt jüngere Psychologen und Mediziner hingezogen fühlen, die Bemerkung, ihr Guru habe seinen Jüngern, damit sie sich nicht gar zu sehr ans Mystische verlieren müßten, zum Ausgleich etwas amerikanische *Pop*-Psychologie geschenkt; und darunter fiel „Gestalttherapie" mit der Erläuterung in Klammern: „Ziel: der vollkommen harmonische Mensch".

Der „vollkommen harmonische Mensch" ist eine Ausgeburt zügellosen Illusionismus'; er war ebensowenig Ziel *Perls*'scher Gestalttherapie wie er im gestalt*theoretischen* Konzept der „Tendenz zur guten Gestalt" impliziert ist. Ich ärgerte mich: Auch wenn ich selbst vorgeschlagen habe (vgl. *Walter* 1984), zur Abgrenzung von all dem, was hinter dem Etikett „Gestalttherapie" heute verdächtig glitzert, den Begriff „gestalt*theoretische* Psychotherapie" zu verwenden, fühle ich mich doch zugleich als Gestalttheoretiker *und* Gestalttherapeut. Ich brauchte also einen Augenblick, bis ich mir sagen konnte: Das stimmt ja; im Anzeigenteil von *psychologie heute* finden sich immer wieder Werbetexte, die diese Charakterisierung rechtfertigen. *Fritz Perls*, der Begründer der Gestalttherapie, sah selbst schon diese Entwicklung; er schreibt im Vorwort zu „Gestalt-Therapie in Aktion" (1974, S. 10):

> „Jetzt treten wir in eine neue und gefährlichere Phase ein. Wir treten in die Phase der Aufputscher ein: sich aufputschen und augenblicklich Spaß haben, augenblicklich wache Sinne haben, auf der Stelle geheilt sein. Wir treten in die Phase der Quacksalber und Betrüger ein, die glauben, daß du geheilt bist, wenn du irgendeinen Durchbruch schaffst. ... Einer der Einwände, die ich gegen manche Leute habe, die sich Gestalttherapeut nennen, ist, daß sie Techniken anwenden. Eine Technik ist ein Trick. ... Es gibt genug Leute, die rumrennen und Tricks sammeln, immer mehr Tricks, und sie mißbrauchen. Diese Techniken ... sind ganz nützlich ..., einfach um dir irgendeine Vorstellung davon zu geben, daß du immer noch lebendig bist ... Aber die traurige Tatsache ist, daß dieses Hochkitzeln weit häufiger zu einer gefährlichen Ersatzaktivität wird, zu einer weiteren Scheintherapie, die echtes Wachstum *verhindert*."

Perls mag geahnt haben, daß seine eigene gestalt*theoretische* Grundlegung der Gestalttherapie allzu lückenhaft war. Daß er sich selbst als Gestalt*theoretiker* verstand (1981, S. 38), hat seine Auffassungen nicht davor bewahrt, in alle möglichen Richtungen geschwätzig interpretiert und mißverstanden zu werden. Ich habe es selbst erlebt, wie, unter Berufung auf ihn, Denken schlechthin als „mindfucking" diffamiert wurde: „Hier geht es nicht ums Denken, hier geht es ums Fühlen“. Wenn er das so gesehen hätte, hätte er sein Buch „Ego, Hunger, and Aggression“ (deutsch: 1978) wohl nicht „Dem Andenken Max Wertheimers gewidmet“, der mit seiner Untersuchung des „Produktiven Denkens“ (1964) Psychologiegeschichte gemacht hat. Und ich habe gehört: „Hier geht es nicht um deine Vergangenheit, sondern einzig und allein um das, was hier und jetzt ist“. Dazu nun kannte *Perls* die Auffassungen des von ihm hochgeschätzten *Kurt Lewin* doch zu gut, um jemals in der Erinnerung an Vergangenes einen Gegensatz zum Hier-und-jetzt einer Person zu sehen.

Als die Erstauflage dieses Buches vor über sieben Jahren erschien, begann der sogenannte Psychoboom unter der Flagge „Humanistische Psychologie“ in Europa gerade zu erblühen. Diese Flagge wurde schon erkennbar zur falschen Flagge. Heute ist der „Boom“ zwar wieder abgeebbt, gleichwohl ist hierzulande noch ein „Astro- und Mytho“-Humanismus im Schwange, der sich deutlich unterscheidet vom nüchternen Bemühen darum, die neuen therapeutisch-psychologischen Ansätze, mit denen ganzheitliche und gestalttheoretische Sichtweisen aus der Emigration in die Vereinigten Staaten nach Deutschland und Europa zurückkehrten, verantwortungsbewußt zu nutzen. Nicht zuletzt in den USA ist seit kurzem an der West- wie an der Ostküste das Bemühen gestalttherapeutischer Ausbildungsinstitute erkennbar, sich auf die gestalttheoretischen Wurzeln genauer, als dies in der Vergangenheit geschehen ist, zu besinnen (vgl. Saner 1984; Yontef 1982).

Während nun für viele Schüler von *Fritz Perls* heute erfreulicherweise der Weg von der gestalttherapeutischen Praxis zur Gestalt*theorie* führt, war er für mich und für die Entstehung dieses Buches umgekehrt. Ich hatte das Glück, mit der Gestalttheorie schon während meines Psychologiestudiums in den Jahren 1966–1971 in Kontakt zu kommen: am von Prof. Dr. *Edwin Rausch* geleiteten Psychologischen Institut I der Universität Frankfurt. Es ging dort wohl kaum einmal im engeren Sinne um Psychotherapie; als frischdiplomierter Psychologe in einer Heilstätte für Suchtkranke stellte ich jedoch zu meiner eigenen Überraschung recht bald fest, daß mein Blick für therapeutisch wichtige Zusammenhänge bei den Frankfurter Gestalttheoretikern offenbar derart geschult worden war, daß ich trotz des reichlich unvermittelten Sprungs in die Arbeit als Einzel- und Gruppentherapeut durchaus Freude an der Erfüllung meiner Aufgaben haben konnte. Jetzt begegnete ich auch der Gestalttherapie, von der ich zuvor nichts gehört hatte: Der „Stallgeruch“ stimmte; was fehlte, war die gestalt*theoretischem* Selbstverständnis entsprechende begriffliche Präzision. Aus diesen Erfahrungen erwuchs die Absicht, dieses Buch zu schreiben: *Gestalttheorie und praktische psychotherapeutische Erfahrungen aufeinander zu beziehen*.

Hinzu kamen die Begegnungen mit einer Reihe weiterer Therapierichtungen; ich fand gestalttheoretische Auffassungen häufig in der Praxis bestätigt, im Psychodrama wie in klientenzentrierter Gesprächstherapie, in tiefenpsychologisch orientierter Gruppentherapie wie in gruppendynamischer Selbsterfahrung. Und es hatte für mich nichts mit illegitimer Vereinnahmung zu tun, in der Gestalttheorie den Rahmen zu sehen, der viele Therapieformen theoretisch am stimmigsten miteinander in Zusammenhang bringen und so dem Praktiker helfen kann, sich selbst besser zu verstehen, wenn er Vorgehensweisen verschiedener Richtungen miteinander kombiniert. Diesem Ziel dient die Erweiterung der Neuauflage um Teil IV (S. 209–275) wie die Präzisierung und Erweiterung des ursprünglichen Textes. Sie dürfte auch im Sinne von Prof. Dr. *Friedrich Hoeth* (1931–1981) sein, der zur Erstauflage dieses Buches geschrieben hatte: „Ferner wäre es sicher interessant, wenn das Verhältnis der Gestalttheorie zu den psychotherapeutischen Strömungen der Gegenwart ... noch systematischer behandelt würde als im vorliegenden Text ...". (s.u. S. 308)

Prof. *Hoeth* ist hier wie im Vorwort zur Erstauflage an erster Stelle zu danken, nicht nur dafür, daß er einen Einführungstext verfaßte, in welchem er den Platz dieses Buches im Kontext übergreifender erkenntnis- und wissenschaftstheoretischer Entwicklungen definiert, sondern vor allem auch dafür, daß er bei der Entstehung dieses Buches Geburtshelfer war. Ohne sein immer wieder neu ermutigendes Interesse und seine freundschaftliche Kritik wäre es nicht geschrieben worden. Zu danken ist nach wie vor für viel Ermutigung und Hilfe: Prof. Dr. *Kurt Guss*, Prof. Dr. *Wolfgang Metzger* (1899–1979), *Jürgen Steinkopff* (1928–1979), Dipl.-Psych. *Wolfgang Pauls*, Dipl.-Psych. *Irene Pauls, Wolfgang Krege*, M. A. und *Bärbel Ellwanger*. Herzlich danken möchte ich auch Dr. *Wolfgang Zöller*, der mir mit seinem Interesse und zahlreichen Anregungen die Überarbeitung der Erstausgabe sehr erleichtert hat.

Heute würde ich das Buch stilistisch anders schreiben. Wie mir insbesondere solche Leser, denen die akademische Subjekt-Objekt-Entfremdung keine „anschauliche Konstante" ist, überzeugend klagten, ist die Sprache mancher Abschnitte reichlich abstrakt und gelegentlich auch kompliziert. Nun habe ich das Buch nicht völlig umgeschrieben, nur hier und da die Anschaulichkeit und Präzision der Darstellung erhöht – jedenfalls hoffe ich das. Aber der alte Mangel läßt sich noch weiter mildern: indem ich schlicht die Erfahrungen nutze, die bisherige Leser bei der Lektüre gemacht haben, und darauf gründende Leseempfehlungen gebe: *Also*, bei wem etwa ab Seite 26 die Leselust nachläßt, der möge guten Gewissens einfach bis Teil III weiterblättern; er mag nach der Lektüre von Teil III auch erst noch den (in der zweiten Auflage neuen) Teil IV lesen. Und da er nun einmal angefangen hat, der Paginierung nicht zu gehorchen, mag er, sofern er jetzt noch (oder erst recht, wie ich natürlich hoffe) das ganze Buch lesen möchte, auch erst Teil II lesen, bevor er zum „Abriß der Gestalttheorie" (Teil I) zurückkehrt. Wenn es mir zufriedene Leser danken: Ich gebe gern mein Einverständnis, das Buch (möglichst nicht mein Anliegen) auf den Kopf zu stellen.

Biedenkopf, 21 März 1985 *Hans-Jürgen Walter*

I. ABRISS DER GESTALTTHEORIE

1. Zur Einführung in die Gestalttheorie

1.1. Die Gegenposition zur Gestalttheorie: Atomismus, Reflexologie, Assoziationismus und Behaviorismus

Aus heutiger Sicht ist es zweckmäßig, die Entwicklung der gestalttheoretischen Psychologie unter Bezugnahme auf die atomistische Psychologie und die Assoziationspsychologie verständlich werden zu lassen (*Katz*, 1969, von *W. Metzger* u. a. bearbeitete und ergänzte vierte Auflage, S. 9).*)

Nach der atomistischen Denkweise ist die Welt zusammengesetzt „aus kleinsten nicht weiter teilbaren, mit bestimmten Kräften ausgestatteten Elementen" (S. 10). Ein Atomist betrachtet also den Organismus des Menschen als zusammengesetzt aus einer Anzahl von einzelnen Zellen, durch deren exemplarische Untersuchung man

---

*) Doch werden auf diese Weise ihre Wurzeln nur verkürzt erkennbar. *Ash* (1984) beschreibt ihre Entstehungsgeschichte unter dem Aspekt, daß experimentelle Psychologie zu Anfang des 20. Jahrhunderts noch ein Teilgebiet der Philosophie war. Die einen „glaubten, daß empirische Forschung zur Lösung philosophischer Probleme ... beitragen könnte. Als Beispiele dafür seien die Grazer Schule um Alexius Meinong und die Würzburger Schule um Oswald Külpe genannt ...; die Arbeit beider Richtungen sollte nach den klaren Aussagen ihrer führenden Vertreter kritisch-realistische Erkenntnistheorien empirisch untermauern, um damit einen Mittelweg zwischen dem damals dominierenden neukantianischen Idealismus und dem sensationalistischen Positivismus zu finden.
Aber damit war der Konflikt mit der 'reinen' Philosophie unvermeidlich. Denn genau die Behauptung, daß es möglich ist, erkenntnistheoretische Positionen empirisch zu begründen, wurde von führenden Philosophen dieser Zeit, wie Wilhelm Windelband und Edmund Husserl, schärfstens zurückgewiesen: Sie meinten, das Wesen des Bewußtseins ließe sich nicht experimentell erschließen...
Die Gestalttheorie war eine der kohärentesten unter vielen Versuchen, die Herausforderungen, denen sich die experimentelle Psychologie im deutschsprachigen Raum gegenübersah, zu meistern. Die Gestalttheoretiker versuchten, durch eine radikale Reformierung psychologischer Kategorien eine Weltanschauung zu begründen, mit der der Dualismus in der Philosophie ohne Verzicht auf naturwissenschaftliche Methoden überwunden werden könnte... für sie war wissenschaftliche Psychologie mit Grundfragen der philosophischen Anthropologie unauflösbar verbunden" (Manuskript, S. 9/10).
Wer einen traditionsreichen Platz zwischen den Stühlen „reiner" Philosophie und philosophiefeindlicher Psychologie sucht: die Gestalttheorie bietet ihn, wie der fortlaufende Text weiter belegen dürfte.

Einblick in den Gesamtorganismus gewinnen und verstehen kann, wie und warum er funktioniert. Dabei sieht er das Ganze als sich aus seinen einzelnen Bestandstücken ergebende Summe an, zu der man durch Subtraktion oder Addition gelangt.

Dieser „atomistische Grundsatz" (*Metzger*, 1963, S. 48) schien den Menschen endlich exakter naturwissenschaftlicher Erforschung zugänglich zu machen. Die Entdeckung des „bedingten Reflexes" durch den schon 1904 mit dem Nobelpreis ausgezeichneten russischen Physiologen *Pawlow* (heute spricht man richtiger von „bedingter Reaktion") wurde als eindrücklicher Beweis dafür verstanden, daß sich das Seelenleben des Menschen wie sein Organismus durch Beobachtung seiner rein körperlichen Reaktionen exakt als Summe von Reflexen beschreiben läßt. Gleichzeitig sah man darin auch eine Bestätigung der Assoziationspsychologie, wonach sich das Bewußtsein des Menschen durch das zufällige oder absichtlich herbeigeführte Zusammentreffen von Vorstellungen und Empfindungen in Raum und Zeit (Kontinguitätsprinzip) allmählich aufbaut.

Vielen Psychologen und Philosophen schien damit das grundlegende Geheimnis menschlichen Lernens, ja menschlichen Werdens schlechthin enthüllt zu sein. Lernen und Entwicklung wurden als Zunahme der Gesamtzahl konditionierter Reaktionen verstanden, die durch genau bestimmbare relativ einfache äußere Bedingungen entstanden. Dabei galt zunächst ein „bedingter" Reiz als einem „unbedingten" funktionell gleichwertig. Daß dies nicht so ist, vielmehr sich auch bei einem Hund die Speichelreaktion auf den „bedingten" Reiz (Glockenton) durchaus von der auf den „unbedingten" (Futter) unterscheiden läßt, wurde nicht als Infragestellung der Grundannahmen begriffen.

Watson, der Begründer des „Behaviorismus" (dem Vorläufer der späteren „Lerntheorien") vereinigt im ersten Viertel des 20. Jahrhunderts die atomistischen, reflexologischen und assoziationistischen Auffassungen in seinem nahezu uneingeschränkt milieutheoretischen Standpunkt. Einschränkungen der Willkürlichkeit behavioristisch verstandener – konditionierender – Erziehungspraxis akzeptiert er nur in bezug auf die vom Säugling schon mit auf die Welt gebrachten Reflexe, die er mit Tieren gemeinsam hat (*Watson*, 1928, deutsch: o. J.; 1930, deutsch: 1968)*).

---

*) Als Belege dafür, daß hier in bezug auf *Watson* keinesfalls übertrieben wird, vgl. z.B. in 1928, deutsch: o.J., S. 70/71; in 1930, deutsch: 1968, S. 239–247, 268.

Begriffe wie Sinn, innerer Zusammenhang, strukturelle Gesetzmäßigkeit wurden von ihm folgerichtig als überflüssig oder sogar als hinderlich für die exakte Erforschung des Menschen angesehen. Folgerichtig war es dann auch, daß er auf eine tiefere Reflexion der sich aus dieser wissenschaftstheoretischen Position für Menschenbild und Gestaltung des menschlichen Lebens ergebenden Konsequenzen weitgehend verzichtete: denn dabei wäre er nur wieder auf Begriffe gestoßen, die er um der Exaktheit willen gerade erst eliminiert hatte.

Die für eine Diskussion dieser Konsequenzen relevanten *inhaltlichen* Voraussetzungen so gearteter psychologischer Theoriebildung lassen sich mit *Metzger* zum einen als „Beliebigkeitssatz" (*Metzger*, 1963, S. 96 ff.) und zum anderen – damit zusammenhängend – als „Grundsatz der natürlichen Unordnung" (S. 199 ff.) identifizieren.

Auf den Menschen bezogen besagt der Beliebigkeitssatz etwa: Man kann aus und mit dem Menschen so ziemlich alles machen, wenn man ihn im Sinne des „konditionierten Reflexes" entsprechend erzieht oder besser: dressiert.

Es bedarf keines „sachlichen" Zusammenhangs zwischen Wahrnehmung, Vorstellung, Denken, Fühlen und Handeln, um eine Reaktion oder ein Phänomen in einem dieser Bereiche mit einer Reaktion oder einem Phänomen in einem anderen dauerhaft zu verknüpfen. Die Analogie zu einer im Prinzip beliebig verwendbaren elektronischen Maschine liegt hier nahe: Je nachdem, welche Drähte wie vom Mechaniker miteinander verbunden werden, drehen sich Räder rechts- oder linksrum, schnell oder langsam, wird Wärme erzeugt oder Kälte, werden Bomben oder Nahrungsmittel hergestellt. (Wo dieses Vorgehen seine Grenze findet, belegen neben spezifisch gestalttheoretischen Untersuchungen, vgl. *Lewin*, 1928, auch Untersuchungen zu den „experimentellen Neurosen", vgl. *Schjelderup*, 1963, S. 101–107.)

Der Beliebigkeitssatz findet sich zwar regelmäßig im Zusammenhang mit dem schon erwähnten „atomistischen Grundsatz", ist aber unabhängig von ihm; er tritt z. B. auch im Zusammenhang mit der gegenteiligen Auffassung auf, wonach im Seelischen ursprünglich alles mit allem gleichermaßen, ganz ohne Grenzen, zusammenhängt. Im Rahmen dieser Auffassung besagt der Beliebigkeitssatz, daß das ursprünglich ungeschiedene Ganze sich im Laufe eines Lebens erst allmählich aus Gründen des Zufalls, der Zweckmäßigkeit oder der Willkür differenziert.

In unmittelbarem Zusammenhang steht der Beliebigkeitssatz dagegen mit dem „Grundsatz der natürlichen Unordnung"*). Er besagt: „Frei sich selbst überlassenes natürliches Geschehen ist von sich aus keiner Ordnung fähig, es geht früher oder später in chaotische Zustände über. Findet sich an Vorgängen oder unstarren Gebilden Ordnung, die über das zufällige Zusammentreffen eines Augenblicks hinaus andauert, so kann diese ihnen nur von außen aufgezwungen sein", nämlich „durch fortgesetzte Eingriffe eines überwachenden Geistes", also entweder „Zwang oder Chaos" (*Metzger*, 1963, S. 199). Dieser Grundsatz läßt kaum noch Zweifel an dem aus ihm folgenden Menschenbild: Der Mensch ist nicht nur beliebig manipulierbar (Beliebigkeitssatz), er muß es sein, sonst würde sich das Menschengeschlecht selbst zugrunde richten. (Wer aber manipuliert ihn? Natürlich diejenigen, die an den Schalthebeln der Macht sitzen.) Lohn oder Strafe, von außen als „Zuckerbrot" oder „Peitsche" verordnet, sind die aus diesem Grundsatz folgerichtig abgeleiteten Erziehungs-, Therapie- und Führungsmittel. Die Pädagogen, Psychiater und Arbeitgeber der Vergangenheit, die Druck und Zwang als Allheilmittel gegen widerspenstige Zöglinge, unbelehrbare Schizophrene oder träge Arbeitnehmer angesehen haben, hätten demnach, im Prinzip zumindest, Recht gehabt; wissenschaftliche Kritik an ihrem Verhalten könnte nur die Dosierung oder das Mischungsverhältnis der von ihnen „verteilten Belohnungen und Strafen" betreffen.

Gegen die pointierte Identifikation der behavioristischen Grundhaltung anhand dieser „Sätze" – als Gegenposition zur Gestalttheorie – ist von den zeitgenössischen Nachfahren Watsons eingewendet worden, sie würden der Komplexheit der heutigen Lerntheorien nicht gerecht. Nun ist es wirklich so, daß diese durch zahlreiche Zusatzannahmen – sogenannte „intervenierende Variable", die innerseelische Vorgänge der von *Watson* als für psychologische Theorie und Praxis für irrelevant gehaltenen Art kennzeichnen – seelische Ursachenzusammenhänge angemessener abzubilden vermögen, als dies durch die ursprünglich totale Beschränkung auf äußerlich beobachtbares Verhalten möglich war. In diesen „intervenierenden Variablen" findet sich auch ein gut Teil zuerst von der Gestalttheorie benannter dynamischer Gesetzmäßigkeiten wieder. Gleichzeitig jedoch wird zumeist an den orthodoxen behavioristischen Auffassungen festgehalten. Die mit diesen Auffassungen im Grunde unvereinbaren Zusatzannahmen müssen in den theoriekonsistenten Aussagen entsprechend

---

*) Dieser Grundsatz kann jedoch auch, wie sich bei *Eysenck* zeigt, aus einer extrem den Faktor der Vererbung, der dem Beliebigkeitssatz widerspricht, betonenden Einstellung abgeleitet werden (vgl. S.7ff.).

schamhaft als Nebensächlichkeiten behandelt werden. Die Darstellungen vieler Lerntheoretiker erwecken deshalb nicht unbedingt den Eindruck sachlich gebotener Komplexheit als vielmehr den nicht immer stimmiger Kompliziertheit.

Der heute gängige „Neo"-Behaviorismus zeichnet sich durch zweierlei aus:

1. Durch die *Forderung*, im klassischen (antiquierten) Sinne naturwissenschaftlich zu sein (d. h.: nur unmittelbar Beobachtbares zum Gegenstand der Forschung zu machen),
2. durch die *Realität* dieser Theorie(n), mit Hilfe des Tricks der „intervenierenden Variablen" schon längst die Relevanz der innerpsychischen, unmittelbar nicht beobachtbaren dynamischen Vorgänge implizit anerkannt zu haben, was soweit geht, daß Verhaltenstheoretiker, um den Schein ihrer „Objektivität" noch zu wahren, zu einem inhaltlich geradezu schizophrenen und widersprüchlichen Sprachgebrauch gekommen sind: So werden dynamische Begriffe wie „antizipatorische Zielreaktion", „Hierarchie zielbezogener Gewohnheiten" (*Hull*), „absichtsvolles Lernen und Verhalten", „Aufmerksamkeitsbewegungen" (*Guthrie*) gebraucht, wird sogar ausdrücklich vom „Prinzip der dynamischen Situationen" (*Voeks*) und auch wieder von „Motivation" (*Guthrie*) gesprochen; die damit gemeinten Sachverhalte werden jedoch zu guter Letzt stets wieder auf den kleinsten gemeinsamen Nenner aller behavioristischen Lerntheorien, den auf schlichtem Zusammendagewesensein beruhenden Konditionierungsvorgang zurückgeführt*).

Was man dem heutigen „Neo"-Behaviorismus vorwerfen kann, ist also im wesentlichen, daß er sich immer noch nicht zu dem bekannt hat, was er unter der Hand laufend praktiziert, und daß er den inzwischen ausgehöhlten Überbau pseudo-objektiver Forderungen, unter denen sein Großvater *Watson* vor 55 Jahren gestartet ist, immer noch nicht über Bord geworfen hat. Denn dieser Überbau – und nicht die wesentlichen Inhalte heutiger behavioristischer Theorien – ist es, der immer noch das Menschenbild vom „Maschinchen kleiner Albert"

*) Eine verläßliche zusammenfassende Darstellung der Lerntheorien von *Thorndike, Pawlow, Guthrie, Skinner, Hull, Tolman* u. a., welche die Lektüre der Originalliteratur sinnvoll zu ergänzen vermag, liefern *Hilgard* und *Bower* (Bd. 1, 1966, deutsch: 1971). Auf die aus dem Zwang, komplexes menschliches und tierisches Verhalten auf diesen „kleinsten gemeinsamen Nenner" zurückzuführen, erwachsende Kompliziertheit von Erklärungen weisen die Autoren z. B. bei der Darstellung von *Guthries* Erklärung „absichtsvollen Verhaltens" hin (S. 104/105); vgl. auch *Heckhausen* (1975, S. 108).

(*Watson*, 1968, S. 171 ff., auch 1928, deutsch: o. J., S. 22 ff.) an die Wand psychologischer Laboratorien und in die an Beratungsstellen und in Therapeutenzimmern Hilfe suchenden Menschen projiziert.

Diese letzten Feststellungen gelten auch weitgehend für *Skinner* (vgl. 1972), den heute wohl führenden noch lebenden Vertreter einer auf *Watson*s Auffassungen gründenden Lerntheorie und Verhaltenstherapie. Was man ihm zweifellos – im Gegensatz zu *Watson* – nicht vorwerfen kann, ist eine Haltung der Menschenverachtung; aber er stellt fest:

„Es ist der autonome innere Mensch, der beseitigt worden ist, und das ist ein Schritt nach vorn. Aber wird der Mensch dadurch nicht zum bloßen Opfer oder passiven Beobachter dessen, was ihm widerfährt? Er wird tatsächlich von seiner Umwelt beherrscht, aber wir müssen uns daran erinnern, daß es eine weitgehend von ihm selbst gemachte Umwelt ist. Die Evolution einer Kultur ist eine gigantische Übung in Selbstkontrolle. ... Wir haben noch nicht wahrgenommen, was der Mensch aus dem Menschen machen kann" (S. 215).

Skinner hat sich übrigens, allerdings vornehmlich in Romanform (Futurum Zwei), auch zu den gesellschaftlichen Konsequenzen seines Menschenbildes geäußert. Grundtenor ist: Der Mensch muß durch psychologisch durchdachte Manipulation, ohne daß er sich dessen leidend bewußt wird, zu seinem Glück (letztlich doch) gezwungen werden. Viele Aussagen *Skinner*s können dem wie ich gestalttheoretisch voreingenommenen Leser den Eindruck vermitteln, daß *Skinner* der Gestalttheorie so fern gar nicht steht. Es bleibt aber als Differenz: Der Mensch ist allein Produkt seiner Umwelt – und ein Widerspruch*): Wo kommt denn die „Selbstkontrolle" (siehe oben) her, wenn gilt: „Umweltkontingenzen übernehmen jetzt die Funktion, die einst dem autonomen Menschen zugesprochen wurde" (S. 215). Warum eigentlich „darf" es nicht den „autonomen" Menschen geben, der zugleich „abhängig" ist und bei dem sich Abhängigkeit wie Autonomie in der Wechselwirkung zwischen individueller Eigenart (Autonomie) und überindividueller Umwelt zu ihrer spezifischen Ausprägung entwickeln?

Kelman (1975, S. 482 ff.) nimmt in einem Aufsatz über „Die Einflußnahme auf menschliches Verhalten: Ein moralisches Problem für den Sozialwissenschaftler" zu *Skinner*s Auffassungen in einer außerordentlich differenzierten Weise Stellung; seine Äußerung soll hier als repräsentativ für die Gestalttheorie wiedergegeben werden (S. 485 ff.):

„In welchem Maße ein Versuch der Einflußnahme – trotz seiner manipulativen Komponente – der Person einen Entscheidungsspielraum läßt oder ihn

*) Vgl. auch *Heckhausen* (1975, S. 107).

erweitert, wie hoch der Reziprozitätsgrad ist in der Beziehung zwischen der Person, die Einfluß ausübt, und der, die beeinflußt wird, das Ausmaß, in dem die Situation sich eher am Wohlergehen des Beeinflußten als dem desjenigen orientiert, der Einfluß ausübt – dies alles sind unter moralischem Aspekt Fragen von großer Tragweite. Ich halte es aber – sozusagen vorsichtshalber – für wichtig, sich zu vergegenwärtigen, daß Manipulation des Verhaltens anderer selbst unter den günstigsten Bedingungen eine Handlungsweise darstellt, die moralisch problematisch ist.

Diesen ... Aspekt des Dilemmas scheint *Skinner* zu übersehen. ... Er stellt die Frage, warum etwas, das man sich sonst gerne wünscht, nur deshalb anstößig wird, weil es von jemandem in dieser Weise geplant worden ist. ... *Skinner* vermag nicht zu erkennen, worauf ein großer Teil der gegen ihn gerichteten Kritik beruht. ... Offensichtlich ist er nicht im Stande, im bloßen *Gebrauch* von Kontrolle – unabhängig von den Techniken oder Zwecken – irgendein Problem zu sehen" (S. 486).

Kelmans eigene Stellung beruht auf der Annahme, daß „Entscheidungsfreiheit und -möglichkeit einen grundlegenden Wert darstellen", auch wenn „völlige Entscheidungsfreiheit eine sinnlose Vorstellung" ist (S. 487). Er fährt dann fort damit, seine Werthaltung, obwohl er sie für logisch nicht ableitbar hält, mit Argumenten zu belegen:

„Zunächst kann ich versuchen, aufzuzeigen, daß der Wunsch, Entscheidungen zu treffen, ein universales menschliches Bedürfnis darstellt, das sich unter den verschiedensten historischen Bedingungen (nicht nur bei Unterdrückung) äußert. Zweitens kann ich darauf hinweisen, daß die Freiheit der Wahl eine unabdingbare Komponente anderer positiv bewerteter Phänomene ist wie Liebe, Kreativität, Fertigwerden mit den gegebenen Lebensumständen oder Steigerung der eigenen Fähigkeiten. Drittens kann ich versuchen zu beweisen, daß die positive Bewertung der freien Entscheidung des einzelnen einen vitalen Schutz gegen Tyrannei darstellt. ... *Skinner* wird von dem hier dargestellten Dilemma nicht sehr berührt, weil er diesen Grundwert offensichtlich nicht teilt, auch wenn er sich sehr stark an gewisse andere, verwandte Werte gebunden fühlt – wie die Ablehnung repressiver Kontrolle und Ausnutzung (ohne ihnen allerdings den Status von Werten zuzuerkennen)" (S. 487).

Nun soll auch noch auf den „Neo"-Behaviorismus recht eigenartiger Prägung eingegangen werden, der sich mit dem gegenwärtig populären Namen des Deutsch-Engländers *Eysenck* verbindet. Die Äußerungen *Eysencks* (1976) zum Thema „Vererbung und Gesellschaftspolitik" belegen, daß man eine extreme Milieutheorie durchaus gegen eine extreme Vererbungstheorie austauschen kann, ohne deshalb für praktische therapeutische und pädagogische Arbeit zu anderen Schlüssen zu gelangen als *Watson*. Man muß dazu nur wie *Eysenck* die Überzeugung haben:

„Der Mensch als *homo sapiens* ist ein trauriger Scherz, wenn man ihn im Lichte seines alltäglichen Verhaltens betrachtet; die ungeheure Entwicklung des Neo-Kortex beim Menschen, des schwellenden Hirns, welches für den Menschen so charakteristisch ist, verbirgt die älteren, primitiveren Strukturen, die direkt darunter im Nachhirn und im Hirnstamm liegen und die unser emotionales, unrealistisches und unvernünftiges Verhalten, unser motivationales Leben, unseren Haß und unsere Furcht beherrschen. ... Um alles zu krönen, haben wir den Neo-Kortex ..., welcher unseren Hauptanspruch auf Überlegenheit über den Rest der Schöpfung begründet. Aber dieser Neo-Kortex dient lediglich zu unserer Befähigung, Probleme rational zu lösen; er liefert nicht unsere Motivation, er beherrscht nicht unsere animalische Funktion von Hunger, Durst und Sex." „Wie wir sehen werden, sind diese Störungen (Neurosen, Kriminalität; hjw) Überreste unserer tierischen Natur, und die Versuche, von seiten der Gesellschaft, sie in rationalen Begriffen zu ‚verstehen' und zu entschuldigen, gehen völlig daneben."

Die Zitate kennzeichnen das pessimistische Menschenbild *Eysencks*. Es paart sich mit der Vorstellung von der Notwendigkeit, natürliche, d.h. durch Vererbungsfaktoren (Intelligenz, kriminelle Anlagen usw.) bestimmte Elitenbildung zu fördern. Als Grundlage seiner Argumentation zieht er ausgerechnet die aus empirischer Zwillings-Forschung (*Burt*) deduzierte Auffassung heran, daß 80% der (gegenwärtig meßbaren; aber diese Einschränkung macht er nicht) Intelligenz auf Vererbung, 20% auf Umweltfaktoren zurückzuführen sind. Bei *Eysenck* sind es *„nur"* 20% (der Gesamtvarianz); dementsprechend droht seiner Meinung nach unserer Gesellschaft Gefahr daher, daß man Arbeiterkindern die gleiche Chance zum Besuch der Universität gibt wie Kindern, deren Eltern höheren sozialen Schichten angehören.

„Dieses Vorgehen führte zu einer Senkung der Standards, ohne den Angehörigen der Minderheits-Gruppen zu nützen; dies ist für die Gesellschaft die Konsequenz für die Mißachtung der bekannten Tatsache über die Erblichkeit der Intelligenz. Eine weitere wichtige Konsequenz dieser Tatsache ist die Unvermeidlichkeit einer gewissen Form von Klassenstruktur."

Dies untermauert *Eysenck* mit der Information:

„Man fand heraus, daß der gemessene IQ von Menschen, welche verschiedene Berufstätigkeiten ausüben, bei denen am höchsten ist, welche Berufstätigkeiten ausüben, die als besonders wichtig, prestigevoll und anspruchsvoll gelten – z.B. Ärzte, Rechtsanwälte, Wissenschaftler, führende Wirtschaftskräfte und Industrielle und so fort ..."

Auf die Stichhaltigkeit dieser Argumentation in ihrer dogmatischen Form wirft es ein bezeichnendes Licht, wenn man sich klar macht, daß hier offensichtlich diejenigen am besten abschneiden, die bestimmen, was Intelligenz ist, denn die Intelligenz, die *Eysenck* meint, ist das, was die von Menschen konstruierten Intelligenztests messen: ein wissenschaftliches Konstrukt, *keine* unbestreitbare Entität des menschlichen Wesens.

Eysenck „weiß", wie man potentielle Neurotiker (starke emotionale Reaktionen, introvertiert) und Verbrecher (starke Emotionalität und extravertiert, daher schlecht konditionierbar) aussortiert, und er möchte, daß sein Wissen endlich in relevante Gesellschaftspolitik umgesetzt wird, indem die *Verhaltenstherapie,* wie sie sich aus *Pawlows* „konditioniertem Reflex" ableitet, endlich die Anerkennung erhält, die sie seiner Ansicht nach verdient.

Dieser Wunsch weckt bei mir unbehagliche Visionen, erst recht angesichts der Feststellung *Eysencks*:

> „Wenn die Konditionierung der Schlüssel für das Wachstum des Gewissens ist, dann ist der Hauptgrund für die Abnahme des sozialisierten Verhaltens wahrscheinlich die Zunahme der allgemeinen *Duldsamkeit*",

und angesichts der Forderung,

> „das erforderliche Maß an moralischem Training zu liefern, welches alleine die Jugend in sozialisiertes Verhalten hineinkonditioniert" (S. 24)*).

Auch für diese Spielart des Behaviorismus gelten, obwohl an die Stelle der Betonung des Milieus die Betonung der Vererbung getreten ist – dies sei zur Vergewisserung angeführt –, als kennzeichnend der „Grundsatz der natürlichen Unordnung" und der „Beliebigkeitssatz". Der Beliebigkeitssatz gilt insofern nur in eingeschränktem Maße, als *Eysenck* Intelligenz für kaum konditionierbar hält, und er im übrigen diejenigen Menschen als Gefahr für die Gesellschaft ansieht, für die der Beliebigkeitssatz in bezug auf emotionale Reaktionen nicht gilt (schlecht Konditionierbare).

Eine ganz andere Entwicklung (in deren Licht gesehen *Eysencks* Auffassungen geradezu als archaisch anmuten) gewinnt, von Amerika ausgehend und offenbar einhergehend mit dem allmählichen Evidentwerden der schon geschilderten Kompliziertheit jener Lern- und Verhaltenstheorien, die – unter Beibehaltung des Konditionierungsvorganges als Paradigma menschlicher Entwicklung – in Wahrheit längst dynamische Prinzipien der Wechselwirkung zwischen inneren Kräften des Menschen und seiner Umwelt integriert haben, immer mehr an Bedeutung. Hier sollen als beispielhaft *Arnold Lazarus* (1976, 1971) und *Albert Bandura* (1969, 1976) genannt werden (vgl. aber auch

---

*) Vgl. auch *Eysenck,* 1975, 1976², wo seine Ansichten viel verführerischer wirken als in dem Vortrag vor dem „Deutschen Industrie- und Handelstag" (DIHT), aus dem hier zitiert wird; in seinem Buch nämlich sagt er zusätzlich viel Richtiges über die Unvollkommenheit gegenwärtiger psychologischer Theorien und Tests. Um so unverständlicher allerdings müssen dem kritischen Leser seine weitreichenden Schlußfolgerungen erscheinen.

die differenzierte und recht vorurteilsfreie Darstellung der Verhaltenstherapie und ihrer kritischen Punkte von *Schwitzgebel* und *Kolb*, 1977).

Lazarus schreibt in der Einleitung des von ihm herausgegebenen Sammelbandes „Angewandte Verhaltenstherapie" (1976):

„Als praktizierender Verhaltenstherapeut habe ich festgestellt, daß meine Behandlungstaktik und meine Einstellung zur Verhaltenstherapie sich stets von denen jener unterschieden haben, die sich einer ‚reinen' experimentellen Auffassung verschrieben haben (z. B. *Eysenck* . . .). Bin ich darin überempfindlich oder finden es die meisten (wenn nicht alle) Praktiker der Verhaltenstherapie unerläßlich, über die im Laboratorium entwickelten Grundsätze und Techniken hinauszugehen, die den Kern der Verhaltenstherapie darstellen? Aus dieser Frage ist das vorliegende Buch entstanden.

Die Lehre vom *technischen Eklektizismus* (. . .) hat es mir ermöglicht, von Therapeuten, deren theoretische Anschauungen sich stark von meinen eigenen unterscheiden, zu lernen und ersprießlich mit ihnen zusammenzuarbeiten."

In einer solchen Verhaltenstherapie, für die Konditionierung nicht mehr als allein angemessenes Verfahren gilt, in der vielmehr als einer „ganzheitlichen Methode der Verhaltenstherapie" (*Max Jacobs*, S. 113 ff.) auch inneren Kräften des Menschen wie „gefühlsträchtigen Bildern" (vgl. auch *Ahsen* und *Lazarus*, S. 99 ff.) für „kognitive Reorganisation" fruchtbar zu werden gestatten wird und in der der Patient als Partner gilt, mit dem der Therapeut gemeinsam an den Problemen arbeitet, statt „der üblichen Praxis (zu) folgen, daß der Arzt seinem Patienten eine Behandlung angedeihen läßt" (*Kraft*, S. 13) – in einer solchen Verhaltenstherapie können Konditionierungsverfahren einen Stellenwert gewinnen, auf den weder der Beliebigkeitssatz, noch der Grundsatz der natürlichen Unordnung zutrifft: Diese Grundsätze gelten nicht mehr, sobald der Klient in der Therapiesituation die Freiheit erhält, sich für oder gegen das Ziel und die Technik, mit der es erreicht wird, zu entscheiden. Gestalttheoretiker haben nie bestritten, daß Konditionierung *eine* Möglichkeit des Lernens und der Veränderung ist (vgl. *Metzger*, Paris 1976, S. 4 f.).

Kraft trifft ausdrücklich die Unterscheidung zwischen Verhaltenstherapie und Psychotherapie und hält die Anwendung beider Therapieformen in jeder Sitzung für nötig. Psychotherapie ist für ihn „völlig abhängig von dem Material, das der Patient von sich aus in die Behandlungssituation hineinträgt" (S. 26).

Der entscheidende Schritt, den *Lazarus* und die in dem von ihm herausgegebenen Band schreibenden Psychologen und Psychotherapeuten vollzogen haben, besteht darin, daß sie den Absolutheitsanspruch behavioristischer Theorie in bezug auf die Rückführung aller psychischen Vorgänge auf Konditionierungen weitgehend aufgegeben haben: Damit haben sie das für Gestalttheoretiker entscheidende Hindernis, in eine ernsthafte Diskussion mit Behavioristen einzutreten, beseitigt.

Albert Bandura (1969, 1976, 1980) ist allerdings über einen „technischen Eklektizismus" noch entschieden hinausgegangen, indem er die Veränderung seiner behavioristischen Praxis – von der Anwendung klassischer Konditionierungsverfahren, zu deren Verbindung mit einem Verständnis sozialen Lernens als eines reziproken Einflußprozesses (der „Verhaltensmodifikation") (1969, S. 45 ff.) bis zum radikalen Wechsel seines Menschenbildes – mit einer konsequent veränderten Theorie untermauert. Der bei *Skinner* konstatierte Widerspruch (vgl. S. 6) wird von *Bandura* (1976) überwunden. Er stellt z. B. fest:

„Es trifft zu, daß Verhalten von Kontingenzen reguliert wird, aber die Kontingenzen werden teilweise von der Person selbst geschaffen. Durch ihre Handlungen bestimmen Menschen wesentlich mit, welche Verstärkungskontingenzen auf sie wirken. Das Verhalten schafft also teilweise die Umwelt, und die Umwelt beeinflußt das Verhalten in einer reziproken Weise. Der oft wiederholte Satz: verändere die Kontingenzen und du veränderst das Verhalten, sollte reziprok ergänzt werden: verändere das Verhalten und du veränderst die Kontingenzen" (S. 221)*).

---

*) *Banduras* „Lernen am Modell" (1976) trägt im Deutschen den Untertitel „Ansätze zu einer sozial-kognitiven Lerntheorie". Es will mir der Hinweis nicht ganz unwichtig erscheinen, daß dieser Untertitel den Überlegungen eines deutschen Psychologie-Professors entspringt. *Bandura* selbst sieht sich wohl so wenig als Vertreter einer „kognitiven Psychologie" wie als Vertreter der Gestaltpsychologie. Er sagt z. B.: „Behavioristische Theorien haben sich zu sehr mit der Ausführung beschäftigt, aber die Bedeutung interner Determination sehr vernachlässigt, während die kognitiven Theorien das Denken zwar intensiv betrachten, doch das Behalten vergaßen" (S. 218).
Nun hat sich in dieser Hinsicht auch die „kognitive Psychologie" weiterentwickelt, wie *Neisser* (1974) belegt. Da hier die „kognitive Psychologie" nicht ausführlich behandelt wird, die Zunahme ihrer Bedeutung jedoch entschieden als im Sinne gestalttheoretischer Intentionen und Forschungsergebnisse gesehen werden darf, sei außer auf *Neisser* (1974) auch auf *Miller, Galanter, Pribram* (1973) als Informationsquellen über die „kognitive Psychologie" verwiesen. Zur speziellen Information über die „Einflüsse der Gestalttheorie auf die moderne kognitive Psychologie" sei die Lektüre eines Aufsatzes von *Flores d'Arcais* (1975) empfohlen. *Flores d'Arcais* macht den Versuch, „einige frappierende Ähnlichkeiten zwischen der heutigen kognitiven Psychologie und dem theoretischen Ansatz der traditionellen Gestaltpsychologie aufzuzeigen. Tatsächlich kann die kognitive Psychologie bei allen offensichtlichen Unterschieden sowohl in theoretischer als auch in experimentell-methodischer Hinsicht als eine Reinkarnation der Gestaltpsychologie angesehen werden" (S. 45).

Diese Sätze sind offensichtlich von einem Denken bestimmt, das menschliches und zwischenmenschliches Verhalten und Erleben als dynamische und ganzheitliche Prozesse begreift, in denen sich ebenso wie unvermeidliche und notwendige Abhängigkeit auch sinnvolle Autonomie des Menschen äußert. Hier gelten die *Metzger*schen Sätze zur Beschreibung der im Behaviorismus sich vereinigenden psychologischen Richtungen nicht mehr.

Diese Sätze sind sicher auch angreifbar insofern, als viele Vertreter dieser Richtungen dem „Gesetz, nach dem sie angetreten", nicht treu geblieben sind, aber die berechtigten wissenschaftstheoretischen Forderungen nach Konsistenz und Verbindlichkeit einer Theorie gestatten nicht, solchen Vertretern (da darf selbst *Lazarus* noch zugezählt werden) Alibifunktion für eine Theorie zuzugestehen, die mit ihrem konkreten Handeln nicht in Einklang steht. Gleichwohl soll hier nicht in den Fehler der Antikommunisten verfallen werden, die von Karl Marx ableiten, daß die Russen die Weltrevolution wollen. Viele Forschungen im Rahmen der Lerntheorien verdienen es, unabhängig vom aus dem Beliebigkeitssatz (extrem milieutheoretischer Auffassung) oder der Betonung der Erblichkeit asozialer Tendenzen abgeleiteten Grundsatz der natürlichen Unordnung, im Interesse der konkreten psychologischen Tätigkeit für die Stärkung von Autonomie und Selbstverwirklichung des Individuums, zu deren Postulierung diese Sätze im Gegensatz stehen, beachtet zu werden.

Nachdem mit dem „atomistischen Grundsatz", dem „Beliebigkeitssatz" und dem „Grundsatz der natürlichen Unordnung" extremer Milieutheorie ebenso wie extremer Vererbungstheorie die Gegenposition zur Gestalttheorie, aber auch sich ihr von dieser Gegenposition aus nähernde neuere Auffassungen dargestellt worden sind, soll nun deren Grundposition, der ganzheitliche Ansatz, dargestellt werden.

1.2. Der ganzheitliche Ansatz in der Psychologie

Im Gegensatz zu der atomistischen Auffassung von der Zusammengesetztheit des Seelischen aus einzelnen Elementen, die sich losgelöst voneinander beobachten, untersuchen und bewerten lassen, geht die Gestalttheorie von der primären Ganzheitlichkeit, Strukturiertheit und Dynamik seelischer Gegebenheiten aus.

Um den Begriff des Seelischen in seinem hier gemeinten Sinne richtig zu verstehen, bedarf es der Vergegenwärtigung der *Metzger*schen Unterscheidung zwischen Wirklichkeit im ersten und Wirklichkeit im zweiten Sinne (*Metzger,* 1963, S. 14 ff.). Als Wirklichkeit im ersten Sinne bezeichnet er die physikalische Welt in ihrer absoluten und objektiven Beschaffenheit. Zu ihr hat der Mensch nur indirekt

Zugang durch *seine* seelische Wirklichkeit, die *Metzger* als Wirklichkeit im zweiten Sinne bezeichnet. Beiden „Arten" von Wirklichkeit kommt gleichermaßen reale Existenz zu; die unkritische Vermischung beider, die Leugnung der einen oder der anderen oder die Verwechslung der einen mit der anderen Art von Wirklichkeit hat in der wissenschaftlichen Forschung zu schwerwiegenden Fehlschlüssen geführt.*) *Metzger* macht deutlich, daß die phänomenale Welt eine Unterkategorie der physikalischen Welt ist; d. h. aber: Die phänomenale Welt ist nicht weniger „objektiv" als die physikalische (vgl. *Lewin,* 1969, S. 46).

Das berühmteste Beispiel zur Erläuterung des ganzheitlichen Verständnisses seelischer Gegebenheiten ist das der Melodie; es stammt von *Chr. von Ehrenfels* (1890; vgl. *Weinhandl,* 1974, S. 11 ff.): Würde man, um jemandem eine Melodie mitzuteilen, aufschreiben: „Es kommt vor: 4 x Ton a, 9 x Ton fis etc." – das wäre atomistisch-summenhaftes Vorgehen –, so ließe sich daraus die gemeinte Melodie höchstens zufällig ableiten. Auch die Untersuchung *eines* bestimmten Elementes, also eines Tones, ließe nicht den entferntesten Schluß auf die Melodie zu – sie ist übersummativ. Man kann sogar alle Töne durch andere ersetzen, ohne daß sich die Melodie ändert – sie ist transponierbar (in eine höhere Tonlage, in eine andere Tonart). *Ehrenfels* nannte diese Eigenschaften der *Übersummativität* und der *Transponierbarkeit* Gestaltqualitäten.

Auf der Grundlage der getroffenen Unterscheidung zwischen zwei Arten von Wirklichkeit wird deutlich, daß eine Melodie nicht nur Beispiel für die Ganzheitlichkeit seelischer Vorgänge im Sinne einer Analogie ist, sondern – da die wahrgenommene Melodie ein Phänomen im Bereich der Wirklichkeit im zweiten Sinne ist –, den unmittelbaren Ausdruck eines ganzheitlich-seelischen Prozesses darstellt.

Metzger (1954, S. 5f., 1963, S. 63f.) unterscheidet zwischen drei Arten von Gestalteigenschaften: 1. den Wesenseigenschaften (oder physiognomischen Qualitäten: das sind umfassende Sachverhalte wie Stil, Ausdruck, Stimmung, die etwa als feierlich oder friedlich wahrgenommen werden); 2. den ganz-bedingten Materialbeschaffenheiten (das sind stoffliche Qualitäten wie Oberflächenfarbe, Helligkeit, Durchsichtigkeit, Rauhigkeit; zum besseren Verständnis vgl. „Konstanzphänomen" am Beispiel eines Kartons, dessen Farbe weiß ist, S. 41); 3. den Eigenschaften der Struktur (oder des Gefüges, der Tektonik, die etwa als symmetrisch, rund, eckig, stetig, unstetig wahrgenommen werden; jeder Art von Übergang, also auch dynamischer Sachverhalte wie Spannung, Anziehung, Druck). Zwischen den drei

*) Dies ist die zentrale These der gestalttheoretischen Erkenntnistheorie: des kritischen Realismus (vgl. Tholey, 1982).

Arten von Ganz- (= Gestalt-)Eigenschaften besteht ein komplexes Wechselverhältnis (vgl. *Metzger*, 1954, S. 6f., 1963, S. 65ff.).**)

**) Ein Problem für die Erforschung dieses Wechselverhältnisses besteht darin, daß allein die Struktureigenschaften quasi in physikalischer Weise anhand von Reizvorlagen registrierbar und mitteilbar sind. Die Wahrnehmung von Wesens- und ganzbedingten Materialeigenschaften ist an das individuelle Bewußtsein gebunden und kann nicht losgelöst von ihm mittels Apparatur von anderen nachgemessen werden. Dies ist der Grund dafür, daß *Metzger* feststellt: „Man kann geradezu von einem methodischen Primat der Struktur sprechen" (1954, S. 7). Und er postuliert: „Die strukturelle Definition von Wesens- und Materialeigenschaften ist eine entscheidende Forschungsaufgabe" (S. 7).

Mir scheint die Frage nicht unberechtigt zu sein, ob hier ein in der Differenziertheit seines gestalttheoretischen Denkens überragender und bewundernswerter Psychologe nicht tendenziell genau einen der Fehler perpetuiert, die in die empirisch-experimentellen Sackgassen geführt haben (auf die er ansonsten schonungslos aufmerksam macht): indem er nämlich die strukturelle Definition von Gestalteigenschaften fordert, die er zuvor gerade von den Struktureigenschaften unterschieden hat.

Im Hinblick auf das je individuelle menschliche Bewußtsein spricht *Metzger* im übrigen sogar von einem Primat der Wesenseigenschaften über die Struktur- und Materialeigenschaften. Und wenn er den gestalttheoretischen Forschungsweg als „Weg von oben nach unten" beschreibt (Metzger, 1975), so liegt dem zweifellos die Auffassung zugrunde: „die Wesenseigenschaften stehen zeitlich am Anfang und sachlich an der Spitze" (1963, S. 71).

Ist es dann aber nicht ein Akt fragwürdiger Forscherwillkür, die phänomenale Evidenz dieses Primats für wissenschaftliche Zwecke – nach dem Motto (freudianisch gesprochen): Wo Wesen ist, soll Struktur werden! – in den Dienst des „methodischen Primats der Struktur" zu stellen? Werden so Gestalttheoretiker vielleicht nur die besseren und deshalb gefährlicheren unter den Wölfen wissenschaftlicher Macher, die den Menschen unerbittlich zu „vergegenständlichen" und zu „mechanisieren" suchen?

Spörli (1978, S. 42, 1979) äußert ähnliche Befürchtungen in Bezug auf einen anderen bedeutenden Gestalttheoretiker, *Kurt Lewin*. Dessen Auffassungen über das Verhalten als Funktion von Person und Umwelt haben für ihn manchmal eine überraschende Nähe zu *Skinner*schen Vorstellungen, indem sie zur metaphysischen Gratwanderung psychologischen Denkens werden, das dialektisch zwischen Vergegenständlichung und Empathie oszilliert. „Lewins faszinierende Hoffnung, menschliches Verhalten wäre mit absoluter Sicherheit voraussagbar, wenn nur sämtliche in einem Augenblick wirkenden Feldbedingungen bekannt wären, oder auch Westmeyers Schluß, weil Voraussagbarkeit nur im Labor zu erzielen sei, müsse die Welt zum Labor gemacht werden (1973), sind Vorstellungen, die nicht allein den Phänomenen abgewonnen sind, sondern auch dem Phantasmus der Ordnung entspringen".

Wenn denn der Weg der Gestalttheorie eine Gratwanderung ist – und dafür spricht Einiges –, dann existiert sie nur so lange, wie sie *auf* dem Grat

Zur Beschreibung des ganzheitlichen Ansatzes der Gestalttheorie in Abhebung von Atomismus und Assoziationismus reicht nun allerdings die Unterscheidung zwischen Gestalteigenschaften des Ganzen noch nicht aus. Nicht weniger wichtig ist es, die *Ganzbestimmtheit der Teile und Stellen* und die *Rolle oder Funktion der Teile im Gan-*

---

bleibt; und das heißt auch: Keine ihrer Bewährungsproben kann die letzte gewesen sein. Sie kann *auf* dem Grat keiner Herausforderung ausweichen. Folgerichtig ist das Thema der (während ich dies schreibe) noch bevorstehenden 4. wissenschaftlichen Arbeitstagung der „Gesellschaft für Gestalttheorie und ihre Anwendungen e.V." (GTA) in Bremen 1985: Gestalttheorie und Theorien der Selbstorganisation. Dies bedeutet, die Herausforderung jenes scheinbar oder wirklich neuen Paradigmas neurophysiologisch/biologischer Provenienz anzunehmen, das gemäß den Autoren *Maturana, Varela* und *Bateson* (vgl. *Maturana*, 1982; *Varela*, 1982; *Bateson*, 1982) unter Zurückweisung herkömmlicher mechanistischer Modelle den Menschen als sich selbst erzeugendes (autopoietisches) System beschreibt. Es gilt zu prüfen, ob der Gestalttheorie, insbesondere als psychophysischem Ansatz (vgl. S. 18, auch *Graefe*, 1961 über das „psychophysische Dilemma"), hier ein potentieller Bundesgenosse begegnet, sei er unterstützungsbedürftig oder um Einiges voraus, oder ein in seinem Enthusiasmus präpotentes Irrlicht, imstande, aus Physiologen schlechte Psychologen und aus Psychologen schlechte Physiologen und Biologen zu machen. Eine Neubeschäftigung mit den Auffassungen des gestalttheoretisch orientierten Neurologen *Kurt Goldstein* scheint mir in diesem Zusammenhang angezeigt (vgl. S. 18–24 und Walter, 1985).

Metzger und *Lewin* können nicht mehr zu einer „Gewissensprüfung" bewogen werden; die Lebenden können jedoch deren Schriften und ihre Erinnerung an beide für ihre eigene Prüfung heranziehen. *Lewin* hat, mag er nun den totalen strukturellen Zugriff des Menschen auf den Menschen für möglich und wünschenswert gehalten haben oder nicht, entscheidende Beiträge dazu geliefert, ihn als sich selbst organisierendes Wesen zu verstehen und zu fördern (vgl. Teile: I, 3.4., 4.; II; III, 3.; IV, 1., 2.8.). Und *Metzger* habe ich noch selbst als jemanden kennengelernt, der sich von solchen Schülern verraten fühlte, die entsprechenden Vorstellungen huldigten (vgl. Abschnitt III, 4.2; der dort formulierten Kritik an einem neueren „gestalttheoretischen" Ansatz hat *Metzger* in einer persönlichen Mitteilung an mich ausdrücklich zugestimmt). Ich glaube deshalb, daß er mit „struktureller Definition von Wesenseigenschaften" des Ganzen nicht deren Auflösung in Struktureigenschaften meint, sondern lediglich die Definition von *zugehörigen* Struktureigenschaften – und im Hinblick auf den Umgang des Menschen mit dem Menschen am ehesten solche in Teil III als „Prozeßvariablen psychotherapeutischer Tätigkeit" beschriebenen Sachverhalte, nämlich (strukturelle) Randbedingungen, die der Förderung „schöpferischer Freiheit" dienen, und das heißt: der Selbstorganisation des Menschen in der Auseinandersetzung mit den Bedingungen seiner Existenz, in die er hineingeboren wird (vgl. auch *Metzger* zum „Problem der Wirkung", S. 241ff.).

zen (der Teileigenschaften) zu beachten. Die Rede von der *Ganzbestimmtheit der Teile* bezieht sich auf den grundsätzlichen Feldcharakter eines Ganzen (vgl. S. 61f.): Jede Änderung an irgendeiner Stelle eines Ganzen, *kann* Änderungen an allen anderen Stellen bewirken. Wenn von *Rolle oder Funktion der Teile* die Rede ist, so ist damit der spezifischere Sachverhalt gemeint, daß ein Einzelinhalt, sobald er Teil eines Ganzen wird, Eigenschaften, die er als selbständiges Ganzes hatte, verlieren und ganz neue Eigenschaften annehmen kann, z. B. die Funktion der Basis, der Grenze, des Schwerpunkts, des Grund- oder Leittons, des Anfangs und des Endes.*)

1.2.1. Ein Beispiel für die gestalttheoretische Sichtweise aus dem Bereich der Persönlichkeitsdiagnostik: Intelligenz

Was sagt es aus, wenn ich den IQ eines Menschen kenne? Der Streit und die widersprüchlichen Aussagen um diese Frage läßt sich unter gestaltpsychologischem Aspekt folgendermaßen beleuchten: Die Intelligenz eines Menschen ist keine unabhängige Größe, bestenfalls stellt sie ein Unterganzes eines Ganzen dar und wird in ihrer Rollenfunktion von ihrer Beziehung zu anderen heuristisch aufzufassenden Unterganzen (z. B. Neurotisierung, Extraversion) wie vom Ganzen bestimmt. Um die Bedeutung des Unterganzen genau abschätzen zu können, bedürfte es der Kenntnis der anderen Unterganzen und der Verhältnisse (Strukturen), in denen die Unterganzen zueinander stehen. Man weiß aber nicht mal, welche verschiedenen Arten von Intelligenz es gibt und ob es sich bei dem, was man Intelligenz nennt, mehr als ansatzweise um ein natürliches Unterganzes der menschlichen Persönlichkeit handelt. Man behilft sich bis heute mit der operationalen Definition: Intelligenz ist, was der Intelligenztest mißt.

Noch einmal gefragt: Was sagt es aus, wenn ich den IQ eines Menschen kenne? Für sich genommen so gut wie gar nichts. Der Wert gewinnt erst an Aussagekraft, wenn es durch die Anwendung ver-

---

*) Wie *Rausch* (1966, S. 880ff., vgl. *Metzger*, 1963, S. 74) darlegt, könnte *Ehrenfels* Gestaltqualität noch mehr im Sinne einer Fundierungstheorie verstanden haben. Gestaltqualität wäre dann etwas zusätzlich zum „Fundierenden" (den einzelnen unveränderten Elementen) hinzutretendes „Fundiertes"; wobei das „Fundierende" grundsätzlich unabhängig vom „neuentdeckten Fundierten" existiert und die Fundierungsrichtung einsinnig ist. Die Gestalttheorie versteht Gestaltqualität jedoch nicht „im Sinne eines quasi substantiell existierenden neuen Elementes", sondern „im Sinne eines Attributs"; dies ermöglicht erst die Rede von den Ganz- und Teileigenschaften (die es nur in der Verbindung mit dem Ganzen gibt).

schiedener anderer Persönlichkeitstests gelingt, andere wesentliche Unterganze und ihre Beziehungen zueinander einigermaßen zu erkennen und einen Gesamteindruck zu gewinnen. Dann ist u. U. die trotz allem mit Vorsicht zu genießende Aussage möglich: Zwar erreichte der Pb. nur einen durchschnittlichen *IQ* von 100; vor dem Hintergrund seines offenbar ausgeprägten *Leistungs-* und *Geltungswillens* und seiner enormen *Ausdauer* läßt dieser *IQ* jedoch die Erwartung überdurchschnittlicher intellektueller Leistungen in seinem Arbeitsbereich realistisch erscheinen.

1.2.2. Zur Bedeutung der gestalttheoretischen Sichtweise für die wissenschaftliche Forschung

Aus den beiden schon zu Anfang dieses Kapitels gegenübergestellten psychologischen Grundhaltungen – Elementenpsychologie und Gestaltpsychologie – lassen sich zwei Extreme wissenschaftlichen Vorgehens bei der Erforschung psychischer Sachverhalte ableiten:

Aus der sogenannten Elementenpsychologie entwickelte sich die Methode der experimentellen Beobachtung isolierter Verhaltensweisen im Labor. Dabei ist ein außerordentlich hoher Grad an Exaktheit im physikalischen Sinne möglich, da – zumindest hypothetisch – alle in Frage kommenden Variablen kontrolliert werden. Was dabei herauskommt, sind neben Sinnvollem häufig Artefakte (vgl. *Bungard, Lück,* 1974; *Bungard,* 1977), d. h. das beobachtete, gemessene und analysierte Verfahren kommt im Alltag gar nicht vor, sondern wird erst durch die Bedingungen im Labor induziert.

Dagegen entwickelten sich aus der gestalttheoretischen Grundauffassung, insbesondere dadurch, daß *Lewin* sie für die Untersuchung zwischenmenschlicher Beziehung fruchtbar machte, die Methoden der sogenannten Feldexperimente, Feldstudien und der Aktionsforschung. An die Stelle der Laborbedingungen tritt dabei möglichst die natürliche Situation, die als natürliche Ganzheit angesehen wird und innerhalb der – *und nur innerhalb der* – bestimmte Verhaltensweisen und Reaktionen einen bestimmten Sinn haben. Damit ist die Aufmerksamkeit der Forscher weniger auf abstrakte, vom äußeren Erscheinungsbild bestimmte Klassifizierung von Verhalten ausgerichtet, denn auf seine Entstehung und seine Entwicklung, was von *Lewin* konditional-genetische Klassifizierung genannt wird. An die Stelle des statischen Substanzdenkens tritt das Denken in Begriffen des Dynamischen und Prozeßhaften.

Lewin (1963) verdeutlicht das Gemeinte an einem Beispiel aus der Physik. *Galilei, Kepler* und *Newton* verließen den traditionellen Weg der Begriffsbildung, nach dem als getrennt galt, was phänomenal als getrennt erschien. Sie bewiesen durch die planmäßige Variation einer Einzelsituation unter natürlichen Bedingungen, daß das Verhalten bewegter und ruhender Körper in seiner Entstehungsweise identisch ist. Die so gefundenen Bewegungsgesetze basieren auf der Erkenntnis der genotypischen Identität phänotypisch verschiedener Erscheinungen wie Ruhe und Bewegung von Körpern.

Diese Einsicht wurde vor allem fruchtbar in Untersuchungen *Lewins* und seiner Schüler zur Entstehung von Affekten wie Frustration, Aggression u. a. (vgl. S. 49ff.). Während viele Forscher diese Begriffe allzu abstrakt und isoliert sahen, und sich deshalb in zahllose Widersprüche bei ihrer Definition und der Erklärung der Zusammenhänge verwickelten, gelang es *Lewin,* diese Erscheinungen aus dem Zusammenhang heraus, in dem sie auftreten, verständlich zu machen. So konnte er z. B. den scheinbaren Widerspruch, daß äußerlich unter den Verhältnissen diktatorischer Führung (Autokratie) das eine Mal Aggression und das andere Mal Apathie entsteht, durch das Aufzeigen des Zusammenwirkens verschiedener Kräfte im sozialen Kraftfeld der Gesellschaft auflösen (*Lewin,* 1963, S. 242 ff.).

Sinnvolle Kombinationen der elementenhaften Auffassung mit der gestalt- und feldtheoretischen Auffassung in der experimentellen Forschung ist möglich und nötig. Während im einen Extrem der praktische Wert einer Untersuchung zugunsten der Exaktheit gegen 0 geht, trägt die gestalttheoretische Auffassung in ihrer extremen Ausprägung die Gefahr in sich, daß zugunsten umfassender Zusammenhangsdarstellung die Exaktheit gegen 0 gehen kann. Beide können deshalb unfruchtbar sein (von Bedeutung sind hierzu die Überlegungen von *Smith,* 1976).

Erst in jüngerer Zeit scheint eine Rückbesinnung stärkeren Ausmaßes auf *Lewins* Methoden des „Feldexperiments" und der „Feldstudie" zu erfolgen, und zwar insbesondere bei der Untersuchung von als in hohem Maße situationsabhängig verstandenen „prosozialen Verhaltensformen" wie Hilfeleistung, Vertrauen und Verantwortung (*Lück,* 1975, 1977). *Lück* (1977) spricht sogar von einer Wiederentdeckung des Feldexperiments.

Aus gestalttheoretischer Sicht ist die Rückbesinnung nicht nur unter methodischen Aspekten von Bedeutung, sondern auch, weil dabei zugleich der Mensch als von Natur aus soziales Wesen wieder in den Vordergrund der Forschung rückt, nachdem er lange Zeit unter dem Begriff „Aggressionsforschung" vornehmlich als primär von Natur aus (Trieb, Instinkt) asoziales Wesen abgehandelt wurde (vgl. *Schmidbauer,* 1972). Wie schwer es ist, sich von einmal zur Geltung gelangten Paradigmen wieder zu lösen, zeigt sich z. B. daran, daß der Umschwung der Betrachtungsweise sich zunächst mit dem Gebrauch von semantisch widersprüchlichen Begriffen wie „prosoziale Aggression" ankündigte (vgl. *Lück,* 1975).

Daß es keine „aseptische" Forschung gibt, sondern Forschung immer zugleich Prozesse der Veränderung in mehr oder weniger starkem Ausmaß mitbewirkt (vgl. auch Erkenntnisse der modernen Physik, z. B. Capra, 1984 über Heisenberg) – und dies unter der Voraussetzung, daß man das einkalkuliert, auch sinnvoll ist –, hat *Lewin* schon überzeugend dargelegt. Auch diese Einsicht gewinnt heute wieder zunehmende Beachtung (*Lück*, 1975; *Rubin, Mitchell*, 1976; vgl. in bezug auf die Soziometrie: *Krüger*, 1976; *Nigsch*, 1976)*)

1.3. Die vier unterscheidbaren Hauptbereiche der Gestaltpsychologie

Metzger (1954, S. 3–15) gelingt es, auf so unverbesserliche Weise**) die wesentlichen Teile der psychologischen Gestalttheorie knapp und prägnant darzustellen, daß ein Teil seiner Überlegungen zum Zweck der Zusammenfassung und Ergänzung der bisherigen einführenden Darstellung hier wiedergegeben werden soll. Er unterscheidet *vier* „mehr oder weniger scharf voneinander abhebbare Teile":

1. Gestaltpsychologie ist eine *Methodenlehre*. Sie stellt das Verfahren der „ganzheitlichen Betrachtung" der „altüberlieferten isolierenden Elementaranalyse" zum ersten Male als *gleichberechtigtes Verfahren* gegenüber. Es ist ihr gelungen, den theoretischen und praktischen Nachweis zu führen, „daß die ganzheitliche Betrachtung *keinen Verzicht auf Strenge, Exaktheit und Entscheidbarkeit zu bedeuten braucht*, keine Rückkehr zu dem vor- und halbwissenschaftlichen Genügen an einleuchtenden Deutungen ... vor allem hat sie demonstriert, daß *ganzheitliche Betrachtung und Experiment sich nicht ausschließen* . . . ganzheitliche Betrachtung bedeutet, daß man den fraglichen Sachverhalt in seiner Einbettung, in seinem Umfeld, in seiner Rolle und Bedeutung in umfassenderen Zusammenhängen zu sehen

*) Vgl. zur Bedeutung der Gestalttheorie für die Wissenschafts*theorie* (insofern über den Aspekt „Forschung" hinausgehend) *Groebens* Aufsatz (1975, S. 134 ff.) über „Gestalttheorie als Irrationalismusbasis?" Selbst wenn der von *Groeben* so genannte „gestalt-switch" (Wahrnehmungsbeispiel: Vase/Gesichtsprofile) = irrationales Umschlagen eines wissenschaftlichen Paradigmas in ein anderes manchmal eintreten sollte (etwa phänomenalistischer versus behavioristischer Standpunkt), dürfte heute eine historische Betrachtungsweise gerade in Hinblick auf das in Klammern genannte Beispiel eines psychologisch-wissenschaftstheoretischen Gegensatzpaares dabei hilfreich sein, aus der Irrationalität des Entweder-Oder herauszuführen (vgl. dazu insbesondere den neuen Beitrag von Kebeck und Sader, 1984).

**) Herausgefordert durch eine Kritik von *Revesz* an der Gestalttheorie, wonach es nötig sei, die Grundbegriffe und Grundthesen der Gestalttheorie zu revidieren (*Revesz:* Zur Revision der Gestalttheorie. Schweizerische Zeitschrift für Psychologie und ihre Anwendungen, 1953, S. 89–110).

versucht; daß man nicht mit eingeengtem Blick immer auf die örtlichen Bedingungen starrt, sondern an die Möglichkeit außerörtlicher Bedingungen denkt. Zu diesem Umfeld gehört die Gesamtsituation, die gegenwärtige leiblich-seelische Verfassung, die Bedürfnislage, Einstellung und Haltung *des Subjekts*, ebenso wie seine Vorgeschichte, sein bisheriges Schicksal, seine ‚Erfahrungen', als die Gesamtheit dessen, was er bisher gelernt, eingesehen und geübt hat" (S. 13). (Dieser Gesichtspunkt wurde schon unter I, 1.2.2 ausdrücklich behandelt.)

2. Gestaltpsychologie ist *Phänomenologie*. Darunter faßt *Metzger* den mittels ihrer spezifischen Methodologie gesicherten Wissensbestand der Gestaltpsychologie, z. B. den Nachweis von Gestalteigenschaften (Wesenseigenschaften, Struktureigenschaften, Materialeigenschaften; vgl. hierzu I., 1.2; weitere Ergebnisse der gestaltpsychologischen Forschung werden in den folgenden Abschnitten, vor allem unter I., 2 dargestellt).
3. Gestaltpsychologie ist eine *dynamische Theorie* von „noch längst nicht erschöpfter Fruchtbarkeit, wie außer der . . . Theorie des produktiven Denkens (vgl. I., 3, hjw) vor allem die Fülle der willens- und sozialpsychologischen Arbeiten *Kurt Lewin*s und seiner Schüler beweist" (vgl. vor allem I., 4 und II., 2).
4. Gestaltpsychologie ist ein *psychophysischer Ansatz*. In diesem Ansatz – dem sogenannten Isomorphismus – sieht *Metzger* eine Arbeitshypothese, die selbst, wenn sie sich als falsch erwiese, auf die Gültigkeit des methodischen, des phänomenologischen und des dynamischen Teiles der Gestalttheorie keine Rückwirkung habe. Isomorphie bezeichnet die Hypothese *Wolfgang Köhler*s, daß z. B. zwischen physikalischen und physiologischen Vorgängen im menschlichen Hirn (elektromagnetische Felder) und psychischen Prozessen eine strukturelle Übereinstimmung und Wechselwirkung besteht, daß somit die gestalttheoretischen Auffassungen und Befunde im Physikalischen wie im Psychischen Gültigkeit besitzen. Jedoch: „Es entscheidet für uns über das, was wir als psychologisch möglich betrachten, nicht unser physikalisches Wissen; sondern umgekehrt entscheidet ausschließlich die Phänomenologie über das, was an physikalischen Vorgängen den Erscheinungen möglicherweise zugeordnet ist. Und noch mehr: Wir sind überzeugt, daß die Phänomenologie uns eine überwältigende Fülle von Einsichten in das Wesen des Seins gewährt, die allen physikalischen Methoden grundsätzlich verschlossen sind" (S. 14).

Inwieweit gerade der Isomorphismus schon fruchtbar für die wissenschaftliche Erforschung des menschlichen Organismus geworden ist, läßt sich anhand des folgenden Abschnitts über die „Ganzheitstheorie des Organismus" von *Kurt Goldstein* überprüfen.

1.4. Die Ganzheitstheorie des Organismus von Kurt Goldstein: geordnetes Verhalten und Katastrophenreaktionen (Psychopathologie)

Mag es für den Bereich der Psychologie einleuchten, daß eine ganzheitlich orientierte Methode dem „Gegenstand" Mensch angemessen ist, so wird man doch skeptisch sein, soll dieselbe Methode im Bereich der Biologie und Physiologie des Menschen angewendet werden. Diese Skepsis kommt möglicherweise daher, daß Biologie und Physiologie naturwissenschaftliche Disziplinen sind, mit denen, in einer Art Kurzschluß-Automatismus, mit Vorliebe elementaristische und atomistische Vorstellungen verbunden werden. Diese Denkgewohnheit lieferte ja auch für die Psychologie die zwanghafte Vorstellung, es einem so antiquiert verstandenen Physikalismus möglichst nachtun zu wollen.

Kurt Goldstein, Neurologe und Psychiater, ist ein Vertreter einer biologischen (organismischen) Gestaltlehre; er gelangte zu einer solchen Betrachtungsweise des Organismus durch Beobachtungen, die er während des 1. Weltkrieges an hirnverletzten Soldaten machte. Dabei fiel ihm auf, daß er mit der herkömmlichen Methode – der Zerlegung des Organismus in einzelne Elemente – zu keinem Verständnis der Vorgänge des Organismus gelangen konnte und so den Kranken auch keine Hilfe leisten konnte. Er erkannte, daß er zum Verstehen der Lebensvorgänge eine Methode anwenden mußte, „die von vornherein das Individuum in den Mittelpunkt der Betrachtung stellte und jedes einzelne Phänomen in seiner Bedeutung für die Existenz des Individuums betrachtete" (*Goldstein*, 1934, XII) – die ganzheitliche Methode. Es wurde in zunehmendem Maße klarer, daß es sich bei den Störungen der Hirnverletzten nicht um einzelne Störungen nebeneinander und unabhängig voneinander handelt, sondern um einheitliche Störungsbilder, die sich auf den verschiedenen Gebieten in verschiedenen Symptomen äußern. Um diese Einheit und diese Zusammenhänge zu erkennen, bedarf es eines methodischen Vorgehens, das mit einer theoretisch möglichst unbelasteten Registrierung aller Phänomene beginnt und drei Forderungen erfüllt:

1. Man muß alle Erscheinungen, die ein Organismus bietet, berücksichtigen und darf zunächst keiner den Vorrang geben.
2. Man darf sich bei der Klärung der Erscheinungen nicht mit der Feststellung des Effektes, z. B. einem Versagen bei einer Aufgabe zufriedengeben. Der Effekt sagt kaum etwas über die zugrundeliegende Leistung aus. Es bedarf hier einer eingehenden Analyse des Zustandekommens des Effektes.
3. Keine Entscheidung darf ohne Bezug auf den Organismus und die betreffende Situation betrachtet werden.

Folgt man diesen methodischen Forderungen, so entdeckt man folgendes:

> Jeder Effekt bei dem geschädigten Organismus „ist eingebettet in ein bestimmtes Gesamtverhalten. Was zunächst als ein regelloser nichtdurchschaubarer Wechsel von Leistungen und Ausfällen erscheint, wird so verständlich" (*Goldstein*, 1963, S. 23).

Innerhalb des jeweiligen Gesamtverhaltens finden sich stets zwei objektiv feststellbare Grundverhaltensweisen, denen sich die verschiedenen Effekte – Versagen oder Erfolg – zuordnen lassen. *Goldstein* bezeichnet die erste als „geordnetes Verhalten" und die zweite als „ungeordnetes" oder „katastrophales Verhalten".

„In der geordneten Situation erscheinen uns die Leistungen konstant, ‚richtig', dem Organismus, dem sie zugehören, entsprechend. ... Sie werden vom Menschen selbst mit dem Gefühl der Aktivität und der Leichtigkeit, des Behagens, der Entspannung, der Angepaßtheit an die Welt, der Freude erlebt. Die katastrophalen Reaktionen erweisen sich demgegenüber nicht nur als ‚unrichtig', sondern als ungeordnet, wechselnd, widerspruchsvoll, eingebettet in Erscheinungen körperlicher und seelischer Erschütterung. Der Kranke erlebt sich in diesen Situationen unfrei, hin und her gerissen, schwankend, er erlebt eine Erschütterung der Welt um sich wie seiner eigenen Person. ... Die Unterscheidung ... ist für eine richtige Bestandsaufnahme der Leistungen eines Organismus von grundlegender Bedeutung ..." (1963, S. 24).

Aber diese Unterscheidung ist nicht nur im Hinblick auf die Ganzheitlichkeit des Verhaltens und auf die Bezogenheit der einzelnen Vorgänge zueinander von Bedeutung, sondern auch deswegen, weil eine Tendenz des Organismus dazu besteht, den katastrophalen Zustand zu verlassen und den geordneten zu erreichen – also *eine Tendenz zu geordnetem Verhalten.* Diese Tendenz erklärt auch, wie es dazu kommt, daß ein Organismus trotz oft großer Einbußen überhaupt weiterexistieren kann. Wie so eine Herstellung eines geordneten Zustandes zustande kommt, läßt sich naturgemäß am besten an „geheilten" Patienten beobachten:

An ihnen fällt auf, daß die störenden Vorgänge irgendwie aus dem Verhalten ausgeschaltet sind. Diese *Tendenz zur Ausschaltung der Defekte* wirkt so, daß sie eine *Umwandlung des Milieus* herbeiführt, so daß bestimmte Anforderungen, die die Störung erzeugen, nicht mehr an den Organismus herantreten können.

Das geschieht beim Menschen z.B. dadurch, daß er alle Situationen vermeidet (unbewußt), in denen Katastrophenreaktionen auftreten können, und versucht, möglichst lange eine Situation zu erhalten, die er bewältigen kann. Ein typisches Beispiel für ein Mittel von Hirnkranken, katastrophalen Situationen zu entgehen, ist deren Ordentlichkeit und geradezu fanatischer Ordnungstrieb, die so zu erklären sind, daß eine vielfältige, komplizierte Ordnung, die für die Hirngeschädigten eine „Unordnung" darstellt, aufgrund ihrer geistigen Fähigkeiten nicht bewältigt werden kann.

„Das, was die ‚Unordnung' von ihnen verlangt, ist vor allem die Wahl, der Wechsel in der Einstellung, der schnelle Übergang von einem Verhalten zu einem anderen. Das ist aber gerade das, was sie nicht können oder worin sie behindert sind" (1963, S. 30)*).

Die Tendenz zu prägnantem Verhalten, dem ja das geordnete Verhalten entspricht, schlägt sich auch nieder in der *Tendenz* des Organismus, *„die Leistungsfähigkeit möglichst hoch* – immer in Hinsicht auf die früheren Fähigkeiten – *zu halten.* Bei Störung innerhalb eines Leistungsgebietes bleiben die wichtigsten Leistungen am längsten erhalten, werden am besten wieder hergestellt" (1963, S. 32).

Ein Beispiel für dieses Phänomen ist eine Hemianopsie, die als Folge der teilweisen Zerstörung der Sehnerven oder des Sehzentrums in der Hirnrinde auftritt. Hemianoptiker verfügen nur noch über die Hälfte des Gesichtsfeldes. Diese Hälfte unterliegt nun einer eigenartigen Umorganisation, die man gestalttheoretisch verständlich machen kann. Denn es ist nun nicht etwa so, daß Hemianoptiker die eine Hälfte ihres Gesichtsfeldes nicht sehen, sondern sie sehen auch Objekte, deren Reize in die funktionsuntüchtige Hälfte fallen.

„Die genauere Untersuchung ergibt, daß die Kranken *keineswegs ein halbes Gesichtsfeld haben, sondern sie besitzen ein Sehfeld, das sich nach allen Seiten um einen Mittelpunkt gruppiert und auch bei ihnen liegt die Stelle des deutlichsten Sehens wie beim Normalen in der Mitte* des Sehbereichs" (1963, S. 33).

Dazu folgendes Beispiel (das auch die Wirksamkeit der Gestaltgesetze verdeutlicht): Zeigt man einem Hemianoptiker für kurze Zeit einen Kreis so, daß nur eine Hälfte auf die noch funktionierende Netzhauthälfte fällt, so sieht er trotzdem einen Vollkreis. Läßt man nun mehr als die Hälfte des Kreises in die nicht funktionstüchtige Hälfte ragen, so sieht er nicht mehr einen Vollkreis, sondern nur einen Kreisbogen.

Zeigt man dem Hemianoptiker anstelle eines Kreises eine Ellipse so, daß die eine Hälfte der Ellipse auf die gesunde, die andere auf die kranke Seite fällt, so sieht er nur die Hälfte der Ellipse. Zeigt man ihm hingegen ein größeres Stück der Ellipse, so sieht er sie wieder ganz (*Katz,* 1969, S. 152).

Goldstein erklärt diese einander scheinbar widersprechenden Tatsachen mit der Wirkung des *endogenen Gestaltdrucks.* Ist ein Teil eines Ganzen so beschaffen, daß es das Gesetz des Ganzen trägt, so kann die Lücke in dem funktionell untauglichen Teil des Sehfeldes ausgefüllt werden (Halbkreis, Vollkreis). Tut es das nicht, so bleibt

*) Vgl. hierzu auch neuere Untersuchungsergebnisse, die belegen, daß im Prozeß des Alterns zwar bestimmte Intelligenzbereiche beeinträchtigt werden, insgesamt aber Kompensationen erfolgen, derart, daß von einem generellen Abbau der Intelligenz keine Rede sein kann (*Petzold/Bubolz,* Hg., 1976).

der Ergänzungsprozeß aus. Zeigt man die Hälfte einer Ellipse, so kann es sich dabei noch genausogut um den Teil einer anderen Kurve als um die Ellipse handeln; zeigt man allerdings mehr von der Ellipse, so trägt sie das „Gesetz des Ganzen" in sich und kann von dem Hemianoptiker vervollständigt werden.

Zum Schluß soll noch ein Phänomen dargestellt werden, das die beiden bisher genannten gestalttheoretischen Gesichtspunkte – die Bezogenheit des Einzelvorgangs auf das Ganze (1.) und die Tendenz des Organismus zu ausgezeichnetem Verhalten (2.) – verdeutlicht und das noch einen dritten Aspekt enthält, dessen Nachweis *Goldstein* für sehr wichtig gehalten hat: die Widerlegung der These, daß ein Organismus nach dem Schema des Reflexes aufgebaut ist. Das zu beschreibende Phänomen läßt sich sowohl bei künstlich amputierten Tieren als auch bei amputierten Menschen beobachten:

1. „*Pflüger* (1877) hat gezeigt, daß der Frosch, wenn man ihm das zum Wischreflex bei Säurebestreichen einer bestimmten Körperstelle benutzte Bein amputiert, sofort ein anderes zum Wischen benutzt" (*Goldstein,* 1963, S. 137).
2. „Schneidet man Käfern von den ursprünglichen sechs Beinen eines oder mehrere ab, so bewegen sie sich mit den verbliebenen Gliedmaßen weiter, deren Bewegungen in ganz neuartiger Weise miteinander kombiniert werden müssen. Im Grenzfall werden nach Entfernung aller Gliedmaßen sogar die Mandibeln zur Fortbewegung in Bewegung gesetzt, obwohl diese Organe niemals früher einer solchen Funktion gedient haben, vermutlich sogar niemals in der ganzen phylogenetischen Vorgeschichte der Käfer" (*Katz,* 1969, S. 23).
3. „Menschen, die als Rechtshänder gelernt haben, mit der rechten Hand zu schreiben, können es recht und schlecht auch mit der linken Hand, ... ohne es geübt zu haben" (*Katz,* 1969, S. 25).
4. „Ein Mann, der den Verlust des Kehlkopfes erlitten hatte, konnte sich auch danach noch gut mit den verbliebenen Sprechorganen äußern" (*Katz,* S. 25).

Dieses hier vierfach belegte Phänomen der spontanen Übernahme einer wichtigen Funktion durch andere Körperteile verdeutlicht die drei oben genannten Aspekte in folgender Weise:

1. In all diesen Beispielen wird eine Aufgabe eines Körperteils, der nicht mehr funktionstüchtig ist, durch einen Vorgang an einem anderen Körperteil in sinnvollster Weise erfüllt – ein Zeichen für die Bezogenheit eines Einzelvorgangs auf das Ganze des Organismus.
2. Die Tendenz zu ausgezeichnetem Verhalten ist insofern vorhanden, als der Organismus sich nur mit Ausführung dieser Funktion

– zumindest soweit es ihm überhaupt noch möglich ist – so verhalten kann, wie es seinem Wesen entspricht.

3. Der Ausgleich der aufkommenden Schädigungen der Motorik in diesen Beispielen erfolgt nicht in solcher Weise, wie man erwarten sollte, wenn die angepaßten Bewegungen des Organismus sich nach dem Schema des Reflexes aufbauen würden. Der Organismus stellt sich vielmehr mit dem verbliebenen motorischen Restapparat, ohne erst mühsam lernen zu müssen, schlagartig um. Aus den Amputationsversuchen ergibt sich, daß nichts in einem motorischen Innervationsgebiet geschieht, was nicht Rückwirkung auf alle anderen hätte. Die alte Lehre, nach der dasselbe motorische Zentrum sowie die zuleitenden und ableitenden Nervenfasern ein für allemal eine konstante Funktion haben, ist demnach aufzugeben.

2. Ergänzende Erörterung grundlegender Konzepte der Gestalttheorie: Aspekte der Tendenz zur guten Gestalt

Goldstein zeigt, daß ganzheitliche Betrachtungsweisen nicht nur für den psychischen Bereich angemessen sind, sondern ebenso einem besseren Verständnis für die Vorgänge im physikalischen Organismus dienen. Darüber hinaus kann man in seinen Untersuchungen und Überlegungen Belege dafür sehen, daß sich auch die Wechselwirkung zwischen körperlich-physikalischen und psychisch-phänomenalen Vorgängen in der beide vereinenden „Einheit Mensch" (etwa diese Bedeutung gibt *Goldstein* dem Begriff „Organismus") nach ganzheitlichen Gesetzmäßigkeiten vollzieht; demzufolge verbietet sich eine grundsätzliche Trennung zwischen der Behandlung körperlicher und psychischer Störungen geradezu. Und das heißt auf gegenwärtige Verhältnisse medizinischer und psychotherapeutischer Versorgung bezogen: Es genügt nicht, einer „klassischen" Medizin (vgl. Teil IV, 1.3, „medizinisches Modell") eine „psychosomatische" Medizin hinzuzufügen und eventuell, in nochmaliger Abgrenzung, eine auf „rein" psychische Störungsphänomene begrenzte Psychotherapie; vielmehr ist jede Störung und jede Heilung psychosomatischer Natur.

*Goldstein*s Forschungen und seine Auffassungen stehen in vielerlei Hinsicht in Einklang mit *Köhler*s Isomorphieannahme (vgl. *Köhler*, 1968; s. auch I, 1.3.4) und bestätigen sie im Grundsätzlichen.

Fritz Perls (1947, 1975; –, *Hefferline, Goodman*, 1951) macht *Goldsteins* Forschungsarbeit zu einem der Grundpfeiler der von ihm entwickelten Gestalt-Therapie, indem er aus einem Teil der Erkenntnisse *Goldsteins* therapeutische Methoden entwickelt. So übernimmt er direkt die Konzepte der organismischen Einheit, der spontanen Organisation (Selbstregulation) und der Katastrophenreaktion (der Tendenz zur guten Gestalt entgegengesetzten Verhaltens) (vgl. Sherrill, Jr., 1974). Allerdings gerät *Perls* der Organismusbegriff *Goldsteins*, wie er ihn in der theoretischen Begründung seiner Praxis verwendet, zu einer aus gestalttheoretischer (und kritisch-realistischer) Sicht unzulässigen Vermengung von physikalischen und phänomenalen Gegebenheiten (vgl. S. 13 u. 39), was nach Ansicht von *Tholey* (1980, S. 183) schon bei *Goldstein* angelegt ist. Leider unterlaufen *Perls* auch im Hinblick auf andere zentrale Begriffe der Gestalttheorie in seinen theoretischen Erörterungen immer wieder Simplifizierungen und Verzerrungen, die es Gestalttheoretikern schwer machen, ihn, wie *Perls* es sah (1981, S. 38), als einen der ihren zu akzeptieren. Ich tue es trotzdem (vgl. Walter, 1984), bin allerdings der Auffassung, daß die Gestalttherapie des *F. Perls* nur dann ein gestalttheoretischer Ansatz der Psychotherapie bleiben und sich als solcher weiterentwickeln wird, wenn Vertreter in den USA wie in Europa sich stärker als dies bisher geschehen ist, auf die gestalttheoretischen Grundlagen der *Perls*'schen Praxis besinnen. In der folgenden Erörterung grundlegender Konzepte der Gestalttheorie werden zahlreiche Aspekte behandelt, die *Perls* manchmal nur allzu anmutungshaft im Kopf hatte.

2.1. Zum Begriff der „Gestalt“

Gestalten im gestalttheoretischen Sinn (dazu gehören Wahrnehmungsgestalten, Denkverläufe, Willenshandlungen, Affekte, Bewegungsgestalten) sind, wie schon am Beispiel der Melodie deutlich wird, etwas anderes als Summen ihrer Teile; sie heben sich von einem Hintergrund als mehr oder weniger geschlossene, in sich gegliederte Ganze ab, deren Glieder unterschiedliche Gewichte haben.

Eine „Gestalt“ ist um so stabiler, je stabiler die Beziehungen der Teile zueinander sind. Und umgekehrt: Die Beziehungen zwischen den Teilen sind um so stabiler, je stabiler, d. h. je eindrücklicher (prägnanter) die Gestalt des Ganzen ist. *Lewin* spricht von Kräften in einem System und meint damit, daß innerhalb eines Ganzen mehr oder weniger starke Spannungen bestehen können (z.B. Widersprüchlichkeit). Macht ein Ganzes (Gedanke, Gruppe von Menschen, politische Einstellung) z. B. den Eindruck des Flauen, Unausgeprägten, Uncharakteristischen, Inkonsistenten, Unfertigen, Unklaren, des Unprägnanten oder Derivaten, bietet es seinen Unterganzen – erst recht, wenn sie sich regelrecht widersprechen – wenig Halt; sie können sich leicht verselbständigen, selbst als Ganze in Erscheinung treten.

2.2. Prägnanz- und Gestaltgesetze

Eine stabile Gestalt zeichnet sich durch Prägnanz aus. *Prägnanz* ist nach *Rausch* (Handbuch der Psychologie, 1. Band, 1. Halbband, S. 907/908) eine ausgezeichnete und daher beständige Ordnung. Was als „Verkörperung eines reinen Wesens" empfunden wird, ließ sich in der Regel auch als unter formalen Gesichtspunkten der Ordnung ausgezeichnete Struktur erkennen.

Aus diesen formalen Gesichtspunkten der Ordnung ergeben sich die weit über 100 Gestaltgesetze bzw. Gestaltfaktoren, die mittlerweile in der Literatur zu finden sind, darunter das „Gesetz der Nähe", das des „Kontrasts", das der „Gleichartigkeit", das der „durchgehenden Kurve", das der „Tendenz zur orthogonalen Begegnung", das des „gemeinsamen Schicksals" etc. Alle Gestaltgesetze werden auch als Gesetze der „Tendenz zur guten Gestalt" bezeichnet. Sie haben sich als sogenannte autochthone Ordnungstendenzen in der menschlichen Wahrnehmung und im Erleben nachweisen lassen und zwar gleichermaßen bei den sogenannten zivilisierten wie bei noch „wilden" Völkern und Stämmen.

Eine Untersuchung von *Graefe* (1963) an 10 bis 13 Wochen alten Säuglingen belegte, daß relativ allgemeingültige Kunstprinzipien wie der goldene Schnitt (das Problem der Zentrierung bzw. der Gewichtsverhältnisse) schon für 3 Monate alte Säuglinge bedeutsam sind und von ihnen entsprechende Anordnungen von Figuren bevorzugt wahrgenommen werden gegenüber anderen „unprägnanten" Konstellationen. Daran konnte *Graefe* eine Hypothese knüpfen, die auch Untersuchungen von *Ahrens* (1954) und anderen stützen: In der Ontogenese des Menschen werden bestimmte Wahrnehmungsstrukturen in bestimmter Reihenfolge erworben und entwickelt und zwar 1. die Figur-Grund-Abhebung (als Fähigkeit zur Ausgliederung von Wahrnehmungsgestalten); 2. die Mehrheitlichkeit und Aufgeteiltheit abgehobener Gebilde (als Fähigkeit zur einfachen Binnengliederung ausgegliederter Gestalten) und 3. die Erstrecktheit bzw. Geballtheit abgehobener Gebilde (als Fähigkeit zur komplexen Binnengliederung, etwa zur Zentrierung).

Diese Untersuchung belegt u.a., daß es ein Irrtum ist, zu glauben, der Mensch habe alle architektonischen Konstruktionsprinzipien der Natur abgeschaut. Vielmehr ist der Mensch offensichtlich ein Teil der Natur, in dem autochthone Gesetzmäßigkeiten der Wahrnehmung und des Erlebens wirksam sind.

Die Reihenfolge, die das Experiment *Graefe*s nahelegt, weist darauf hin, daß die fundamentale menschliche Wahrnehmungsleistung*), auf der die anderen aufbauen, die Fähigkeit zur Ausgliederung von Gestalten ist: die einfache Figur-Grund-Abhebung.

2.3. Komplexe Figur-Grund-Verhältnisse am Beispiel von Variabilität und Konstanz

Figur und Grund sind aufeinander bezogen; d.h.: Sie beeinflussen sich wechselseitig. Im weiteren Sinne lassen sich als Figur-Grund-Phänomene nicht nur einfache Figur-Grund-Verhältnisse verstehen – das ist, wenn sich eine einzige Figur klar von einem völlig zurücktretenden Grund abhebt wie der Punkt vom ihn umgebenden „Nichts" –, sondern auch mehrfach gestaffelte Figur-Grund-Verhältnisse, die etwa der „Puppe in der Puppe" entsprechen, darüber hinaus auch noch wesentlich komplexere Figur-Grund-Verhältnisse, die sich nicht mehr als Staffelung gleichförmiger und von Stufe zu Stufe in jeweils gleichem Maße an Größe ab- oder zunehmende Gebilde beschreiben lassen, bei denen vielmehr die Unterschiedlichkeit der Gewichtung der einzelnen vor dem gleichen Hintergrund zur

---

*) Wenn hier des öfteren von Wahrnehmung die Rede ist, so soll damit nicht gesagt sein, daß die Tendenz zur guten Gestalt und die Gestaltgesetze nur in diesem Bereich psychischen Geschehens wirksam sind. Die Überproportionierung der Wahrnehmung ist lediglich ein Relikt aus der Forschungsgeschichte der Gestaltpsychologie: Die Wirkung der Gestaltgesetze wurde zuerst in Experimenten zur Wahrnehmung nachgewiesen. Spätere gestaltpsychologische Forschungen beschäftigen sich explizit mit der entscheidenden Rolle, die die Tendenz zur guten Gestalt und die Gestaltgesetze für das Denken, Lernen, Problemlösen und für die Gefühle haben (vgl. S. 38 ff.). Im übrigen aber handelt es sich dabei ohnehin nur um heuristische Trennung (von psychischen Bereichen), die es faktisch nicht gibt, d.h.: Wahrnehmung ist immer zugleich mehr oder weniger auch ein affektiver Vorgang, ein Vorgang des Lernens oder des Denkens. So läßt sich auch begründen, weshalb *Lewin*s auf Veränderung gerichtetes gruppendynamisches Trainingskonzept (T-Gruppe) ausgesprochen bei der (wechselseitigen) Wahrnehmung ansetzt.

Figur gewordenen Bestandstücke die Besonderheit des von ihnen gebildeten Ganzen wesentlich bestimmt.

Komplexere Figur-Grund-Phänomene werden mit dem Begriff der Binnengliederung von Gestalten erfaßt. Die Binnengliederung läßt sich beschreiben als „Problem der Eigenschaften", als „Problem des Zusammenhangs", als „Problem des Bezugssystems", als „Problem der Zentrierung", als „Problem der Ordnung", schließlich auch als „Problem der Wirkung" (*Metzger*, 1963).

Der überwiegende Teil dieser Probleme der Binnengliederung läßt sich mit *Rausch* (1949) auch als Erscheinungsweisen des „Variabilitäts-Konstanz-Phänomens (V-K)" auffassen, das er am Beispiel von „Schrank und Zimmer in Relation" (S. 70) konkret werden läßt: Das eine Mal kann ein Zimmer die anschauliche Konstante sein, ein Schrank die anschauliche Variable; das andere Mal kann ein Schrank die Konstante sein; ein Zimmer wird dann danach ausgesucht, ob es in bezug auf Höhe, Breite usw. „konstantenrelativ ausgezeichnet ist" (S. 81). *Rausch* bemerkt: „Die Konstante kann unter Umständen einmal ihren Konstantencharakter verlieren und in die Schar einbezogen, selbst zum Variablenwert werden, mit zuweilen sehr ausgeprägter Dynamik" (S. 81). Was Konstante war, wird Variable und umgekehrt (vgl. *Hoeth*, 1979).

„Mein Zimmer, meine Wohnung, zunächst unbestritten Konstante gegenüber Schränken, kann unter Umständen einmal ‚wacklig' werden in der Konstantenrolle" (etwa, wenn man einen sehr wertvollen antiken Schrank entdeckt). „Unter Umständen ist die Rollenvertauschung nicht endgültig, wird wieder rückgängig gemacht; es kommt eventuell zum Konflikt, zum Wettstreit um die in dem Konstanzcharakter liegende Maßgeblichkeit. Als allgemeine Feststellung ergibt sich, daß die Konstanten nicht absolut sind; auch sie sind grundsätzlich dem Wandel psychischen Geschehens unterworfen" (Rausch, S. 82).

Die folgenden Zitate lassen die hier anklingende Bedeutung des Variabilitäts-Konstanz-Problems für psychisches Geschehen noch deutlicher hervortreten:

„Für den V-K-Dualismus besteht eine Analogie zum Figur-Grund-Verhältnis: Die Figur wird im allgemeinen als Hauptsache imponieren, ist jedoch nur möglich auf einem Grund, der prior und vorgegeben erscheint, als anschaulich konstanter Träger der anschaulich wechselnden figuralen Gebilde auftritt. Die Figur ist das vergleichsweise variable, der Grund das vergleichsweise konstante Moment. Bei der Figur wird eher Veränderung, speziell Bewegung, erwartet (bekanntlich auch tatsächlich mehr wahrgenommen) als beim Grund" (S. 108).

Hieraus läßt sich ohne Schwierigkeiten ein psychotherapeutischer Kunstgriff ableiten, der in der Gestalttherapie (*Perls*, 1975, 1976, 1977, 1978) eine große Rolle spielt: Der Klient etwa, der sich selbst, eigenes Verhalten, das anderer oder Gegenstände in auffälliger Weise stets negativ bewertet und stets vordergründig einleuchtende, weil offen zutage liegende Sachverhalte als Gründe findet („Ich wünsche mir so sehr, endlich einmal etwas zu finden, was ich wirklich gut finde, aber sehen Sie nur, ...") wird zur Identifikation mit dem „pessimistischen", „angstvollen", „ablehnenden" Hintergrund (der Konstanten) aufgefordert; z.B.: „Sei der Pessimismus, laß ihn sprechen zu diesem Bild, das fest von sich überzeugt ist, daß es vollkommen ist". ... „Nun sei das von seiner Schönheit überzeugte Bild und antworte dem Pessimismus." Das Beispiel soll hier lediglich veranschaulichen, wie ein Wechsel von anschaulicher Konstanter und anschaulicher Variabler induziert werden kann (zur spezifischen Bedeutung solcher Vorgehensweise in der therapeutischen Arbeit vgl. III.).

Aus allgemeiner Sicht – das bisher Gesagte vertiefend – stellt *Rausch* fest:

> „Was in der Mathematik so geläufig ist – Variabilität und Konstanz (...) ..., was in jeder Experimentalforschung (Konstanthalten aller Faktoren bis auf einen kritischen) als unentbehrliches Arbeitsmittel eine beherrschende Rolle spielt: Solches oder Ähnliches, ihm Zugrundeliegendes, ist nicht erst ein spätes Produkt abstraktesten Denkens, sondern ist – als anschauliche Variabilität und Konstanz, im Auseinandertreten und Zusammenspiel – schon in einfachen Wahrnehmungsvorgängen gegeben, erscheint als eine ursprüngliche Tendenz und ein elementares Moment der Anschauung. Und wenn die Psychologie sich mit diesem Phänomen beschäftigt und von anschaulichen Variablen und Konstanten spricht, so bedeutet dies eine Besinnung auf gebietseigene Aufgaben der Psychologie, unter Umständen ein Zurückverfolgen ‚höherer' Prozesse in elementare Bereiche (wobei dann umgekehrt jenes mathematische Denkmittel und jene allgemeine systematische Methode in solchen Untersuchungen einen Beitrag zur Klärung ihrer psychologischen Genese finden können)" (S. 113).

Mag manchen von der über jede Irrationalität erhabenen Objektivität ihres Tuns überzeugten Wissenschaftlern eine solche psychologisierende Betrachtungsweise auch anrüchig sein, weil sie sich auf die Kurzformel bringen läßt: Auch hochformalisierte mathematische und empirisch-experimentelle Operationalisierungen und Beweismethoden entspringen allgemein-menschlichen und (es wäre unwahrscheinlich, daß dann nicht auch gelegentlich) „allzu menschlichen" (primitivprägnanten) Wahrnehmungs- und Verhaltenstendenzen; im Bereich des methodischen Vorgehens im Interesse von Diagnostik und therapeutischer Veränderung menschlichen Verhaltens können diese Hinweise fruchtbare Impulse liefern für das „Zurückverfolgen

‚höherer' Prozesse in elementare Bezirke" als Hilfsmittel für das Ingangsetzen von Umstrukturierungsprozessen. Sieht man als „höhere" Prozesse zum Beispiel die Gewissensbildung an, so kann es sich konkret um die Rückführung vom „Ich sollte, müßte, darf" auf „Ich will, möchte, kann" handeln (zur therapeutischen Bedeutung vgl. III.).

Von nicht minder großer Bedeutung für therapeutische Arbeit ist der Hinweis *Rauschs* (s. 104):

„Im Zusammenhang mit dem für die Psychologie so bedeutsamen Prägnanzbegriff ist der wichtige Begriff des Auf-eine-Prägnanzstufe-Hinweisens oder -Hindrängens gebildet worden. Bei der Abweichung von Prägnanzstufen handelt es sich bekanntlich um Eindrücke wie den des ‚Gestörten', des ‚Noch nicht ganz' oder ‚Nicht mehr ganz', unter Umständen des ‚Zuviel' oder ‚Zuwenig' usw.".

Auf das Gebiet der Kunst übertragen, kann man daran die Überlegung anschließen, daß vielleicht eine besondere Art von Faszination – indem sie einen nicht mehr so schnell loslassen – gerade von solchen Kunstwerken ausgehen kann, die „irgendwie unfertig" sind: Man kann nicht aufhören, selbst nach der Vollendung zu suchen – und dabei mögen bisher relativ unbefragt gebliebene Variabilitäts-Konstanz-Verhältnisse, die das persönliche Erleben und Verhalten bestimmt haben, ins Wanken geraten. Um solche „Kunst" geht es auch in der Therapiesituation (vgl. III.)*).

Der für therapeutische Arbeit so wichtige Begriff der „Primitivprägnanz" läßt sich in diesem Zusammenhang vielleicht am einleuchtendsten definieren: In bezug auf ein Kunstwerk wäre es etwa das „Zuviel", verstanden als das, was „zu glatt", „zu schön", „zu rund" ist – um „faszinierend" oder einfach „wahr" zu sein. Dies läßt sich aber auch wieder unmittelbar auf therapeutische Arbeit übertragen: Primitivprägnant ist der Abschluß einer therapeutischen Arbeit, der „zu rund" und „zu glatt" ist, um realistisch zu sein. Während in Bezug auf ein Kunstwerk allerdings das Gefühl des „zu glatt" hinreichen mag, ist es in der Therapiesituation von Bedeutung, in bezug auf den Klienten auch hinreichend abschätzen zu können, was dieses „Zu", das ja eine Relation bezeichnet, meint. Diese Frage war schon für *Freud* ein Problem (vgl. auch *Rucker,* 1976).

Gegen Ende seiner Erörterung des V-K-Verhältnisses bemerkt *Rausch:*

---

*) Vgl. *Heckhausen* (1975, S. 108/109), der in diesem Zusammenhang auch auf die Auffassungen von *Heider* und *Festinger* hinweist; zu letzterem vgl. hier S. 54ff.; von *Heider* ist auf deutsch die „Psychologie der interpersonalen Beziehungen" erschienen.

„Die Stichwörter Struktur, Zentrierung, Gewichtsverteilung, Rangordnung, Figur-Grund, Bezugssystem, Aufmerksamkeit, Thematik, Abstraktion, Bewußtheitsgrade, Bewußtseinsumfang bezeichnen Probleme, auf welche, wie nur zum geringeren Teil hier schon angedeutet worden ist, das betrachtete Kategorienpaar Anwendung finden kann. ... (... Wie *weit* der V-K-Gesichtspunkt auf die von *Metzger* unter dem Begriff der Zentrierung zusammengefaßten Probleme anwendbar ist, läßt sich noch nicht genau abgrenzen. Es reicht andererseits auch in das Bezugssystem-Problem hinüber.)" (S. 113).

Meiner Ansicht nach geht es beim Variabilitäts-Konstanz-Problem aber auch um „Eigenschaften", „Zusammenhang", „Ordnung" und insbesondere auch um die „Wirkung" von mehr oder weniger variablen oder mehr oder weniger konstanten Wahrnehmungs- und Erlebnisinhalten der Ganzheit Mensch – in eben dem Maße, in dem sich die von *Metzger* benannten Problembereiche lediglich heuristisch trennen lassen. Insbesondere die von *Rausch* im Zusammenhang mit dem V-K-Problem erwähnten Probleme der „Aufmerksamkeit", der „Bewußtheitsgrade" und des „Bewußtseinsumfangs" haben für psychotherapeutisches Handeln schon praktische Bedeutung gewonnen (vgl. III.)*).

Es wurde deutlich, daß es sich beim V-K-Problem wie bei allen Problemen der Binnengliederung um Figur-Grund-Probleme handelt. Zur Vergewisserung sei noch einmal festgestellt, daß einzelne Figuren im Kontext eines Ganzen (z. B. Gedanken, Wünsche, Leitbilder eines Menschen) in vielfältiger Konstellation zueinander stehen, gleichberechtigt nebeneinander wie in verschiedenen Gewichtungs-, Über- und Unterordnungsverhältnissen.

Dies soll noch an einem für Persönlichkeitspsychologie und Psychotherapie wichtigen Beispiel veranschaulicht werden: am Problem des Unbewußten und der Verdrängung; Unbewußtes und Verdrängtes lassen sich – gestalttheoretisch – auf drei Niveaus darstellen:

Unbewußt (*nicht* verdrängt) ist erstens, was gar nicht zur Figur wird; zweitens: Unbewußt oder verdrängt ist, was zwar zur Figur geworden ist (und deshalb grundsätzlich auf dem Wege sorgfältiger Analyse dem Bewußtsein zugänglich werden kann), im gegenwärtigen Zusammenhang, aufgrund der gegenwärtigen Zentrierung, des gegenwärtigen Bezugssystems, der gegenwärtigen Variabilitäts-Konstanz-Verhältnisse usw. aber nicht gesehen wird; drittens: Mehr oder weniger unbewußt oder verdrängt ist, was zwar gesehen aber (aus entsprechenden Gründen wie bei zweitens) nicht so wichtig genommen wird, wie es der tatsächlichen Bedeutung dieser „Figur" als Teil des Ganzen entspricht.

---

*) Eine wesentliche Ergänzung zur hier angeschnittenen Problematik liefern *Portele* und *Schmid* (1976, S. 454–464) mit einem Aufsatz über „Brechts Verfremdungseffekt und soziales Lernen".

2.4. Gestaltgesetze im Kontext konkreter Situationen und ihre allgemeine Bedeutung für die Gestalttheorie

Es scheint mir nicht sinnvoll zu sein, einzelne Gestaltgesetzmäßigkeiten nacheinander zu definieren und an je einem Beispiel zu explizieren. Sinnvoller erscheint es vielmehr, deutlich zu machen, daß die Gestaltgesetze genausowenig isoliert nebeneinander stehen, wie die Bereiche der Wahrnehmung, des Denkens, Lernens, Behaltens und Vergessens und des Fühlens, die die akademische Psychologie manchmal allzusehr voneinander getrennt hat. In welchem Gestaltgesetz sich die „Tendenz zur guten Gestalt" jeweils verwirklicht, das heißt auch: welcher Zusammenhang sich zwischen den verschiedenen psychischen Bereichen eines Individuums jeweils herstellt, hängt ab von der sich im Rahmen einer gegebenen Situation entwickelnden Psychodynamik (vgl. *Metzger*, 1963, S. 243 über „das vermeintliche Ausschließungsverhältnis zwischen Einmaligkeit und Gesetzmäßigkeit").

Es wurde schon darauf hingewiesen (S. 25), daß sich mittlerweile über 100 sogenannte Gestaltgesetze im menschlichen Denken, Fühlen und Verhalten haben aufzeigen lassen. Es handelt sich um Gesetzmäßigkeiten, die einerseits relativ unabhängig von vorausgegangenen individuellen Erfahrungen (autochthon) wirksam werden, zugleich aber andererseits auch als Gesetzmäßigkeiten für die Art des menschlichen Umgangs mit vorausgegangenen Erfahrungen, früher Gelerntem usw. gelten können.

Angesichts der immer wiederkehrenden Behauptung, die Gestaltpsychologie leugne, indem sie die Gestaltgesetze als autochthone Tendenzen z. B. der Wahrnehmung ansehe, die Bedeutung der Erfahrung, soll folgendes Beispiel veranschaulichen, inwiefern auch die Wirkung der Erfahrung von den Gestaltgesetzen mit erfaßt wird: Bei der Abfassung dieser Arbeit ereignete sich folgendes: Um die Wirksamkeit des „Faktors der Gleichheit" darzustellen, wurde folgende Konfiguration dargestellt (*Rausch*, Vorlesungsskript):

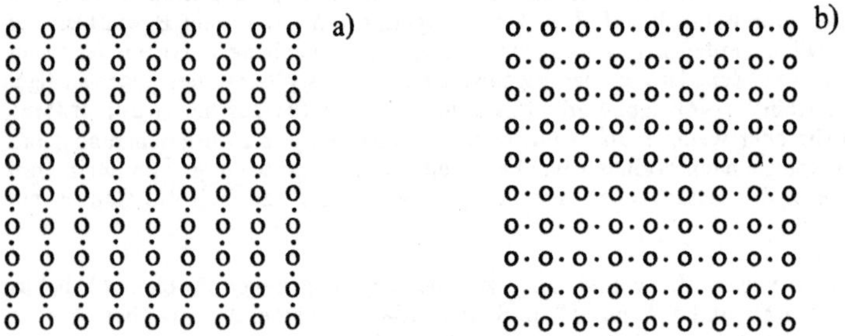

Abb. 1. Erläuterung im Text

Aufgrund des „Faktors der Gleichheit" wäre zu erwarten, daß man im Falle a) waagerechte Linien, im Falle b) senkrechte Linien wahrnimmt (Gleiches gesellt sich zu Gleichem). Zu meiner eigenen Überraschung „sah" ich aber in beiden Fällen waagerechte Linien, nachdem ich das Beispiel mit der Schreibmaschine zu Papier gebracht hatte. Wie war das möglich?

Die Erklärung ist außerordentlich einfach, hat man sie sich erst einmal bewußt gemacht, und sie belegt beispielhaft die Grundauffassung der Gestalttheorie, daß die Eigenschaft eines Teils stets abhängt vom ganzheitlichen Kontext, in den dieser Teil eingebettet ist:

Ich hatte das Beispiel mit der Schreibmaschine zu Papier gebracht, und zwar waagerecht, im Falle a) jeweils Punkte bzw. kleine o's hintereinander, im Falle b) jeweils abwechselnd Punkte und kleine o's hintereinander. Die „Nähe" der Erfahrung, wie ich die Beispiele zu Papier gebracht hatte, war nun offensichtlich, als ich das Ergebnis anschaute, wirksamer als die „Gleichheit" der figuralen Gebilde für meine Wahrnehmung. Das „Gesetz der Nähe" war in Konkurrenz zum „Gesetz der Gleichheit" getreten und hatte „gesiegt".*)

Grundsätzlich also gilt: Alle Gestaltgesetze gelten ausnahmslos als strukturell-dynamische Organisationsprinzipien des Psychischen, das Erfahrungen natürlich einschließt (demnach läßt sich die Alternative „autochthone Gestalttendenzen versus Erfahrung" nicht aufrecht erhalten, ist reine „Spiegelfechterei"). Sobald sie dargestellt werden – per Schreibmaschine, mit Kreide an der Tafel usw. – wird die Form der Darstellung selbst ein Bestandteil des Wahrnehmungsganzen und kann Gestaltgesetze ins Spiel bringen, die bei elementenhafter Betrachtung der dargestellten Konfiguration nicht bewußt werden (Überraschung, daß ich gar nicht sah, was ich sehen wollte: Ein machtvoller Beweis dafür, wie autochthone Wahrnehmungstendenzen der eigenen Manipulationstendenz einen Strich durch die Rechnung machen können).

Die Wahrnehmung des schematisch Dargestellten tritt in den konkreten Kontext der das Wahrnehmungsobjekt einschließenden je spezifischen Ganzheit und – wechselwirkend dazu – in den Kontext der spezifischen Situation, des individuellen Hier-und-jetzt des

---

*) Ein situationsübergreifender Faktor könnte zumindest „nachgeholfen" haben. *Zöller* (1978) stellt z. B. bei homogenen Elementen eine Tendenz zur Bevorzugung der Zeilenausbildung fest. Er hält allerdings für möglich, daß die Gültigkeit auf unseren Kulturkreis beschränkt sein könne, wo dies der Schreib-Lese-Richtung entspricht. So wäre dann letztlich auch dieser Faktor ein Faktor (wenn auch situationsübergreifender Art) der „Nähe der (Schreibmaschinen-)Erfahrung".

Betrachters. Die hieraus abzuleitende Folgerung, die sich noch öfter (vgl. Teil II., *Lewin*) als erwähnenswürdig erweisen wird, lautet: Die Wirksamkeit bestimmter Gestaltgesetze ist kaum einmal mit 100 % Sicherheit inhaltlich konkret voraussagbar, weil man in aller Regel die Erfahrungs- und gegenwärtigen Wahrnehmungshintergründe eines Beobachters nicht vollständig kennt (nicht einmal die eigenen).

Lassen sich diese Hintergründe jedoch experimentell tatsächlich einmal weitgehend standardisieren, etwa unter der Vorbedingung konsequenter Einschränkung des Untersuchungsbereichs auf die „Gesetzlichkeit bei stroboskopischen Alternativbewegungen"*) (*Hoeth,* 1966), dann lassen sich Ergebnisse von erheblicher Beweiskraft für die Feststellung vorlegen:

„Gegenüber einer nur vom Zufall bestimmten Verwirklichung der Vielzahl der theoretisch möglichen Bewegungsformen zeigt sich also ein Grad von Gesetzlichkeit des Wahrnehmungsgeschehens, der an vollkommene Festgelegtheit grenzt" (*Hoeth,* S. 117/118). „Die Untersuchung beschäftigt sich mit der Frage, welche Phänomene auftreten, wenn man unter Bedingungen, die zur Wahrnehmung stroboskopischer Bewegungen führen, sukzessiv nicht zwei einzelne Lichter, sondern zwei Gruppen von solchen darbietet (. . .). Speziell interessierte die Frage, ob die Wahrnehmung bei pausenlos periodisch wiederholter Darbietung symmetrischer Anordnungen gleichartiger Lichtpunkte bestimmte Bewegungsfassungen bevorzugt verwirklicht, d. h. ob das Wahrnehmungsgeschehen unter derartigen Bedingungen gesetzlich und (im statistischen Sinne) vorhersagbar ist oder nicht" (S. 115).

Dies ist offensichtlich so, „wenn man die Zahl der auftretenden Phänomene auf die der theoretisch möglichen bezieht". „Der Organismus nutzt also die Komplexität der Reizgegebenheiten nur zu einem verschwindend geringen Bruchteil aus" (S. 108).

„Freiheit oder Gestalttheorie" könnte in Abwandlung eines bekannten Wahlslogans eine psychologische Gegenrichtung auf ihre Fahne schreiben. Mit *Metzger* (1962) läßt sich das Problem aber angemessener beleuchten anhand der Feststellung: Freiheit, gestalttheoretisch gesehen, ist nicht die Freiheit, Beliebiges, sondern die Freiheit, das Rechte zu tun – und mit dem Hinweis darauf, daß gerade der beste Mathematiker die geringste Zahl von Alternativen für die Lösung einer Aufgabe sehen wird, weil er sofort die zweckmäßigsten erkennt.

*) Ein Stroboskop ist ein Gerät, mit dessen Hilfe man Lichteindrücke (Linien, Punkte) kurz nacheinander an verschiedenen Stellen des Gesichtsfeldes freigeben kann.

Die Autonomie des Menschen (verstanden als Ausdruck seiner Freiheit) erweist sich in der Art, wie er von seinen *endlichen* (darin allen Lebewesen gleich) Möglichkeiten in der Auseinandersetzung mit der Umwelt, in die er hineingeboren wird, Gebrauch macht. Seine Begrenztheit etwa in bezug auf sein Wahrnehmungsvermögen (optische Täuschungen eingeschlossen) hat sich in vielen Fällen als notwendige Bedingung für sein Überleben nachweisen lassen (*Metzger*, 1972, S. 204).

Faktisch (außerhalb von Laborbedingungen, wo sie auch nur „in statistischem Sinne" eingeschränkt sind) haben sich menschliche Möglichkeiten bisher als unerschöpflich erwiesen; es gilt:

„Systeme, in denen die Vorgänge allein durch äußere, systemfremde Umstände in nur einer Richtung festgelegt sind ... (*Köhler*, 1933), entbehren naturgemäß aller jener Eigenschaften, die psychisches Geschehen aufweist: z. B. Regulation, Neuanpassung, relative Unselbständigkeit von Teilvorgängen im Sinne einer wechselseitigen Feldabhängigkeit vom Gesamtsystem (Ganzheitlichkeit), Tendenz zur Erreichung situationsbestimmter Ziele unter äußerem Richtungswechsel des Verhaltens, ‚sinnvoller', situationsadäquater Vorgang usw." (*Helm*, 1960, S. 361).

Die Begriffe „Grundsatz der natürlichen Ordnung", „Tendenz zur guten oder ausgezeichneten Gestalt" und „Prägnanztendenz" bezeichnen Grundgesetze menschlicher Wahrnehmung (aber auch menschlichen Denkens, Handelns und Fühlens), die a priori die Freiheitsräume gewährleisten, in denen es keine eingleisigen und eindeutig voraussagbaren Abläufe gibt. Es sind Grundgesetze eines Systems, das sich selbst steuern kann.

2.5. Prägnanzstufen, Prägnanzaspekte und Gestalthöhe

Rausch (1966, S. 918 ff.) hat den bis heute umfassendsten Versuch unternommen, die zahlreichen Gestaltgesetze (als Erscheinungsformen der „Tendenz zur guten Gestalt") auf eine überschaubare Anzahl von Prägnanzaspekten zurückzuführen.

1923 schon hatte *Wertheimer* zwischen „Prägnanzstufen" unterschieden (*Metzger*, 1963, S. 66) und damit den Grad zu kennzeichnen versucht, in dem ein Wahrnehmungsgebilde ein Wesen am „zwingendsten" und am „reinsten" verwirklicht, sich also vor anderen auszeichnet, die kein „reines Wesen" verkörpern (*Metzger*, S. 65). Wenn möglich, verwirklicht die Wahrnehmung „prägnante" Gebilde. Alle Formen, die diesem Anspruchsniveau nicht gerecht werden, werden entweder als Annäherung an eine Prägnanzstufe gesehen, z. B. als „fast" rechter Winkel, als „fast" gleichschenkliges Dreieck – oder als indifferent, flau, nichtssagend, aber auch etwa als zwiespältig, ambivalent, zwischen verschiedenen Prägnanzbereichen (Rechtwinkligkeit, Gleichschenkligkeit) schwankend (*Rausch*, 1966, S. 907) oder auf eine Prägnanzstufe hindrängend (vgl. auch V-K-Problem, S. 27 ff.) erlebt.

Das Prägnanzstufenproblem faßt *Rausch* unter dem Begriff der *„anschaulichen Gesetzmäßigkeit"* (auch verstanden als „Ordnung" und „Sinn"). Der Gegensatz zur „anschaulichen Gesetzmäßigkeit" ist „anschauliche Beliebigkeit und Zufälligkeit eines Ganzen".

Der *„anschaulichen Gesetzmäßigkeit"* (Prägnanzaspekt 1) gegenüber „von (logisch) sekundärer Natur" (S. 925) sind drei weitere Prägnanzaspekte, jeweils wie Prägnanzaspekt 1 verstanden als Tendenzen zur Wahrnehmung von Gestalten: *„anschauliche Eigenständigkeit"* (Prägnanzaspekt 2) im Gegensatz zu anschaulicher Abgeleitetheit eines Phänomens („das Eigenständige ist das Prägnante, das Abgeleitete das Unprägnante"; S. 914); *„anschauliche Integrität"* (Prägnanzaspekt 3) im Gegensatz zum anschaulich Gestörten (hier stehen sich „das ‚heile', ‚intakte', ‚integre' Gebilde als das prägnante (. . .) und das ‚gestörte', ‚tangierte', ‚privative' als das unprägnante (. . .) einander gegenüber"; S. 915); schließlich auch *„anschauliche Einfachheit"* (Prägnanzaspekt 4) im Gegensatz zu anschaulicher Kompliziertheit. Prägnanzaspekt 4 nimmt hier insofern eine Sonderstellung ein, als sich sein Gegensatz nicht mehr anhand einfacher figuraler Gebilde (wie des Rechtecks, das *Rausch* heranzieht) veranschaulichen läßt; denn die Darstellung der Kompliziertheit setzt ja die Möglichkeit anschaulicher Kompliziertheit voraus.

So kann *Rausch* zunächst nur auf der Basis der Prägnanzaspekte 1–3 eine Hierarchie der Prägnanzstufen darstellen: Die Gestalt, die alle drei Prägnanzaspekte in sich vereint – also Gesetzmäßigkeit, Eigenständigkeit und Integrität – nimmt die „höchste Stelle" ein, z. B. das Rechteck. Es folgen ohne eindeutige Rangordnung das „privative" Gebilde (z. B. ein Rechteck mit einer abgeschrägten Ecke oder einer Lücke, das also nur gesetzmäßig ist und eigenständig, nicht aber integer), das „derivate" Gebilde (z. B. ein Parallelogramm, das nur gesetzmäßig und integer ist, nicht aber eigenständig), das „privative" und „derivative" Gebilde (z. B. ein Parallelogramm mit einem Knick an einer Ecke oder einer Lücke). Klar an letzter Stelle der Hierarchie stehen jene Gebilde, die weder gesetzmäßig, noch eigenständig, noch integer sind (wobei schon der Mangel an Gesetzmäßigkeit den Mangel an Eigenständigkeit und Integrität impliziert).

Das wesentliche an *Rausch*s Darstellung ist, daß mit den Prägnanzaspekten 1–4 sich insoweit Ordnung in die Vielzahl der „Gestaltgesetze" bringen läßt, als sich z. B. alle Gestaltgesetze darunter subsumieren lassen, mit denen Ordnungsgesichtspunkte erfaßt sind wie die Faktoren der „Nähe" und der „Gleichheit" (P1/P4), die Tendenzen zur „orthogonalen Begegnung", zur „Gradlinigkeit", zur „Angleichung" und zum „Kontrast" (P1/P2/P4), Tendenzen zur

„Schließung“ (zum Übersehen) von Lücken, etwa bei Kreisen, Ellipsen, aber auch im Hinblick auf die Erwartung, bestimmte Personen in einem Kreis von Menschen anzutreffen, oder der Ausschließung von Elementen oder Personen aus der Wahrnehmung, die man nicht erwartet hat oder deren Anwesenheit man nicht wünscht; man denke an die Wahrnehmung von Tabuwörtern bei tachistoskopischer Darbietung (P 1/P 3/P 4).

Den Prägnanzaspekten 1–4 als auf den *Gesetzmäßigkeitsbegriff* zentrierter Gruppe fügt *Rausch* nun weitere drei Prägnanzaspekte hinzu und geht damit über das Prägnanzstufenproblem, wie es *Wertheimer* behandelt hat, in entscheidendem Maße hinaus. Dabei knüpft er an den Begriff „Gestalthöhe“ an, den *von Ehrenfels* als erster benutzt hat. *Ehrenfels* definiert Gestalthöhe folgendermaßen:

„Bei gleichem Grade von Mannigfaltigkeit ihrer Teile sind *die* Gestalten die höheren, welche diese Mannigfaltigkeit zu einer strengeren Einheit verbinden. Bei gleich strenger Einheit sind *die* Gestalten die höheren, welche die größere Mannigfaltigkeit umschließen“ (1916, in *Weinhandl*, 1974, S. 44). Später ergänzt er: „Die Höhe der Gestalt wächst mit dem Produkt ihrer Konstituanten, ihrer Einheitlichkeit und der Mannigfaltigkeit ihrer Teile“ (1922, in *Weinhandl*, 1974, S. 50). *Ehrenfels* vertritt die Ansicht, daß es der Begriff der Gestalthöhe ermögliche, „die gesamte Ästhetik auf dem Fundament der Gestalttheorie aufzubauen. Was wir Schönheit nennen, ist nichts anderes als ‚Höhe der Gestalt‘“ (*Ehrenfels*, 1922, in *Weinhandl*, S. 50; vgl. auch *Ehrenfels* in *Weinhandl*, 1974, S. 129).

Um nun die Gestalthöhe genauer definieren zu können, benennt *Rausch* jene drei Prägnanzaspekte, mit denen er die (S. 943) „auf den Gesetzmäßigkeitsbegriff zentrierte Gruppe“ (1–4) um „Fülleaspekte“ ergänzt; dies sind:

„Anschauliche Komplexität“ (P5; „Gefügefülle“, Differenzierungsgrad) im Gegensatz zur Kompliziertheit (auch des Aggregats und des Chaos) und notwendiges Korrelat zur Tendenz zur „Einfachheit“, deren Gegensatz ebenfalls Kompliziertheit ist (dabei gilt: die *komplexeren* Phänomene sind die, die die größere Mannigfaltigkeit mit dem gleichen Grad an Ordnung – P1–P4 – bewältigen); *„anschauliche Ausdrucksfülle“* (P6) im Gegensatz zum ausdrucksleeren und -armen (S. 937) (ein Phänomen erfüllt das Kriterium *„anschauliche Ausdrucksfülle“* um so mehr, je ausdrucksreicher, -voller es ist); *„anschauliche Bedeutungsfülle“* (P7) im Gegensatz zum Bedeutungsleeren, etwa auch als Folge „psychischer Sättigung“ (die Bedeutungsfülle – zu unterscheiden von der Ausdrucksfülle – „ist der empirische Bedeutungsgehalt, d.h. diejenige Seite der ... Phänomene, die durch ein einschlägiges Wissen bestimmt ist“: die Erfahrung bestimmter Bedeutungen und Anwendungsmöglichkeiten von Gegenständen, Personen, Institutionen usw., z.B. deren Aktionen und Reaktionen; *Rausch*, S. 938).

Es geht mir leider bei der Lektüre *Rausch*'scher Publikationen häufig so, daß sie einerseits meine Überzeugung, er handle außerordentlich Wichtiges ab, ständig verstärken, sie aber andererseits bei mir eher den Eindruck von Kompliziertheit als von Komplexheit erwecken. Das mag an mir liegen. Jedenfalls zweifle ich jetzt daran, daß es mir gelungen ist, das Wesentliche seiner Erörterung so einfach wie es sinnvoll wäre, dargestellt zu haben. Deshalb will ich mich jetzt für kurze Zeit einigermaßen frei von seiner Darstellung machen und versuchen, so einfach wie es mir verantwortbar erscheint, das Wesentliche der vorangegangenen Ausführungen noch einmal zusammenfassend zu formulieren und dabei auch die meines Erachtens für Persönlichkeitspsychologie und Psychotherapie wesentlichen Bezüge herzustellen:

Rausch verbindet die Begriffe „Prägnanzstufe" (*Wertheimer*, 1923) und „Gestalthöhe" (*von Ehrenfels*) miteinander, indem er zwischen zwei Gruppen von Prägnanzaspekten unterscheidet: einer auf den *Gesetzmäßigkeitsbegriff* zentrierten Gruppe (P1–P4), mit deren Hilfe sich der Prägnanzstufenbegriff differenziert erfassen läßt, und einer auf den Fülleaspekt zentrierten Gruppe (P5–P7), mit deren Hilfe sich in Verbindung mit den Gesetzmäßigkeitsaspekten die Gestalthöhe genauer definieren läßt.

Auf die Persönlichkeitspsychologie übertragen, läßt sich daraus ableiten: Eine im Sinne der Gestalthöhe reiche Persönlichkeit ist diejenige Persönlichkeit, welche a) die Welt differenziert wahrnimmt, ihren Ausdrucksreichtum und ihren Bedeutungsreichtum, wie er in der Auseinandersetzung mit der Welt erfahrbar ist; und welche b) zugleich sich als im Stande erweist, die Differenziertheit ihrer Wahrnehmung in eine komplexe im Gegensatz zu einer komplizierten Ordnung zu bringen. Gemeint ist eine Ordnung, die nicht allein der Tendenz zur Einfachheit unterliegt (was im Extremfall ein bloßes Nebeneinander von Wahrnehmungsgegebenheiten zur Folge hätte), sondern der Welt einen anschaulichen Gesetzmäßigkeitscharakter verleiht, der, ohne zu simplifizieren, die Wahrnehmungen und Erfahrungen in eine wechselseitig sich ergänzende und erweiternde Beziehung treten läßt. Eine im Sinne der Gestalthöhe karge Persönlichkeit wäre demnach eine Persönlichkeit, bei der die Organisation der Wahrnehmungen und Erfahrungen eher als einfach denn als komplex zu kennzeichnen wäre, weil zwar Ordnung herrscht, diese aber zu Lasten der Differenziertheit geht. Schließlich wäre auch Differenziertheit zu Lasten der Ordnung denkbar, wobei sich dann etwa von einer komplizierten oder auch labilen Persönlichkeit sprechen ließe.

Diese Zusammenfassung kann einleuchtend werden lassen, daß die Definition von Prägnanzaspekten mit dem Ziel, a) die Vielzahl von Gestaltgesetzen bzw. Gestaltfaktoren in eine überschaubare Systematik zu bringen und b) die Gestalthöhe von Wahrnehmungsvorgängen bestimmen zu können, sehr viel gemeinsam hat mit dem Auswertungssystem beim Rorschach-Verfahren, das der Erfassung menschlicher Persönlichkeitsstrukturen (vgl. *Klopfer*, 1967; *Rickers-Ovsiankina*, 1976) dient. Wahrscheinlich wäre es (zumindest in forschungstechnischer Hinsicht) der Mühe wert, das Rorschach-Verfahren einmal explizit mit der *Rausch*'schen Phänomenologie der Prägnanzaspekte zu konfrontieren. Von Bedeutung ist in diesem Zusammenhang, daß es ein aus gestalttheoretischer Sicht durchaus legitimes Verfahren ist, wenn das *Rorschach*-Verfahren – teilweise wohl mehr intuitiv als empirisch begründet –, bei der Wahrnehmung ansetzend, auf die Erfassung des ganzen Menschen abzielt.

Für therapeutische Arbeit kann die Auseinandersetzung mit dem Begriff der Gestalthöhe ebenfalls sinnvoll werden: als Beitrag zur Beantwortung der Frage nach dem Ziel therapeutischer Arbeit (vgl. III.).

3. Einige empirische und experimentelle Beiträge der Gestalttheorie zu speziellen psychologischen Forschungsbereichen

Die Überschrift dieses Abschnitts kennzeichnet das Schwergewicht der folgenden Ausführungen: empirische und experimentelle Beiträge der Gestaltpsychologie zur Erforschung der Wahrnehmung, des Denkens, des Lernens und Behaltens und des Wollens und Fühlens. Zugleich jedoch sollen noch einige spezifische Ergänzungen im Hinblick auf gestalttheoretische Konzepte vorgenommen werden.

3.1. Wahrnehmung

Die Wahrnehmung steht zwischen dem, was wir wahrnehmen, und dem physikalischen Objekt als vermittelnde und als – bestimmten Gesetzmäßigkeiten folgend – verändernde Instanz. Das bedeutet, daß nicht das Physikalische als solches (die physikalische Umwelt ebenso wie der physikalische Organismus), sondern erst die wahrgenommenen Gegebenheiten („psychophysische Weltvorgänge" und „psychophysische Körper-Ich-Vorgänge") unmittelbar auf den Organismus einwirken, und daß man das eine nicht mit dem anderen vermischen und gleichsetzen darf. *Köhler* (1920, zitiert nach *Metzger*, 1963, S. 279 ff.) bezeichnet den Bereich des menschlichen Hirns, in dem allein Vorgänge bewußtseinsfähig sind, als „psychophysisches Niveau". Das Verhältnis von Mensch und Umwelt läßt sich nun anhand von vier Gliedern näher beschreiben:

1. Die physikalische oder transphänomenale Welt.
2. Der physikalische oder physiologische Organismus.
3. Die psychophysischen oder bewußtseinsfähigen Weltvorgänge.
4. Die psychophysischen oder bewußtseinsfähigen Körper-Ich-Vorgänge.

Der physikalische Organismus befindet sich nun zweifellos *in der physikalischen Welt;* und *die psychophysischen Weltvorgänge und die psychophysischen Körper-Ich-Vorgänge befinden sich im physikalischen Organismus.* Und alles spricht dafür, daß zwischen den psychophysischen Dingvorgängen, also dem, was von der objektiven Welt bewußtseinsfähig wird, und den psychophysischen Ich-Vorgängen, also den bewußtseinsfähigen Elementen des physiologischen Organismus, beim Sehen eines Gegenstandes ein ganz entsprechendes Verhältnis der Abständigkeit ursprünglich besteht wie zwischen dem physikalischen Gegenstand und dem physikalischen Organismus, daß nämlich die psychophysischen Körpervorgänge sich in den psychophysischen Weltvorgängen befinden wie der physikalische Organismus sich in der physikalischen Welt befindet. Bewußtseinsfähig sind hiervon nur die psychophysischen Welt- und Körpervorgänge, nicht aber die physikalischen Gegenstände und der physikalische Organismus (*Metzger*, 1963, S. 282/283).

Aus dieser Klärung lassen sich zwei für die Forschung gleichermaßen sinnvolle Sichtweisen ableiten:

a) *die phänomenologische Sichtweise:* Die erlebte Ich-Welt-Beziehung entspricht der psychophysischen Prozeßgesamtheit, also der Beziehung zwischen den bewußtseinsfähigen Außenweltvorgängen und den bewußtseinsfähigen Ich-Vorgängen: *Der Mensch befindet sich in der Welt,* und er begegnet dort den Dingen, von denen er manche abstoßend, andere anziehend findet usw.
b) *die physiologische Sichtweise:* Die physiologische Sichtweise wird nun repräsentiert in dem Verhältnis zwischen den psychophysischen Weltvorgängen und dem physikalischen Organismus: *Die psychophysischen Weltvorgänge befinden sich im physikalischen Organismus.*

Widersprüche in diesen Forschungsbereichen konnten nur dadurch zustande kommen, daß man die physikalischen Weltvorgänge mit den psychophysischen Weltvorgängen und den physikalischen Organismus mit den psychophysischen Körper-Ich-Vorgängen verwechselte oder nicht konsequent genug zwischen dem einen und dem anderen unterschied (Kritischer Realismus, vgl. schon S. 13).

Die Klärung dieser Verhältnisse hat wesentlich dazu beigetragen, erklären zu können, warum ein und dasselbe Ding über eine Mannigfaltigkeit verschiedener Reizkonstellationen im Hinblick auf das bewirkte Verhalten eines Menschen gleichwertig ist, andererseits aber auch im physikalischen Sinne gleichartige Reize verschiedene Reaktionen auslösen können.

Beispiele:

a) Ich kann ein herannahendes Auto hören und sehen, ich kann es in verschiedener Beleuchtung, aus verschiedenen Blickwinkeln, also durch Vermittlung ganz verschiedener auf mein Auge wirkender Licht-Wellenkombinationen sehen, und trotzdem löst jede Art der Wahrnehmung dieselbe Reaktion aus.
b) *Wertheimer* (1925, Nachdruck 1967) konnte beobachten, daß – unter Bedingungen des stroboskopischen Sehens – die Aufeinanderfolge zweier Gegenstände, die an verschiedenen Stellen gezeigt werden, als Bewegung eines einzigen Gegenstandes – über den Zwischenraum hinweg – wahrgenommen wird (phänomenale Identität): Wertheimers Phi-Phänomen.
c) Oder man denke an andere optische Täuschungen, wo es bei der Wahrnehmung gegebener einfacher Muster durch Muster in deren Umgebung zu erstaunlichen Verzerrungen kommt, wie etwa bei den folgenden Konfigurationen, bei denen die Dynamik der Teile untereinander und in bezug auf das Ganze und umgekehrt besonders deutlich wird. Man kann die mittleren Kreise sozusagen „allein" nicht miteinander vergleichen:

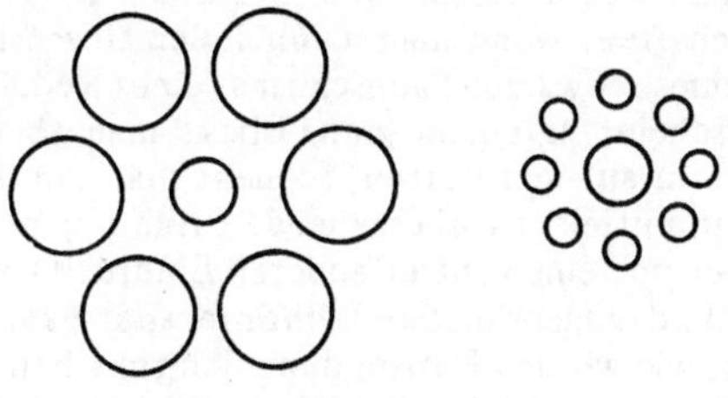

Abb. 2: Erläuterung im Text

Zur Erklärung solcher und ähnlicher Phänomene dient die nun schon mehrfach – und unter verschiedenen Aspekten – behandelte Tatsache, daß die erlebten Eindrücke relativ unabhängig sind a) *von den lokalen Sinneseindrücken* und b) *von der Entfernung* (aufgrund autochthon wirkender Gestaltgesetzmäßigkeiten). Diese Tatsachen stehen im Gegensatz zu der Meinung der älteren Psychologie – der Konstanzannahme –, wonach, entsprechend der Lehre von den

„reinen Empfindungen" gilt, daß eine völlig *konstante* Zuordnung *lokaler* Sinnesreize zu den erlebten Eindrücken besteht.

Anhand der folgenden Beispiele soll nun der Erklärungswert gestalttheoretischer Einsichten demonstriert werden:

Vor uns auf dem Tisch liegt ein runder Karton, auf den wir schräg von oben herabsehen. Fragt uns jemand nach der Form dieses Kartons, so werden wir, falls wir vorurteilslos sind, sagen, daß wir den Karton rund sehen (*Katz*, 1969, S. 15). Die ältere Psychologie würde sagen, daß wir den Karton in Wirklichkeit gar nicht rund sehen, sondern daß unser sinnlicher Eindruck ein ovaler sei und daß wir nur durch unsere Erfahrung schlössen, der Karton sei rund. Demgegenüber konnte im Rahmen der Gestaltpsychologie nachgewiesen werden, daß der entstehende Eindruck kaum abhängig ist von dem lokalen Reiz, sondern vielmehr von der *Gesamterregung* des betreffenden Sinnesorgans, von der *Reizkonstellation* der anderen Sinne und schließlich von der *Stimmung des Gesamtorganismus.*

Dies läßt sich am Beispiel der Helligkeits- und Farbenkonstanz veranschaulichen. (Man achte auf die unterschiedliche Bedeutung der Begriffe „Konstanzannahme" und „Farbenkonstanz" bzw. „Konstanzphänomen"; *Katz*, 1969, S. 18):

Wenn ein Karton, dessen Farbe weiß ist, sich zunächst in der Nähe des Fensters befindet und dann nach dem viel schwächer beleuchteten Hintergrund des Zimmers bewegt wird, so kann er dabei 90% des von ihm reflektierten Lichts verlieren, man sieht ihn trotzden noch genauso weiß. Wie groß die Differenz in Wirklichkeit ist, davon kann man sich durch einen sehr einfachen Versuch eine Anschauung verschaffen: Wenn man nämlich den Gegenstand durch ein kleines Loch eines schwarzen Pappschirms (eines Reduktionsschirms) betrachtet, erscheint er einem grau. Blickt man aber erneut ohne Reduktionsschirm auf den Karton, so sieht man ihn so weiß wie zuvor. Auch die unmittelbar vorhergehende Erfahrung mit dem Reduktionsschirm, der uns einen zutreffenderen Eindruck von der objektiv dem Netzhautbild zugeordneten Lichtintensität gab, ist also ohne Einfluß darauf, wie wir den Karton ohne Schirm sehen.

In diesem Beispiel wird deutlich, daß weder die Erfahrung, noch die lokalen Reizverhältnisse eine hinreichende Bedingung oder Erklärung für die Entstehung des Eindrucks sind, den wir von einem Objekt haben. Vielmehr wird das Gesamt- oder Teilfeld zum Bezugsfeld für die Einzelgegenstände, und zwar auf folgende Weise: Derjenige Farbanteil eines Gegenstandes, welcher auch im übrigen Feld durchgehend enthalten ist, spaltet sich ab; er wird als nicht mehr gegenstandsgebunden erlebt und der Beleuchtungsfarbe zugeschlagen (vgl. Versuche von *Metzger* und *Zöller*, 1971; *Zöller*, 1977).

Neben der erwähnten Formkonstanz und der Helligkeitskonstanz gibt es noch viele andere Konstanzphänomene, wie z. B. die Geräuschkonstanz, bei der wir Geräusche und Töne aus verschiedenen Entfernungen innerhalb weiter Grenzen annähernd gleich stark hören (*Katz*, 1969, S. 19).

Gäbe es diese Phänomene nicht, so könnten wir uns in der Außenwelt überhaupt nicht orientieren; es wäre schlicht unerträglich, wenn sich für uns z. B. die Form der Dinge dauernd ändern würde, wie es ja das Netzhautbild tatsächlich tut. Die Täuschungen helfen uns also, über die Eigenschaften der Dinge unserer Umgebung zutreffenden Bescheid zu erhalten.

Diese Tatbestände geben der Auffassung recht, daß ein wichtiges Kennzeichen des Organismus in dessen Streben nach Aufrechterhaltung seines Gleichgewichts im Sinne der Tendenz zur guten Gestalt zu sehen ist – hier verwirklicht durch die Wahrnehmung.

3.2. Denken

Insbesondere *Max Wertheimer* hat sich mit Problemen dieses Bereiches – und (wie sein Schüler K. Duncker, vgl. 1963) speziell mit dem produktiven Denken – befaßt, mit Fragen wie: „Was geschieht, wenn man denkt und dabei wirklich vorwärts kommt?", „Was sind dabei die entscheidenden Schritte?", „Wie kommen sie zustande?", „Woher kommt die Erleuchtung, der Geistesblitz?" (*Wertheimer*, 1964, Titelblatt). Er kam dabei zu folgenden Ergebnissen:

Bei dem Vorgang des produktiven Denkens handelt es sich um den Übergang von einer Situation, „in der der aktuelle Denkprozeß anläuft", in eine Situation – nach einer Reihe von Schritten –, „in welcher der Vorgang endet, und das Problem gelöst ist" (*Wertheimer*, 1964, S. 223). Dieser Vorgang geschieht durch Umstrukturierung des Denkmaterials. Er entspricht der Umformung einer Figur zu einer neuen.

Wertheimer betont die *Bezogenheit* der einzelnen Operationen auf die Eigentümlichkeiten der Gesamtsituation und ihre strukturelle dynamische Funktion innerhalb des Ganzen. Weiterhin betont er, daß Denkvorgänge „als Ganzes betrachtet nicht von der Art einer undsummenhaften Anhäufung (sind), eines bloßen Nacheinander von stückhaften Zufallsereignissen, in denen Bestandteile, Assoziationen auftreten, wie sie einem gerade in den Sinn kommen" (*Wertheimer*, 1964, S. 220), sondern daß sie eine in sich geschlossene Einheit, eine Gestalt, darstellen. Er führt das Zustandekommen des produktiven Denkprozesses auf die dynamischen Forderungen zurück, welche die strukturelle Unklarheit in der Ausgangssituation, in der ja noch ein ungelöstes Problem vorliegt, auslöst. Diese strukturelle Unklarheit strebt nach einer strukturellen *Berichtigung*. Und diese u. U. sehr stark ausgeprägte *Gerichtetheit* auf einen bestimmten Endzustand schließt nun Denkprozesse aus, „bei denen gewisse Schritte, gewisse Operationen, die aus verschiedenartigen Quellen kommen und in die verschiedensten Richtungen gehen, vielleicht doch auf einem zufälligen Zickzackweg zur Lösung führen" (1964, S. 224). Vielmehr ist die Entwicklung innerhalb des Denkprozesses „bestimmt durch das sogenannte Prägnanz-Prinzip, durch die Tendenz zur guten Gestalt, durch die verschiedenen Gestaltgesetze" (1964, S. 225). Dabei spielt das Gesetz der Zentrierung eine bedeutende Rolle.

Wertheimer untersuchte die Rolle der Zentrierung und damit auch der Umstrukturierung des Materials im Zusammenhang mit Syllogismen wie:

Alle Menschen sind sterblich.
Sokrates ist ein Mensch.
Also ist Sokrates sterblich.

Obwohl ihm gerade dieser klassische Syllogismus als leer und nichtssagend erscheint, ist er doch der Ansicht: „Die entscheidenden Merkmale und die Regeln sind dieselben für beide – für die etwas töricht wirkenden und für die wirklich sinnvollen" (S. 6/7): „Beispiele wirklicher Entdeckungen" (S. 6).

Aber fallen die Prämissen, die sinnvolle Schlüsse ermöglichen, vom Himmel?

„Was viele Logiker tun", sagt *Wertheimer* (S. 210, 211), „die Art wie sie denken, ist ungefähr so, wie wenn ein Mann, der ein Werk der Baukunst vor sich hat, ein prächtiges Gebäude, seine Aufmerksamkeit auf die einzelnen Steine konzentriert und auf die Art, wie sie der Maurer mit Mörtel verbunden hat. Was er am Ende hat, ist überhaupt nicht das Gebäude, sondern eine Übersicht über die Steine und ihre Verbindungen."

Für einen produktiven Denkprozeß reicht ein der formallogischen Seite der Syllogismen genügendes Vorgehen nicht aus.

„Die Technik der Axiome ist ein sehr brauchbares Werkzeug" (S. 211). Aber (*Wertheimer* bezieht sich hier auf „*Einstein:* Das Denken, das zur Relativitätstheorie führte", S. 194 ff.): „Die Axiome waren nicht der Anfang, sondern das Ergebnis dessen, was da vor sich ging ... – nachdem das eigentlich Wirkliche, die entscheidende Entdeckung schon stattgefunden hatte" (S. 212).

Die Voraussetzung für den produktiven Denkprozeß, der zu wesentlichen Axiomen führt, ist das Entstehen einer seelischen Spannung bei der Beschäftigung mit einem Problem. Diese Spannung, die auch als Spannung im Reizgegenstand selbst erlebt werden kann, drängt nach Ausgleich; dies bietet z. B. auch eine Erklärung dafür, daß *Newton*, der sich schon länger mit dem Problem fallender Körper auseinandergesetzt hatte, das Fallgesetz entdeckte, als er einen Apfel fallen sah (*Katz*, 1969, S. 101). Dieses Phänomen läßt sich als Zentrierung im Rahmen einer Figur-Grund-Beziehung auffassen.

Man sieht also, daß Gestaltgesetze als konkrete Erscheinungsformen der „Tendenz zur guten Gestalt" übertragbar sind auf den Vorgang des Denkens und daß man mit ihnen einiges erklären und herausstellen kann, was bisher fehlerhaft oder überhaupt nicht erklärt werden konnte. Ein Weiteres sei hier schon angedeutet: Die Persönlichkeit ist nicht faßbar unter der Voraussetzung eines Menschenbildes, das ausgeht von dem „Beliebigkeitssatz" und dem „Grundsatz der natürlichen Unordnung". Ein Beispiel für die negativen Auswirkungen der assoziationspsychologischen Ansicht über den Menschen und speziell das Denken ist die Art, in der das Denken bisher meist in den Schulen gelehrt wurde: Indem man das Sammeln und Rezipieren von Wissen in den Mittelpunkt stellte, wurden wesentliche produktive und kreative Fähigkeiten vernachlässigt und zum Teil sogar untergraben.

3.3. Lernen und Behalten

Bei der Theorie des Lernens hat ein ähnlicher Streit zwischen Assoziations- und Gestaltpsychologen stattgefunden wie bei der Theorie des Denkens. Hier geht es um die Frage, ob gelernt wird durch „Versuch und Irrtum", wie es z. B. *Thorndike* in seiner Konzeption vertritt (vgl. *Hilgard/Bower*, 1971, I., S. 260), oder ob Lernen durch „Einsicht" zustande kommt, wie es insbesondere *Köhler* und *Koffka* vertreten. Es handelt sich also wiederum um die grundsätzliche Streitfrage der „natürlichen Unordnung" oder „Beliebigkeit" einerseits und der „natürlichen Ordnung", der „Sachlichkeit", der „Gefordertheit der Lage" und der „Sinnhaftigkeit" andererseits.

Köhler stützt seinen Standpunkt auf Experimente, die er 1913 bis 1917 auf der Insel Teneriffa mit Menschenaffen durchgeführt hat (*Hilgard/Bower*, 1971; *Köhler*, 1921). Er konnte zeigen, wie erfolgreich Affen handelten, ohne daß sie erst den mühsamen Prozeß des Auslöschens von falschen und des Erwerbs von richtigen Verhaltensmustern durchlaufen mußten, wie sie es nach *Thorndike*s Theorie hätten tun müssen. Affen konnten Stöcke und Kisten als Werkzeuge verwenden, um z. B. eine an der Decke des Schimpansenkäfigs außer Reichweite der Tiere angebrachte Banane zu erreichen; sie konnten sich gelegentlich durchaus von dem Ziel ihrer Aktivität – dem Erreichen der Banane – abwenden, um sich den Mitteln zur Erreichung dieses Ziels – den Stöcken und Kisten – zu widmen. Dieses *Umweg-Merkmal* ist nach *Köhlers* Ansicht eines der wichtigsten Merkmale einsichtigen Verhaltens.

Ebenso wie bei der Theorie des Denkens wenden die Gestaltpsychologen auch hier wieder das Prägnanzgesetz und die Gestaltgesetze an, die im Bereich der Wahrnehmung zuerst ermittelt wurden. Sie sind der Ansicht, daß analog zu der Wahrnehmung – bei der sich der Wahrnehmungsgegenstand auch nicht aus lauter Empfindungselementen zusammensetzt, die durch Assoziationen verbunden sein sollen – der Lernprozeß auch nicht aus einzelnen Reflexen besteht und durch blindes Probieren vor sich geht, sondern daß der Organismus sich dabei in einer Problemsituation befindet, durch die und in der die Tendenz wirksam wird, dieses Problem möglichst sinnvoll zu lösen, d.h. die Situation im Rahmen der herrschenden Bedingungen in Richtung auf einen prägnanteren Zustand hin zu verändern; und eben dies meint das Prägnanzgesetz in dem von *Wertheimer* 1923 formulierten Sinn (vgl. *Hilgard/Bower,* 1971, I., S. 265).

Im folgenden sei nun ein Beispiel für die Anwendbarkeit spezieller Gestaltgesetze auf das Lernen dargestellt.

Das Gesetz der Ähnlichkeit (S. 265): Es wurde wie die anderen Lerngesetze von *Wertheimer* formuliert und besagt, daß bei ähnlichen Objekten (etwa von gleicher Form oder gleicher Farbe) oder ähnlichen Übergängen (etwa gleichen Abständen zwischen den Objekten) die Neigung besteht, in der Wahrnehmung Gruppen entstehen zu lassen. In einer Versuchsreihe mit sinnlosen Silben, zweiziffrigen Zahlen und sinnlosen zweidimensionalen Figuren zeigte *Köhler* recht schlüssig, daß ähnliche (homogene) Paare wesentlich besser gelernt werden als unähnliche (heterogene) Paare.

Homogene Paare fallen unter das Gesetz der Ähnlichkeit. Nach *Köhler* sprechen diese Ergebnisse nicht für eine einfache Assoziationstheorie. Er führt sie vielmehr auf eine *Wechselwirkung* zurück, die statt einer bloßen, sinnlosen *Verbindung* zwischen ähnlichen Objekten eine einheitliche Gedächtnisspur hervorbringt. Diese Wechselwirkung und die daraus entstehende Gedächtnisspur kommen dadurch zustande, daß die gemeinsamen Elemente der homogenen Paare von dem Menschen erfaßt werden und so miteinander in Verbindung treten können und ihre Kopplung einen Sinn ergibt; und dies bedeutet, daß für das Lernen der Paare weder die Kontiguität noch die Verstärkung (im Sinne der Wiederholung) hinreichende Bedingungen sind.

Entsprechende Ergebnisse gibt es für das „Gesetz der Nähe", der „Umschlossenheit" und der „guten Fortsetzung". Bei jedem dieser Gesetze läßt sich die Anwendbarkeit auf das Lernen zeigen (S. 267).

Dadurch, daß die Wirksamkeit solcher Gesetze gezeigt werden konnte, wurden die Verknüpfungstheorien wie die Assoziationstheorie und die Konditionierungstheorie, bei denen das „Öfter-zusammen-dagewesen-Sein" oder die „Belohnung" im Sinne eines sachfremden Klebstoffs (*Metzger*, 1975) als hinreichende Bedingungen für das Zusammenhaften angesehen werden, ad absurdum geführt.

Die Rolle des Mechanischen, des Beliebigen, des Sachfremden und des Zufälligen in den behavioristischen Theorien wird besonders deutlich, wenn man sieht, welche Bedeutung der Belohnung für das Verknüpfen beigemessen wird.

Bei dieser Belohnung ist es völlig unwesentlich, ob sie in sachlichem Zusammenhang mit dem geforderten Verhalten steht, ob sie eine logische Folgerung daraus ist oder ob sie völlig zufällig ist. Entscheidend ist die Annehmlichkeit, die unmittelbar nach der geforderten Handlung, einerlei warum, empfunden wird.

Im Gegensatz dazu (vgl. neben *Metzger*, 1963, 1975 usw.; *Köhler*, 1968 und anderen klassischen Gestaltpsychologen auch *Guss*, 1975) steht der gestaltpsychologische Ansatz, indem er Sachverhalten, denen die Behavioristen keine Beachtung schenken, besondere Bedeutung beimißt wie: dem sachlichen Zueinander, der wechselseitigen Gefordertheit, der Verträglichkeit oder der Unverträglichkeit. Unter diesem Gesichtspunkt werden bemerkenswerte Zusammenhänge sichtbar: Es zeigt sich z.B., daß ein Zusammenhang besteht zwischen der Leichtigkeit des Zustandekommens dieser Verbindungen, ihrer Dauerhaftigkeit und dem Ausmaß ihrer Anfälligkeit gegenüber Störungen. Bei dieser ganzheitlichen Betrachtungsweise – bei Berücksichtigung der Gesamtbedingungslage – zeigt sich die Wirksamkeit der Gestaltgesetze und die „Tendenz zur guten Gestalt" auch beim Lernen und es wird wiederum erkennbar, daß die Gestalttheorie Verhalten und Handeln als Tätigkeiten des autonomen Menschen begreift und erklärt.

Weiterhin wird in der gestalttheoretischen Auffassung die Rolle der *Vorerfahrung* stark relativiert. Es wird auch hier die Meinung vertreten, daß man psychologische Prozesse als Funktion des aktuellen Feldes und der aktuellen Situation zu betrachten hat. Gleichzeitig wird aber die Bedeutung der Erfahrung nicht unterschätzt. *Koffka* meint dazu (1935, S. 639; vgl. *Hilgard/Bower*, 1971, S. 268):

„Man muß wohl nicht besonders darauf hinweisen, daß eine antiempirische Haltung keineswegs einer Leugnung des enormen Wertes der Erfahrung gleichkommt. Unsere Gegnerschaft leitet sich nicht daraus her, *daß* er (der Empirist; hjw) vom Erfahrungsbegriff Gebrauch macht, sondern daraus, *wie* er ihn verwendet."

Koffka entwickelte in diesem Zusammenhang die Spurentheorie des Gedächtnisses (1935, S. 423–528): Es wird eine von einer vorausgegangenen Erfahrung herrührende Spur angenommen, die die Vergangenheit in der Gegenwart repräsentiert, und es wird ein aktueller Prozeß angenommen, der mit dieser Spur in Verbindung tritt, wodurch ein neuer Prozeß des Wiedererkennens oder der Reproduktion entsteht (vgl. *Lewins* „Zeitperspektive", Teil II). Das Spurensystem ist nach den Gestaltgesetzen organisiert und ist Veränderungen ausgesetzt, die dem Prägnanzgesetz folgen. Solche systematischen Veränderungen ließen sich von *Sorge, Wulff* und *Hartgenbusch* (*Hilgard/Bower,* 1971, S. 269; auch *Rausch:* Vorlesungsskript; siehe insbesondere auch *Köhler,* 1968, S. 168 ff.) nachweisen: die *Nivellierung* (dazu gehört die Symmetrisierung) und die *Pointierung.* Solche und ähnliche Ergebnisse sprechen gegen eine Theorie, „die lediglich behauptet, daß Verbindungen mit fortschreitender Zeit schwächer oder durch neues Lernen beeinträchtigt werden" (*Hilgard/Bower,* 1971, S. 269), wie sie die Assoziationspsychologen vertreten.

Man sieht also auch beim Lernen und gerade beim Lernen, das ja bei den milieutheoretisch eingestellten Behavioristen eine wichtige oder sogar die wichtigste Rolle für den Menschen spielt, daß der Mensch eben nicht alles lernt, was von außen an ihn herangetragen wird, sondern daß Sinn- und Sachbezogenheit, wie *Köhler* sie in dem Konzept der „Gefordertheit" zusammenfaßt (1968), von entscheidender Bedeutung sind.

Die umfassendste Erörterung des mit dem bisher schon mehrfach verwendeten und für alle hier behandelten Forschungsbereiche gleichermaßen wichtigen Begriff der „Gefordertheit" umschriebenen Sachverhaltes stammt von *Köhler* (1968). Sein Verdienst besteht insbesondere in der überzeugenden Begründung dafür, daß, obwohl „Gefordertheit" stets ein Phänomen innerhalb der subjektiven Welt eines Menschen ist, diese „subjektive Gefordertheit" „Gefordertheiten" in der physikalischen Welt (z. B. Vorgängen im neuralen Substrat) isomorph sind (vgl. S. 18). Dementsprechend gibt es für ihn wie in der phänomenalen (subjektiven) Welt auch in der physikalischen (transphänomenalen) Welt nicht nur „Tatsachen", sondern auch „Werte". Korrelate von „Gefordertheiten" sind in der physikalischen Welt „Kräfte".

„Die *Kräfte* eines physikalischen Zusammenhangs behalten den Status dieses Zusammenhangs, die Konfiguration und die Beschaffenheit seiner Teile bei, wenn seine Konstitution ein Gleichgewicht darstellt. Wenn ein Zusammenhang nicht im Gleichgewicht ist, so üben seine Kräfte einen Druck in Richtung auf das Gleichgewicht aus. Andererseits widersetzen sich Kräfte solchen Änderungen, die vom Gleichgewicht fortführen.

So ähneln sich Gefordertheit und Kräfte. ... Beide sind ‚positiv' oder ‚negativ' im Hinblick auf den Status der bestimmten Zusammenhänge, in denen sie auftreten. In diesem Sinne liegt in beiden etwas, was ‚bloße' Tatsachen nicht aufweisen. Genauer, es besteht eine Entsprechung zwischen der endgültigen Akzeptierung im Falle der Gefordertheit und der Aufrechterhaltung eines Gleichgewichts im Falle der Kräfte. Ebenfalls liegt eine Entsprechung vor zwischen der positiv fordernden Beschaffenheit der Gefordertheit, die auf vollständiger akzeptierbare Zustände der *phänomenalen* Zusammenhänge abzielt, und der positiven Tendenz der Kräfte, die auf vollständige ausgeglichene *physikalische* Konfigurationen abzielen" (S. 249).

Köhler sagt weiter:

„Ich will nur darauf hinweisen, daß prinzipiell ein Korrelat (im Physikalisch-physiologischen; hjw) der ‚subjektiven' Gefordertheit gedacht werden kann und daß diese Rolle nur von einer einzigen Klasse physikalischer Fakten übernommen werden kann, nämlich von der Klasse der Kräfte. Wenn Kräfte die neuralen Gegenstücke der ‚subjektiven' Gefordertheit sind, so nehmen sie denselben Ort im Korrelat der gegebenen Situation ein, wie ihn die ‚Akzeptierung' und ‚Anziehung' in dieser phänomenalen Situation selbst einnehmen. Mit anderen Worten, diese Kräfte entsprechen in isomorpher Weise der ‚subjektiven' Gefordertheit" (S. 255).

Zur Veranschaulichung sei daran die pointierte Feststellung geknüpft: „Subjektive Gefordertheit" ist nicht nur Gegenstück neuraler Kräfte, sondern setzt sich stets auch wieder in neurale Kräfte um – und der Mensch könnte in dieser Welt wohl kaum leben, wenn die von ihm ausgehenden in physikalischem Sinne auf die physikalische Welt einwirkenden Kräfte nicht in bezug auf seine „subjektive Gefordertheit", von der sie ausgehen, „sinnvoll" auf die physikalische Welt einwirkten.

Köhler geht dann auch noch ein auf das wissenschaftliche Mißtrauen,

„als ob jede menschliche Zutat in der Naturwissenschaft notwendigerweise eine subjektive Verfälschung der objektiven Wahrheit bedeuten müßte ... aber folgt daraus, daß alle Qualitäten der menschlichen, d.h. der phänomenalen Welt unbeachtet bleiben müssen? Eine solche Forderung könnte nur dann ernstlich in Betracht gezogen werden, wenn es eine bewiesene Tatsache wäre, daß zwischen der phänomenalen Welt und der physikalischen Wirklichkeit keinerlei Ähnlichkeit bestehen kann. ... Es gibt keine andere letzte Quelle für die Begriffe der Physik als die phänomenale Welt. Außerdem macht die bloße Tatsache, daß ein Begriff aus phänomenalen Befunden hergeleitet ist, ihn noch nicht zu einem anthropomorphistischen Begriff. ... Ist es ‚Geozentrismus', anzunehmen, daß z.B. chemisch alle anderen Objekte der Astronomie der Erde in beträchtlichem Maße ähneln? Ebenso gibt es a priori keinen Grund, warum bestimmte Aspekte der phänomenalen Welt keine Gegenstücke in der physikalischen Welt haben sollen. ... Es ist ohne Nutzen, zu fordern, daß der Mensch entfernt wird aus dem Prozeß, der zu physikalischem Wissen führt. Er kann nicht entfernt werden ... Wenn ... die menschliche Erfahrung und die physikalischen Tatbestände manche Grundeigenschaften gemeinsam haben, dann kann die Physik experimentelle oder menschliche Begriffe gebrauchen und wird doch immer eine objektive Wissenschaft sein" (S. 267/268/269).

Bevor *Köhler* hier zur Erläuterung des Konzepts der Gefordertheit zu Wort kam, wurde schon darauf hingewiesen, daß dieses Konzept nicht nur für den Bereich des Lernens und Behaltens (der Spurentheorie zum Beispiel, auf die *Köhler* ebenfalls explizit eingeht; 1968, S. 186 ff.), sondern ebenso für die anderen hier behandelten Forschungsbereiche wie Wahrnehmung und Denken, aber auch den noch im folgenden zu behandelnden Bereich der Affekte von Bedeutung ist. Vor allem sind die hier zuletzt wiedergegebenen *Köhler*-Zitate eine wesentliche Ergänzung in bezug auf die Behandlung der Frage nach der Bedeutung der gestalttheoretischen Sichtweise für die wissenschaftliche Forschung (vgl. 1.2, S. 15 ff.).

3.4. Willens- und Affektpsychologie

Der gestalttheoretische Beitrag zur Willens- und Affektpsychologie ist vor allem *Kurt Lewin* und seinen Schülern zu verdanken, deren Mut, sich an diese als besonders schwer untersuchbar geltenden Bereiche heranzuwagen, sich mit bemerkenswertem Einfallsreichtum im Hinblick auf die Herstellung experimenteller Situationen paarte.

3.4.1. Willenspsychologie und die Tendenz zur Wiederaufnahme unerledigter Handlungen

Lewin knüpft nach eigener Darstellung an die experimentelle Untersuchung der Willensprozesse durch *N. Ach* (1905) an. Er kritisiert, daß *Ach* das Willenserlebnis als Erlebnis sui generis, unabhängig von anderen seelischen Phänomenen, angesehen habe. Es erschien ihm als unzureichend, die Kritik an den elementen- und assoziationspsychologischen Vorstellungen darauf zu beschränken, deren Paradigma jeglicher psychischer Kraft – das wiederholte Zusammendagewesensein etwa bestimmter Handlungsabfolgen – als „Gewohnheit" zu klassifizieren und der auf solcher Gewohnheit basierenden Verhaltenstendenz einen „Willen" gegenüberzustellen, dessen Stärke (als Verhaltenstendenz) von der Intensität des Vornahmeaktes abhängt.

Lewin akzeptiert weder das hier skizzierte Verständnis der „Gewohnheit", noch das des „Willens" (*Lewin,* 1970, S. 8). Er belegt, daß Wiederholungen zwar zu der Fähigkeit führen, gewisse Handlungen in bestimmter Folge ausführen zu können, daß sie aber keinen Zwang und keine Tendenz setzen, die wiederholte Handlungsfolge auch durchzuführen. Entscheidend für das Auftreten dieser gekoppelten Handlungsfolge ist vielmehr, daß sie unselbständiger Bestandteil eines relativ einheitlichen Handlungsganzen ist. Soll die Gewohnheitshandlung erfolgen, so muß das Handlungsganze dem ähnlich sein, in dem sie erlernt wurde (*Lewin,* 1970, S. 9).

Aus den Experimenten dazu muß nach *Lewin* gefolgert werden, daß innerhalb der Gewohnheiten die eigentlichen Triebgewohnheiten (wie Trinken, Rauchen) von den bloßen Ausführungsgewohnheiten (z. B. Herunterdrücken einer Türklinke) zu unterscheiden sind (*Lewin,* 1922; nach *Lewin,* 1970, S. 10). Die Triebgewohnheiten sind wirkliche Triebquellen, d. h. es handelt sich um seelische Spannungsquellen von der Struktur der Bedürfnisse; deren Befriedigung wurde fixiert an bestimmte Befriedigungsmittel. Im Gegensatz dazu handelt es sich bei Ausführungsgewohnheiten um keine selbständigen Energiequellen. Vielmehr ist anzunehmen, daß ihr Auftreten zustande kommt durch dahinterstehende akute Spannungen, die häufig umfassendere Willensziele sind (1970, S. 10).

Lewin zeigte also, daß es unumgänglich ist, dynamische Ganzheitsbegriffe einzuführen und die dynamischen Kräfte und Energien der seelischen Vorgänge zu untersuchen.

Ein weiteres Ergebnis *Lewins* war, daß man den Willen nicht als ein einheitliches psychisches Faktum z. B. *dem* Trieb oder *dem* Verstand entgegenstellen kann, sondern verschieden gelagerte Fakten und Probleme als zum Willen gehörig bezeichnet werden müssen, und daß die Untersuchung des Willens gleichzeitig eine Untersuchung der seelischen Kräfte und von deren Gesetzmäßigkeiten sein muß.

Bei dieser Untersuchung sind folgende Ergebnisse wesentlich gewesen: Die Wirksamkeit des Willens und das Ausführen einer Vornahme hängt nicht von der Intensität des Vornahmeerlebnisses ab, sondern das Wesentliche einer Vornahme ist ihre Wirkung hinsichtlich des Entstehens „seelischer Spannungssysteme" (Quasibedürfnisse) und hinsichtlich der Umschichtung der seelisch-dynamischen Verhältnisse (*Lewin,* 1970, S. 12f.), die ein bestimmtes Verhalten stringent machen. Die Umstrukturierung der seelischen Systeme ist im wesentlichen abhängig von der äußeren und der inneren dynamischen Situation.

Ein Beispiel dafür liefert *Ovsiankina* (1928 nach *Lewin,* 1970, S. 13): Unterbricht man eine Vp. bei der Ausführung einer auf ein bestimmtes Ziel gerichteten Vornahmehandlung, so zeigt sich nach Beenden der Zwischenhandlung eine außerordentlich starke Wiederaufnahmetendenz, die auch wirksam ist, wenn die Wiederaufnahme der Handlung vom Versuchsleiter nicht gewünscht wird. Es zeigt sich hier das Wirksamwerden des bedürfnisartigen Spannungssystems, das zur Erledigung der Aufgabe drängt. Die Wirksamkeit solcher Spannungssysteme ist wiederum abhängig von der Struktur der vorliegenden Handlungsganzheiten. Ein entsprechender Sachverhalt liegt beim Behalten unbeendeter Aufgaben vor (*Zeigarnik*, 1927).

Der Sachverhalt ist unter dem Namen *Zeigarnik*-Effekt in die wissenschaftliche Literatur eingegangen. Nur einmal fand ich ihn als *Ovsiankina*-Effekt bezeichnet (*Heckhausen*, 1969, S. 148 ff.), was insofern angemessener ist, als *Ovsiankina* die „Tendenz zur Wiederaufnahme" (in anschaulichem Sinne verstanden) unterbrochener Handlungen unmittelbarer und mit einer weniger als die *Zeigarnik*s mit Unklarheiten behafteten Versuchsanordnung nachgewiesen hat. Gerade wegen der sie zu Widersprüchlichkeiten in ihrer Interpretation führenden Unklarheit ihrer Versuchsanordnung ist es jedoch zu zahlreichen Überprüfungen des *Zeigarnik*-Effektes gekommen; dies hat zu neuen Widersprüchen und Mißverständnissen geführt, aber auch zu einem immer tieferen Verständnis des Phänomens. Deshalb sei der *Zeigarnik*-Effekt ausführlicher erörtert:

Dieser Effekt bestand darin, daß von einer Anzahl von Aufgaben, die Versuchspersonen zur Lösung vorgelegt wurden, diejenigen selbst nach längerer Zeit noch reproduziert wurden, die nicht hatten gelöst werden können, weil der Vl. mit der Aufforderung unterbrochen hatte, zur nächsten Aufgabe überzugehen. *Zeigarnik* hatte daran die Theorie geknüpft, daß die mit der Übernahme einer Aufgabe entstandene Vornahme zur Lösung der Aufgabe im Sinne einer Spannung weiterwirke, die erst mit der Lösung der Aufgabe verschwinde; allgemein gesagt: Unerledigte Handlungen bleiben deshalb im Gedächtnis haften, weil ein primäres Bedürfnis nach Erledigung zur bewußten oder unbewußten Weiterbeschäftigung mit der einmal begonnenen Handlung führt.

In zahlreichen Nachuntersuchungen mit den verschiedensten Versuchsanordnungen ergab sich nun eine Reihe von Widersprüchen. Zwar stellte sich tatsächlich öfter der *Zeigarnik*-Effekt ein, gelegentlich ergab sich jedoch der umgekehrte *Zeigarnik*-Effekt, d. h. die gelösten Aufgaben wurden besser behalten. Und schließlich konnte des öfteren gar kein Unterschied im Behalten von gelösten und ungelösten Aufgaben festgestellt werden. Das damit verbundene heillose Durcheinander verschiedener Ergebnisse und Interpretationen konnte *Junker* (1960) aufklären, indem sie nachwies, daß es sich beim Zustandekommen des Z(eigarnik)-Effekts keineswegs um ein in sich selbständiges Bedürfnis nach Erledigung von Begonnenem handelt – dann hätte das Ganze der Verwirklichung eines einfachen Figur-

Grund-Verhältnisses entsprochen –, sondern daß es sich vielmehr um ein mehrfach in sich *gestaffeltes* Figur-Grund-Verhältnis handelt, indem sich je nach Beschaffenheit des einen oder anderen Faktors einmal ein Z-Effekt, einmal ein umgekehrter Z-Effekt und einmal gar kein Z-Effekt einstellt.

Nach *Junker* ist Voraussetzung für den Z-Effekt ebenso wie für den umgekehrten Z-Effekt, daß die eigene Leistung einer Vp. in den Bereich der Ich-Nähe gerückt erscheint – das ist dann der Fall, wenn ihr Selbstwertbewußtsein bzw. übergeordnete persönliche Ziele von dieser Leistung beeinflußt werden – und es dadurch zu Erfolgs- und/oder Mißerfolgserlebnissen kommt. Unter den Aufgaben, die in der sozialen Situation des wissenschaftlichen psychologischen Experiments das Bedürfnis wachrufen, sie richtig zu lösen, heben sich *dann* die nicht richtig gelösten heraus, d. h. bilden sie als singuläre Glieder eine Figur auf dem homogenen Grund der richtig gelösten Aufgaben, *wenn erwartet wurde, daß alle richtig gelöst werden konnten.*

Wenn der Anspruch niedriger ist und daher nicht mit der Erwartung verknüpft ist, die Aufgaben richtig zu lösen, erlebt die Vp. die richtig gelösten Aufgaben als Ausnahmen: Sie bilden eine Figur auf dem Hintergrund der erwartungsgemäß nicht richtig gelösten Aufgaben, was zur Folge hat, daß sie sich in der Erinnerung hervorheben.

Daß gleichviel richtig wie unrichtig gelöste Aufgaben zur Figur werden, kann dadurch eintreten, daß sich der Anspruch während des Versuchs ändert und damit ein Figur-Grund-Wechsel eintritt (was schwer kontrollierbar ist). Diese dritte Möglichkeit kann aber auch dadurch auftreten, daß von vornherein das Selbstwertbewußtsein gar nicht tangiert war, Gleichgültigkeit bestand und die Lösung der Aufgabe gar nicht ernsthaft angestrebt wurde*).

Die Aufklärungsarbeit *Junkers* hätte sich erübrigt, die in der wissenschaftlichen Literatur von *Zeigarnik* ausgelöste Verwirrung hätte vermieden werden können, wenn *Zeigarnik* bei der Interpretation ihrer Befunde dem Faktor „Ich-Nähe" mehr Aufmerksamkeit geschenkt hätte und damit dem Anspruch ihres Lehrers *Lewin* im Hinblick auf präzise Analyse und Definition der hinter einem Quasi-Bedürfnis stehenden echten Bedürfnisse gerecht geworden wäre, wie ihn folgende Sätze kennzeichnen (*Lewin,* 1926):

---

*) Das Entscheidende im Versuch *Zeigarniks* ist also tatsächlich in den Versuchen *Ovsiankinas* trotz einfacherer experimenteller Prozedur enthalten: Als „unerledigt" *Wahrgenommenes* wirkt weiter im Sinne einer „Tendenz zur Erledigung".

„Die durch den Vornehmeakt gesetzten Spannungen und Aufforderungscharaktere sind ja nichts Ursprüngliches. Sie entstehen aufgrund irgendwelcher echten Bedürfnisse ... und das Quasi-Bedürfnis bleibt auch nach seinem Entstehen weiterhin in Kommunikation mit einem Komplex solcher als echte Bedürfnisse vorhandenen Spannungen ... Die ‚echten' Bedürfnisse sind einmal diejenigen, aus denen die Vornahmen selbst erwachsen sind, ... daneben machen sich nicht selten bei der Durchführung Spannungen und Kräfte bemerkbar, die beim Zustandekommen der Vornahme selbst gar nicht oder wenig mitgewirkt haben. Ein recht häufiger Fall ist der, daß, wenn einmal die Vornahme gefaßt oder die Handlung eingeleitet ist, nunmehr die ‚ganze Person' engagiert und damit eine Kommunikation mit Spannungen hergestellt ist, die mit dem ‚Selbstbewußtsein' und der ‚Angst vor Minderwertigkeit' zusammenhängen."

3.4.2. Erfolg, Mißerfolg und Anspruchsniveau

Im Jahr 1930 führte *Hoppe* die grundlegende Untersuchung über das Anspruchsniveau (AN) durch. „Der Begriff des AN gehört heute längst zu den gesicherten Grundtatsachen jeder Persönlichkeitspsychologie, da er das innere Zielsetzungsverhalten des Menschen (mit seinen ich- und sachbezogenen Wertungen) und die steuernde Dynamik seines Ich, die von der Forschung bislang so sehr vernachlässigt wurde, einem tieferen Verständnis entgegengeführt" (*Heckhausen*, 1974, S. 6).

Hoppe (1930) gelangte bei seiner Untersuchung zu folgenden Fragestellungen und Ergebnissen:

1. Wonach richtet es sich, ob eine Vp. ein Erfolgs- oder ein Mißerfolgserlebnis hat?

Diese Frage entstand durch die Beobachtung, daß Vpn. auch bei einem objektiven Erfolg kein Erfolgserlebnis hatten und der Folgerung daraus, daß Erfolgs- und Mißerfolgserlebnisse nicht fest mit bestimmten Leistungen verknüpft sind. *Hoppe* fand nun heraus, daß das Erlebnis des Erfolgs oder des Mißerfolgs abhängig ist von einer vorausgegangenen Zielsetzung der Vp., einem Bezugssystem – dem AN. Liegt eine Leistung über dem AN, so entsteht ein Erfolgserlebnis; liegt sie unter dem AN, so entsteht ein Mißerfolgserlebnis (Figur-Grund-Verhältnis).

2. Welche Bedingungen liegen der Verschiebung des AN zugrunde?

Diese Frage wurde durch folgenden beobachteten Sachverhalt angeregt: Hatten die Vpn. einen Erfolg erzielt, erhöhten sie ihr AN; nach Mißerfolgen senkten sie es. Gleich blieb es nur dann, wenn die Erfolge oder Mißerfolge nur „halbe" Erfolge oder Mißerfolge waren oder als zufällig betrachtet wurden. Es war aber auch möglich, daß die Vpn. die Handlung plötzlich abbrachen, wenn sie einen plötzlichen Erfolg erzielt hatten. Klärend wirkte in diesem Zusammenhang *Hoppes* Unterscheidung zwischen Realziel und Idealziel, wobei das Realziel objektiv gesehen die Zielhöhe oder das Aufgabenniveau darstellt, außerdem phänomenal variabel ist und mit dem AN korreliert – im Gegensatz zum Idealziel, das nicht variabel und verschiebbar ist. Das Idealziel steht hinter dem Realziel und ändert seinen Realitätsgehalt in Abhängigkeit von der Höhe des erreichten Realziels. Durch dieses übergreifende Willensziel – ein umfassendes Spannungssystem – läßt sich die „positive Zieldiskrepanz", d.i. die Erhöhung des AN nach Erfolg (Differenz zwischen ursprünglichem und neuem AN) erklären. Warum aber nach einem Erfolg die Handlung abgebrochen wird, ist hiermit z.B. nicht erklärt.

Weiter geklärt wurden diese Phänomene durch die Einführung des Begriffes „Ich-Niveau", der das Selbstbewußtsein, das Wert- und Geltungsbewußtsein umfaßt.

Das Gesamtverhalten zeigt, daß Erfolg und Mißerfolg eine unmittelbare Beziehung zum zentralen „Ich" der Vp. haben. Diese Beziehung manifestiert sich in der Tendenz der Vp., Mißerfolge äußeren Umständen zuzuschieben oder den Vl. zu betrügen. Diese Betrugsversuche weisen darauf hin, daß die Beziehung zwischen Ich und Umwelt von wesentlicher Bedeutung für die Verschiebung des AN ist und daß Erfolge wesentlich im Hinblick auf die eigene Person als einem sozialen Wesen gewertet werden. Es besteht also eine dynamische Beziehung zwischen dem *AN* für die jeweilige Aufgabe und einem über die Aufgabe hinausgehenden – auf der eigenen Person als sozialem Wesen beruhenden – *Ich-Niveau* und der *Tendenz*, das Ich-Niveau möglichst hoch zu halten. Diese Tendenz ist eine entscheidende Grundlage für das Verschiebungsgesetz des AN und zeigt sich sowohl in dem Bestreben, Mißerfolge zu vermeiden, was u.U. zu einer Herabsetzung des AN führt, als auch in der Tendenz, Erfolge bei möglichst hohem AN zu erzielen, was u.U. zu einer positiven Zieldiskrepanz führt.

Nun kann auch das Abbrechen einer Handlung erklärt werden: Es entsteht durch Angst vor einem Mißerfolg und dem Bedürfnis, den Erfolg, der erzielt wurde, nicht zu verspielen.

Diese beiden Bestrebungen – Vermeidung von Mißerfolg und Erreichen von Erfolg bei möglichst hohem AN – führen zu einer Konfliktsituation, die die Grundsituation darstellt für die Verschiebung des AN.

3.4.3. Kognitive Dissonanz und Einstellungsänderungen

Erwähnenswert ist in diesem Zusammenhang der Motivationsforschung auch die Theorie der „kognitiven Dissonanz" von *Leon Festinger,* einem Schüler *Lewin*s.

Nach *Festinger* (1957, nach *Heckhausen,* 1974, S. 63) besteht zwischen kognitiven Inhalten (Überzeugungen, Wissenselemente) eine Dissonanz, wenn das Gegenteil eines Inhalts aus einem anderen folgt. Diese Widersprüchlichkeit führt in einem allgemeinen Sinne generell zu einem Zustand des Motiviertseins, insofern als man nämlich versucht, die Dissonanz zu vermindern oder zu beseitigen. So sind Rauchen und die Gefahren des Lungenkrebses z. B. dissonant für einen Raucher. Gerät ein Raucher nun dadurch in einen Konflikt, ob er weiterrauchen soll oder nicht, so kann er die Dissonanz dadurch verringern, daß er die Attraktivität des Rauchens erhöht und die Gefahren bagatellisiert – oder umgekehrt.

Janis und *Feshbach* (1953; deutsch: 1973) untersuchten im Rahmen der Dissonanztheorie von *Festinger* die Möglichkeit der Einstellungsänderung durch Erzeugung von Furcht. Mit drei in verschiedenem Maße furchterregenden, die gleichen Sachverhalte vermittelnden Informationsmethoden wurde Schülern die Wichtigkeit der richtigen täglichen Zahnpflege dargestellt:

1. Starker Angstappell; die schädlichen Folgen von Karies, Zahnfleischerkrankungen und anderen Gefahren ungenügender Zahnpflege wurden betont.
2. Mäßiger Angstappell; dieselben Gefahren wurden weniger drastisch und sachlicher dargestellt.
3. Schwacher Appell; es wurde kaum auf die Folgen der Vernachlässigung angespielt; die angsterregenden Ausführungen wurden durch relativ neutrale Informationen über Wachstum und Funktion der Zähne ersetzt (S. 227).

Zur Kontrolle der Appellwirkung wurde überprüft, wie gründlich und häufig sich die Schüler daraufhin die Zähne putzten, ob sie die empfohlene Zahnbürste benutzten und ob sie zum Zahnarzt gingen.

Eine Kontrollgruppe, der keine Furcht induziert worden war, zeigte keine Verhaltensänderung. *Die stärkste Wirkung* konnten die Autoren bei minimaler Furcht (Methode 3), die geringste bei maximaler Furcht (Methode 1) feststellen.

In einer zweiten Versuchsphase wurde die Wirkung einer Gegendarstellung bei beiden Vpn.-Gruppen überprüft (die Wichtigkeit des Zähneputzens wird dementiert).

Ergebnisse: Geringster Effekt bei früher minimaler „Furcht", größter Effekt bei früher maximaler „Furcht".

Die größte Wirkung hat das Informationsverfahren, das die geringste kognitive Dissonanz (die aber nicht = 0 ist) bewirkt. Kognitive Dissonanz berechnet sich nach der theoretischen Formel:

$$K.D. = \frac{\text{Zahl der gewichteten Dissonanzelemente = von der bisherigen Einstellung und dem bisherigen Verhalten abweichende Informationsdaten}}{\text{Zahl der gewichteten Dissonanzelemente = der bisherigen Einstellung und dem bisherigen Verhalten entsprechende Informationsdaten}}$$

Kognitive Dissonanz läßt sich also als der Grad auffassen, in dem eine Erfahrung, eine Information usw. von der bisherigen Erfahrung und dem bisherigen Wissen abweicht. Für die Vp. wurde anscheinend die Information, die die geringste kognitive Dissonanz (die jedoch nicht = 0 war) setzte, zur prägnantesten Figur auf dem Grund ihres bisherigen Verhaltens und ihrer bisherigen Einstellung und damit verhaltenswirksam.

Man möge sich daran erinnern, daß *Metzger* das Figur-Grund-Verhältnis als Verhältnis zwischen Bezogenem und seinem Bezugssystem auffaßt (vgl. auch Variabilität und Konstanz nach *Rausch*, S. 26ff.); man kann deshalb auch sagen: Je besser neue Erfahrungen und Informationen dem schon bestehenden Bezugssystem einer Person entsprechen (ohne mit den darin eingeordneten identisch zu sein), desto nachdrücklicher zeichnen sie sich im Bewußtsein der Person ab*) und desto wirksamer verändern sie das alte Bezugssystem.

3.4.4. Wut und Ärger

Gleich zu Anfang der Darstellung ihrer Untersuchungen über Wut und Ärger zitiert *Dembo* (1931, S. 3) im Zusammenhang mit der bisherigen Untersuchung der Affekte *James* (1909):

„Das Schlimme an der Psychologie der Gemütsbewegungen ist, daß man sie viel zu sehr als absolut individuelle Dinge betrachtet. Solange sie, wie die alten, unveränderlichen Spezies der Naturgeschichte, als ebenso viele und geheiligte Wesenheiten bestimmt werden, solange kann man weiter nichts mit ihnen anfangen, als ihre einzelnen Merkmale, Ausgangspunkte und Wirkungen ehr-

---

*) Dies entspricht übrigens der Erfahrung bei der Konstruktion von Einstellungstests mit Hilfe von Experten bei der „Methode der gleicherscheinenden Intervalle", was zu der Hypothese veranlassen kann: Kritikfähigkeit ist eine Funktion der „kognitiven Dissonanz".

furchtsvoll zu katalogisieren. Betrachten wir sie als Produkte allgemeiner Ursachen, dann sinkt dieses Unterscheiden und Verzeichnen zu einer nebensächlichen Angelegenheit herab."

Was *Dembo* mit diesem Zitat sagen will und was sie später auch noch sagt, ist, daß man mit dem früher üblichen Klassifizieren der Gefühle nicht mehr auskommt und daß es gerade in diesem Zusammenhang der Gefühle wichtig ist, den Gesetzesbegriff *Lewins* zu gebrauchen.

„Gerade bei solch spezifisch individuellen, einmaligen und kaum wiederholbaren Vorgängen wie den Affekten ist es offensichtlich, daß der Aufstieg zu einer abstrakten Durchschnittsallgemeinheit der Gefahr der Banalität und Oberflächlichkeit oder geradezu Unrichtigkeiten kaum entgehen kann. Erst die prinzipielle Abkehr von Durchschnittsbetrachtungen und eine andere Auffassung des Gesetzes läßt Affektpsychologie überhaupt möglich erscheinen" (*Dembo*, 1931, S. 4).

Dembo stellt bei ihren Untersuchungen von vornherein die dynamischen Probleme in den Mittelpunkt, und damit auch die Genese des Ärgergeschehens – im Gegensatz zu dem Vorgehen bei früheren Untersuchungen, in denen der Affekt zu sehr als isoliertes Element des Geschehens und zu wenig dynamisch gesehen wurde. Sie faßt den Gesamtverlauf des Geschehens ins Auge, und zwar den individuellen Verlauf des konkreten, einzelnen Falles, und sie geht den Beziehungen des Einzelvorgangs zum jeweiligen Gesamtverlauf und zum Ganzen der jeweiligen Situation nach.

Im folgenden seien *Dembos* Untersuchung und ihre Ergebnisse dargestellt:

1. Bei der experimentellen Untersuchung waren folgende Versuchsanordnungen und Geschehensverläufe typisch (*Dembo*, 1931, S. 10 ff.):
   a) Die Vpn. mußten Ringe um einen Flaschenhals werfen aus 3–4 m Entfernung. Es wurde verlangt, daß alle 10 Ringe hintereinander trafen. Die Aufgabe ist fast unlösbar; den Vpn. wurde jedoch erzählt, daß die Mehrheit der anderen Vpn. die Aufgabe erfüllt habe.
   b) Die Vpn. mußten Blumen aus einer Vase nehmen, die auf einem Bock 1,20 m entfernt stand. Dabei durften sie ein gezeichnetes, quadratisches Feld, in dem auch noch ein Stuhl stand, mit ihren Füßen nicht verlassen. Es gibt in Wirklichkeit zwei Lösungsmöglichkeiten (die Vpn. konnten sich auf den Stuhl stützen oder sich hinknien), der Vl. sagte aber, es gäbe noch eine dritte, elegante Lösung.

2. Typische Ärgerfälle aus dem täglichen Leben:
   a) Eine Frau bemerkt, als sie in einem neuen Kleid in Gesellschaft gehen möchte, daß ihr Kleid Flecke hat, die vermutlich nicht zu beseitigen sind: Sie wird ärgerlich.
   b) Man erreicht gerade seinen Autobus nicht mehr und kann nun nicht mehr pünktlich ans Ziel kommen. – Man ärgert sich.
   c) Häufiges Gestörtsein bei einer Arbeit führt zu Ärger.
3. Die Topologie der Situationen und ihre Feldkräfte
   Es liegt in allen Situationen eine ähnliche und in bestimmten Punkten sogar völlig übereinstimmende Topologie vor; mit den Feldkräften ist es genauso: Eine Person ist bestrebt, ein *Ziel* zu erreichen; m. a. W.: Es besteht für die Vp. eine *Kraft* (ein *Vektor*) in Richtung eines *positiven Aufforderungscharakters.*
   Nun kann sich die Person nicht ohne weiteres, so wie es dem Vektor entspräche, auf das Ziel hinbewegen. Vor dem Ziel befindet sich nämlich ein Hindernis – die mit der Aufgabe gesetzte Schwierigkeit: der Fleck; das wiederholte Gestörtwerden – eine *Innenbarriere*. Neben dieser Innenbarriere existiert noch eine *Außenbarriere,* an die die Person stößt, wenn sie die schwierige Situation einfach verlassen will. Bei den Beispielen ist das z. B. im Experiment die Instruktion des Vl., den Versuch nicht abzubrechen, an die sich die Vp. gebunden fühlt; bei den Beispielen aus dem Alltag ist das die gesellschaftliche Verpflichtung, der sich die Frau nicht entziehen kann.

Die Person kann also diese Barrieren nicht durchbrechen. Sie ist von allen Seiten von einer Barriere umschlossen und muß im Feld bleiben. Bleibt sie aber im Feld, so ist sie wieder den hier maßgebenden Feldkräften ausgesetzt: Sie bemüht sich um das Erreichen des Ziels, wird von der Innenbarriere vom Ziel abgehalten, stößt an die Außenbarriere, und wird wieder ins Feld zurückgestoßen. Es bestehen schließlich in jeder Richtung gleichzeitig entgegengesetzt gerichtete starke Feldkräfte; es entsteht also eine *hohe Spannungslage*, eine „*Bodenaffektivität*", als Grundlage des eigentlichen Affektausbruchs.

Innerhalb dieser Situation treten gerichtete Geschehnisse auf, die selbst affektiver Natur sein können und die sich auch in den eigentlichen Affektgeschehnissen in gesteigerter oder abgewandelter Form dokumentieren. Als solche sind vor allem zu nennen:

1. *Aktionen in Richtung der Aufgabe:*
   a) die realen, instruktionsmäßigen Lösungsversuche; b) die irrealen Lösungen (z. B. halluzinatorische oder tagtraumhafte Lösungen) und die Ersatzhandlungen (durch Schaffung eines Ersatzziels).

2. *Fluchtreaktionen*

Grundlage für das Entstehen eines Affektausbruches war also die „Bodenaffektivität". Der eigentliche Ärgerausbruch aber pflegt erst einzutreten, wenn über diese allgemeine Bodenaffektivität hinaus ein besonderes, ärgererregendes Einzelgeschehen als *Zusatzdruck* das „Faß zum Überlaufen" bringt. Ein typischer Zusatzdruck ist das „Beinahgeschehen", z. B. wenn sich der Ring beinahe um die Flasche legt und dann doch noch zur Seite abgleitet oder wenn der Bus gerade „vor der Nase" davonfährt.

Die Ergebnisse der Untersuchungen *Dembos* legen es nun nahe, die Beziehung zu den allgemeinen Gesetzen und Prinzipien der Gestaltpsychologie herzustellen.

Es scheint sich hier bei allen Beispielen um Prägnanzfälle zu handeln. Das Ziel stellt dabei eine ausgezeichnete Prägnanzstufe dar. Erreicht man nun dieses Ziel nicht (man verfehlt die Lösung der Aufgabe knapp; der Zug fährt einem vor der Nase weg;...), so handelt es sich um Fälle, die in der Wahrnehmung den beinahe erreichten Prägnanzstufen entsprechen; man hat das Gefühl der Privation oder der Störung. Es wurde auf eine Norm – eine prägnante Gestalt – verwiesen, die noch nicht erreicht ist.

3.4.5. Psychische Sättigung

Mit der psychischen Sättigung wird zum einen ein Problem angesprochen, das die vitalen Bedürfnisse wie Hunger, Durst u. ä. betrifft, und zum anderen wird darunter ein Prozeß der wachsenden Abneigung bis hin zu Ekel und Überdruß verstanden, der sich bei wiederholter Ausführung von jeglichen menschlichen Handlungen einstellt und mit einem Gestalt- und Leistungsverfall verbunden ist.

Katz (1928, nach *Lewin,* 1970, S. 16) hat in Hinblick auf die vitalen Bedürfnisse Untersuchungen über Hunger und Appetit angestellt, bei denen sich zeigte, daß bei zunehmender Sättigung der Umkreis von Speisen, die einen positiven Aufforderungscharakter besitzen, sich immer mehr einengt und daß für den Appetit die psychologischen Faktoren eine wesentliche Rolle spielen. Hühner fressen z. B. verschieden viel, je nachdem ob man sie von einer harten oder von einer weichen Unterlage fressen läßt, und ein gesättigtes Tier läßt sich leicht zum Weiterfressen bewegen, wenn man ihm ein zweites, noch hungriges Tier an die Seite stellt.

Lewin (1970, S. 15) weist in Anlehnung an diese u. ä. Versuche darauf hin, daß man den Begriff des Triebes – der in der Regel als Inbegriff von Verhaltensweisen verstanden wird, die dem Menschen angeboren sind oder sich im Laufe seiner Entwicklung herausbilden und die den Charakter dauernder, in bestimmter Richtung wirkender

Tendenzen tragen – nicht beibehalten kann. Wie nämlich an dem obigen Beispiel deutlich wird, ist die Wirksamkeit der Triebe an das Bestehen akuter Spannungszustände gebunden, die z. B. durch bestimmte Aufforderungscharaktere der den Trieben zugehörigen Befriedigungsmittel entstehen; deshalb ist es vorteilhaft, den Begriff des Triebes durch den Begriff des Bedürfnisses zu ersetzen.

Karsten (1928) hat bei der Untersuchung der psychischen Sättigung Arbeiten verschiedenster Art, wie Gedichtevorlesen, Stricheln, Abschreiben u. ä., durchführen lassen mit der Instruktion, die Arbeit solange fortzusetzen, bis die Vp. genug habe.

Es zeigte sich, daß bei wiederholter Ausführung einer Handlung psychische Sättigung entstehen kann; die Abneigung steigert sich so, daß die Vp. die Handlung nicht mehr ausführen *kann* und daher abbricht. Diesem Zustand geht kein gradliniger Prozeß voraus, sondern der Prozeß besteht aus einzelnen Phasen des Ansteigens des Unmuts, der Erholung, des Wechsels von unangenehmem zu angenehmem Gefühl und es kann auch vorkommen, daß, nachdem eine Handlung 88mal mit Begeisterung durchgeführt wurde, die Leistung beim 89. Mal deutlich nachläßt und die Vp. nicht zum 90. Mal zu bewegen ist.

Als Sättigungsphänomene sind zu betrachten: 1. Das Variieren der Handlung; 2. eine Verschlechterung der Leistung; 3. ein affektiver Ausbruch.

Das Handlungsgeschehen zeigt eine ausgeprägte Strukturierung in Handlungsganze und Unterganze. Diese Strukturierung betrifft sowohl die äußere Handlungsstruktur wie die Sinnzusammenhänge. Das Variieren (1) kann nun in einer äußeren Veränderung der Handlungsstruktur und/oder in einem Bedeutungswandel einer Handlung bestehen. Der Beginn einer Variation verändert die Handlungsganzheit nur wenig, ihr Abschluß schließlich zeichnet sich jedoch durch völlige Rücksichtslosigkeit gegenüber den Ganzheiten aus: Beim Stricheln im Rhythmus 3/5 z. B. geht die Vp. zunächst zu einer leichten Variation der Strichdicke über. Bald jedoch wird die Instruktion nur noch äußerlich befolgt; in Wirklichkeit werden abwechselnd andere Rhythmen gestrichelt. Schließlich wird auch äußerlich der Rahmen der Aufgabe fast ganz verlassen und von Stricheln kann keine Rede mehr sein (*Lewin*, 1970, S. 17).

Mit dem Variieren Hand in Hand geht ein *Gestaltzerfall*. Dieser betrifft gleichermaßen die figuralen äußeren Ganzheiten wie die Sinnganzheiten des Handlungsgeschehens. Der Sinnzerfall zeigt sich z. B. bei wiederholtem Vorlesen von Gedichten, bei dem es zum Zerfall eines Gedichtes in bloße Wortfolgen oder Worte kommen kann (wie oben).

Eng mit dem Gestaltzerfall zusammen hängt die *Leistungsverschlechterung:* Es treten Fehler ein, die Arbeit wird unsauber, unordentlich, unexakt, es kommt zum Versprechen, Stottern, Verlernen, Vergessen, Mißverstehen, etc. Dieser Prozeß führt schließlich zu einem vollkommenen Zerfall der Handlungsganzheiten in lauter atomare Teile (*Blumenfeld,* 1928, nach *Lewin* 1970). Die zunehmende Sättigung führt die Vp. zu Unruhehandlungen und Abwehrreaktionen und schließlich zum Abbrechen. Es macht sich also eine Tendenz, aus dem Felde zu gehen, bemerkbar, auf die bereits auch das Variieren zurückgeht. Dieser Tendenz liegt eine topologische Situation zugrunde, die durch zwei gegeneinanderspielende Kräfte gekennzeichnet ist: Auf der einen Seite ist das Arbeitsfeld mit negativem Aufforderungscharakter, das in der Vp. den Wunsch erweckt, aufzuhören. – Auf der anderen Seite stehen der Ehrgeiz der Vp. und die Angst vor der Blamage, wodurch eine Barriere entsteht, die die Vp. an ihrem Wunsch, auszubrechen, hindert und sie dazu zwingt, den Rahmen äußerlich beizubehalten. So kommt es z. B. auch vor, daß die Vp. Ermüdung angibt, um innerhalb der Grenzen zu bleiben. Daß aber keine muskuläre Ermüdung vorliegt, zeigt sich (1) darin, daß man die Vollsättigung durch eine andere Einbettung der Handlung beseitigen kann und (2) darin, daß eine andere Leistung, die äußerlich aus denselben muskulären Leistungen besteht wie die alte, ohne Schwierigkeiten durchgeführt werden kann.

Es läge nun nahe anzunehmen, daß beim Vergleich anfänglich angenehmer, neutraler und unangenehmer Handlungen, die unangenehmste Handlung am schnellsten und die angenehmste am langsamsten gesättigt würde. Das trifft aber nicht zu. Es ist vielmehr so, daß die angenehme wie die unangenehme relativ gleich rasch gesättigt werden, während die Sättigung bei neutralen Handlungen erst später eintritt. Das heißt also: Je Ich-näher die Handlungen sind, um so schneller werden sie gesättigt werden. So werden z. B. Handlungen wie das Gehen fast nie gesättigt. Auch wenn z. B. ein experimentierender Psychologe selbst strichelt, bleibt die Sättigung aus. Das liegt daran, daß das Stricheln selbst von ihm nur peripher vollzogen wird. Der eigentliche Sinn der Handlung steht für ihn dahinter. Bei solch übergreifendem Willensziel entfällt die Voraussetzung für das Auftreten einer Sättigung, d. i. der Charakter der *wirklichen* „Wiederholung“, des „Auf-der-Stelle-Tretens“. Von ganz entscheidender Bedeutung für die Sättigung ist also der jeweilige *Sinn* der Handlung, die psychisch tatsächlich vorliegende Handlungsganzheit. Der Sättigungsprozeß dürfte daher im wesentlichen als eine *Willenszielbewegung* zu charakterisieren sein, die infolge eines mangelnden Figur-Grund-Bezugs von Handlung und übergreifendem Willensziel auftritt.

4. Die Feldtheorie Kurt Lewins

Die Feldtheorie ist wie die Gestalttheorie eine dynamische Theorie. Beide Theorien handeln von Bereichen, innerhalb deren es keine gegeneinander isolierten, unabhängig voneinander bestehenden Bereiche gibt. Die Zustände an sämtlichen Stellen solcher Bereiche stehen in dynamischem Zusammenhang. Ein solcher Bereich reagiert stets als Ganzer und im allgemeinen pflanzt sich jede örtliche Einwirkung durch das Ganze fort (*Metzger*, 1975).

Gestalttheorie und Feldtheorie sind schwer gegeneinander abzugrenzen; ja man könnte sogar sagen, daß die Gestalttheorie ihrer Natur nach eine Feldtheorie ist. Das wird besonders deutlich bei der Betrachtung der Definition, die *Einstein* für das „Feld" gibt (1934, nach *Metzger*, 1975, S. 322):

„Eine Gesamtheit gleichzeitig bestehender Tatsachen, die als gegenseitig voneinander abhängig begriffen werden, nennt man ein *Feld*."

Die Denkweise und der Grundansatz *Lewins* unterscheiden sich also nicht von denen der übrigen Gestaltpsychologen. Er hat lediglich ein anderes Problem in den Mittelpunkt gestellt – nämlich das Problem der Bewegung des Menschen in der Umwelt, während sich die klassischen Gestaltpsychologen vorwiegend mit dem Problem der Ausbildung der Umwelt (der Wahrnehmung) beschäftigten.

„Und es ist nicht verwunderlich, daß im Augenblick dieser Verlagerung des Blickes (wie sie sich bei den im vorangehenden Abschnitt dargestellten Forschungsergebnissen im Bereich der Affekt- und Willenspsychologie schon deutlich zeigt; hjw) völlig andere Eigenschaften des Feldes in den Mittelpunkt der Aufmerksamkeit traten, z. B. die auf den ganzen Menschen einwirkenden anziehenden, abstoßenden und steuernden Kräfte (die Aufforderungscharaktere), wie auch die seinen Bewegungsspielraum einschränkenden Hindernisse und Bereichsgrenzen" (*Metzger*, 1975, S. 324).

So kommt *Lewin* auch zu der Aussage:

„Die Psychologie muß den Lebensraum, der die Person und ihre Umwelt umschließt, als ein Feld betrachten" (vgl. II.).

Die Differenz, die zwischen *Wertheimer, Koffka* und besonders *Köhler* auf der einen und *Lewin* auf der anderen Seite besteht, basiert auch nicht auf dem Grundansatz ihrer Theorien, sondern darauf, daß jene gleichzeitig auf psychologischer und physiologischer Ebene er-

erklären und daß *Lewin* ihrer Ansicht nach eine völlig autochthone Psychologie entwickeln möchte, d.h. nur psychologische Erklärungen verwenden will (vgl. *Graefe*, 1961).

Welches sind nun die grundlegenden Charakteristika der Feldtheorie? *Lewin* selbst faßt sie folgendermaßen zusammen (*Lewin*, 1963, S. 102):

1. Die Anwendung der konstruktiven Methode anstelle einer klassifizierenden Methode.
2. Das Interesse für die dynamischen Aspekte der Ereignisse.
3. Der psychologische anstelle eines physikalischen Ansatzes.
4. Die von der Gesamtsituation ausgehende Analyse.
5. Die Unterscheidung zwischen systematischen und historischen Problemen.
6. Die mathematische Darstellung des Feldes (Topologie).

Zu 1.:

Jede Wissenschaft befindet sich in Schwierigkeiten, wenn es darum geht, allgemeine Begriffe und Gesetze zu entwickeln, da die Verbindung zwischen Gesetz und Einzelfall sehr schwer zu halten ist. Für die Psychologie ist das im Hinblick auf ihren Untersuchungsgegenstand – den Menschen – ein ganz besonderes Problem.

Lewin (1931, nach *Lewin*, 1963, S. 17) kommt bei der Behandlung dieses Problems zu dem Schluß, daß die aristotelische Begriffsbildung (vgl. auch Teil II, 2.), die auch heute noch weithin in der Psychologie und in der Soziologie angewandt wird, für die Erklärung des Einzelfalls aus zwingenden Gründen untauglich ist. Die Wissenschaften beginnen mit der Klassifizierung der sie interessierenden Phänomene nach ihrer anschaulichen Ähnlichkeit, und die Schwierigkeit beginnt in dem Augenblick, in dem Phänomene aus der Deskription in die Begriffe der abstrahierenden Klassenlogik überführt werden und ein Eigenleben gewinnen.

„‚Abstrahiert man einmal von den individuellen Unterschieden', so gibt es keinen logischen Weg zurück vom Allgemeinen zum individuellen Fall. Solche Verallgemeinerungen gehen von einem individuellen Kind zu Kindern einer bestimmten Altersstufe oder ökonomischen Klasse über und von da zu Kindern aller Alter und ökonomischen Klassen; sie führen von einem seelisch kranken Individuum zu ähnlichen pathologischen Typen und von da zur allgemeinen Kategorie der ‚abnormen Persönlichkeit'. Jedoch gibt es keinen logischen Weg zurück vom Begriff ‚Kind' oder ‚abnorme Persönlichkeit' zum individuellen Fall" (*Lewin*, 1935a, nach *Lewin* 1963, S. 102).

Lewins Alternative ist nun die „konstruktive Methode", deren Wesen in der Darstellung eines individuellen Falles mit Hilfe einiger weniger „Konstruktionselemente" liegt. Solche Konstruktionselemente sind im psychologischen Feld z. B. der *psychologische* „Ort" oder die *psychologische* „Kraft". Es ist nun die Aufgabe der Psychologie, *die Relationalität der verschiedenen Konstruktionselemente in einem bestimmten Systemzusammenhang zu einem bestimmten Zeitpunkt zu ermitteln* und allgemeine Gesetze über die Beziehung zwischen ihnen herzustellen.

„Damit ist gesagt, daß es sich beim Gesetz im wesentlichen gar nicht um eine Beziehung zwischen einer ‚Ursache' und einer ‚Folge' handelt, sondern daß gewisse charakteristische Momente eines Geschehenstypus (z. B. Entstehung von Emotionen; Zusammenhang zwischen Ich-Nähe und Ärger; vgl. S.56f. hjw) untereinander in funktionaler Abhängigkeit stehen" (*Lewin*, 1927, S. 22).

Wesentlich für die Gesetze im *Lewin*schen Sinne ist, daß man Konkretes nicht ins Abstrakte wendet, sondern daß die Gesetze trotz ihrer Allgemeingültigkeit die Beziehung zur Wirklichkeit des einzelnen Falles und der einzelnen Situation voll aufrechterhalten. Anhand solcher Gesetze wird eine beliebige Anzahl gesetzmäßiger Konstellationen von Konstruktionselementen denkbar, die individuellen Fällen zu bestimmten Zeitpunkten entsprechen. So können gerade mit Hilfe allgemeiner Gesetze individuelle Unterschiede festgestellt werden und es wird ihnen im höchsten Maße Rechnung getragen. Mit der Einführung dieser konstruktiven Methode ist also die Schwierigkeit, die Verbindung zwischen Gesetz und Einzelfall herzustellen, überwunden worden.

Wenn ich z. B. herausfinde, daß bei einer bestimmten Konstellation von Konstruktionselementen (Ziel mit positivem Aufforderungscharakter + Innen- und Außenbarriere + Bodenaffektivität + Beinahegeschehen etc.; näheres siehe S.57 f.) Ärger entsteht, dann hüte ich mich trotzdem davor zu sagen, daß immer, wenn ich eine solche Konstellation oder einen solchen Geschehenstypus vorfinde, zwangsläufig Ärger entstehen muß. Dieses Gesetz muß im Einzelfall nicht auftreten, denn was dort geschieht, ist nicht nur von den in diesem Gesetz enthaltenen Elementen abhängig, sondern ist das Ergebnis eines Wirkungszusammenhanges zwischen unermeßlich vielen Faktoren innerhalb des individuellen Feldes. *Ein Beispiel* (vgl. Abb. 3):

Person (*P*) strebt zum Ziel (*Zl*) mit positivem Aufforderungscharakter (+), prallt wiederholt an der Barriere (*B*) nahe vor dem Ziel ab und gelangt so wider ihren Willen statt zum Ziel (*Z1*) ihrer Momentansituation (*MS1*) an einen Ort, der angesichts ihrer Zielorientierung negativen Aufforderungscharakter (–) hat. Dies ist der Ort, an dem sie *gesetzmäßig* Ärger (*Ä*) empfinden müßte. In diesem Moment sieht sie sich unerwartet einem anderen erstrebten Ziel (*Z2*) nahe, das sie für weit entfernt hielt und erlebt infolge der dadurch entstan-

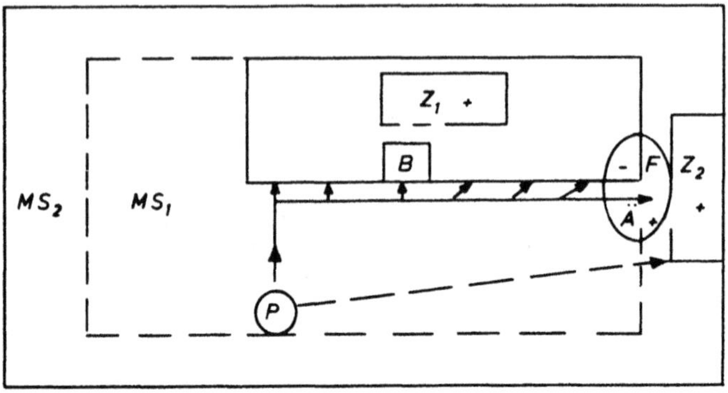

Abb. 3: Graphische Darstellung des Wirkungszusammenhangs zweier Konstellationen

denen neuen Momentansituation (*MS2*) starke Freude (*F*) statt Ärger (*Ä*), sogar Freude darüber, daß sich das erste Ziel (*Z1*) als unzugänglich erwiesen hat; weil sie dadurch erst das zweite Ziel (*Z2*) erreichen konnte.

Zu 2.

Der dynamische Ansatz bezieht sich auf die Erstellung wissenschaftlicher Konstrukta und Methoden, welche die dem Verhalten zugrunde liegenden Kräfte behandeln. Dabei ist zu beachten, daß man es bei solchen psychologischen Untersuchungen nicht mit irgendwelchen Eigenschaften seelischen Materials schlechthin zu tun hat, sondern daß es sich immer um bestimmte dynamische Ganzheiten, z. B. Bedürfnissysteme, handelt, die im konkreten Fall ganz spezifische Aufbaustrukturen zeigen. Bei verschiedener Struktur dieser Systeme muß es notwendigerweise zu äußerlich ganz verschiedenem Geschehen kommen. Dieser Punkt ist ein Ausdruck für die Abwendung *Lewins* von der klassifizierenden Methode und die Hinwendung zur konditional-genetischen bzw. zur konstruktiven Methode, wobei nun nicht mehr das phänomenal Gegebene, sondern die dahinterstehenden Bedingungen betrachtet werden.

Zu 3.

Eine wesentliche Voraussetzung *Lewins* war, daß er die bestehenden Vorurteile über das, was psychisch oder sozial existent ist, mit anderen Forschern nicht teilte. Er nahm sich die Freiheit, von psychischen Kräften als Wirklichkeiten und nicht als Metaphern zu reden*) (1926, nach ebda, S. 16), und er beschreibt das Feld, durch das ein Individuum bestimmt ist, nicht in (was immer das bedeuten kann und mag) objektiv-physikalischen Begriffen, sondern so, wie es für das Individuum zu der gegebenen Zeit existiert. Für ihn heißt, eine Situation objektiv zu beschreiben:

„die Situation als die Gesamtheit jener Fakten beschreiben, die das Feld des betreffenden Individuums ausmachen. ... Eine der fundamentalsten Aufgaben der Psychologie ist es, wissenschaftliche Konstrukta zu finden, die eine adäquate Darstellung psychologischer Konstellationen erlauben, damit das Verhalten des Individuums daraus abgeleitet werden kann. Das Verlangen nach operationalen Definitionen der in der Psychologie verwendeten Begriffe wird dadurch nicht abgeschwächt, vielmehr werden das Recht und die Notwendigkeit betont, in der Psychologie psychologische Begriffe zu gebrauchen" (*Lewin*, 1963, S. 104).

Zu 4.

Lewin geht bei seinen Untersuchungen von der Gesamtsituation aus. Das bedeutet keinesfalls, daß er gegen Analyse eingestellt ist – im Gegenteil: Er gelangt durch die Charakterisierung der Gesamtsituation zu einem Überblick über die Möglichkeiten der Vorgänge, die innerhalb dieses Feldes gegeben sind. Nachdem er diesen Überblick über die gesamte Situation hat, beginnt er mit der Analyse der Verteilung der Kräfte im gesamten Feld und bestimmt für die verschiedenen Punkte des Feldes die Stärke und die Richtung der – dort angreifenden resultierenden – Kräfte. Er geht also den Weg von oben nach unten, dessen Unumgänglichkeit *Metzger* u. a. an Beispielen aus der Physik deutlich macht (*Metzger*, 1975).

Zu 5.

Nach *Lewin* ist das Verhalten eines Individuums von dem gegenwärtigen Feld bestimmt. Dieses gegenwärtige Feld aber hängt nun nicht vollständig von der gegenwärtigen Situation ab, sondern es wird von den Hoffnungen und Wünschen des Individuums und durch seine Ansichten über seine eigene Vergangenheit beeinflußt – durch die *Zeitperspektive*. Die Wirkung der Vergangenheit und der Zukunft geschieht also indirekt über das gegenwärtige Feld. Das Verhalten kann dabei weder aus der Vergangenheit, noch aus der Zukunft hergeleitet werden, sondern bedeutsam ist allein der Einfluß von Vergangenem und Zukünftigem, wie es im gegenwärtigen Feld repräsen-

---

*) *Wolfgang Köhler* vollzieht insofern diesen Schritt nicht mit, als er den Begriff „Kraft" für den physikalischen Bereich reserviert und für den psychischen den Begriff „Gefordertheit" anwendet (*Köhler*, S. 68).

tiert ist. Will man die Vergangenheit aber wirklich realistisch erforschen, muß sie wesentlich exakter analysiert werden, als das bisher getan wurde, denn ihr Einfluß auf das Individuum ist nichts Feststehendes, Konstantes; sie kann ständig irgendwelchen Einflüssen unterworfen sein und Entwicklungen durchmachen (*Lewin*, 1963, S. 105).

Zu 6.

Lewin benutzt die Topologie zur Darstellung der psychologischen Situationen mit folgender Begründung: „Die topologischen und Vektorbegriffe vereinigen in sich die Macht der Analyse, die begriffliche Präzision, die Nützlichkeit für Ableitungen und die Adäquatheit im gesamten Bereich psychologischer Probleme auf eine Art und Weise, welche sie meiner Meinung nach allen anderen in der Psychologie bekannten begrifflichen Hilfsmitteln überlegen sein läßt“ (*Lewin*, 1963, S. 106).

Ich schließe den „Abriß der Gestalttheorie“ aus gutem Grund mit der auch durch die Gliederung hervorgehobenen Darstellung der Feldtheorie *Kurt Lewins*. Zum einen ist dies folgerichtig im Hinblick auf die Entwicklung der Gestalttheorie. Zum anderen ist *Lewin*, wie sich schon im vorangehenden Abschnitt über „Willens- und Affektpsychologie“ andeutete, derjenige Gestalttheoretiker, der am ausdrücklichsten die Bedeutung seiner Forschungstätigkeit für psychotherapeutisches Handeln gesehen und auch expliziert hat. Die Feldtheorie ist zur Grundlage der Gruppendynamik und der Aktionsforschung als auf die Veränderung menschlichen Verhaltens abzielenden psychologischen Forschungs- und Anwendungsbereichen geworden.

Dies wird in den folgenden Teilen dieser Arbeit noch deutlicher hervortreten, indem zumeist *Lewin* die unmittelbaren gestalttheoretischen Anknüpfungspunkte sowohl in der Auseinandersetzung mit verschiedenen psychotherapeutischen Schulen (IV.) als auch in dem Versuch, einigermaßen systematisch eine Gestalttheorie der Person (II.) und der Psychotherapie (III.) zu entwickeln, liefern wird. Was allerdings in diesem Teil I nachvollziehbar werden sollte, ist die Überzeugung, daß *Lewins* Forschungsarbeit und seine theoretischen Entwürfe nicht denkbar waren, ohne die Erforschung der Grundlagen der menschlichen Wahrnehmung, des menschlichen Denkens und Lernens, wie sie vor allem *W. Köhler, M. Wertheimer* und *K. Koffka* zu verdanken ist.

II. ZU EINER GESTALTTHEORIE DER MENSCHLICHEN PERSÖNLICHKEIT: EINE VERÄNDERUNGSRELEVANTE GRUNDLAGE FÜR PSYCHOTHERAPEUTISCHES HANDELN

Zwar ist im amerikanischen schon 1935 ein Sammelband *Lewin*scher Schriften unter dem Titel „A Dynamic Theory of Personality" erschienen, doch finden sich darin lediglich zuvor schon im deutschen erschienene Einzelarbeiten, die keine systematische Darstellung einer Persönlichkeitstheorie enthalten. Es ist jedoch möglich, aus *Lewins* Feldtheorie der Psychologie und Erörterungen einzelner Aspekte der menschlichen Persönlichkeit wesentliche Bestandteile für eine in sich schlüssige Persönlichkeitstheorie zu entnehmen, die im Einklang steht mit den Auffassungen jener Gestaltpsychologen, die sich weniger mit dem Problem der Bewegung des Menschen *in seiner Umwelt* – wie *Lewin* – als mit dem Problem der *Ausbildung dieser Umwelt* durch Wahrnehmung und Denken des Menschen beschäftigt haben – wie *Köhler, Koffka, Wertheimer, Rausch* und *Metzger*. (Letzterer allerdings hat schließlich entscheidend zu einer Integration beider Forschungsaspekte beigetragen; vgl. 1975 und hier Teil III.)

Daß *Lewin* sich auf eine verhältnismäßig umfassende Persönlichkeitstheorie bezieht – sie war ihm offenbar so selbstverständlich, daß es ihm entbehrlich zu sein schien, sie einmal in einem Zuge vollständig darzustellen –, soll im folgenden durch den Versuch belegt werden, eine Gestalttheorie der Person systematisch zu entwickeln, deren handlungsrelevantes Kernstück die zusammenfassende Darstellung von *Lewin* entwickelter Konstrukte zur psychologischen Erfassung der menschlichen Persönlichkeit ist.

1. Die Notwendigkeit einer Gestalttheorie der Person für gestalttheoretisch begründete Psychotherapie

Da das Ziel dieser Abhandlung darin besteht, vor allem einen Beitrag zu einer Gestalttheorie der Psychotherapie zu leisten, wäre die kritische Frage nicht unberechtigt: warum dann zuvor der Versuch, eine Gestalttheorie der Person darzustellen?

Die einfachste Antwort lautet: Da psychotherapeutisches Bemühen stets Personen gilt, läßt sich gezieltes und nützliches therapeutisches Eingreifen ohne eine möglichst zutreffende Vorstellung von dem, was eine Person ist, schwer denken.

Die bekannteren zeitgenössischen Psychotherapieformen sind dementsprechend gekennzeichnet durch eine mehr oder weniger geglückte Integration von Persönlichkeitstheorie und therapeutischer Praxis (vgl. *Fagan*, 1974); allerdings variiert bei ihnen der Grad, in dem die Persönlichkeitstheorie jeweils ausgearbeitet ist (vgl. aber zur Verhaltenstherapie: z. B. *Eysenck* und *Rachman*, 1973; *Skinner*,

1971; zur Gesprächspsychotherapie: z. B. *Rogers*, 1973; *Wexler/Rice*, Hg., 1974; zum Psychodrama: *Moreno*, 1973; *Leutz*, 1974; zur Kommunikationstheorie: *Mandel* u. a., 1972). Bei der Psychoanalyse steht die Existenz einer umfassenden Persönlichkeitstheorie ganz außer Frage.

Unter den Vertretern der Verhaltenstherapie aber z. B. mehren sich gegenwärtig die Stimmen, die feststellen, daß praktisches Handeln der Verhaltenstherapeuten und persönlichkeitstheoretisches Fundament auseinanderklaffen und letzteres der Korrektur und Ergänzung bedarf, wenn es länger handlungsleitende Sicherheit vermitteln soll (vgl. *Lazarus*, 1976; *Bandura*, 1976; *Ortlieb*, 1975; auch hier: I, 1). Unter Psychoanalytikern z. B. gewinnt die Auffassung an Boden, daß der intellektuelle Aspekt der Einsicht theoretisch und praktisch (in der therapeutischen Arbeit) überbetont worden ist (vgl. *Fromm*, 1976; *Fürstenau*, 1976, 1977).

Nun haben sich nicht nur im Rahmen psychotherapeutischer Richtungen Persönlichkeitstheorien entwickelt; im Rahmen der akademischen Psychologie sind eine ganze Reihe von Persönlichkeitsmodellen ausgearbeitet worden, die nicht dem Anliegen, Psychotherapie zu betreiben, entsprungen sind. *Guilford* (deutsch: 1964) hat z. B. ein ausgefeiltes System zur Erfassung von Persönlichkeitseigenschaften entworfen, das auf seinen faktorenanalytischen Untersuchungen der menschlichen Persönlichkeit mit Hilfe von Tests basiert (vgl. insbesondere auch *Cattell*, dargestellt von *Brandstätter* u. a., 1974). *Lersch* (1966) hat ein Schichtenmodell (das vom „Lebensgrund" und vom „endothymen Grund" bis zum „personellen Oberbau" reicht) entworfen, das in mancher Hinsicht durchaus in Einklang mit gestalttheoretischen Auffassungen steht (vgl. *Brandstätter* u. a., 1974). Es gibt darüber hinaus auch einige ausgesprochen „dynamische" persönlichkeitstheoretische Ansätze (z. B. *Heiß*, 1949; *Wellek*, 1950; *Thomae*, 1960; *Salber*, 1960; *Allport*, 1960; *Kaminski*, 1970).

Nach den letzten Ausführungen wäre eine zweite kritische Frage verständlich: Sollte man nicht annehmen können, daß unter der Vielzahl von Persönlichkeitsmodellen sich eines befindet, das geeignet ist, die Grundlage gestalttheoretischer Psychotherapie abzugeben – zumal ja sogar behauptet wurde, daß *Lerschs* Persönlichkeitsmodell der Gestalttheorie nahesteht und daß es ausgesprochen „dynamische" Persönlichkeitsmodelle gibt?

Die Antworten lauten: *Erstens* braucht man, wie schon dargelegt wurde, nicht lange nach spezifisch gestalttheoretischen Konstrukten der Person zu suchen; *Lewin* hat sie entwickelt, lediglich nicht systematisch zusammengestellt.

Zweitens aber – und dies ist entscheidender – erfüllt keine der existierenden systematischen Persönlichkeitstheorien in höherem Maße das Kriterium, handlungsrelevant zu sein, wie die Persönlichkeitskonstrukte *Lewins*, die in diesem Teil der Arbeit im Zusammenhang einer Gestalttheorie der Person systematisch eingeordnet werden sollen. Der entscheidende Unterschied zwischen Theorien wie der von *Guilford* (aber auch weitgehend der von *Lersch*) und den *Lewin*schen Ansätzen ist der zwischen statisch-klassifikatorischer und dynamisch-konstruktiver Methode der Erfassung von Persönlichkeitsmerkmalen: *Konstruktiv* nennt *Lewin* eine Methode, nach der u. a. die Phänomene im Bereich des Menschen und seiner Umwelt nach ihrer Entstehungsweise innerhalb übergreifender Zusammenhänge, statt nach äußeren Merkmalen, geordnet werden, und insofern der Entstehungsweise überhaupt die größte Aufmerksamkeit gewidmet wird. Pointiert ausgedrückt: Nur eine Persönlichkeitstheorie, die zugleich eine Theorie der Vorgänge bei psychischer Entwicklung, Reifung, psychischem Wachstum und damit eine Theorie der Veränderung *und* der therapeutischen Einflußnahme ist, besitzt *Handlungsrelevanz.* Soweit die Vorstellungen der weiteren genannten Persönlichkeitstheoretiker solche Handlungsrelevanz besitzen, liegen ihnen ähnliche Auffassungen zugrunde wie *Lewins* Konstrukten.

Drittens soll nicht geleugnet werden, daß auch einigen existierenden psychotherapeutischen Systemen ein der Gestalttheorie nahestehendes Persönlichkeitsmodell zugrunde liegt. Dies gilt z. B. auch für das ausgefeilteste, das der Psychoanalyse (erst recht für Weiterentwicklungen wie die von *Nuttin,* 1956 und *Rapaport,* 1977, die sich allerdings auch der persönlichkeitspsychologischen Bedeutung *Lewins* bewußt sind). Gerade am Beispiel der psychoanalytischen Persönlichkeitstheorie aber läßt sich aufweisen, daß die Gestalttheorie wesentlich zum Fortschritt in der Entwicklung einer für Psychotherapie bedeutsamen Persönlichkeitstheorie beitragen kann (vgl. *Walter,* 1975, 1977). *Lewin* hat sich nicht gescheut, in bezug auf eine „Willens-, Bedürfnis- und Persönlichkeitspsychologie" festzustellen, daß „die einzige Annäherung an tiefer liegende Probleme das glänzende Werk von *Freud*" war (1969, S. 27); aber er hat zugleich die schwachen Stellen im Theoriengebäude *Freuds* aufgedeckt und Vorschläge zu Modifikation und Ergänzung gemacht. Nur der wesentlichste Vorteil einer Gestalttheorie des Menschen, wie sie mit *Lewin* in Einklang steht, gegenüber der klassischen Psychoanalyse soll hier schon erwähnt werden:

Die Gestalttheorie ist frei von dem *Freud*schen Schwanken zwischen einem unrealistischen positivistisch-naturwissenschaftlichen Kausalitätsdenken (das darin gipfelt, daß in einem Trauma vor zehn oder zwanzig Jahren die *direkte* Ursache einer gegenwärtigen psychischen Störung gesehen wird) und dynamischem System-Denken (das die Suche nach irgendeinem vergangenen Trauma vergleichsweise bedeutungslos werden läßt und den pathogenen Konflikt in der Gegenwart lokalisiert); sie läßt hervortreten, daß die Vermischung historischer Betrachtung und konditional-genetischer Betrachtung zu unzulässigen diagnostischen und therapeutischen Vereinfachungen führt, und gibt dem konditionell-genetischen Gesichtspunkt den Vorrang, wie es dynamischem Systemdenken entspricht – allerdings ohne deshalb die historische Betrachtungsweise abzulehnen; nur kann bei system- und feldtheoretischer Betrachtung*) ein längst vergangenes Ereignis niemals unmittelbar, sondern nur indirekte Ursache gegenwärtigen Geschehens sein. Daraus folgt z.B., daß die gegenwärtige Erinnerung eines Menschen an vergangenes Geschehen entschieden wichtiger für seine gegenwärtige Persönlichkeit ist, als das vergangene Geschehen, wie es sich genau abgespielt hat.

Tatsächlich hat, wie *Lewin* anmerkt, die Psychoanalyse, abgesehen von der ihre Persönlichkeitstheorie belastenden Vermengung historischer und konditional-genetischer Erklärungsbegriffe, den historischen Aspekt entschieden überbetont; manche ihrer gegenwärtigen Vertreter tun es wohl noch heute, indem sie alles daran setzen, daß sich ihre Analysanden „exakt" erinnern.

An diesem Beispiel sollte zweierlei verdeutlicht werden: zum einen, daß die Gestalttheorie dabei von Nutzen ist, Schwächen der Psychoanalyse aufzudecken und zu beheben, daß sie zum anderen dies aber nur deshalb leisten kann, weil sie prinzipiell in Einklang steht mit dem mittlerweile selbst aus weitgehend anerkannter naturwissenschaftlicher Sicht einzig vertretbaren „Standbein" der Psychoanalyse: dem dynamisch-feldtheoretischen Verständnis menschlichen Seins.

Sieht man als psychotherapeutisches Ziel der *Psychoanalyse* an, durch Auflösung von Verdrängungen *ein ausgeglichenes Verhältnis zwischen Über-Ich, Ich und Es und Unbewußtem, Vorbewußtem und Bewußtem* herbeizuführen, als Ziel *individualpsychologischer Therapie* (nach *Adler*) die *Entwicklung eines Lebensstils, der selbstbetrügerische Arrangements überflüssig macht,* als Ziel der *analytischen Psychotherapie* (nach *Jung*) das *Wecken der schöpferischen Möglichkeiten des kollektiven Unbewußten,* als Ziel *klientenzentrierter Gesprächstherapie* die *aktive Entfaltung im Menschen angelegter Fähigkeiten,* als Ziel des *Psychodramas ein gelungenes zweites Mal als Bewältigung und Überwindung des mißglückten ersten Mals* (oder Kreativität und Spontaneität), als Ziel der *Logotherapie* (nach

*) System- und Feldbegriff lassen sich in diesem Zusammenhang synonym verwenden (vgl. S. 81).

Frankl) und anderer *neopsychoanalytischer Richtungen* (nach *Fromm, Horney* u. a.), *daß der Mensch sein Leben mit persönlichem Sinn erfüllt*, vom „Haben“ zum „Sein“ findet (*Fromm*, 1976), als Ziel *humanistischer Psychotherapie Selbstverwirklichung* und *Selbstaktualisierung* – so läßt sich feststellen, daß jeweils andere Aspekte und Merkmale der Persönlichkeit oder einfach verschiedene Begriffe (die sich allerdings manchmal in kaum definierbarer Weise unterscheiden) hervorgehoben werden (vgl. *Ch. Bühler*, 1974, S. 50).

Ich halte es für möglich und erstrebenswert, daß sich ein gemeinsamer Nenner für all die verschiedenen Terminologien der genannten (und auch mancher hier ungenannten) Schulrichtungen finden läßt, deren Urheber es mehr oder weniger versäumt haben, ihre eigenen Begriffe auf vorhandenes und zugängliches Wissen zu beziehen (vgl. auch *Thorne*, 1973). Die dafür zweifellos nötige Auseinandersetzung mit verschiedenen Richtungen soll hier ansatzweise geleistet werden; dabei erscheint mir ein wichtiger Schritt in diese Richtung – auf der Grundlage von Überlegungen und Forschungsergebnissen zu einer Gestalttheorie der Person und der Psychotherapie – nicht zuletzt deshalb möglich, weil die Gestalttheorie – darin dem gesunden Menschen isomorph – ein offenes, gleichwohl stimmig geordnetes System ist, beeinflußbar und wandelbar, ohne deshalb in der Gefahr zu stehen, seine spezifischen Merkmale (vgl. I, 3) zu verlieren (vgl. auch *Meili*, 1975, S. 67).

So kann es für die Gestalttheorie nicht darum gehen, andere Schulen zu vereinnahmen und ihrer Originalität zu berauben, sondern allein darum, in der Auseinandersetzung mit anderen Schulen sich zu bewähren als Weiterentwicklung fördernder „Katalysator“*), der (sich darin vom Katalysator im chemischen Sinne unterscheidend) sich auf diese Weise selbst Wandlungen, Läuterungen aussetzt und gerade dadurch sich selbst treu bleibt.

Bevor es jetzt – die bisherige dreifache Begründung dafür möge ausreichen – darum geht, eine (ich setze, weil ich dies als tautologisch verstehe, in Klammern voran: handlungsrelevante) Gestalttheorie der Person systematisch darzustellen, vorweg noch ein paar Einschränkungen sowohl hinsichtlich der Persönlichkeitstheorie wie auch hinsichtlich des darauf folgenden Entwurfs einer Gestalttheorie der Psychotherapie (III):

1. Vollständigkeit im Sinne von „der Weisheit letzter Schluß“ soll von vornherein zur sprichwörtlichen „sauren Traube“ erklärt werden; Vollständig-

*) Vgl. *Perls* (1974), der mit diesem Begriff seine Funktion als Therapeut erläutert.

keit kann hier als realisierbares Ziel und sinnvolle Forderung nur bedeuten: innere Konsistenz der theoretischen Zusammenhänge, Spekulationen und Analogieschlüsse, wo sie theoretischem und praktischem Fortschritt dienen können, inbegriffen.

2. Eine weitere Einschränkung mag überhöhten Erwartungen vorbeugen: Mein Versuch, eine Gestalttheorie der Person und der Psychotherapie zu formulieren, wird im wesentlichen darauf hinauslaufen, jene gestalttheoretischen (oder ihr nahestehenden) Vorstellungen und Konstrukte aufeinander bezogen darzustellen, aus denen sich entscheidende therapeutische Variablen oder Vorgehensweisen ableiten lassen. Es ist noch kaum versucht worden, dieses vorhandene Wissen (auch in theoretisch-spekulativem Sinne verstanden) – in engerem Sinne – systematisch für psychotherapeutische Zwecke nutzbar zu machen, sieht man einmal vom pädagogischen Veränderungsbemühen *Lewins* und seiner Schüler mittels gruppendynamischer Trainingsgruppen und Organisationsentwicklungsansätzen wie dem der Prozeßberatung ab (vgl. *Walter*, 1975; *Lippitt*, 1974).

Dabei geht es darum, daß zum einen gestalttheoretisch orientierte Psychologen und zum anderen Vertreter jener Richtungen in der Psychotherapie, die gestalttheoretischen Auffassungen nicht allzu fern stehen (ich zähle dazu *eben auch* die Psychoanalyse und darüber hinaus Weiterentwicklungen der Verhaltenstherapie), ihnen Bekanntes wiederfinden, das ihnen Lust macht, weiter mitzudenken, damit Schulschranken überwunden werden, die der sachlichen Notwendigkeit entbehren.

Sich innerhalb der Tradition einer Schule eingebunden zu fühlen, kann sinnvoll sein als Quelle handlungsleitender Sicherheit (*Enke, Walter*, 1976) – so etwa scheint es mir für mein eigenes Denken und psychotherapeutisches Handeln von unüberschätzbarem Wert zu sein, daß ich mich der gestalttheoretischen Schule in der Psychologie zugehörig fühle. Ich vermag jedoch zugleich zu sehen, daß ich damit in wesentlichen Punkten Wertentscheidungen getroffen habe, die denen jener Psychologen und Psychotherapeuten entsprechen dürften, die sich in der Tradition des Denkens von *Freud, Adler, Jung, Moreno, Rogers* und einiger anderer fühlen. Ich leite daraus die Berechtigung und auch die Notwendigkeit ab, ohne viel Aufhebens im folgenden Gebrauch von meinem Wissen über die Arbeit der Genannten und der in ihrer Tradition Stehenden zu machen, wo es dazu dient, daß Zusammengehöriges als solches erkannt wird, daß also die prägnante Gestalt entsteht, in der sich intellektuelle Einsicht und emotioneller Vollzug im konkreten therapeutischen Handlungsganzen angemessen verbinden.

Nun soll noch einmal grundsätzlich gefragt werden: Was ist ein Ganzes? und Was ist ein Unterganzes? Ich kann den einzelnen Menschen als *das* Ganze betrachten, setze mich dabei allerdings der Gefahr aus, relevante Aspekte, die aus seinem Teil-Sein, Teil einer

Familie oder Teil einer anderen Gruppe von Menschen, Teil eines Volkes, das durchaus auch spezifische Ganz-Eigenschaften aufweisen kann, zu übersehen.

Was daran deutlich werden soll, ist: daß die gestalttheoretische Entscheidung für den Weg „von oben nach unten" (*Metzger*, 1975), so unzweifelhaft sie prinzipiell den adäquatesten Zugang zum einzelnen Menschen eröffnet, zugleich den Blick in nur schwer zu erfassende Weite eröffnet.

Cardno (in *Arnold, Eysenck, Meili*, Spalte 456) zählt unter den drei „wesentlichen theoretischen Beiträge(n)" *Lewins* als zweiten auf: „Die ‚Zweigesichtigkeit' seiner Methodologie (peinlich genaue Beschreibung, aber weite theoretische Konzeption)". Dies scheint mir recht präzise die Bedingungen zu beschreiben, die in der Gestalttheorie zusammengehören, wenn ihr Ansatz fruchtbar sein soll. Die „weite theoretische Konzeption" bezeichnet den beschriebenen Weg „von oben nach unten", „die peinlich genaue Beschreibung" ist der notwendige Schutz davor, sich im Oben spekulativ zu verlieren. Konstitutiv für die Gestalttheorie ist auch, daß der Vorrang des Ganzen keineswegs eine moralische Höherbewertung bedeutet, etwa dergestalt, daß der einzelne Mensch weniger wertvoll ist als die Gruppe oder diese weniger als noch größere Systeme; der Vorrang des Ganzen bedeutet vor allem, daß der Blick vornehmlich auf Interdependenzen zu richten ist. In der Sprache *Lewins* ausgedrückt, handelt es sich um den Übergang von der aristotelischen Klassifikation nach äußeren Merkmalen zur galileischen konditional-genetischen Sicht. Diese Betonung des galileischen Forschungsweges nennt *Cardno* (in *Arnold, Eysenck, Meili*) an erster Stelle seiner Aufzählung der drei seiner Ansicht nach wichtigsten theoretischen Beiträge *Lewins**). Wenn es deshalb in der Weiterentwicklung *Lewin*scher Ansätze zur Überbetonung von über die Einheit Mensch hinausgehenden Systemen, etwa Organisationen, gekommen ist, bis hin zu Auffassungen, nach denen „Organisationen unabhängig vom Menschen existieren" oder „Ziele einer Organisation von den Zielen der Individuen in dieser Organisation unabhängig sind" (vgl. die kritische Arbeit von *Greenfield*, 1975), dann widerspricht das zutiefst der differenzierten *Lewin*schen Betrachtungsweise, die *vor allem* eine Absage an die vorschnelle Postulierung unabhängiger Entitäten darstellt.

Die Untersuchung eines einzelnen Gegenstandes oder Sachverhaltes (ob es die Leber oder eine Empfindung eines Menschen ist) muß

---

*) Hier sei der dritte Punkt, den *Cardno* nennt, lediglich zur Information genannt: „Seine Tendenz, die Grenzen der Sozialwissenschaft zu überschreiten, und seine Anwendung mathematischer Werkzeuge für die Errichtung seiner systematischen Psychologie."

immer zugleich die Untersuchung der Gesamtsituation sein, in die dieser Gegenstand eingebettet ist, wenn verallgemeinerbare Ergebnisse auch nur ansatzweise möglich werden sollen (vgl. z. B. *Lewin,* 1963, S. 82 f., 104, 243 f. oder 1969, S. 38 f., 67 f.). *Die Entscheidung für den Weg „von oben nach unten" ist als absolute Entscheidung sinnlos, weil die „Gesamtbedingungslage" kaum je einmal vollständig erfaßt werden kann* (vgl. *Lewin,* 1965, S. 36). *Es geht immer nur um sinnvolle Annäherungen.*

Die Gestaltpsychologen bekannten sich also zum „Konzept der dynamischen Ganzheit"; sie wendeten sich dann aber doch der Untersuchung von Spezialgebieten – Wahrnehmung, Gedächtnis, Denken, Lernen – zu, reduzierten also ihr Untersuchungsgebiet, wie es zuvor die von ihnen so genannten „Elementenpsychologen" schon getan hatten, deren Vorgehen sie ablehnten. Sie unterlagen jedoch nicht der Gefahr, um der vordergründigen Exaktheit willen relevante Aspekte des menschlichen Lebens schlicht als wissenschaftsunfähig auszuklammern. Die Beschränkung auf bestimmte Bereiche (gestalttheoretisch: relativ eigenständige Unterganze) war allerdings für sie nicht minder ein zunächst unumgängliches Erfordernis, als in Rechnung zu stellen, daß jedes einzelne zu untersuchende Phänomen des Denkens, Wahrnehmens und Fühlens in einen ganzheitlichen Kontext der wechselseitigen Beeinflussung eingebettet ist, ohne den es gar nicht auftreten würde. Die gleichzeitige Berücksichtigung beider Aspekte – die Beschränkung des Untersuchungsgebietes und die Beachtung übergreifender Zusammenhänge (*Metzger:* außerörtliche Bedingungen, vgl. hier S. 18) – ermöglichte die Entdeckung jenes allgemein- menschlichen Phänomens, das in der im folgenden begründeten Abstraktionshierarchie eines Konstrukts „Persönlichkeit" den obersten Platz einnimmt: der *„Tendenz zur guten Gestalt" (vgl. I).*

2. Abstraktionshierarchie eines therapierelevanten gestalttheoretischen Konstrukts „Persönlichkeit"

2.1. Die Tendenz zur guten Gestalt

Im Rahmen der Gestalttheorie ist der allgemeinste Begriff für ein Konstrukt zur Erfassung der menschlichen Persönlichkeit zweifellos die „Tendenz zur guten Gestalt" (zur Differenzierung vgl. I). Schon 1933 zählt *Helson* (*Hofstätter,* 1957, S. 151) 114 Gestaltgesetze auf, in denen sich diese allgemeine Tendenz konkret manifestiert (vgl.

den Versuch einer Systematisierung solcher Gesetzmäßigkeiten in I; vgl. hier in II, 2.3); die meisten von ihnen beziehen sich – entsprechend dem damaligen Forschungsschwerpunkt der Gestalttheorie – auf die optische Wahrnehmung des Menschen, ließen sich aber zumeist ebenso im Bereich des Denkens, des Gedächtnisses, des Lernens und des Fühlens nachweisen. In allen Bereichen handelt es sich um das Phänomen, daß (optisch oder mit anderen Sinnen) wahrgenommene Gegebenheiten stets in Relation zu Wahrnehmungs-, Denk- oder Fühl-*Gestalten* erkannt oder bewertet werden, die durch formale Kriterien der Ordnung (d.h. auch: der Sinnhaftigkeit) ausgezeichnet sind (vgl. S. 25).

Konkret kann das bedeuten: im Bereich der optischen Wahrnehmung, daß die Lücke in einer kreisförmigen Figur übersehen wird oder auch ein Druckfehler in einem wohlbekannten Wort – jedenfalls, solange die Abweichung von der *vorweggenommenen* guten Gestalt einen bestimmten (meßbaren) Grad nicht überschreitet, jenseits dessen die gegebene Figur (der Kreis oder das Wort) als „schlecht", „falsch", verbesserungsbedürftig wahrgenommen wird; im Bereich des Denkens als Vorwegnahme der Lösung einer gestellten Aufgabe, obwohl einige Zwischenglieder, die eine lückenlos-logische Ableitung der Lösung zulassen, noch fehlen; im Bereich des Fühlens als Ärgererlebnis (vgl. I), etwa bei jemandem, dem die Eisenbahn, die eben noch still stand, im letzten Augenblick, während er seinen Einstieg schon innerlich vorweggenommen hat, vor der Nase davonfährt.

Doch nicht allein die entscheidende Rolle, welche der „Tendenz zur guten Gestalt" im Bereich der psychischen Phänomene zukommt, legt nahe, sie hier an die oberste Stelle zu setzen, sondern auch die *Isomorphieannahme Köhler*s (vgl. I), die besagt, daß zwischen physikalischen und physiologischen Vorgängen im menschlichen Hirn und psychischen Prozessen eine strukturelle Übereinstimmung und Wechselwirkung besteht. Die Isomorphieannahme ist also ein *psychophysischer* Ansatz der Gestaltpsychologie. Sie weitet zugleich die psychologische Gestalttheorie zu einer allgemeinen Gestalttheorie der belebten *und* unbelebten Natur aus, indem sie postuliert, daß die gestalttheoretischen Auffassungen und Befunde im Physikalischen wie im Psychischen gelten (vgl. für den psychophysischen Ansatz die Belege *Goldsteins*, hier I, S. 18ff.). Dementsprechend spricht *Köhler* (1920, nach *Metzger*, 1963, S. 212) auch von „physischen Gestalten"; die Isomorphieannahme besagt demnach in letzter Konsequenz nicht nur, daß neurale und psychische Vorgänge in einem Menschen strukturgleich verlaufen müssen, sondern auch, daß in der physikalischen Welt grundsätzlich ähnliche Gestaltgesetzmäßigkeiten gelten wie in der psychischen. Einleuchtend läßt *Köhler* diese Annahme werden, indem er z. B. feststellt, daß für unsere gedanklichen Konstruktionen der physikalischen Welt

„kein anderes Material verfügbar ist, als das in der phänomenalen Welt gegebene. Folglich ist es nicht nur möglich, daß die Natur in manchen Hinsichten mit dem phänomenal Gegebenen übereinstimmt; vielmehr kann die erkennbare Natur überhaupt keine Eigenschaften haben, die nicht irgendwo in der phänomenalen Welt ein Modell hätten. Dies gilt von allem in der Natur, wovon wir etwas zu wissen glauben" (1968, S. 104).

So gesehen erscheint also die Annahme unvermeidlich, „daß transphänomenale Wirklichkeit mit phänomenaler Erfahrung verwandt ist" (S. 105). Daß für *Köhler* wie für andere Gestalttheoretiker die „Tendenz zur guten Gestalt" im Rahmen der psychologischen Gestalttheorie von zentraler Bedeutung war, wurde schon belegt (vgl. I, S. 47), auch, daß er sie darüber hinaus als den grundlegenden Sachverhalt in einer allgemeinen Gestalttheorie der Natur versteht. Im Grunde ist sie durchgehend das Thema seines berühmten, erstmals 1938 veröffentlichten Werkes „The Place of Value in a World of Facts" (deutsch: 1968: Werte und Tatsachen).

Die „Tendenz zur guten Gestalt" ist nun, indem ihr hier der oberste Platz zugewiesen wird, in dem Sinne ein Konstrukt, als ihre Wirksamkeit auch für Bereiche postuliert wird, in denen sie noch nicht anhand des Auftretens einer konkreten Gestaltgesetzmäßigkeit überprüft und nachgewiesen worden ist. Daß diese konkrete Überprüfung jedoch prinzipiell, wie zahlreiche experimentelle Ergebnisse gestalttheoretischer Forschungsarbeit bestätigen, möglich zu sein scheint, macht es erst sinnvoll, dieser „Tendenz" den obersten Platz in einer für Psychotherapie handlungsrelevanten Gestalttheorie der Person zuzuweisen. Sie soll also als allgemeinste Gesetzmäßigkeit sowohl der belebten als auch der unbelebten Natur gelten, die auf jeder denkbaren niedrigeren Abstraktionsebene anschaulich überprüft werden kann. Sie ist deshalb einerseits theoretisch übergeordnetes Konstrukt und tritt andererseits in konkreten Situationen jeweils konkret als „Gestaltgesetz" (bzw. „Gestaltfaktor") in Erscheinung.

Nun hat sich aber gezeigt (vgl. I), daß Wirksamwerden oder Nichtwirksamwerden konkreter Gestaltgesetzmäßigkeiten von der jeweiligen Gesamtbedingungslage einer Situation abhängt. Dies legt nahe, daß es für eine systematische Erfassung der menschlichen Persönlichkeit nicht ausreicht, eine allgemeine „Tendenz zur guten Gestalt" zu postulieren, sich dann schlicht der enzyklopädischen Aufgabe zu widmen, Gestaltgesetze zu entdecken und zu „sammeln" und in jeder Neuentdeckung den Beweis für die Richtigkeit der Grundannahme zu feiern. Erst ein Konstrukt, das erlaubt, zumindest auf allgemeine Weise die Gestalt-Bedingungen zu erkennen, zu beschreiben und zu verstehen, unter denen konkrete Gestaltfaktoren wirksam oder nicht wirksam werden, wäre ein wissenschaftlich und psychotherapeutisch befriedigendes Verbindungsglied zwischen allgemeiner „Tendenz“ und konkreten „Gestaltfaktoren“. Gesucht ist also eine Repräsentation der allgemeinen „Tendenz zur guten Gestalt“ auf mittlerer Abstraktionsebene als vermittelnde Instanz zwischen ihr und den konkreten Gestaltgesetzen, die ohne sie den Charakter zwar wunderbarer aber auch undurchschaubarer und damit therapeutisches Eingreifen ausschließender Willkürlichkeit im Auftauchen mal des einen, mal des anderen unter vielen hunderten behielten.

2.2. **Der Lebensraum**: ein handlungsrelevantes psychologisches Modell vom Menschen und seiner Umwelt, das erlaubt zu erklären und zu verstehen, wie die „Tendenz zur guten Gestalt“ wirksam wird

So grundlegend für das gestalttheoretische Menschenbild die „Tendenz zur guten Gestalt“ und die Nachweisbarkeit ihres Wirksamwerdens in konkreten Gestaltgesetzmäßigkeiten auch ist, die Umsetzung dieser Grundlage in praktisches therapeutisches Handeln gestattet hinreichend erst *Lewins* Konstrukt „Lebensraum“, indem es genau die Rolle der beschriebenen vermittelnden Instanz auf mittlerer Abstraktionsebene auszufüllen, d. h. die Beziehungsverhältnisse im Ablauf psychischer Prozesse hinreichend differenziert und geordnet abzubilden vermag*).

Die Begriffe „psychologischer Raum“, „psychologisches Feld“ und „Lebensraum“ werden von *Lewin* synonym verwendet (vgl. *Lewin*, 1963, S. 87). Der Begriff des „Raums“ hängt also offensichtlich eng mit der feldtheoretischen Sicht *Lewins* zusammen. *Lewin* definiert seine „Feldtheorie als *„eine Methode der Analyse von Kausalbeziehungen und der Synthese wissenschaftlicher Konstrukta.* Diese Methode der Analyse von Kausalbeziehungen läßt sich in Form einer Anzahl allgemeiner Sätze über das Wesen der Bedeutungen von Veränderungen darlegen“ (S. 88). Er formuliert als einen der Hauptsätze der psychologischen Feldtheorie: „Jedes Verhalten oder jede sonstige Veränderung ist einzig und allein vom psychologischen Feld

*) Als spezifischen Vorteil des Konstrukts „Lebensraum“ vermerkt *Hege* (1974): „Im Gegensatz zum analytischen Modell ist die Konfliktbeschreibung nicht an den Neurose- und Krankheitsbegriff gebunden. Konflikthaftes Verhalten ist nicht mit dem Stigma des ‚Abweichenden‘ belastet“ (S. 31).

zu dieser Zeit abhängig" (S. 88)*). Und er stellt mit *Einstein* (1933) fest, „Eine Gesamtheit gleichzeitig bestehender Tatsachen, die als gegenseitig voneinander abhängig begriffen werden, nennt man ein *Feld*" (*Lewin*, 1963, S. 233, vgl. auch *Metzger*, 1975)**). Für die drei oben genannten Begriffe gilt: Sie sollen ausdrücken, daß im Sinne der *Metzger*schen Unterscheidung zwischen Wirklichkeit im ersten Sinne und Wirklichkeit im zweiten Sinne (vgl. Teil I) psychologisch relevant vor allem die Wirklichkeit im zweiten Sinne, die phänomenale Welt von Individuen, also wie sie die Welt wahrnehmen, ist. Für die Analyse von Kausalbeziehungen folgt daraus, daß nicht die Sachverhalte als solche ausschlaggebend sind, sondern die Art und Weise, wie sie im Individuum repräsentiert sind, und zwar wie *Lewin* hervorhebt, *zu einem jeweils gegebenen Zeitpunkt*. Nicht irgendein Ereignis in der Vergangenheit, so wenig wie ein zukünftiges, ist in der Gegenwart handlungsrelevant, sondern allein, wie sich solche vergangenen oder zukünftigen Ereignisse in der Gegenwart darstellen. Die Darlegung dieser Gesichtspunkte begründet noch einmal, warum *Lewins* Begriff des Lebensraums im Rahmen einer Gestalttheorie der Persönlichkeit *und* der Psychotherapie den zweiten Platz nach der allgemeinen „Tendenz zur guten Gestalt" einnimmt: Der *konkrete* Lebensraum ist das Feld, in dem die allgemeinmenschliche „Tendenz zur guten Gestalt" *konkret* zum Ausdruck kommt. Er bietet den Bezugsrahmen, in dem frühere Informationen eingeordnet sind und neue Informationen eingeordnet oder nicht eingeordnet werden. Der Lebensraum ist analog der Erörterung am Beispiel der „Tendenz zur guten Gestalt" zugleich Konstrukt mit dem Zweck, die psychischen Vorgänge allgemein zu charakterisieren, und Bezeichnung für konkret und unmittelbar gegebene Sachverhalte.

Erst die Kenntnis allgemeiner Gesetzmäßigkeiten im Aufbau menschlicher Lebensräume – d.i. die Kenntnis davon, *wie* die „Tendenz zur guten Gestalt" die anschauliche Welt des Menschen bestimmt – ermöglicht eine Theorie gezielten therapeutischen Eingreifens. Wie sich dagegen von diesen allgemeinen Gesetzmäßigkeiten abgeleitetes therapeutisches Eingreifen konkret in Gedanken,

---

*) Hier soll auch die Auffassung *Lewins* angeführt werden, daß „gelingt eine Klärung des feldtheoretischen Gleichzeitigkeitsprinzips, so müßte das, meine ich, dem gegenseitigen Verständnis der verschiedenen psychologischen Schulen manchen Nutzen bringen" (1963, S. 88).

**) Die Gestalttheorie ist, wie *Metzger* betont (ebenso wie die Systemtheorie), eine Feldtheorie. Für Systemtheorie und Gestalttheorie gilt die Felddefinition *Einsteins*. „Und man kann nicht sagen, daß *Lewin* von der Gestalttheorie zu einer Feldtheorie ‚übergegangen' sei und sich von jener ‚absetze' oder ‚entferne'" (*Metzger*, 1975, S. 322).

Gefühlen und Handlungen eines Menschen äußert, hängt von den jeweils konkreten Zusammenhängen seines Lebensraumes ab, in denen die allgemeinen Gesetzmäßigkeiten sich äußern.

2.2.1. Zu einigen begrifflichen Grundlagen des Konstrukts „Lebensraum"

2.2.1.1. Verhalten als Funktion von Person und Umwelt

Der Lebensraum schließt alle das Verhalten eines Menschen bestimmenden Kräfte ein, Kräfte (Spannungen), die aus freundschaftlichen Beziehungen, bewußten und nichtbewußten Zielen, Träumen, Idealen, Befürchtungen usw. resultieren. *Lewin* betont, daß, obwohl „die Situation, wie sie von der Physik oder der Soziologie charakterisiert wird und die für jeden gleich ist, nicht . . . eingesetzt werden" kann für das psychologische Feld, es wichtig ist „zu wissen, daß die physischen und sozialen Bedingungen die Spielbreite möglicher Lebensräume – wahrscheinlich als *Grenzbedingungen* (s. Kap. III und VIII) des psychologischen Feldes – abgrenzen" (*Lewin,* 1963, S. 273; vgl. auch Teil I: phänomenologische und physiologische Sichtweise). Er fährt fort: „Um das psychologische Feld angemessen zu charakterisieren, hat man derart *spezifische* Dinge wie besondere Ziele, Reize, Bedürfnisse, soziale Beziehungen, als auch *allgemeinere* Eigenschaften des Feldes wie Atmosphäre (beispielsweise die freundliche, gespannte, feindliche Atmosphäre) und das Maß an Freiheit zu berücksichtigen. Die Eigenschaften des *ganzen Feldes* sind in der Psychologie so wichtig wie beispielsweise in der Physik das Gravitationsfeld für die Erklärung von Ereignissen im Rahmen der klassischen Physik. Psychologische Atmosphären sind empirische Wirklichkeiten und sind wissenschaftlich beschreibbare Fakten (*Lewin, Lippitt, White,* 1939)" (*Lewin,* 1963, S. 273/274).

Die allgemeine Formel *Lewins* für Verhalten lautet: $V = F(P, U) = F(L)$. D.h.: V = Verhalten (*und Entwicklung,* wie *Lewin* betont) hängt vom Zustand der Person (P) *und* dem der Umwelt (U) ab, wobei „die Person (P) und ihre Umwelt (U) als wechselseitig abhängige Variablen betrachtet werden. Die Gesamtheit dieser Faktoren nennen wir den Lebensraum (L) dieses Individuums. Der Lebensraum umschließt also beides, die Person und die Umwelt" (1963, S. 273). Hier wird deutlich, daß *Lewin* mit der Konzipierung des „Lebensraumes" auch den grundlegenden theoretischen Hintergrund gruppendynamischer Forschung schon geschaffen hat.

2.2.1.2. Zur Handlungsrelevanz eines psychologischen Gesetzesbegriffes

Lewin folgert daraus weiter: „Die Aufgabe, Verhalten zu erklären, wird dann identisch mit 1. dem Finden einer wissenschaftlichen

Repräsentation des Lebensraumes (*L*) und 2. der Bestimmung der Funktion (*F*), die das Verhalten mit dem Lebensraum verbindet. Eine solche Funktion (*F*) nennt man gewöhnlich ein *Gesetz*. ... Welche Mittel für die Analyse und die wissenschaftliche Darstellung eines psychologischen Feldes die angemessensten sind, muß auf der Basis der Fruchbarkeit für die Erklärung des Verhaltens beurteilt werden" (1963, S. 272/273).

Diese Sätze scheinen mir geeignet, klarzustellen, worin die Zielsetzung dieser Abhandlung besteht. Es bedarf dazu nur leichter Umformulierungen, z.B.: „Die Aufgabe, *Verhalten zu verändern*, wird dann identisch mit 1. dem Finden einer *therapeutischen* Repräsentation des Lebensraumes (*L*) und 2. der *Konkretisierung* der Funktion (*F*), die das Verhalten mit dem Lebensraum verbindet. Eine solche Funktion (*F*) nennt man gewöhnlich ein Gesetz. ... Welche Mittel für die Analyse und die *therapeutische Konkretisierung* eines psychologischen Feldes die angemessensten sind, muß auf der Basis der Fruchtbarkeit für die *Veränderung* des Verhaltens beurteilt werden".

Die „kleinen" Unterschiede gestatten es, *Lewins* Leistung unter etwas anderen Gesichtspunkten als denen einer „lupenreinen" Wissenschaft zu beurteilen, die allein absolute, also eindeutige Kausalerklärungen als legitime logische Bindeglieder zwischen Interventionsvariablen und Konsequenzen für das Verhalten des Probanden anerkennt. An anderer Stelle, wo es *Lewin* explizit um den psychologischen Wirkungszusammenhang und die Handlungsrelevanz der psychologischen Wissenschaft geht (1969, S. 51 ff.), wird unzweifelhaft, daß diese Umformulierung *Lewin* keineswegs Gewalt antut; er stellt vielmehr unter dem Aspekt der Handlungsrelevanz selbst fest, daß Verhalten zu *erklären* erst ein relevantes Ziel ist, wenn es dazu dient, Verhalten zu *verändern*, daß dementsprechend *wissenschaftliche Repräsentation* des Lebensraumes auch zugleich eine (therapeutisch, erzieherisch oder überhaupt) *wirkende* Repräsentation sein sollte und daß die *Bestimmung* einer Funktion erst in ihrer *Konkretisierung* die Verbindung des Verhaltens mit dem Lebensraum in einer Veränderung zugänglichen Weise herstellt.

„Eine solche Funktion nennt man gewöhnlich ein Gesetz."

Diesen Satz habe ich nicht verändert, denn der wissenschaftliche Anspruch auf Gesetzmäßigkeit, auf Allgemeingültigkeit psychologischer Sätze, soll auch für psychotherapeutisches Vorgehen nicht aufgegeben werden, auch nicht für die konkrete therapeutische Sitzung. Freilich: „Die Forderung nach „Allgemeingültigkeit' kann hier nur bedeuten, daß die Gesamtsituation ihren dynamischen Eigenschaften nach so darzustellen ist, wie sie sich jeweils für das betreffende Individuum als ‚wirklich', d.h. wirksam erweist. Die Verwechslung ... von ‚logischer Allgemeingültigkeit' mit ‚Gleichheit für alle' hat in der

Psychologie zu schwerwiegenden begrifflichen und methodologischen Fehlern geführt" (*Lewin*, 1969, S. 46).

Dieser Gesetzesbegriff läßt es geboten erscheinen, zwischen Gesetzen mit unterschiedlicher Reichweite (im Sinn von „Gleichheit für alle") zu unterscheiden*):

Die „(Konstrukt-)Tendenz zur guten Gestalt" ist dann, da sie quasi ein existentielles Fundament bezeichnet, entsprechend dieser Unterscheidung, als ein Gesetz von sehr großer Reichweite anzusehen. Die Beziehungszusammenhänge eines individuellen Lebensraumes stellen dagegen Gesetzmäßigkeiten von begrenzter Reichweite dar; sie können bei vielen Menschen in gleicher Weise wirksam sein, müssen es aber nicht. Hier läßt sich eine Vielfalt von Gesetzmäßigkeiten vorstellen, die in ihrer Reichweite außerordentlich variieren, bis hin zu solchen, die nur in einem einzigen oder in ganz wenigen individuellen Lebensräumen nachgewiesen werden können, wie etwa ein „Gesetz der kompetitiven Inferiorität" (auf deutsch: ein Psychologe z. B. fühlt sich stets unterlegen, sobald er mit einem oder mehreren anderen Psychologen zusammentrifft). Unter diesem Aspekt kommt also jeder individuellen *neurotischen* Konstellation Gesetzescharakter zu, mit dem gleichen Recht jedenfalls, wie man von Gestaltgesetzen spricht und damit etwa die Faktoren „der Nähe", „der Gleichheit", „des Aufgehens ohne Rest" meint. Es handelt sich hier wie da um *mögliche* kausale Verknüpfungen, deren Zustandekommen oder Nichtzustandekommen abhängt von übergreifenden Zusammenhängen, und Umstrukturierungen der Gesamtsituation können dazu führen, daß z. B. entweder das „Gesetz der Nähe", das der „Gleichheit", das des „Aufgehens ohne Rest" oder alle zugleich sich manifestieren (vgl. auch Teil I, S. 63, 63a, wo veranschaulicht wird, wie aus einer Verhaltenssequenz anstelle gesetzmäßig zu erwartenden Ärgers aufgrund einer Veränderung der Gesamtsituation Freude resultiert).

Um dieser Betrachtungsweise folgen zu können, muß man sich offensichtlich wie *Lewin* von einem Gesetzesbegriff lösen, der nicht unterscheidet zwischen „logischer Allgemeingültigkeit" und „Gleichheit für alle", einem Gesetzesbegriff, der trotz aller unsinnigen Kon-

---

*) Vgl. dazu die Erörterung der „Tendenz zur guten Gestalt" als Konstrukt und als konkretes Gestaltgesetz; einmal handelt es sich um ein Gesetz mit hohem theoretischem Anspruch, zum anderen um ein Gesetz, dessen Wirksamkeit entscheidend vom Kontext bestimmt wird, etwa: Wenn der Faktor der Nähe vorherrschend ist, dann wird diese oder jene bestimmte Gestalt in der Wahrnehmung verwirklicht werden – tritt jedoch der Faktor der Gleichartigkeit gleich stark in Erscheinung, dann wird diese oder jene andere bestimmte Gestalt verwirklicht werden usw.

sequenzen gleichsam wie ein Fetisch noch heute allenthalben beschworen wird. Dem hohlen Wissenschaftspathos, das ihn am Leben erhält, kann mit *Lewin* nur die Erkenntnis entgegengesetzt werden, daß weitreichende Gesetzmäßigkeiten zwar postuliert werden können und auch ihren Sinn als theoretischer Rahmen haben, der bis zum Erweis seiner Unstimmigkeit größere Zusammenhänge repräsentiert, daß solche Gesetzmäßigkeiten aber wenig über konkretes Verhalten und konkrete Verhaltensänderung auszusagen vermögen – und daß andererseits Gesetzmäßigkeiten, die konkrete Verhaltensfolgen für den individuellen Fall vorauszusagen erlauben, in ihrer Reichweite mehr oder weniger begrenzt sind, daß die auf ihrer Kenntnis beruhenden Voraussagen deshalb mit Unsicherheit behaftet sind.

Man mag diesen Sachverhalt als Dilemma ansehen; dann wird es – und das gilt für diese wissenschaftliche Problematik wie für psychotherapeutische Arbeit – zur entscheidenden Frage, ob man der Binsenweisheit Rechnung trägt, daß es fruchtbarer für die Suche nach Lösungen ist, einen gegebenen Tatbestand zunächst einmal als Ausgangspunkt hinzunehmen, als ihn zu verleugnen*).

Für *Lewin* wird mit der Unterscheidung zwischen „Allgemeingültigkeit" und „Gleichheit für alle" der Weg frei, auch Gesetze eines Typs zu erkennen, die zwar keine oder, in Verbindung mit der Kenntnis weiterer Fakten, nur begrenzte Voraussagen über konkrete (Verhaltens-)Ergebnisse erlauben, dafür aber Aussagen darüber, welche Bedingungen in einer (therapeutischen, erzieherischen oder entsprechenden) Situation verwirklicht werden müssen *und können,* damit Änderungsprozesse in Gang kommen, kurz gesagt: Aussagen darüber, *was wirkt.* Er hat drei solcher „Prozeßvariablen" benannt; sie zielen alle auf den gleichen Sachverhalt, den Sachverhalt nämlich, der grundlegend für die Feldtheorie ist (vgl. III, 3.2): das Gleichzeitigkeitsprinzip; es besagt, daß nur die jeweils gegenwärtig für ein Individuum existierenden Fakten und ihre Beziehung zueinander sein Verhalten und seine Veränderung beeinflussen können. Die beiden anderen Aspekte dieser Gesetzmäßigkeit sind: „Nur Konkretes kann wirken" (1969, S. 53) und „Ein Geschehen kann nur durch ein ‚Zueinander' verschiedener Gebilde verursacht werden" (S. 54).

Wie die allgemeine Gesetzmäßigkeit der „(Konstrukt-)Tendenz zur guten Gestalt" beschreiben auch *Rogers'* Variablen (Empathie oder Verbalisierung gegenwärtiger emotionaler Erlebnisinhalte, Echt-

---

*) Daran anknüpfend läßt sich ausmalen, welche Konsequenzen es für die Weiterentwicklung einer Wissenschaft hat, wenn auf der Grundlage einer Fiktion geforscht wird, etwa der Fiktion eines abstrakten, von der konkreten, gegenwärtigen Wirklichkeit der aufeinanderbezogenen Fakten losgelösten Gesetzesbegriffes.

heit des Therapeuten in seinem Verhalten gegenüber dem Klienten und bedingungsloses Akzeptieren des Klienten; vgl. dazu III) noch das existentielle Fundament des Menschen; sie haben also Gesetzescharakter von großer Reichweite. Sie bieten wie *Lewins* Prinzipien aber schon konkrete Ansatzpunkte zur empirischen Überprüfung sowohl ihrer eigenen Gültigkeit als auch der Gültigkeit der allgemeinen „Tendenz zur guten Gestalt". Dazu bedarf es allerdings der Definition „konstruktiver Veränderung", wie es *Rogers* (1973) und seine Schüler schon versucht haben, um die Wirksamkeit ihres therapeutischen Vorgehens zu überprüfen.

Die Schwierigkeit einer solchen Definition liegt darin, daß es einerseits nötig ist, die Konstruktivität (= Sinnhaftigkeit) einer Veränderung inhaltlich hinreichend genau zu bestimmen (sonst kann sie nicht überprüft werden), und andererseits, sie auch wieder nicht mit allzu konkreten Verhaltensweisen gleichzusetzen, die bestenfalls als pars pro toto möglicher konstruktiver Veränderungen gelten können.

Zusammenfassend: Das Schwergewicht psychologischer Gesetzesforschung liegt im Interesse psychotherapeutischer Theorie und Praxis auf der Suche nach *Prozeßvariablen.* Die sie begleitende Frage lautet: Welche Bedingungen müssen in der therapeutischen Beziehung verwirklicht werden, damit Änderungsprozesse in Gang kommen, in denen sich die „allgemeine (Konstrukt-)Tendenz zur guten Gestalt" im Ablauf konkreter Gestaltgesetzmäßigkeiten (bekannten von relativ großer Reichweite wie im individuellen Fall einzigartigen) verwirklicht? Diese Frage ließe sich natürlich so nicht stellen, würde nicht ein Menschenbild zugrundegelegt, wie es von den in Teil I dargestellten gestaltpsychologischen Grundtatsachen gestützt wird; danach gilt der Mensch als ein Wesen, das grundsätzlich mit allen für eine erfolgreiche Bewältigung des Lebens notwendigen Anlagen und Fähigkeiten ausgestattet ist (vgl. III).

2.2.1.3. Historische und systematische Erklärungsbegriffe

Für die Ableitung von Gesetzen und die Vorstellung vom Lebensraum als einem dynamischen Feld ist auch *Lewins* Unterscheidung zwischen historischen und systematischen (aktual-genetischen) Erklärungsbegriffen von großer Bedeutung. Er stellt fest: „Die Feldtheorie ist an historischen und an Entwicklungsproblemen interessiert, doch fordert sie eine wesentlich exaktere analytische Behandlung dieser Probleme als es, besonders in der Assoziationstheorie, üblich ist". An anderer Stelle weist er auf die entsprechende Schwäche in der Psychoanalyse hin (1963, S. 131).

Die Forderung nach mehr Exaktheit meint hier: die Vermengung historischer und systematischer Fragestellung zu vermeiden. „Die meisten Psychologen vertreten die Ansicht, daß die teleologische Herleitung des Verhaltens aus der Zukunft nicht zulässig ist. Die Feldtheorie besteht darauf, daß die Herleitung des Verhaltens aus der Vergangenheit nicht weniger metaphysisch ist, da vergangene Ereignisse jetzt nicht existieren und daher jetzt keine Wirkung haben können" (1963, S. 105). „Diese Wirkung der Vorgeschichte ist ... unter dynamischen Gesichtspunkten als indirekt zu bezeichnen: ein Ereignis der Vergangenheit kann auf gegenwärtiges Geschehen nicht Wirkungen im Sinne der Systematik ausüben, sondern es kann nur eine Stelle in der historischen Kausalkette einnehmen, deren Verschlingungen die gegenwärtige Situation geschaffen haben" (1969, S. 56). Dementsprechend ist es unzulässig, von einem „frühen Trauma" als Ursache einer gegenwärtigen psychischen Störung zu sprechen. „Der Lebenslauf läßt sich durch eine Abfolge" von jeweils zu einer gegebenen Zeit bestehenden Feldern (Lebensräumen) beschreiben, „wovon jedes die Situation in einem bestimmten historischen Stadium darstellt. Es würde jedoch den Sinn des Feldes zunichte machen, wollte man die Lebensräume des Neugeborenen, des 3-, 6- und 60jährigen Menschen insgesamt als *eine* (einzige; hjw.) dynamische Einheit behandeln" (1963, S. 131). Es „soll hier in aller Schärfe der Satz vertreten werden, daß weder vergangene noch zukünftige psychologische Fakten das gegenwärtige Geschehen beeinflussen, sondern lediglich die gegenwärtige Gesamtsituation" (1969, S. 55).

Die vorangehende Kombination von Zitaten aus verschiedenen Arbeiten *Lewins* (1963, 1969; in 1963 sind es zwei verschiedene Arbeiten) belegt: *Lewin* hält „‚historische' Fragestellung und das Aufsuchen historischer Kausalketten" (1969, S. 55) für ebenso berechtigt wie eine systematische (aktual-genetische) (Feld-)Betrachtung; er hält eine Kombination beider Vorgehensweisen sogar für höchst sinnvoll beim Bemühen, jemanden zu verstehen; aber man hat „historische oder halbhistorische Antworten auf ‚systematische' Kausalfragen zu vermeiden" (1969, S. 55), weil ein unmittelbarer systematischer Begründungszusammenhang allein zwischen Teilen des stets nur in der Gegenwart existierenden Feldes wechselseitig voneinander abhängiger Einzeltatsachen besteht. Die Wirkung der Vergangenheit (wie der Zukunft) auf dieses Feld wird stets nur über die gegenwärtige Zeitperspektive erfolgen (vgl. 2.2.5), welche die Ansichten des Individuums über Vergangenheit, Gegenwart und Zukunft umfaßt.

2.2.1.4. Die Rolle des Ich im Lebensraum

Hier soll noch an einem Beispiel auf die Bedeutung der Unterscheidung *Lewins* zwischen Person und Umwelt – anderen Personen und

Bereichen – (vgl. 2.2.1.1) als den beiden Konstituentien des Lebensraums hingewiesen werden (vgl. *Lewin* 1969, S. 175, aber zur Ergänzung auch des hier Gesagten: *Galli,* 1975, S. 124 ff.). Diese Unterscheidung hat sich, abgesehen davon, daß sie die Rede von psychischen Vorgängen als Beziehungsvorgängen zwischen der Person und ihrer Umwelt, zentralen und peripheren Bereichen des Lebensraumes, begründet, insbesondere für die Untersuchung des Erlebens von *Erfolg und Mißerfolg* als klärend herausgestellt (vgl. Teil I, 3.4).

Das Erleben von Erfolg und Mißerfolg hat sich als abhängig vom *Anspruchsniveau* erwiesen und dieses wiederum steht in engem Zusammenhang mit der *Ich-Nähe* der jeweiligen Aufgabe (im Sinne von Umweltbereich), um deren Lösung es geht (vgl. hierzu vor allem *Lewin, Dembo, Festinger* und *Sears; Hoppe; Heckhausen*). „Ich-nahe sind" nach *Heckhausen* (1963), „alle Bedürfnisse, die unmittelbar im Dienste des Ich-Status stehen" (ihn zu erhöhen, zu erhalten, zu schützen, zu verteidigen), wie z. B. Geltungsstreben, Leistungsehrgeiz, Mißerfolgsmeidung. *Ferdinand* (1959) folgert aus seinen Untersuchungen: „Das starke Engagiertsein des Ichs in den persönlich wichtigen Handlungen machte für den von der Sache selbst ausgehenden Anspruch verhältnismäßig taub" (hier sei auf den Begriff der „Gefordertheit der Lage" nach *Köhler* und *Wertheimer* ausdrücklich verwiesen, vgl. Teil I). *Müller* (1959) weist darauf hin, daß für das Erkennen von Gegebenheiten bzw. für die Ein-sicht, die Selbsteinsicht wie die Einsicht in Zusammenhänge der „Gestaltfaktor der Nähe" (nach *Wertheimer;* hier nicht verstanden als Nähe zwischen Objekten, sondern als Nähe zwischen Beobachter und Objekt) eine Rolle spielen kann. Erst wenn ein genügender Abstand zwischen dem „phänomenalen Ich" und bestimmten Gegebenheiten besteht, können sich diese Gegebenheiten überhaupt abheben und wahrgenommen werden. Damit ist ein für therapeutische Arbeit äußerst wichtiges Problem angesprochen: Im Rahmen dieses Beispiels kann das Problem konkret in die Fragen gefaßt werden: „Wie ermögliche ich dem Klienten eine differenzierte Sicht seiner Probleme? Wie komme ich als Therapeut so an das relevante Problem heran, daß ich unterstützend bei der Lösung eingreifen kann? Z. B. angesichts folgender Selbstdarstellung:

„Mein Leben kommt mir vor, wie ein Durcheinander von Sinn und Unsinn. Ich weiß, was ich will, aber meistens, wenn ich gerade etwas tue, bin ich nicht sicher, ob ich das jetzt eigentlich wirklich tun will, oder ob es nicht richtiger wäre, jetzt an etwas anderem weiterzuarbeiten. Ich kann sagen: Ich will das alles machen, was ich so mache; in gewisser Weise ist alles sinnvoll. Ich weiß aber auch: Vor allem müßte ich endlich mit dem einen fertig werden.

Was ich letztlich mache, ist das, wofür ich mir von der Umwelt Termine habe setzen lassen, was mir aber am wichtigsten ist, dafür setzt mir niemand einen Termin. Um Zeit dafür zu finden, müßte ich meine inneren Prioritäten äußerlich sichtbar machen, indem ich mich von übernommenen Pflichten frei mache. Aber das bringe ich nicht über mich. Es ist, als müsse ich zwanghaft meinen permanenten Mißerfolg aufrechterhalten, der darin besteht, daß ich alles tue, nur nicht das, was ich eigentlich will."

Ich habe hier keinen meiner Klienten zitiert, auch kein Beispiel konstruiert, sondern statt dessen einen Teil meiner eigenen Realität formuliert. Dies soll helfen, den Anschein von Distanz zu vermeiden gegenüber einer Problematik, die sich alltäglich in einem Sermon wie diesem, voller Widersprüchlichkeiten, Zwiespältigkeiten im Hinblick auf die Beziehung zwischen Person und Umwelt, bei „Klienten" und bei „Nicht-Klienten", etwa auch Therapeuten, äußert.

Der Therapeut, der sich mit diesem Feld voller Widersprüche von Anfang an nur auf dem Wege einer rationalen Erörterung einläßt, steht auf verlorenem Posten; er spielt den Hasen im Wettlauf zwischen Hase und Igel und bestärkt den Klienten nur darin, dieses Spiel mit sich selbst weiter zu spielen. Hier bietet sich als Ausweg z.B. die Anwendung einer gestalttheoretisch begründbaren gestalttherapeutischen Technik an, die hier schon kurz erwähnt werden soll (ausführlicher siehe III), weil sie genau dem Zweck dient, zwischen „phänomenalem Ich" und phänomenaler Umwelt einen phänomenalen Abstand herbeizuführen, der dem Klienten erst eine differenzierte Sicht seiner Verhaltensalternativen und schließlich die Entscheidung, was er nun tun will, ermöglicht: Es ist die Technik, eine phänomenale Aufspaltung des Problems zu induzieren.

Dies kann mit der Aufforderung geschehen, einen Dialog zwischen sich (der Person) und der Umwelt schlechthin zu erfinden. Man kann aber auch aus dem Eindruck heraus, daß hier das phänomenale Ich geradezu unentwirrbar in die Umweltbereiche (in denen sich ja, da sie subjektiver Natur sind, die Zerrissenheit der Person unmittelbar äußert) verwickelt zu sein scheint, mit einer Aufspaltung des phänomenalen Ichs beginnen: hier das Ich, dem die *eine* Aufgabe zu erledigen, das wichtigste ist – dort das Ich, dem alles andere vorgeht, das tausend Gründe findet, die *eine* Aufgabe nicht zu erledigen.

Die wichtigste Voraussetzung für den bewußten Verzicht des Therapeuten darauf, seine eigene Geistesschärfe im Rahmen einer rationalen Diskussion in die Waagschale zu werfen, ist die Überzeugung, daß der Klient – wie scharfsinnig der Therapeut auch sein mag – selbst alle guten Gründe am besten kennt (vgl. *Kelly*, hier S. 126 f.) und auch die höchste Fähigkeit hat, seine guten Gründe von seinen schlechten zu unterscheiden. Warum der Klient es bisher vermieden hat, gute und schlechte Gründe so klar voneinander zu trennen, daß er eine Entscheidung für das eine oder für das andere fällen kann oder daß er sich für den besten Weg, das eine zu tun, ohne das andere zu lassen, entscheiden kann, das kann erst offenbar werden, wenn er sich vor sich selbst mit keiner Ausrede (Rationalisierungen, usw.) mehr zu rechtfertigen vermag.

Man kann das hier skizzierte Vorgehen auch „Selbstkonfrontation" nennen; eine „Selbstkonfrontation" hat den Vorzug höchster subjektiver Realität, wohingegen der einseitig-rationale Diskurs mit dem Therapeuten gewissermaßen auf einem Abstellgleis des psychologischen Raumes erfolgen kann, wo die besten Argumente des Therapeuten „kaltgestellt" werden und wirkungslos bleiben in bezug auf das Ganze des Lebensraumes.

Worauf es ankommt, ist, daß die Widersprüche subjektiv unleugbar sich im Raume stoßen, daß auf ein „Abstellgleis" führendes Rationalisieren nicht mehr möglich ist. Soweit jedenfalls kann die Technik führen – und wirklich gefordert wird der Therapeut (als Therapeut und als Mensch im Sinne der „Echtheit" nach *Rogers* (1973)) erst an dieser Stelle, wo vom Klienten eine Entscheidung zu fällen ist, der er in der Regel zuvor nicht leichtfertig ausgewichen ist, sondern weil sie mit dem Schmerz des Verzichts auf eines zugunsten von etwas anderem oder mit der subjektiven Anerkennung eines Verlusts, der „objektiv" schon lange Realität sein mag, verbunden ist.

Wenn ein Klient an einem solchen Punkt angelangt ist, dann kann die akzeptable Entscheidung – dies nur als Beispiel – auch lauten: „Ich will mich nicht entscheiden" oder „Ich will, was geschehen ist, nicht wahrhaben."

Was die Methode leisten kann, ist dann immerhin geschehen: Der Klient hat sich seine innere und äußere Realität ein Stück weit verfügbarer gemacht; anders und anspruchsvoll ausgedrückt: Sein Lebensraum hat eine prägnantere Struktur gewonnen – jedenfalls im Augenblick –; er kann – *er muß nicht* – jetzt besser seinen Standort in der Welt bestimmen und flexibler auf die Anpassungsforderung der Umwelt reagieren (zur Beschreibung der Technik der Aufspaltung und weiterer Techniken vgl. III).

2.2.2. Der Lebensraum als dynamisches „Baukasten"-Konstrukt

2.2.2.1. Die Zeitperspektive

Der Begriff „Zeitperspektive" wurde von *L. K. Frank* vorgeschlagen (*Lewin*, 1963, S. 96). *Lewin* definiert: „Die Gesamtheit der Ansichten eines Individuums über seine psychologische Zukunft und seine psychologische Vergangenheit, die zu einer gegebenen Zeit existieren, kann ‚Zeitperspektive' genannt werden" (*Lewin*, 1963, S. 116/117).

Dieser Begriff hat in der psychologischen Forschung ein größeres Echo als der des „Lebensraums" gefunden. Vom Lebensraum läßt sich tatsächlich schlecht sprechen, ohne die Zeitperspektive mitzudenken. Die damit erfaßten Sachverhalte sind nämlich die das Konstrukt Lebensraum am weitreichendsten begründenden. Der Begriff „Zeitperspektive" kann deshalb vielfach im Rang eines Synonyms für „Lebensraum" eingesetzt werden, dies umso mehr, wenn man dem Vorschlag von *Bergius* (1957) folgt, wonach auch die nicht bewußte, aber in der Wirkung nachweisbare Bezogenheit des psychischen Geschehens auf die Vergangenheit und die Zukunft mitgemeint sei, und wenn man den Begriff unterteilt in Vergangenheits-, Gegenwarts- und Zukunftsperspektive, also die Ansichten über die psychologische Gegenwart mit einbezieht, wie es mir sinnvoll erscheint.

Die als Fundament des Konstrukts Lebensraum und zugleich als das des Konstrukts Zeitperspektive geltende Tatsache besteht darin, daß es niemals die Vergangenheit oder die Zukunft als solche sein können, die das Verhalten beeinflussen, sondern immer nur in der Gegenwart existierende Teile des psychologischen Feldes (vgl. II, 2.2.1.3). D.h.: Vergangenheit, Gegenwart und Zukunft haben nur in dem Maße und in der Weise Einfluß auf ein Individuum, in dem bzw. in der sie in seinem gegenwärtigen Erleben repräsentiert sind.

„Die Zeitperspektive wechselt fortwährend" (*Lewin,* 1963, S. 96); dafür ist aber nicht der Zeitablauf als solcher maßgebend, die Veränderung der Zeitperspektive erfolgt vielmehr zwar in der Zeit, aber das Tempo und die Art wird primär bestimmt vom jeweils gegenwärtig im Erleben des Individuums ablaufenden Geschehen. „Das historische Geschehen ist ... als wesentlich dialektisch zu bezeichnen: im kleinen wie im großen folgen auf eine Strecke scheinbar kontinuierlicher Verschiebungen plötzlich starke Umstrukturierungen und krisenhafte Wandlungen" (1969, S. 56).

Diese Feststellung verdeutlicht den Sinn historischer Fragestellung: Der Versuch etwa, eine frühere Zeitperspektive gemeinsam mit einem Klienten zu rekonstruieren, um dann die gegenwärtige damit in einem Rollenspiel zu konfrontieren, kann wichtige Hinweise auf das Ausmaß der Wandlung, den Zeitpunkt und die sie auslösenden Sachverhalte liefern, mit deren Hilfe dann die für das gegenwärtige Feld im Sinne systematischer Verursachung relevanten Fakten offengelegt und dem therapeutischen (Hier- und-jetzt-)Prozeß zugänglich gemacht werden können*).

---

*) Hier sei eine Feststellung *Lewins* zitiert, welche die von ihm immer wieder mit Schärfe betonte Notwendigkeit, daß ein systematischer Begründungszusammenhang (ein psychologisches Feld) nur von zu einem gegebenen Zeitpunkt gleichzeitig existierenden Einzeltatsachen gebildet werden kann, unter mathematisch-topologischen und praktischen Gesichtspunkten wieder relativiert. Diese Feststellung lautet: „Eine Methode, welche die Eigenschaften einer Situation (S) durch ihre Überprüfung zum Zeitpunkt t be-

Lewin erläutert die Bedeutung historischer Fragestellung, will damit aber ausdrücklich seine früheren Feststellungen über die Gegenwärtigkeit verhaltensrelevanter Fakten nicht abschwächen, die aus der Erfahrung folgen, daß „die Psychologie die anamnestische Diagnose beträchtlich überbetont (hat), besonders die klassische Psychoanalyse und andere klinische Richtungen der Persönlichkeitspsychologie" (S. 92). Er führt in diesem Zusammenhang weiter aus: „Ohne das Gleichzeitigkeitsprinzip als einen der fundamentalen Sätze der Feldtheorie aufzugeben, muß uns klar sein, daß wir, wollen wir die psychologische Richtung und die Geschwindigkeit des Verhaltens bestimmen (d. h. das, was man gewöhnlich die Bedeutung eines psychischen Geschehens nennt), in der Psychologie ebenso wie in der Physik eine gewisse Zeitspanne in Betracht ziehen müssen. Die Größe dieser Periode hängt in der Psychologie von der Reichweite der Situation ab. Als eine Regel gilt, daß die zu betrachtende Zeitdauer, aus der Richtung und Geschwindigkeit zu einer gegebenen Zeit bestimmt werden, um so größer sein muß, je mehr sich die zu beschreibende Situation ausdehnt" (S. 94/95).

Wie der Kontext zeigt, dem dieses Zitat entnommen ist, macht sich *Lewin* keine Illusionen schon über die Schwierigkeiten selbst einer vertretbaren Herleitung eines gegenwärtigen Geschehens vom unmittelbar vorausgehenden.

In diesem Zusammenhang wird aber auch einleuchtend, weshalb es von Bedeutung ist, daß in der Zeitperspektive ein *relativ* überdauerndes Charakteristikum der Person gesehen werden darf: weil nämlich erst eine zumindest relativ überdauernd wirksame Gesetzmäßigkeit ermöglicht, Spezielles und Außergewöhnliches zu erkennen – und weil es, darüber hinaus, so etwas wie individuelle Identität sonst nicht gäbe.

Sinnvollerweise – weil dies der einzige Ansatzpunkt für Einflußnahme und Veränderung ist – zielt jedoch die – erst die Behandlung der Zeitperspektive als überdauerndes Charakteristikum ermöglichende – historische Betrachtungsweise stets auf Erweiterung und Präzisierung des *gegenwärtigen* Blickfeldes, sowohl desjenigen des Therapeuten als auch desjenigen des Klienten.

---

stimmt, vermeidet die Unsicherheit historischer Schlußfolgerungen. Daraus folgt aber keineswegs, daß eine solche Methode jede zeitliche Betrachtungsweise über Bord wirft. Eine ‚Situation zu einer gegebenen Zeit' ist in Wirklichkeit nicht eine Situation ohne zeitliche Dauer, sondern stellt eine bestimmte Periode dar. Diese Tatsache ist für die Psychologie von großer theoretischer und methodischer Bedeutung" (S. 92; vgl. auch *P. B. de Maré*, 1972, S. 155). Schon das Beispiel der Melodie veranschaulicht diesen Sachverhalt (vgl. I, S. 13).

„Die zu einer gegebenen Zeit wirksame Zeitperspektive hat sich in verschiedenen Problemkreisen als höchst wichtig erwiesen, so z. B. bei Anspruchsniveau, Stimmung, Konstruktivität und Initiative eines Individuums. So hat *Farber* (1944) beispielsweise nachweisen können, daß die Leiden von Gefangenen mehr durch die Erwartung ihrer Entlassung, welche erst in 5 Jahren erfolgte, als durch die Unannehmlichkeiten ihrer gegenwärtigen Beschäftigung bestimmt sind" (1963, S. 96). Mit diesem Beispiel ist vor allem der finale Aspekt (vgl. *Adler*) angesprochen. Hier wäre zweifellos das Bemühen sinnlos, eine zukünftige Zeitperspektive zu ergründen, um sie mit der gegenwärtigen zu vergleichen; sinnvoll dagegen kann es sein, die Zukunftsperspektive und ihre Zusammenhänge mit Gegenwarts- und Vergangenheitsperspektive zu thematisieren, um zeitperspektivische Lücken und Unstimmigkeiten anschaulich aufzuzeigen und so Umstrukturierung, wo notwendig, ermöglichen zu können.

Mit der folgenden Abbildung veranschaulicht *Lewin* das Konstrukt Lebensraum (1963, S. 278). Ich füge die schematische Darstellung hier ein, weil sie zugleich eine Darstellung der Zeitperspektive ist und so auch noch einmal verdeutlicht, inwieweit „Zeitperspektive" als synonym für „Lebensraum" verstanden werden kann.

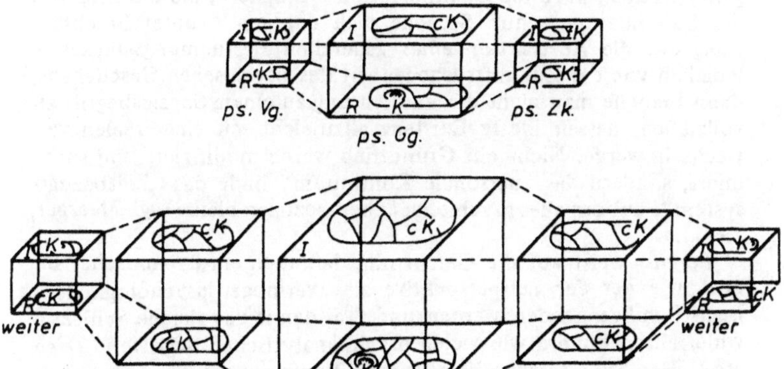

Abb. 4: Der Lebensraum auf zwei Entwicklungsstufen. Die obere Zeichnung stellt den Lebensraum eines jüngeren Kindes dar. Die untere Darstellung gibt den höheren Differenziertheitsgrad des Lebensraums eines älteren Kindes im Hinblick auf die gegenwärtige Situation, die Realitäts-Irrealitäts-Dimension und die Zeitperspektive wieder. *K* = Kind; *R* = Realitätsschicht; *I* = Irrealitätsschicht; *ps Vg* = psychologische Vergangenheit; *ps Gg* = psychologische Gegenwart; *ps Zk* = psychologische Zukunft.

In dieser Abbildung wird anschaulich, daß *Lewin* in der Zeitperspektive einen das psychische Systemganze (den Lebensraum) strukturierenden Faktor sieht; sie gliedert den Lebensraum in Vergangenheits-, Gegenwarts- und Zukunftsperspektive. Für *Bergius* (1957), der ihm darin zustimmt, ist es von da aus nur ein kleiner Schritt zu dem Vorschlag, alle (im Sinne einer Inventarisierung persönlichkeitsrelevanter Elemente) „vermögenspsychologischen" Begriffe wie Trieb, Instinkt, Wille durch den dynamischen Begriff der Zeitperspektive völlig zu ersetzen. Indem die Zeitperspektive als dynamisches Gefälle (etwa zwischen gegenwärtiger und vorweggenommener Situation) innerhalb eines Systems verstanden werde, komme man dem menschlichen Wesen erheblich näher als durch die Hypostasierung von Begriffen, die höchstens ideale, nicht aber reale Existenz besäßen (wie Trieb etc.).

Bergius verdeutlicht seine Vorstellung am Begriff der „Sublimierung": Nach der psychoanalytischen Theorie kann der Sexualtrieb zum Erkenntnistrieb sublimiert werden; durch alle Verfeinerungen hindurch, sagt *Bergius,* bleibe aber die generelle Bestimmung *des* Triebs und damit seine Identität bestehen. Erst die Abstraktion der generellen Bestimmungsstücke und die folgerichtige Bildung des Begriffs „Trieb" habe die Denkoperation ermöglicht, die das Bild von der Sublimierung schuf. Spräche man dagegen – unter Beschränkung auf die Abstraktion *eines* generellen Bestimmungsstückes – lediglich von der Zukunftsbezogenheit des psychischen Geschehens, dann brauche man nicht die Verdichtung zu einem Speziesbegriff zu vollziehen, dessen ideale Existenz allzuleicht mit einer realen verwechselt werde. Nicht ein Grundtrieb werde modifiziert und sublimiert, sondern das „personale Kontinuum" bilde das „Zeitbezugssystem", auf das alles psychische Leben bezogen bleibe (vgl. *Metzger,* 1971).

Bergius weist auf die Gefahr hin, daß auch ein dynamischer Begriff wie der der Zeitperspektive als „vermögenspsychologischer" Begriff mißverstanden werden und ihm damit das gleiche Schicksal widerfahren könnte wie vielen psychoanalytischen Begriffen (*Trieb* etc.). Der Sinn solcher begrifflicher Neufassungen kann natürlich schon darin liegen, daß dadurch erstarrte Modelle wieder in Bewegung geraten. Genauso wie der hier beschriebene Versuch von *Bergius,* psychoanalytische Begriffe in die dynamische Sprache der Gestalttheorie zu übersetzen, gewinnen aber m. E. auch die erfolgreichen Versuche *Lewins*, psychoanalytische ebenso wie lerntheoretische Begriffe gestalt- (oder feld-)theoretisch neu zu fassen, erst ihre höchste Bedeutung, wenn sie ermöglichen, verschiedene psychotherapeutische Fachsprachen nicht nur aufeinander zu beziehen und zu präzisieren, sondern schließlich zu vereinheitlichen und dadurch verschiedene Richtungen miteinander vergleichbar und integrierbar zu machen. Die daraus folgende Vereinfachung (oder Einfachheit) wäre nicht als unzulässige Simplifizierung aufzufassen, sondern als „Einfachheit" im Sinne einer sich durch klare „Gesetzmäßigkeit" und angemessene „Komplexität" auszeichnenden „Gestalthöhe" (vgl. I, 2)*).

Das wesentliche der Gedanken von *Bergius* ist in einem Satz von *Heckhausen* (1957) zusammengefaßt, wonach das Erleben einer zeitperspektivischen Diskrepanz zwischen gegenwärtig bestehender und vorweggenommener künftiger Situation in phänomenologischer Hinsicht das eigentlich Motivierende ist, wodurch Erleben und Handeln angeregt und gesteuert wird. Ähnlich denkt auch *Thomae* (1956), wenn er das „Wesen der menschlichen Antriebsstruktur" als „Vorahmen" oder Antizipation auffaßt. *Kelly* (vgl. S. 126 f.) glaubt, daß die Erkenntnis, wonach die Erlebens- und Verhaltensweisen eines menschlichen Individuums durch die Art und Weise eingefaßt sind, in der es entsprechend seinen „persönlichen Konstrukten" Ereignisse erwartet, einen Katalog von Motiven ersetzt, der nach seiner Erfahrung nur dazu angetan ist, den Therapeuten zu verwirren und am wirklichen Wesen des Klienten vorbeizuführen.

Es sind zahlreiche Untersuchungen mit dem Zweck unternommen worden, zum einen nachzuweisen, daß die Zeitperspektive ein überdauerndes Charakteristikum des Menschen ist (*Heckhausen*, 1963; *Bergius*, 1957; und viele andere, vgl. S. 100f), und zum anderen, die Zeitperspektive von anderen Variablen wie Anspruchsniveau und Leistungsmotivation zu unterscheiden. Darüber hinaus wurde versucht, auch verschiedene Komponenten der Zeitperspektive wie Zeitwahrnehmung, Zeitschätzung, Zeitabhängigkeit im Hinblick auf Variation von Reihenfolge und Ordnung, Zeitorientierung, Erinnerungsverhalten, Erwartungs- und Antizipationsverhalten, Frustrationstoleranz, subjektive Wahrscheinlichkeit und anderes mehr aufzuweisen.

Zum Abschluß der expliziten Erörterung der Zeitperspektive soll noch der Philosoph *Ernst Bloch* zu Wort kommen, der, wie es besser kaum ein Gestalttheoretiker verstanden hat, für gestalttheoretisch fundierte Psychotherapie Relevantes gesagt hat.

„Primär lebt jeder Mensch, indem er strebt, zukünftig, Vergangenes kommt erst später und echte Gegenwart ist fast überhaupt noch nicht da." Darauf kommt es *Bloch* an: auf die *echte* Gegenwart. Sie herbeizuführen, gilt es, die

*) *Lewin* erläutert zum Beispiel einen Begriff aus der Lerntheorie, einen Grundbegriff der Theorie vom bedingten Reflex – den der Auslöschung –, im Zusammenhang mit seinem Hinweis auf die Veränderung der Zeitperspektive im Zeitablauf und dem darin erfolgenden Erleben von Erfolg und Mißerfolg.

Tagträume, die jeder Mensch hat, dadurch „unbetrüglich, hilfreich, aufs Rechte gezielt zu halten", daß der Mensch sie sich voll bewußt macht und sie immer besser kennenlernt. „Denken heißt überschreiten. So jedoch, daß Vorhandenes nicht unterschlagen ... wird."

Das Fruchtbarmachen des Gewesenen gelingt den „Mißerfolgsmotivierten" (von der Furcht vor Mißerfolg bestimmten Versuchspersonen) in *Heckhausens* (1963) Versuchen, die sich sehr niedrige Ziele setzten, offenbar ebenso wenig wie denen, die sich unrealistische, überhöhte Ziele setzen. *Bloch* sagt: „Es kommt darauf an, das Hoffen zu lernen. Seine Arbeit entsagt nicht, sie ist ins Gelingen verliebt, statt ins Scheitern." Wenn man von der Bedeutung der „Hoffnung auf Erfolg" (*Heckhausen*, 1963, 1975, S. 109) für die konstruktive Lebensbewältigung überzeugt ist, dann kommt alles darauf an, die Hintergründe für die blockierende „Furcht vor Mißerfolg" aufzudecken und zu eliminieren. *Bloch:* „Dann stellt sich bei denen, die aus dem Niedergang nicht herausfinden, Furcht vor die Hoffnung und gegen sie. Dann gibt sich Furcht als ... die Maske des Krisenphänomens: des Erduldeten, aber nicht Durchschauten, des Beweinten, aber nicht Gewendeten". „Wissend-konkrete Hoffnung", sagt *Bloch* weiter, „bricht subjektiv am stärksten in die Furcht ein, leitet objektiv am tüchtigsten auf die ursächliche Abstellung der Furcht-Inhalte hin. Mit der kundigen Unzufriedenheit zusammen, die zur Hoffnung gehört, weil sie beide aus dem Nein zum Mangel entspringen."

Von *Bloch*s Äußerungen (vgl. auch *Guss*, 1975) läßt sich eine Anzahl konkreter Aufgaben für Pädagogen, Psychologen und Psychotherapeuten ableiten, bei denen es vor allem auf die Veränderung herrschender Erziehungs- und Denkprinzipien (vom Pessimismus gegenüber dem ursprünglichen Wesen des Menschen bis zu mechanistischen Erziehungsprinzipien – Paradigma: programmiertes Lernen –) ankommt, welche die Sicht auf neue und bessere Möglichkeiten der Entfaltung der „Tendenzen zur guten Gestalt" verstellen.

Die Mittelstellung der Gegenwartsperspektive ist sicher nicht nur als eine Modell- oder Konstrukteigenschaft der Zeitperspektive zu sehen; sie kennzeichnet vielmehr die tatsächliche Mitte menschlichen Seins – und dies hat *Bloch* deutlich herausgestellt (vgl. *Heubrock*, 1982).

In der Therapiesitzung geht es stets um die Qualität der gesamten Zeitperspektive eines Menschen (mit ihren interdependenten Bestandteilen) oder vielmehr aller in die jeweilige therapeutische Beziehung einbezogenen Menschen (also auch der des Therapeuten). Diese Qualität läßt sich letztlich nur daran messen, wie sie zur angemessenen Bewältigung von Vergangenheit, Gegenwart und Zukunft beiträgt.

2.2.2.2. Die Realitäts-Irrealitätsdimension

Eine erste Differenzierung der Realitäts-Irrealitätsdimension des Lebensraumes ergibt sich aus *Lewin*s Unterscheidung zwischen der „Ebene der Handlungen" als Bereich der „Realitätsschichten" und der „Ebene der Wünsche und Träume" als Bereich der Irrealitätsschichten (1963, S. 58). Zur Erläuterung: „Die *Erwartung* verweist auf die psychologische Struktur und die Ausrichtung der Kräfte auf der Realitätsebene der psychologischen Zukunft. *Hoffnung* bezieht sich auf ein bestimmtes Verhältnis zwischen realen und erwünschten Konstellationen der erlebten Zukunft. *Schuld* meint ein Verhältnis zwischen der realen und der Wunschkonstellation der Vergangenheit" (1963, S. 83). Die Ansichten eines Individuums „über seine eigene Vergangenheit und über die vergangenen Verhältnisse der physischen und sozialen Welt sind zwar oft unrichtig, konstituieren aber nichtsdestoweniger die ‚Realitätsschicht' der Vergangenheit in seinem Lebensraum. Häufig beobachtet man auch eine Wunschebene bezüglich der Vergangenheit. Im Phänomen der Schuld spielt die Diskrepanz zwischen der Struktur dieser Wunsch- oder Irrealitätsebene der psychologischen Vergangenheit und der Realitätsebene eine wichtige Rolle" (1963, S. 95/96). „Die Realitätsebene der psychologischen Vergangenheit, Gegenwart und Zukunft entspricht der Situation, wie sie tatsächlich in der Überzeugung des Individuums bestand, besteht und bestehen wird" (1963, S. 117). Die Irrealitätsebene dagegen entspricht Gedankenspielereien, Wünschen, Befürchtungen und Hoffnungen.

Damit sei hier zunächst genug zur Realitäts-Irrealitätsdimension des Lebensraumes gesagt. Im nächsten Abschnitt – über weitere Differenzierungen, die sowohl Zeitperspektive als auch Realitäts-Irrealitätsebene betreffen – wird allerdings noch ausführlich darauf einzugehen sein: im Zusammenhang mit den Deskriptionsdimensionen „Enge–Weite", „Unordnung–Ordnung", „Flüssigkeit–Rigidität" und „Undifferenziertheit–Differenziertheit".

2.2.2.3. Zur weiteren Differenzierung der Beschaffenheit des Lebensraumes

Nachdem schon zwischen der psychologischen Zeitdimension (*Lewin*, 1963, S. 278) – also der Zeitperspektive – und der Realitäts-Irrealitätsdimension unterschieden wurde, ergibt sich zusammen mit den zuletzt genannten vier Differenzierungskriterien jetzt eine insgesamt achtfache Differenzierung; diese Zahl *verdoppelt* sich noch einmal – also auf 16 –, bezieht man die ebenfalls schon erörterte Unterscheidung zwischen Person und Umwelt (innerhalb des Lebensraumes!) mit ein. Für die weitere Erörterung der vier Deskriptionsdimensionen ist es wichtig, sich bewußt zu bleiben, daß Zeitperspektive und Realitäts-Irrealitätsdimension, indem sie als den gesamten Lebensraum strukturierende sich wechselseitig durchdringende Faktoren aufgefaßt werden, sich stets auch auf die Person und ihre Umwelt beziehen (vgl. die Formel: $V = f(P, U = f(L))$. Die vier zu erörternden Deskriptionsdimensionen dienen also, wenn sie im folgenden vorwiegend anhand von Zeitperspektive und Realitäts-Irrealitätsdimension dargestellt werden, implizit stets auch einem differenzierten Begreifen von Person und Umwelt. So sieht es prinzipiell auch *Helm* (1960, S. 382), wenn er feststellt: „Die Person selbst wird als Teil des Gesamtfeldes (life-space) mit dem gleichen Begriffsgerüst behandelt wie ihre Umgebung, wobei allerdings weniger als dort Bewegungsprobleme als vielmehr solche der dynamischen Abhängigkeit verschiedener Person-Regionen untereinander eine Rolle spielen".

Im Mittelpunkt der meisten experimentellen Untersuchungen des Lebensraumes steht die Frage, wie weit sich die Zeitperspektive von Personen in die Zukunft oder in die Vergangenheit erstreckt und welche Zusammenhänge zwischen Reichweite und einer Vielzahl von Verhaltensweisen, Einstellungen und als überdauernde Eigenschaften verstandenen „Charakterzügen" bestehen. Gelegentlich wird auch die Frage nach der Differenziertheit (= Dichte oder Anzahl der im Bewußtsein repräsentierten Ereignisse (vgl. *Kastenbaum,* 1963, 1966; *Graves,* 1962) und nach der Ordnung, dem Grad der Strukturierung und der rationalen Durchgliederung, gestellt (vgl. *Green* und *Knapp,* 1959; *Epley* und *Ricks,* 1965; *Nuttin,* 1964; *Kastenbaum,* 1963, 1966; *Atkinson,* 1964; *Schmidt,* 1966). Nicht ausdrücklich ins Auge gefaßt wird zumeist die Frage nach dem Realitätsgrad der Zeitperspektive.

Vielleicht besteht ein Grund dafür darin, daß *Lewin* Zeitperspektive und Realitäts-Irrealitätsebene als gleichgewichtige Dimensionen des Lebensraums darstellt; dies könnte dazu veranlaßt haben, beide als relativ unabhängig voneinander zu sehen und deshalb für möglich zu halten, daß eine Untersuchung der Zeitperspektive ohne Einbeziehung des Realitäts-Irrealitätsaspekts wichtige Beziehungen klären könne. Einer solchen Auffassung ist jedenfalls entgegenzuhalten, daß *Lewin,* gerade indem er die Realitäts-Irrealitätsdimension und die Zeitperspektive als gleichgewichtig behandelte, ihre gemeinsame Bedeutung für den Lebensraum hervorgehoben hat.

Erst vordergründig widersprüchliche Untersuchungsergebnisse – wenn etwa festgestellt wird, daß die Reichweite der Zukunftsperspektive das eine Mal mit bestimmten Intelligenzergebnissen korreliert, das andere Mal nicht – führen gelegentlich dazu, daß der Realitäts-Irrealitätsaspekt nachträglich in die Untersuchungen oder die Interpretation von Untersuchungsergebnissen einbezogen wird (Beispiel unter 3.2.2.3.1). Entsprechend dem Dargelegten soll in der folgenden Behandlung der vier genannten Deskriptionsdimensionen Zeitperspektive und Realitäts-Irrealitätsebene stets in gleichem Maße Beachtung finden.

2.2.2.3.1. Enge–Weite (horizontale = zeitliche Ausdehnung der Bereiche)

In entwicklungspsychologischer Sicht darf man die Dimension „Enge–Weite" – wie die übrigen Deskriptionsdimensionen auch – im Sinne einer allgemein menschlichen Tendenz interpretieren; d. h. in bezug auf die Dimension „Enge–Weite", daß sie sich auch als Tendenz zur Ausdehnung der im Bewußtsein durch Ereignisse der Vergangenheit, der Gegenwart und der Zukunft repräsentierten Zeitspanne auffassen läßt – und zwar sowohl durch als real- als auch durch als irreal betrachtete Ereignisse.

Für vergangene Ereignisse bedeutet „real", daß sie als tatsächlich geschehen erlebt werden, „irreal", daß sie als gewünscht, befürchtet oder als solche, die mehr oder weniger wahrscheinlich waren, betrachtet werden. Für gegenwärtige Ereignisse bedeutet „real", daß sie als gerade ablaufend erlebt werden, „irreal", daß sie als vorgestellt oder phantasiert erlebt werden. Für zukünftige Ereignisse bedeutet „real", daß fest mit ihnen gerechnet wird, „irreal", daß sie befürchtet oder gewünscht werden, aber jedenfalls nicht fest mit ihnen gerechnet wird.

Zur Vereinfachung sei hier einmal angenommen, es gäbe *eine* Realitäts- und *eine* Irrealitätsebene (zur weiteren Differenzierung siehe 2.2.2.3.4) des Lebensraumes. Dann kann man sich vorstellen, daß im Idealfall die Reichweite der Zeitperspektive und die Reichweite der Unterscheidung zwischen Realität und Irrealität gleich groß sind, daß also bis in den äußersten Zipfel der Vergangenheitsperspektive und bis in den äußersten Zipfel der Zukunftsperspektive zwischen realen und irrealen Ereignissen unterschieden wird. Man kann sich aber auch vorstellen, daß Weite der Zeitperspektive und Weite der rationalen Durchgliederung nicht übereinstimmen. Zwar können die Realitäts- und die Irrealitätsebene nie eine größere Reichweite haben als die Zeitperspektive, aber die Zeitperspektive kann über die Realitätsebene hinausreichen. Das kann z. B. bedeuten, daß jenseits einer bestimmten zeitlichen Erstreckung der Zukunftsperspektive mit keinem Ereignis mehr wirklich fest gerechnet wird, sondern Ereignisse nur noch als befürchtet oder gewünscht erlebt werden. Es dürfte aber einen erheblichen Unterschied im Hinblick auf Verhaltenskonsequenzen darstellen, ob jemand mit zukünftigen Ereignissen (etwa dem Erreichen eines Ziels; *Lewin*, 1969, S. 58) wirklich rechnet oder nicht*). Korreliert man also einfach die Reichweite

*) Man denke z. B. an den speziellen Fall der „Erwartung des Todes". Natürlich „rechnet" jeder, fragt man ihn danach, fest damit, daß er sterben wird; daß aber der genaue Zeitpunkt, die Todesart usw. unbestimmt bleiben, kann diese Erwartung dennoch relativ irreal werden lassen (*Wolfgang Krege*, 1977, mündlicher Hinweis; vgl. aber auch insbesondere die Untersuchungen von *Wohlford*, 1964; *Dickstein* und *Blatt*, 1966; *Kastenbaum*, 1963, 1966).

der Zeitperspektive mit bestimmten Verhaltensweisen – etwa Leistungsverhalten –, ohne den Realitätsgrad der Zeitperspektive in die Betrachtung mit einzubeziehen, so muß mit nicht erklärbaren Widersprüchen in den Ergebnissen gerechnet werden. Man kann damit rechnen, daß einmal vorwiegend Menschen untersucht werden, bei denen die Reichweiten von Zeitperspektive und Realitäts-Irrealitätsunterscheidung übereinstimmen – was dann der Fall sein mag, wenn die Weite der Zeitperspektive und eine bestimmte beobachtete Leistung oder eine Einstellung (etwa Leseleistung, vgl. *Kahn*, 1965; oder Leistungsmotivation, vgl. *Heckhausen*, 1963, 1965) hoch miteinander (positiv) korrelieren – und daß ein andermal vorwiegend Menschen untersucht werden, bei denen die Realitätsebene der Zeitperspektive enger ist als die Spannweite der Zeitperspektive – dann könnte sich eine umgekehrte (negative) Korrelation ergeben – und daß ein drittes Mal Menschen untersucht werden, die in bezug auf das Kriterium Übereinstimmung der Reichweiten von Zeitperspektive und Realitätsebene außerordentlich heterogen sind – dann mag es scheinen, als sei die Reichweite der Zeitperspektive völlig irrelevant für die beobachtete Leistung oder Einstellung.

Es wurde schon darauf hingewiesen, daß in entwicklungspsychologischer Sicht von einer Tendenz zu einer Vergrößerung der im Lebensraum durch reale und irreale Ereignisse repräsentierten Zeitspanne gesprochen werden darf (Bsp. *Lewin*, 1963, S. 278). Bei Kindern lassen sich verschiedene Entwicklungsstufen eindrucksvoll belegen; es kann gezeigt werden, wie konkretes Verhalten entscheidend von der Fähigkeit bestimmt wird, sich vergangene Ereignisse vergegenwärtigen und zukünftige Ereignisse vorwegnehmen zu können (*H. D. Schmidt*, 1966; *Fajans*, 1933; *Kässner*, 1961; *Ames*, 1946; *Heckhausen* und *Roelofsen*, 1962). Die Ausdehnung der Zeitperspektive auf der Realitäts- und der Irrealitätsebene ist eine Veränderung der Erkenntnisstruktur (*Lewin*), die sich als Veränderung des individuellen Bezugsrahmens oder als Umstrukturierung von Figur-Grund-Verhältnissen beschreiben läßt.

Bei Erwachsenen ließ sich die Vermutung stützen, daß die Reichweite der Zeitperspektive unter belastenden angstauslösenden experimentellen Bedingungen schrumpft (*Langer, Wapner* und *Werner*, 1961). Interpretiert man dies als Figur-Grund-Phänomen, so läßt sich sagen: Wahrscheinlich wird das angstauslösende Ereignis in der Gegenwart zu einer so stark hervortretenden Figur, daß die ohnehin entfernteren und schwächer strukturierten Regionen der Perspektive dahinter als völlig undifferenzierter Grund zurücktreten.

Anschaulich wird dies z. B. auch am Fall eines Studenten, der in einer Klausur gute Leistungen erbringt, beim Seminarreferat aber einfach nicht zu Rande kommt. Man kann dieses Verhalten so interpretieren, daß die momentane Belastung der Klausur bei ihm alle anderen Lebensbereiche (und nicht nur der Zukunft und der Vergangenheit) völlig zurücktreten läßt und alle seine Energien sich dadurch auf die gegenwärtige Aufgabe richten. Im Falle des Seminarreferats, das langfristige Arbeit erfordert, interferieren bei ihm dagegen (mögen die Gründe nun mehr in seiner Person oder in äußeren Umständen liegen) ständig andere Teile und Bereiche der Zeitperspektive in einem Maße, das eine gedeihliche Auseinandersetzung mit der Aufgabe behindert. Dies ist ein Beispiel dafür, wie Weite der Zeitperspektive in bezug auf eine konkrete Anforderung bei einem bestimmten Menschen auch „negative" Folgen haben kann*).

2.2.2.3.2. Unordnung–Ordnung

Die Dimension „Unordnung–Ordnung" bezieht sich auf die „Reichweite zugleich bestehender Teile des Lebensraums, welche zu einer Einheit organisiert werden können, und ferner auf die Handlungsabfolgen, welche einheitlich gelenkt sind" (S. 147). *Lewin* zieht bewußt den Begriff der Organisierung dem der Integration vor, mit dem gelegentlich der gleiche Sachverhalt bezeichnet wird, nämlich daß „Verhaltenseinheiten durch die Führung oder Steuerung einer lenkenden Absicht oder einer Leitidee zustandekommen" (1963, S. 139); der Begriff „Integration" kann seiner Ansicht nach dem Mißverständnis Vorschub leisten, damit sei zugleich Entdifferenzierung gemeint.

Lewin weist hier lapidar auf einen Sachverhalt hin, der den Kern eines „modernen" Organisationsentwicklungsansatzes darstellt, des „Integrations-/Differenzierungsmodells (*Lawrence* und *Lorsch* nach *Morin*, 1974, S. 66) nämlich: Danach wird „eine Organisation ... um so besser arbeiten, je näher jede Einheit (Abteilung, Dienststelle, Werkstätte) der Organisation dem Optimum zwischen Differenzierung und Integration kommt. Jede Einheit muß, um den Anforderungen ihrer Beziehungen in einer ungewissen Umwelt zu genügen (...), sich spezialisieren, ihre Besonderheiten und Differenzen gegenüber den anderen Einheiten ausprägen, dennoch muß jede Einheit soweit in die Organisation integriert werden, daß sie für deren Ziele arbeitet" (*Morin*, 1974, S. 56). Dies darf auch als unmittelbar gültig für die Person und ihren Lebensraum angesehen werden.

*) Hier nur der Hinweis: Es kann therapeutisch sinnvoll sein, eine Technik zur Induzierung einer Verengung der Zeitperspektive einzusetzen, etwa die sogenannte Marathon-Technik: Eine Marathon-Gruppe bleibt 24 Stunden oder länger bei wenig Schlaf zusammen (vgl. *Däumling, Fengler, Nellessen, Svensson*, 1974, S. 236 ff., wo auch Sinn und Zweck solchen Vorgehens genauer erörtert werden).

Wenn *Lewin* hier von Leitidee spricht, so ist die Parallele zu *Klages'* Vorgehen bei der Handschriftendeutung unverkennbar**.) Dies wird noch deutlicher, wenn *Lewin* in bezug auf die Entwicklung der Verhaltensorganisation drei Gesichtspunkte unterscheidet:

a) *Komplexität der Einheiten:* „Ein Anzeichen für die größere Komplexität ist die mit höherem Alter zunehmende maximale Dauer zusammenhängenden Spiels (*Charlotte Bühler*, 1936)" (S. 163, S. 140; vgl. zum Begriff der Komplexität auch I, S. 26 ff.).

b) *Hierarchische Organisierung:* „Allgemein enthält also eine übergeordnete Verhaltenseinheit eine Anzahl hierarchisch gestufter Ebenen, welche jedoch durch die nächsthöhere Ebene beherrscht wird. Bezüglich der Anzahl dieser Ebenen sprechen wir von verschiedenen ‚Graden hierarchischer Organisierung' einer Verhaltenseinheit" (S. 140).

c) *Komplizierte Organisierung:* „Lügen, Spaßmachen, aus Haß sich übermäßig freundlich gebaren u. ä. ‚Ausdrucksperversionen' sind Handlungen auf zwei einander mehr oder weniger widersprechenden Ebenen. Häufig dient die äußerliche Ebene zum Verdecken der entgegengesetzten Meinung der tieferen Ebene; das spricht für eine eher komplizierte Handlungsorganisation. Wie man leicht sieht, steht das Problem der Selbstbeherrschung in engem Zusammenhang mit diesem Organisierungstypus" (S. 140).

Hier dürfte auch zu unterscheiden sein zwischen *bewußter* Komplizierung, die als Mittel zum Zweck eingesetzt wird, und nicht *bewußter* Komplizierung, in der sich etwa ein Versagen hinsichtlich der realistischen Einschätzung gegebener Verhältnisse ausdrückt. Als komplizierte Organisierung sieht es *Lewin* z. B. an, wenn eine Handlung mehrfach unterbrochen wird und doch zu Ende geführt wird, oder auch, wenn durch zwei oder mehr voneinander unabhängigen Ideen regulierte Tätigkeiten sich in der gleichzeitigen Ausführung überlappen. Dem „komplizierten Organisierungstypus" dürfte, entsprechend dem Ausgeführten, auch die sogenannte „double-bind-Kommunikation" (nach *Bateson* u. a., 1956; *Watzlawick*, 1969) zuzuordnen sein.

**)Die „Hauptuntersuchung" einer Handschrift beginnt *Klages* mit der Bestimmung der „Dominanten"; das sind die ausgeprägten Schriftmerkmale, z. B. „Verbundenheit". Von den „Dominanten" ausgehend ermittelt er die auf niedrigerer Ebene zuzuordnenden Eigenschaften und gelangt in „‚absteigender Linie' des Untersuchungsganges" zu einem „Charakterbild" (1936, 16. Aufl., S. 178 ff.).

An therapeutisch relevanten Fragen läßt sich aus dem zuletzt genannten Organisierungstypus etwa ableiten: Wann führt der Kompliziertheitsgrad der Organisierung (z. B. das gleichgewichtige Nebeneinander einer Reihe von Leitideen) schließlich zum Zusammenbruch jeglicher Organisierung (z. B. zum Verlust der Identität eines Individuums nach außen und/oder nach innen)? Inwieweit kann der Kompliziertheitsgrad die Kommunikation mit anderen Menschen stören und etwa von entscheidender Bedeutung für Einsamkeit und Isolierung eines Individuums sein?

Komplizierte Organisierung kann schließlich auch jegliche „hierarchische Organisierung" (vgl. b) und die Bildung „komplexer Einheiten" (a), also größerer Handlungsabfolgen, verhindern oder deren Auflösung bedeuten.

An den zweiten Organisierungstypus (b) lassen sich die Fragen knüpfen: Liegt ein zuviel oder ein zuwenig an „hierarchischer Organisierung" vor für die angemessene Bewältigung der alltäglichen Vielfalt divergierender Möglichkeiten der Befriedigung elementarer Bedürfnisse (Zuwendung, Essen und Trinken)? Wird einem übergeordneten Ziel zuliebe auf allzuviel verzichtet, auf mehr, als z.B. der körperlichen Gesundheit zuträglich ist? Ist die „Leitidee" überhaupt sinnvoll oder hat sie zu einer ständiges Scheitern vorprogrammierenden Gesamtorganisation des Lebensraumes geführt (vgl. *Adler*)?

Der erste Organisierungstypus (a) kann zu den Fragen anregen: Handelt es sich um begriffliche Komplexität im Sinne tatsächlicher sachlicher Zusammengehörigkeit der als zusammenhängend erlebten Handlungsabfolge oder handelt es sich beim Verhalten eines Individuums in Wirklichkeit eher um ein „kompliziertes" Verhalten in dem Sinne, daß sachlich Unzusammenhängendes krampfhaft als „logisch zusammenhängend" behauptet wird? Ist ein wirklicher Fortschritt mit der Dauer des „Am-Ball-Bleibens" verbunden oder handelt es sich um ein unproduktives Kleben am Vertrauten, um ein „Auf-der-Stelle-Treten"?

Allgemeinerer Natur ist die Frage: Ist die Organisierung dem intendierten Ziel angemessen oder steht sie dem Erfolg geradezu entgegen, etwa indem – mit einem Beispiel *Lewins* verdeutlicht (S. 147) – die Absicht, einen Faden in ein Nadelöhr einzufädeln (als Ausdruck der „Organisierung der innerpersonalen Regionen") zu hoher Muskelspannung („Organisierung des motorischen Systems") führt, obwohl „die Natur der Aufgabe zu erfolgreicher Ausführung relativ entspannte Muskeln erfordert" (S. 147)?*)

---

*) In der Therapiesituation ist entscheidend, daß solches Fragen nicht zum Selbstzweck wird, sondern veränderungsaktivierende Bedeutung für den Klienten gewinnt (vgl. III).

Lewin unterscheidet zwischen Organisierung des „motorischen Systems", der „innerpersonalen Regionen" und der „psychologischen Umwelt", wobei die beiden letztgenannten Bereiche unmittelbar in Analogie zur Unterscheidung von „Person" und „Umwelt" im „Lebensraum" zu verstehen sind. Eine weitere Erörterung des „motorischen Systems" erübrigt sich hier unter dem Gesichtspunkt *Lewins*, daß die motorischen Funktionen im Laufe der menschlichen Entwicklung zunehmend den Platz eines Werkzeuges der innerpersonalen Regionen einnehmen. Unter dem Aspekt der Organisierung soll jedoch die bisherige Behandlung von „Person" und „Umwelt" als wesentlichen Teilen des Lebensraums ergänzt werden.

a) Die innerpersonalen Regionen

Hier geht es entsprechend der früher zitierten Feststellung von *Helm* (1960) vor allem um die dynamische Abhängigkeit verschiedener Person-Regionen. Es läßt sich zwischen zentralen und peripheren Person-Regionen unterscheiden. Entsprechend der früheren Differenzierung der Organisierungstypen lassen sich die zentralen Regionen als die in der Hierarchie im Sinne von Leitregionen den peripheren Regionen übergeordnete Regionen verstehen.

Person-Regionen sind Bedürfnisse wie sie sich in Interessen, Wünschen, Zielen äußern. *Lewin* spricht von Quasi-Bedürfnissen, wenn es sich um Bedürfnisse handelt, die aus einem übergeordneten Bedürfnis (im Sinne eines relativ selbständigen Unterganzen des Lebensraumes) folgen; so etwa läßt sich das Bedürfnis, ein Buch über Kunst zu kaufen, in bezug auf das übergeordnete Bedürfnis nach künstlerischer Betätigung (also *relativ* zu diesem) als Quasibedürfnis ansehen (S. 148).

Spannungen entstehen zwischen Bedürfnissen, die sich teilweise oder gänzlich entgegenstehen*). Spannungen in den innerperso-

*) „Es scheint wichtige Individualunterschiede im Grad der strukturalen Einheitlichkeit der Person zu geben. Bei einigen Individuen sind anscheinend ein oder einige Bedürfnisse mächtig genug, um die anderen Bedürfnisse zu unterdrücken. In diesem Fall kann man auf ein verhältnismäßig hohes Spannungsniveau schließen. Eine ziemlich andere Art von Einheitlichkeit der Person ergibt sich, wenn eine Anzahl Häupter von ungefähr gleichem Einfluß auf eher demokratische Weise organisiert sind. Hier wird die Spitze einer hierarchischen Struktur von einer Gruppe von Häuptern gebildet, die in einem die Politik bestimmenden Teil (H) des Ganzen zusammengeschlossen sind. Betrachtet man dieses H als eine Region, so ist der Einheitlichkeitsgrad des Ganzen hoch, obwohl es innerhalb des Ganzen keine allmächtige Einzelzelle gibt. Harmonische und leicht bewegliche Personen haben vielleicht eine innere Struktur von dieser Art" (1963, S. 361).

nalen Regionen können aber auch aufgrund „äußerer" Umstände (der phänomenalen Umwelt) entstehen und zu Veränderungen der Organisierung führen. Dies läßt sich anhand folgender Abbildungen (*Lewin*, 1969, S. 189) verdeutlichen**).

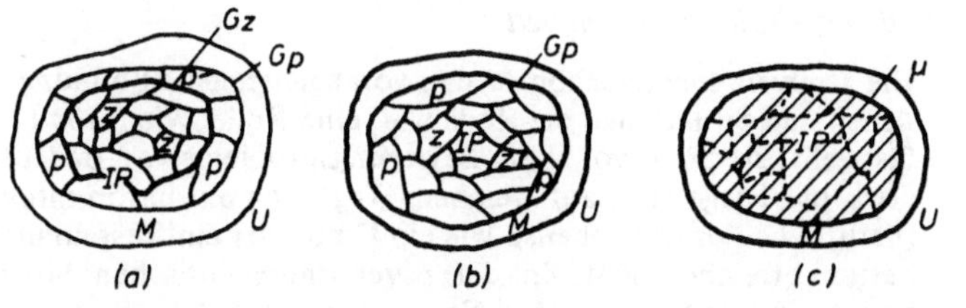

Abb. 5: Beziehungen zwischen verschiedenen Schichten der Person bei unterschiedlichen Bedingungen. (a) Die Person in einer ungezwungenen Situation: die peripheren Teile *p* des inner-personalen Bereiches *IP* sind von der Außenwelt *U* leicht zugänglich; die zentraleren Teile *z* sind dagegen weniger leicht zugänglich; der inner-personale Bereich *IP* wirkt relativ ungezwungen auf den motorischen Bereich *M* ein. (b) Die Person unter Druck im Zustand der Selbstbeherrschung: die peripheren Teile *p* des inner-personalen Gebietes *IP* sind weniger leicht als in (a) zugänglich; periphere und zentrale Teile (*z* und *p*) hängen enger zusammen; Kommunikation ist zwischen *IP* und *M* weniger ungezwungen. (c) Die Person unter sehr hoher Spannung: Vereinheitlichung (Primitivierung, „Regression") des inner-personalen Bereiches *IP*. *M*, sensomotorischer Bereich; *IP*, inner-personaler Bereich; *p*, periphere Teile von *IP*; *z*, zentrale Teile von *IP*; *U*, Umwelt; *Gz*, dynamische Wand zwischen *z* und *p*; *Gp*, dynamische Wand zwischen *IP* und *M* (*Lewin*, 1969, S. 189).

Die Bedeutung der in diesen Abbildungen dargestellten Sachverhalte geht über den hier explizierten Aspekt der Organisierung hinaus; die Abbildungen betreffen ebenso die anderen in diesem Abschnitt dargestellten Deskriptionsdimensionen des Lebensraumes. Allerdings hat speziell der Aspekt der Organisierung, indem er zur Unterscheidung zwischen peripheren und zentralen Schichten der innerpersonalen Regionen geführt hat, wesentlich zum

---

**) Diese graphische Darstellung soll hier lediglich der Veranschaulichung eines speziellen Aspekts dienen. Daß sie fragwürdig wird, sobald ihr übergreifende Bedeutung im Rahmen einer mathematisch-topologischen Darstellung der Person und ihrer Beziehung zur transphänomenalen Umwelt beigemessen wird (vgl. *Graefe*, 1961), soll nicht bestritten werden. Ein solcher Anspruch rechtfertigt kritische Anmerkungen wie die *Graefe*s, der aufzeigt, daß diese graphische Darstellung bestenfalls einem Ausschnitt von *Lewin*s Konzeption des Lebensraums gerecht wird.

Verständnis von Phänomenen wie Sättigung, Ärger, Selbstbeherrschung beigetragen und die experimentelle Erforschung dieser Phänomene gefördert (*Karsten*, 1927; *Dembo*, 1931 u.a. klassische Untersuchungen unter der Leitung *Lewins*, vgl. Teil I).

b) Die psychologische Umwelt

Die Umwelt spielte schon in den vorangehenden Abbildungen, in denen von Situationen die Rede war, eine Rolle. Wie *Helm* (1960) feststellt, sind hier vor allem Bewegungsprobleme von Bedeutung, etwa die Frage also, auf welchem Wege sich ein bestimmtes Ziel (berufliche Position, ebenso wie ein Kino oder ein Restaurant) am besten erreichen läßt. In der psychotherapeutischen Situation können die entsprechenden Fragen lauten: Welche Ziele hat der Klient? Warum erreicht er sie nicht? Schlägt er falsche Wege ein, welcher Art sind die Barrieren, die ihn vom Ziel fernhalten? Oder ist sein Ziel nach menschlichem Ermessen etwa überhaupt unerreichbar? (zur sorgfältigen Analyse einer spezifischen Situation vgl. *Lewin*, 1931: Die psychologische Situation bei Lohn und Strafe). Bei der Organisierung der Umwelt (aber auch der Person) spielen häufig Ideologien und Rationalisierungen eine große Rolle, indem sie „sonst widersprüchliche Tatsachen und Bedürfnisse in eine gemeinsame psychologische Harmonie bringen" (1963, S. 149).

Die schon zu Beginn dieses Abschnitts „Unordnung–Ordnung" unterschiedenen Gesichtspunkte der Verhaltensorganisierung (a–c) lassen sich noch in wesentlichen Punkten ergänzen, die zugleich den Lebensraum im Ganzen betreffen. *Lewin* spricht von „einfacher Interdependenz" und meint damit den vor allem bei kleinen Kindern regelmäßig zu beobachtenden Sachverhalt, daß etwa die „Spannung in einem Bedürfnissystem auf das allgemeine Spannungsniveau der Bedürfnissysteme eines Individuums" übergreift (1963, S. 148). Ein solcher „Ausbreitungsvorgang"(S. 148) – daß also der Zustand eines Teils des Lebensraumes unmittelbar den Zustand des ganzen Lebensraumes bestimmt – ist nur bei einem hohen Grad von Einheitlichkeit und bei geringer hierarchischer Organisierung des Lebensraumes denkbar. Bei Erwachsenen dürfte dies (vgl. Abb. 5c) in der Regel ein Symptom hoher psychischer Belastung (Angst, Druck, Unsicherheit) sein, da angesichts der im Vergleich zu einem Kind stets erheblich größeren Differenziertheit des Lebens- und Personbereichs (vgl. den Abschnitt über Differenzierung) nur eine relativ weitgehende hierarchische Organisierung erlaubt, überhaupt Ordnung zu schaffen. Hierarchische Organisierung bedeutet aber auch *relative* Unabhängigkeit zumindest sowohl einiger inner-personalen Regionen als auch solchen der Umwelt voneinander (dazu Weiteres im Abschnitt über „Flüssigkeit–Rigidität").

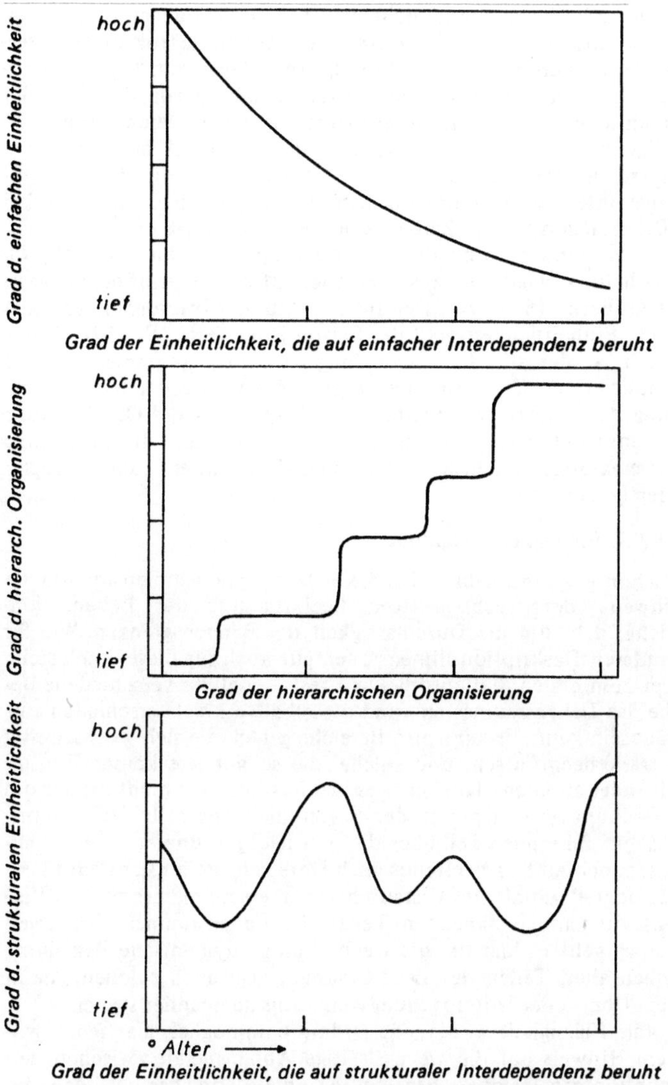

Abb. 6: Schematische Darstellung einiger entwicklungsbedingter Veränderungen. Der auf einfacher Interdependenz beruhende Einheitlichkeitsgrad nimmt mit zunehmendem Alter ab; der Grad der hierarchischen Organisierung nimmt stufenweise zu; der Grad der strukturalen Einheitlichkeit fluktuiert (*Lewin*, 1963).

Vom „Grad der Einheitlichkeit", der auf einfacher Interdependenz beruht, unterscheidet *Lewin* jenen, der auf „strukturaler Interdependenz" beruht. Bei „strukturaler Interdependenz" ist der optimale „Grad an Einheitlichkeit" jeweils abhängig von der Zahl der hierarchischen Schichten, die mit zunehmender Differenzierung notwendigerweise wächst. „Man hat ... ein Auf und Ab im Einheitlichkeitsgrad der Person (hier scheint es mir angemessen, „Person" mit dem gesamten Lebensraum gleichzusetzen; hjw.) zu erwarten, wobei die Differenzierung von Zeit zu Zeit die Tendenz hat, die Einheitlichkeit zu vermindern, und die Organisierung strebt dann danach, die Einheitlichkeit wieder herzustellen oder auf das nächsthöhere Niveau zu vergrößern" (S. 150). „Der auf ‚strukturaler Interdependenz' beruhende Einheitlichkeitsgrad der Person fluktuiert" (S. 152). Damit ist auch wieder die Unterscheidung zwischen „komplexer" und „komplizierter" Organisierung angesprochen. Mit der Veranschaulichung des zuletzt behandelten Gesichtspunktes der Organisierung unter entwicklungspsychologischem Aspekt soll hier die Erörterung der Deskriptionsdimension „Ordnung–Unordnung" abgeschlossen werden (s. Abb. 6).

2.2.2.3.3. Flüssigkeit–Rigidität

Wie schon erwähnt, geht es bei dieser Deskriptionsdimension um die Reichweite der wechselseitigen Beeinflussung der Lebensraumbereiche, d.h. um die Durchlässigkeit der Bereichsgrenzen. Wie für die anderen Deskriptionsdimensionen gilt auch für diese – ich stelle es hier zum ersten Mal ausdrücklich fest –, daß für verschiedene Bereiche des Lebensraumes ein- und dasselbe Merkmal verschieden ausgeprägt sein kann. Es kann also Bereiche geben, die sich wechselseitig sehr stark beeinflussen, und solche, die so gut wie keinen Einfluß aufeinander ausüben; dabei geht es hier ausdrücklich nicht primär um den Ordnungsgesichtspunkt der Hierarchie, innerhalb deren naturgemäß ein führender Teil über die ihm nachgeordneten Teile dominiert. Jedoch gibt es zweifellos auch Unterschiede hinsichtlich Flexibilität oder Rigidität im Austausch von in einem hierarchischen Verhältnis zueinander stehenden Teilen des Lebensraumes. Prinzipiell allerdings geht es hier um die wechselseitige dynamische Beziehung zwischen allen Teilen des Lebensraumes, also auch solchen, die in keinem Über- oder Unterordnungsverhältnis zueinander stehen.

Totale Flüssigkeit würde jede Ordnung unmöglich machen – womit ein Hinweis auf die wechselseitige Abhängigkeit zwischen den Deskriptionsdimensionen gegeben ist, die darin besteht, daß die Bedeutung der jeweiligen Merkmalsausprägung für die Qualität des Lebensraums in einem der vier Bereiche abhängig ist von den Merkmalsausprägungen in den übrigen Bereichen, daß also etwa, wenn sich eine vollständige Flüssigkeit, d.h. letztlich ein Verschwimmen zwischen den verschiedenen Bereichen des Lebensraumes feststellen ließe, jegliche zuvor ermittelte Ordnungsstruktur suspekt würde und zu fragen wäre, ob sie nicht lediglich die Qualität einer Fiktion hat, die ohne praktische Konsequenz aufrecht erhalten wird; totale Flüssigkeit wäre somit – mit welchen nur einem Erwachsenen möglichen Rationalisierungen auch drapiert – letztlich gleichbedeutend mit einer „Einheitlichkeit", die auf einfacher Interdependenz beruht und bestenfalls für ein kleines Kind als normal angesehen werden könnte.

Totale Rigidität andererseits ließe auch nur eine Scheinordnung zu, denn eine Ordnung, die keiner Umstrukturierung, d.h. keiner Anpassungsreaktion auf eine gegebene Situation fähig ist, die immer auch von Daten im Sinne dessen bestimmt ist, was *Lewin* als soziale oder physikalische Grenzbedingungen bezeichnet (erlebnisjenseitige oder transphänomenale Welt), ist für eine erfolgreiche Auseinandersetzung mit den jeweiligen Lebensumständen untauglich. Eine angemessene Durchlässigkeit der Lebensraumbereiche bedeutet, daß jene optimale (mittlere) Flexibilität der Lebensraumbereiche vorherrscht, die ermöglicht, auf neue Konstellationen der inneren und äußeren Welt („äußere Welt" hier nicht allein als subjektive Repräsentation der transphänomenalen Welt verstanden, die von dieser theoretisch beliebig abweichen kann, sondern auch als diese transphänomenale Welt verstanden) mit Umstrukturierungen in Richtung eines optimalen „Grades der Einheitlichkeit" zu reagieren, die auf „strukturaler Interdependenz" beruht.

Mit der Merkmalsdimension „Flüssigkeit–Rigidität" dürfte im wesentlichen der gleiche Sachverhalt umschrieben sein, den *Rausch* (1949, nach *Hoeth,* 1975) mit den Begriffen „anschauliche Variabilität" und „anschauliche Konstanz" bezeichnet. *Hoeth* referiert *Rausch* (vgl. auch I): „Wenn jemand einen Schrank kaufen will, so kann er ein angebotenes Stück zurückweisen mit der Begründung: ‚der Schrank ist zu hoch' (nämlich für das Zimmer, in dem er stehen soll). Das Zimmer hat dabei den Charakter der anschaulichen Konstanz, es ist ‚nun mal so gegeben'. Aus der Menge der Schränke, die es gibt, muß der zum (als unveränderlich angesehenen, eben ‚anschaulich konstanten') Zimmer passende herausgesucht werden. – Man könnte hier einwenden, daß es absurd sei, von einer anderen Konstellation als der beschriebenen auszugehen. Das ist jedoch nicht richtig. Angenommen, jemand besitzt einen sehr wertvollen Schrank, von dem er sich auf keinen Fall trennen möchte. In diesem Fall ist es durchaus plausibel, daß der Schrank zur anschaulichen Konstanten wird und das Zimmer zur anschaulichen Variablen. Man sucht nach einem Zimmer, in das der Schrank paßt" (S. 376).

Daran wird deutlich: Für jemanden, für den unveränderlich (starr) das Zimmer, die Wohnung, die anschauliche Konstante ist, wird selbst dann, wenn er einen unvergleichlich schönen und wertvollen Schrank erbt, völlig indiskutabel sein, diesen Schrank um den Preis einer Wohnungsänderung zu behalten. Seine Starrheit wird ihn daran hindern, für den Genuß, einen wundervollen Schrank täglich ansehen zu können, empfänglich zu sein. *Hoeth* knüpft an das Schrankbeispiel die Überlegung: „So haben z. B. soziale Normen(systeme) in ausgesprochen hohem Maße den Charakter anschaulicher Konstanz. Die Frage nach dem ‚auch anders sein können' wird meist gar nicht erst gestellt oder ‚mit Schaudern' zurückgewiesen. . . . Selbstverständlich bestehen auch Bezüge zur Tiefenpsychologie oder Ansätzen der Erforschung dogmatischer Persönlichkeitsstrukturen (vgl. etwa *Rokeach*, 1960: ‚Open and closed mind')" (S. 377).

Zum Problem der Flüssigkeit als „Faktor, der die Geschwindigkeit des Spannungsausgleichs in benachbarten Systemen bestimmt" (S. 64), und dem Einfluß verschiedener Umweltkonstellationen, sind von *Lewin* und seinen Schülern eine Reihe von Experimenten durchgeführt worden. Dabei gehen sie aus von dem Konstrukt „System in Spannung", wobei „Spannung das Verhältnis zwischen dem Zustand eines Systems und dem Zustand der umgebenden Systeme" bedeutet (1963, S. 56). „Wäre das Feld sehr flüssig, so würden alle Unterschiede der Spannungsgrade der verschiedenen Systeme in kürzester Zeit verschwinden, weil ja die Tendenz zur Angleichung, die aus den verschiedenen lokalen Spannungen resultiert, gar keinem Widerstand begegnen würde. Läßt sich aber ein Quasi-Bedürfnis einem über eine beträchtliche Zeitspanne hin wirksamen Spannungssystem zuordnen, so darf man die Person dynamisch nicht als gänzlich flüssig betrachten" (S. 57).

Einige Untersuchungsergebnisse *Lewins* und seiner Schüler (teils mehr im Sinne direkter Beobachtungen von experimentellen Ereignissen, teils mehr interpretativer Natur) sind hier von Interesse. Soweit *Lewin* sich in seinen Belegen auf die Untersuchung von *Zeigarnik* stützt, sind allerdings Vorbehalte angebracht, da die Interpretation *Zeigarniks* schwere Mängel aufweist (vgl. *Junker*)*).

---

*) *Lewin* selbst verfällt im Zusammenhang mit der Bewertung der Ergebnisse *Zeigarniks* einem angesichts seiner sonst bemerkenswerten wissenschaftstheoretischen Sorgfalt ungewöhnlichen Fehler, indem er den *Zeigarnik*-Quotienten (der ja nur ein Mittel zur Darstellung eines komplexen Sachverhaltes ist) im Sinne des sogenannten „Modellfehlers zweiter Art" überinterpretiert. „‚Ein Fehler erster Art' liegt vor, wenn Aspekte eines Prototyps, die unter der zum Modell führenden Fragestellung relevant sind,

Als weiter überprüfenswerte Hypothesen dürfen trotzdem gelten:

- daß mit zunehmender Müdigkeit der Lebensraum einer Person flüssiger und damit der Aufbau von Spannungen unwahrscheinlicher wird,
- daß die peripheren Regionen der Person und des Lebensraums insgesamt flüssiger sind als die zentralen Regionen,
- daß starke Wogen affektiver Spannung zuvor induzierte „relativ oberflächlichen Bedürfnissen entsprechende Spannungsdifferenzen" (S. 59) im Gesamtsystem zerstören (daß jedoch möglicherweise – diese Hypothese möchte ich hier anfügen – von zentralen Bedürfnissen ausgehende Zielspannungen entgegengesetzt auf affektauslösenden Druck reagieren, sich also eher verfestigen, einfach gesagt: Leute unter Belastung rigider werden),
- „daß die Schichten großer Irrealität (Ebene der Wünsche und Träume) als flüssiger angenommen werden müssen als die Realitätsschichten (Ebene der Handlungen). Daraus würde folgen, daß Bedürfnisse und Quasi-Bedürfnisse, welche solchen irrealen Schichten entsprechen, raschere und diffusere Spannungsentladung zeigen" (S. 58),
- daß aufgrund der größeren Flüssigkeit der Phantasiebereiche und der Träume, darin „Bedürfnisse ans Licht kommen, die vom ‚gesellschaftlichen Leben' durch soziale Tabus ferngehalten werden" (S. 306),

---

Fortsetzung der Fußn. von S. 112

nicht abgebildet werden. Benutzt man dagegen modellspezifische Eigenarten für Aussagen über den Prototyp, so begeht man einen ‚Fehler zweiter Art'" (Handbuch der Psychologie, Bd. 7, 1. Halbbd., *Tack,* S. 233, 1969).

Lewin setzt wie *Zeigarnik* den Quotienten aus $\frac{BU}{BE} = \frac{\text{behaltene unerl. Aufg.}}{\text{behaltene erl. Aufg.}}$

absolut und schließt aus einem niedrigen – unter 1 liegenden – Quotienten, daß kein oder nur ein geringes Spannungssystem aus der Vornahme zur Erledigung der gestellten Aufgabe entstanden ist. In Wirklichkeit bedeutet aber ein unter 1 liegender Quotient nur eine Umkehrung im Verhältnis der behaltenen erledigten zu den behaltenen unerledigten Aufgaben, was einem Figur-Grund-Wechsel gleichkommt. Diese Umkehrung berechtigt keinesfalls dazu, von einer schwächeren „Spannung" insgesamt zu sprechen, sondern wirft eher die Frage auf, weshalb unter den neuen experimentellen Bedingungen statt eines Spannungssystems, das zum überwiegenden Behalten der unerledigten Aufgaben führt, eines entsteht, das zu einem größeren Behalten der erledigten führt.

– daß der Flüssigkeitsgrad besonders hoch ist, wo eine prägnante Wahrnehmung von Unterschieden zwischen verschiedenen Sachverhalten von vornherein erschwert ist,

– daß die Wirkung, die ein Bedürfnis auf die Struktur des Lebensraums hat, neben der Intensität dieses Bedürfnisses von der Flüssigkeit der damit verbundenen Gebiete des Lebensraums abhängt (1963, S. 306),

– daß „instabile Problemkinder . . . aufgrund ihrer größeren Flüssigkeit im Vergleich mit dem Durchschnittskind eher von ihren Wünschen und Ängsten mitgerissen" werden (S. 307).

Die Relevanz dieser Hypothesen für therapeutische Arbeit liegt teils offen zutage. Einige Gesichtspunkte seien noch ausgeführt:

Unter der Voraussetzung, daß affektive Erregung zumindest partiell die wechselseitige Durchlässigkeit von Lebensraumbereichen erhöht, könnte die Induzierung von affektiver Erregung die Chance einer psychisch gestörten Person erhöhen, durch Umstrukturierung ihres Lebensraumes fähig zu einer Neugestaltung ihres Lebens zu werden*). Tritt noch Ermüdung (etwa bei sogenannten Marathonsitzungen) hinzu, würde sich – gilt die oben formulierte Hypothese – diese Chance noch weiter erhöhen, therapeutische „Angebote" im Sinne des Vollzugs von Umstrukturierungen zu nutzen. Fördernd könnte zusätzlich noch hinzutreten, daß auf einer Irrealitätsebene, etwa der des Spiels, angesetzt wird, wie dies in psychodramatischen Rollenspielen oder auch in verhaltenstherapeutischen Rollenspielen der Fall ist.

Es sei auch noch hingewiesen auf Phänomene, die sich aus der Kombination von partieller Rigidität (etwa in bezug auf bestimmte hartnäckig aufrechterhaltene Wünsche) und partiell starker Durchlässigkeit von Bereichsgrenzen (etwa zwischen Vergangenheits- und Gegenwartsbereich der Zeitperspektive) verstehen lassen: z. B. auf das Phänomen der „Rationalisierung", wobei gegenwärtige Bedürfnisse die Struktur der psychologischen Vergangenheit bestimmen (1963, S. 307), oder auf das Phänomen der „Verdrängung"**) das

---

*) Hier läßt sich differenzieren zwischen dem Ziel, daß äußere und innere Regionen (Person und Umwelt) gegeneinander durchlässiger werden, und dem Ziel, daß die zentralen Regionen (der Person) sich besser durchdringen. Als Mittel zur Erreichung beider Ziele läßt sich die Marathon-Methode (vgl. Anmerkung S. 102) einsetzen, ebenso aber andere Hilfsmittel, die „Wogen affektiver Spannung" auslösen und „Grenzen" beseitigen.

**) In diesem Reflexionsrahmen gewinnt der Begriff „Verdrängung" wieder neue Anschaulichkeit: indem er nämlich im Kontext von Begriffen wie „Kraft" und „Spannung" verwandt wird.

– wie wahrscheinlich fast alle von der Psychoanalyse benannten Abwehrmechanismen – in diesem Zusammenhang als dem gleichen „Geschehenstypus" wie die „Rationalisierung" zugehörig gesehen werden kann.

2.2.2.3.4. Undifferenziertheit–Differenziertheit (räumliche und numerische Ausdehnung der Bereiche)

Es ist mit *Lewin* davon auszugehen, daß die Differenzierung aller Schichten des Lebensraumes in eine Vielfalt sozialer Beziehungs-, Handlungs- und Interessengebiete der Person und der Umwelt, der Zeitperspektive und der Realitäts-Irrealitätsdimension im Verlauf des Lebens bis ins Alter zunimmt (S. 279). „Eine grundlegende Veränderung der Struktur, sowohl beim Lernen wie bei der übergreifenden Entwicklung, ist die Differenzierung zuvor undifferenzierter Regionen" (1963, S. 124, vgl. auch S. 111 ff., wo *Lewin* das Problem am Beispiel eines Menschen in einer fremden Stadt erläutert).

Lewin trennt gelegentlich den Aspekt der Organisierung nicht ausdrücklich von dem der Differenzierung; und tatsächlich bestehen wie zwischen den anderen der hier erörterten Deskriptionsdimensionen auch zwischen Organisierung und Differenzierung zahlreiche Beziehungen. So geht es sowohl unter dem Aspekt der Ordnung um Abhängigkeits- und Unabhängigkeitsverhältnisse (Über- und Unterordnungsverhältnisse) – Organisierung setzt Differenzierung voraus (S. 144) – als auch unter dem Aspekt der Differenzierung. Unter dem Aspekt der Differenzierung ist jedoch die Betonung auf die Herausbildung von Teilen der Person zu legen, die eine relativ unabhängige Funktion haben (1963, S. 143). Außerdem aber bezieht sich „Differenzierung" auf eine Zunahme der Verhaltensmöglichkeiten, auf eine Abnahme der Homogenität des Lebensraums und damit auch auf die „Spezifizierung" und „Individualisierung" (Verschiedenartigkeit) (S. 143).

Beide Aspekte sind jedoch abhängig vom Grad der hierarchischen Organisierung. Wie *Lewin* ausführlich darlegt (S. 332 ff.), führt die Existenz von einigen wenigen Zellen (Bereichen eines Ganzen) von hohem Unabhängigkeitsgrad faktisch zu einer Entdifferenzierung, da die benachbarten Zellen von wesentlich geringerem Unabhängigkeitsgrad – jedenfalls unter makroskopischem Gesichtspunkt, wie *Lewin* das nennt – zu Unterregionen dieser wenigen Zellen von hohem Unabhängigkeitsgrad werden. *Lewin* behandelt diesen wichtigen Gesichtspunkt unter der Überschrift „Die Relativität der Differenzierung und die makroskopischen und mikroskopischen Funktionsebenen". Beachtenswert an dieser Erörterung ist, daß die grundsätzlich notwendige hierarchische Organisierung einen extremen Grad annehmen kann, der zur Entdifferenzierung führt, ebenso wie die übermäßige Flüssigkeit oder übermäßige Ausdehnung der anschaulichen zeitlichen Erstreckung des Lebensraumes ohne ausreichende Differenzierung, Ordnung und Stabilität sich mit einem „ungedeckten Scheck" (speziell im Hinblick auf die psychologische Zukunft) vergleichen läßt (Flucht in die Irrealität?).

Zum Abschluß dieser Erörterung der „Differenzierung" sei der Abschnitt bei *Lewin* referiert, wo er den systematischsten Überblick über die Bereiche gibt, um deren Differenzierung es geht (1963, S. 137). Es geht um die Differenzierung:

- der Arten von Tätigkeiten, von Schlafen, Schreien, Trinken, Ausscheiden und Wachliegen des Neugeborenen, hin zu Sprechen, Gehen, Lesen usw.; von nur direkter Annäherung an ein Ziel zur Fähigkeit zu indirekter Annäherung (Umwegverhalten); zur Verwendung von physischen und sozialen Werkzeugen; Differenzierung der Aktivitätsgrade;
- der Möglichkeiten, Gefühle zu erleben und auszudrücken; am Beispiel des Lächelns: freundlich offenes Lächeln, glückliches Lächeln, arrogantes Lächeln, herausforderndes Lächeln usw.;
- im Bereich der *Bedürfnisse,* Interessen und Ziele;
- der Mannigfaltigkeit im Bereich der *Kenntnisse* im Hinblick auf Lernen und Einsicht;
- des *sozialen Verhaltens* und der sozialen Beziehungen: Zunahme in der Anzahl der Personen, mit denen soziale Beziehungen unterhalten werden, und in den Arten der zwischenmenschlichen Beziehungen: spezifische Freundschafts-, Abhängigkeits- oder Führerschaftsverhältnisse; klarere Unterscheidung zwischen oberflächlichen Bekanntschaften und tieferen Bindungen (1963, S. 137/138).

2.2.3. Zusammenfassung und Exkurs zum Zusammenhang von Lewins „Deskriptionsdimensionen" mit den „Prägnanzaspekten" und der „Gestalthöhe"

Die „Bausteine" des „Lebensraumes" sind Person und Umwelt, Zeitperspektive und Realitäts-Irrealitätsebenen und die Deskriptionsdimensionen „Enge–Weite", „Unordnung–Ordnung", „Flüssigkeit–Rigidität" und „Undifferenziertheit–Differenziertheit".

Vergleiche hinken meistens, ihre Brauchbarkeit ist beschränkt: So ließe sich mittels semantischer Argumentation auch plausibel anzweifeln, daß das Attribut „dynamisch" zu einem „Baustein" paßt. Man könnte auch sagen: Will man schon eine konkrete Analogie finden, so wäre es zumindest teilweise angemessener, von einem „Steckwürfel"-System zu sprechen. (Ich weiß noch, wie fasziniert ich von diesem Spielzeug mit 3 oder 4 Jahren war; es grenzte für mich damals wohl immer wieder neu an Wunder, daß man die Würfel sowohl zu einem Turm aufbauen als auch zu einem einzigen großen Würfel ineinanderstecken konnte).

Die als Vielseitigkeit imponierende Dynamik des „Steckwürfel-Spielzeugs" liegt aber so wenig wie die der Bausteine im Material selbst, sondern in demjenigen, der damit spielt, der den Aufbau, das Zueinander ändert und zugleich mit jedem neuen Gesamtbau neue Eigenschaften an den Einzelteilen entdeckt. Die Dynamik eines Bausteins ist stets ein Phänomen im Bereich der Wirklichkeit im zweiten Sinne, im Bereich des Lebensraums also; daß dieser damit auch der Wirklichkeit im ersten Sinne, der erlebnisjenseitigen Welt angehört, soll nur der Vollständigkeit halber noch einmal gesagt werden und um nicht den geringsten Zweifel daran zu lassen, daß, wer meint, um der Objektivität seines wissenschaftlichen Tuns willen, „nur" subjektive Sachverhalte auszuklammern, einen wesentlichen Teil der „objektiven Welt", die zu erforschen er vorgibt, ausklammert (vgl. *Köhler*, 1968). Um nun in die Terminologie der Gestalttheorie zurückzukehren, sei hinzugefügt, daß sich „dynamisches ‚Baukasten'-System" mit „komplexem Figur-Grund-System" übersetzen läßt.

Ziel dieser Arbeit ist eine Gestalttheorie der Psychotherapie oder zumindest ein wesentlicher Beitrag dazu. Trotzdem ging es bisher vornehmlich um eine Gestalttheorie der Person. Es sollte allerdings klar geworden sein, daß ohne eine Theorie der Person keine Theorie der Psychotherapie möglich ist (vgl. S. 70 ff.). Die besondere Bedeutung des vorangehenden Bemühens um eine systematische Theorie der Person für eine Gestalttheorie der Psychotherapie liegt in der *Handlungsrelevanz* der erörterten Konstrukte. Diese liegt darin, daß sie entscheidende Hilfsmittel dafür liefern, die wichtigen seelischen Prozesse, die in lebensbedrohender Weise gestört sein oder in bemerkenswert produktiver Weise ablaufen können, zu verstehen, die wesentlichen Ansatzpunkte für therapeutisches Eingreifen zu erkennen und den diagnostischen Prozeß bereits zu einem Prozeß therapeutisch wirkender Aktivität nicht nur des Therapeuten, sondern insbesondere des Klienten werden zu lassen.

Ein wichtiger Sachverhalt ist im vorangehenden Teil über den „Lebensraum" schon mehrfach angesprochen worden: daß jegliche allgemeingültige Gesetzmäßigkeit sich als relativ erweist, sobald es um konkrete Lebensraumkonstellationen geht. Erst aus der Interdependenz verschiedener Gesetzmäßigkeiten erwächst konkretes Verhalten. Um aber konkrete Voraussagen zu machen, bedürfte es genauer Kenntnisse aller überhaupt aufgrund der situativen Gegebenheiten ins Spiel kommenden Gesetzmäßigkeiten mit großer und geringer Reichweite. Das für das „Konstrukt" Lebensraum paradigmatische Gesetz lautet: *Das Verhalten einer Person ist eine Funktion aller in einem Lebensraum eine Rolle spielenden Fakten*. Da nun aber mit den gegenwärtig verfügbaren psychologischen Mitteln eine vollständige Erfassung all dieser Fakten nicht möglich ist, können Vorhersagen nur relativ allgemeiner oder partieller Natur sein. Unter diesen Umständen kommt es auf die Klärung der Frage an, wie weit die relativ allgemeine Vorhersage möglich und gerechtfertigt ist, daß mit Hilfe bestimmter Interventionsweisen der Psychotherapeut Bedingungen herzustellen vermag, die dem Klienten ermöglichen, daß er Symptome, die er als Störungen erlebt, ablegt, schwächt oder ihnen einen Stellenwert in seinem Lebensraum gibt, mit dem sie den Charakter der Störung verlieren.

Die Möglichkeit gestalttheoretisch begründeten therapeutischen Eingreifens steht oder fällt, so lange es unmöglich ist, alle Bedingungsfaktoren in einem Lebensraum vollständig zu erfassen, mit der Wirksamkeit der „Tendenz zur guten Gestalt".

„Tendenz zur guten Gestalt" bedeutet auch Tendenz zur autochthonen Entwicklung von „Sinn" und Tendenz zur Ganzheit – und in der Postulierung dieser Tendenz manifestiert sich die schon mehrfach zitierte Einsicht (*Eddington*, nach *Metzger*, 1975), daß es Eigenschaften der Welt gibt, die nicht in kleinsten Fächern – eindeutigen Wenn-dann-Gesetzmäßigkeiten – vorkommen, sondern „allein Eigenschaften des entstehenden ‚Ganzen' sind" (*Metzger*, 1975, S. 320).

Dies soll noch einmal ausdrücklich darauf aufmerksam machen, daß, so ungenau – was die konkreten Details des Ergebnisses angeht – sich das Ergebnis des Versuchs, bei psychotherapeutischer Arbeit „oben" beim „existentiellen Fundament" anzusetzen, auch vorhersagen läßt, dieser Weg wahrscheinlich der einzig gangbare ist, sofern auch nur ein Schimmer dessen, was man als Therapeut wirklich tut, dem therapeutisch Handelnden kognitiv zugänglich werden soll. (Unter diesem Aspekt ist der orthodoxe Konditionierer – soweit es ihn noch gibt – ein Blinder, der mit Farbe laboriert.)

Konkret bedeutet hier der Anfang „oben": anzuerkennen, daß der „Klient" wie jeder Mensch *grundsätzlich selbst die besten Fähigkeiten hat, sein eigenes Leben sinnvoll zu gestalten* und daß deshalb die Aufgabe des Therapeuten *nur* darin bestehen kann, ihn bei der Entfaltung der Fähigkeiten zu unterstützen. Ein folgerichtiger Schritt „von oben nach unten" besteht dann darin, den Zusammenhängen zwischen Bedeutungen und Beschaffenheiten der Lebensraumbereiche im ganzheitlichen Kontext des Menschen nachzuspüren (Kraftfeldanalyse). Nur solches Vorgehen berechtigt einen Therapeuten dazu, es seinem professionellen Können zuzuschreiben, wenn er hin und wieder Verständnis für den Klienten entwickelt, das darin besteht, daß er etwas von dessen Eigenschaften entdeckt, die nicht in „kleinsten Fächern“ (sprich: konditionierten Reaktionen, IQ, Persönlichkeitsfragebogen) vorkommen, gerade deshalb aber um so wichtigere Faktoren seiner Eigenart im positiven wie im negativen Sinne sind. Wenn sich dies als grundsätzlich möglich erweist, dann ist es sinnvoll, die Bedingungen zu erforschen und herbeizuführen, unter denen am ehesten jene (therapeutische) Beziehung zustande kommt, die solche förderliche Begleitung und solches Verständnis ermöglicht. Mit der „Aufdeckung“ ist es nämlich zweifellos nicht getan (vgl. schon *Freud*, 1914, G. W., Bd. X., S. 135).

Hier müssen Schritte „nach unten“ folgen, dergestalt, daß die Bedingungen erforscht und jeweils hergestellt werden, die dem Klienten ermöglichen, den erkannten Zusammenhängen seiner Schwierigkeiten entsprechende Maßnahmen zu ergreifen, um in einen erfolgreichen Prozeß der Klärung und Umstrukturierung einzutreten. *Lewin* hat solche „Prozeßvariablen“ benannt (vgl. S. 85 und III).

Auch wenn man solche Bedingungen kennt, kann weder der Klient über sich, noch der Therapeut über den Klienten wissen, ob dieser nun seinen Beruf wechselt oder nicht, ob er sich scheiden läßt oder nicht; dies alles ist offen, und es kann nur vorausgesagt werden, daß der in Gang gekommene Prozeß schließlich eine Entscheidung ermöglicht, die eine umfassende oder auch nur eine partielle Lösung der mit der psychischen Störung verbundenen Probleme ermöglicht (vgl. zu den bis hierher skizzierten Schritten: III). Die bis hierher skizzierten Schritte sind nicht nur Postulate und Desiderate, sondern dürfen als gangbar angesehen werden, wenn man die Konstrukte der „Tendenz zur guten Gestalt“ und des „Lebensraumes“ als durch empirische Untersuchungen gestützt oder als im Sinne von Axiomen, deren Realitätsangemessenheit sich faktisch bisher stets bestätigt hat, gültig ansieht. Dies scheint mir zulässig, auch wenn unbestreitbar ist, daß eine empirische Erweiterung dieses Fundaments nötig ist*).

Noch ein weiterer Schritt nach unten ist möglich: der Einsatz der Kenntnis *konkreter* „Gestaltgesetze“, wie sie vornehmlich im Rahmen der Erfassung der Wahrnehmungs-, Denk- und Lernvorgänge ermittelt wurden. Hier soll nur darauf hingewiesen werden, daß sie hauptsächlich als Hilfsmittel im Rahmen engumgrenzter situativer Ziele im therapeutischen Prozeß von Belang sein dürften. In ihrem therapeutischen Stellenwert sind sie dem von Konditionierungsmethoden der Verhaltenstherapie vergleichbar. Ihr Einfluß auf den

---

*) Einen ausgesprochen schwachen Punkt in der empirischen Untermauerung entscheidender Gesichtspunkte des Konstrukts „Lebensraum“ stellen – wie erwähnt – die Untersuchungen *Zeigarnik*s dar, die *Lewin* leider allzusehr überbewertet.

therapeutischen Prozeß kann nur als in höchstem Maße abhängig von übergreifenden Zusammenhängen aufgefaßt werden. Immerhin dürfte ihre Berücksichtigung in der Beschreitung des Weges „von oben nach unten" mit größerer Bewußtheit ihrer Bedeutung – und deshalb sinnvoller – erfolgen können, als wenn man, wie in der orthodoxen Verhaltenstherapie, von vornherein nur auf dieser „unteren Ebene" laboriert. Ich sehe im übrigen keinen Anlaß, sich im Rahmen gestalttheoretisch orientierten Vorgehens „von oben nach unten" nicht die Kenntnis von Konditionierungsmethoden (wie der der *konkreten* „Gestaltgesetze") zunutze zu machen (ausführlicher, vgl. 2.3).

Exkurs zum Zusammenhang von *Lewins* „Deskriptionsdimensionen" mit den „Prägnanzaspekten" und der „Gestalthöhe"

Hier sollen jetzt abschließend noch die in Anlehnung an *Lewin* behandelten Deskriptionsdimensionen des Lebensraumes in einen allgemeinen gestalttheoretischen Rahmen gestellt werden, indem sie im Hinblick auf „Prägnanzaspekte" und „Gestalthöhe" erörtert werden (vgl. I).

Nach *Rausch* läßt sich die „Gestalthöhe" mithilfe folgender „Prägnanzaspekte" bestimmen:

1. Gesetzmäßigkeit (den Aspekten 2–4 übergeordnet),
2. Eigenständigkeit,
3. Integrität (heiler, intakter Charakter),
4. Einfachheit (einfache Gesetzmäßigkeit),
5. Komplexität (Gefügefülle),
6. Ausdrucksfülle,
7. Bedeutungsfülle.

Mehr oder weniger wörtlich kommen bei *Lewin* entsprechende Begriffe vor, wenn er „zeitliche Reichweite", „Organisierung", „Durchlässigkeit" und „Differenzierung" erörtert. Es soll nun hier nicht darum gehen, jeden Prägnanzaspekt *Rauschs* mit einem der Deskriptionsaspekte *Lewins* zu vergleichen. Wichtiger dürfte sein, die grundsätzliche Übereinstimmung im Bemühen des (mehr in der Motivations- und Sozialpsychologie beheimateten) Feld- und Gestalttheoretikers *Lewin* und des (mehr in der allgemeinen Psychologie – Wahrnehmung, Denken – beheimateten) Gestalttheoretikers *Rausch* aufzuzeigen.

Bei *Rausch* gelten die Prägnanzaspekte 1.–4. als auf den Gesetzmäßigkeitsbegriff zentrierte Gruppe. Sie können ohne Schwierigkeiten zur Ergänzung und Bestätigung der Ausführungen zum Aspekt der „Organisierung" herangezogen werden (vgl. I).

Von besonderem Interesse dürfte sein, daß *Rausch* von „Tendenzen zu ..." spricht; allerdings tut er dies nicht unter einem speziell entwicklungspsychologischen Aspekt wie *Lewin*, wenn dieser das tut; auch stützt er sich dabei – wie erwähnt – nicht auf motivations- oder sozialpsychologische Untersuchungen, sondern auf solche aus dem Bereich der allgemeinen Psychologie (Wahrnehmung, Gedächtnis, Denken). Immerhin dürften die allgemeinpsychologischen Ergebnisse, die ihn dazu veranlassen, zur Hypothesenbildung in bezug auf menschliche Motivation anregen.

Soweit mit der Gruppe von Prägnanzaspekten, die von *Rausch* der „Tendenz zur Gesetzmäßigkeit" zugeordnet werden, Tendenzen zur „Angleichung", zur „Nivellierung" und „Pointierung" von Gedächtnisspuren erfaßt werden, ist auch die *Lewin*sche Deskriptionsdimension der „Durchlässigkeit" (Flüssigkeit–Rigidität) angesprochen, ebenso mit der „Tendenz zur Wahrnehmung integrer – heiler, intakter – Gestalten." Dies legt nahe, daß ein gewisses Ausmaß von Tendenzen zur Veränderung und – wenn man so will – zur Verfälschung objektiver Sachverhalte (wie es etwa bei Zeugenaussagen bei Verkehrsunfällen zum Problem wird) ein Kennzeichen des „gesunden" Menschen ist.

Rausch hat auch eine „Tendenz zur Wahrnehmung *einfacher* Gesetzmäßigkeiten" festgestellt. Hier könnte die „Einheitlichkeit" bei *Lewin*, die auf „einfacher Interdependenz" beruht, erfaßt sein; beispielsweise: „Alle Leute, die nicht weiß sind, sind schwarz". Diese von *Rausch* bei der Wahrnehmung figuraler Gebilde festgestellte Tendenz könnte ein Hinweis darauf sein, daß die Bereitschaft zur Simplifizierung von Sachverhalten (Primitivprägnanz) relativ weit verbreitet ist.

Bemerkenswerterweise spricht *Rausch* bei seiner zweiten Gruppe von Prägnanzaspekten (5.–7.), die er „Fülleaspekte" nennt, nicht mehr bei allen von Tendenzen, erwägt jedoch, ob von einer „Tendenz zur Komplexität" (und Differenzierung) gesprochen werden kann. Dafür sieht er sogar einen experimentellen Beleg (*Hubbell*, 1940, nach *Rausch*, 1966, S. 396): „Freilich ist, wenn man . . . von einer Tendenz zur Komplexität sprechen will, zu beachten, daß sie von bedingter Natur ist: Korrelat oder notwendige Begleiterscheinung der Tendenz zur Einfachheit der Struktur" (S. 935). Hier erfaßt *Rausch* offenbar jene „Einheitlichkeit" bei *Lewin*, die aufgrund „strukturaler Interdependenz" zustande kommt und dem „differenzierteren" Erwachsenen angemessen ist. „Von einer Tendenz zur Komplexität läßt sich noch in einer anderen Hinsicht sprechen. Wo die Reizverhältnisse so beschaffen sind, daß ein zwar sinnvolles (. . .), aber nur relativ karges (. . .) Phänomen zustandekommt, kann dies u. U. – bei geeigneter Sensibilität und Einstellung des Individuums – zu einer Art von ästhetischem Frustrationserlebnis führen, einem Unbehagen aufgrund solcher Kargheit. Andererseits kann ein Phänomen von großer Gefügefülle (. . .) – . . . – aufgrund dieser Fülle ein Gefühl der Befriedigung hervorrufen. Beides zeugt von einem entsprechenden Bedürfnis und einer entsprechenden Tendenz. (. . .) Übrigens hat in beiden Fällen das betreffende Gefühl mehr oder weniger deutlich den Charakter eines Werterlebnisses . . ." (S. 935). Insbesondere der Hinweis auf „Werterlebnisse" darf als Ergänzung zur bisherigen Erörterung von Fragen der „Organisierung" und der „Differenzierung" im Anschluß an *Lewin* verstanden werden (vgl. auch *Köhler*, 1968).

Mit der Erwägung, ob von einer „Tendenz zur Komplexität und zur Differenzierung" gesprochen werden darf, ist schon jener Gesichtspunkt angesprochen, der offenbar erst durch Vertreter der Systemtheorie wie durch von *Bertalanffy* (1957; vgl. *Guss*, 1975) allgemeine Beachtung gefunden hat: daß der Mensch als „offenes System" kein absolutes (statisches) Gleichgewicht darstellt, sondern ein Fließgleichgewicht, das, da es grundsätzlich offen gegenüber äußeren Einflüssen ist, sich jederzeit hin zu Gleichgewichtszuständen auf verändertem (komplexerem) Niveau bewegen kann – und dies, unter In-Kauf-Nahme zeitweiliger Ungleichgewichtigkeit (die gleichbedeutend ist mit der zumindest zeitweiligen Aufgabe von Sicherheitspositionen), um der Erreichung neuer Ziele der Selbstverwirklichung willen auch tut.

Es bleibt noch zu ergänzen, daß „Ausdrucksfülle" als mit *Lewins* Aspekt der „Differenzierung" (der Ausdrucksmöglichkeit, der Gefühlsnuancen usw.) erfaßt, verstanden werden kann und „Bedeutungsfülle", mit der Rausch den „empirischen Bedeutungsgehalt" meint, bei *Lewin* mit dem Aspekt der Differenzierung hinsichtlich Erfahrung, Wissen, Werkzeuggebrauch und speziellem Einsatz bestimmter Verhaltensweisen erfaßt ist.

Indem man *Rausch* folgt, der für den Bereich der Wahrnehmung in der optimalen Verwirklichung und Kombination insbesondere der Prägnanzaspekte 1. und 5.–7. ein Maß für die „Gestalthöhe" sieht, darf man vermuten, daß Lebensraum-Gestalthöhe ebenfalls mit diesen Kriterien erfaßt werden kann; allerdings soll nicht unterstellt werden, hier bedürfe es keiner sorgfältigen Untersuchungen mehr.

2.3. Vom allgemeinen „Gesetz der Tendenz zur guten Gestalt" zu den konkreten Gestaltgesetzen

Im weitesten Sinne verstanden (vgl. I) ging es in den vorangehenden Abschnitten unter II, 2. stets um „Gestaltgesetze". Auf dem Wege „von oben nach unten" ging es zunächst um *das* Gestaltgesetz schlechthin: die „Tendenz zur guten Gestalt" als existentiellem Fundament gestalttheoretischer Psychologie und Psychotherapie. Es besagt, daß dem Menschen Kräfte innewohnen, die ihn prinzipiell zur Bewältigung des Lebens befähigen und daß er vom Beginn seiner Existenz an mit der Bereitschaft lebt, diese Kräfte auch einzusetzen.

Auf der nächsten Stufe spezifiziert das Konstrukt „Lebensraum" dieses allgemeine Gesetz: Die Spezifizierung reicht vom Aufweis ebenfalls ziemlich allgemeiner Tendenzen, wie denen, die Welt in als sinnvoll wahrgenommenen Zusammenhängen zu erfahren, eine Zeitperspektive zu entwickeln und zwischen Realitäts- und Irrealitätsebenen zu unterscheiden, bis hin zu relativ konkreten, wie denen, die Zeitperspektive und die Realitäts-Irrealitätsebenen zu erweitern in Richtung auf Vergangenheit und Zukunft, in Bezug auf die Anzahl und Differenzierung der Erlebensbereiche, des Ordnungs- und Komplexitätsgrades und in Bezug auf die wechselseitige Beeinflussung der Bereiche (Freundschaften, Interessen usw.).

Die in Analogie zum Konstrukt „Lebensraum" erörterten Aspekte der „Tendenz zur guten Gestalt" betreffen eine Anzahl im Hinblick auf die Reichweite (vgl. oben) heterogener Gesetze. So dürfte die Reichweite der Tendenz zur Bildung als sinnvoll wahrgenommener Zusammenhänge in Vergangenheit, Gegenwart und Zukunft noch recht umfassend sein (und noch dem Bereich des existentiellen Fundaments zuzuordnen sein). Die Eindeutigkeit der Tendenzen zu Erweiterung, Differenzierung, Ordnung und Durchlässigkeit hingegen dürfte jedoch schon weitgehend auf den entwicklungspsychologischen Aspekt (der traditionell nur Kinder und Heranwachsende erfaßt) beschränkt sein. Für den Erwachsenen – spätestens – verlieren sie ihre Eindeutigkeit, indem aufgrund der Vielfalt der verschiedenen Lebensbereiche widerstreitende Elemente diese Tendenzen in Mitleidenschaft ziehen und bis in ihr Gegenteil verkehren können. So etwa kann die Anhäufung von im Sinne dieser Tendenzen „Unerledigtem" schließlich ein Ausmaß an persönlicher Entfremdung im Gefolge haben, das zu Einengung, Entdifferenzierung, Chaos und Rigidität führt (vgl. auch *Spitz,* 1976, S. 99).

Während solche regressiven Tendenzen immer noch als im Einklang mit der allgemeinen „Tendenz zur guten Gestalt" stehend angesehen werden können, wie sogar die Selbsttötung sich als ein verzweifelter oder einfach letzter Versuch ansehen läßt, die „gute Gestalt" zu verwirklichen (etwa um eine „verlorene Ehre" wiederherzustellen), widersprechen sie doch entschieden den auf konstruktive Bewältigung des Lebens abzielenden aus dem Konstrukt Lebensraum deduzierten Tendenzen.

Diese Begrenzung der Reichweite, (d.h. auch:) die Ungewißheit über das konkrete Eintreten der mit dem Konstrukt „Lebensraum" postulierten konstruktiven Tendenzen, gilt noch in viel höherem Maße für jene konkreten Gestaltgesetze, die im Grunde lediglich Aufforderungscharaktere bezeichnen und die zwar keinem Menschen prinzipiell fremd sind, deren Wirksamkeit aber zugleich in so hohem Maße abhängig ist von der Gesamtkonstellation im Wahrnehmungsfeld, daß mit ihrer Berücksichtigung Voraussagen nur möglich sind, wenn alle gegenwärtigen Faktoren und ihre Beziehungen zueinander bekannt sind; dies aber ist in einem absoluten Sinne nicht möglich; also sind auch keine absolut sicheren Voraussagen über konkretes Verhalten im Bereich der phänomenalen Welt des Menschen möglich.

Um diese Gestaltgesetze mit sehr beschränkter Reichweite soll es hier noch einmal ausdrücklich gehen (vgl. auch S. 84 f.). Die meisten Gestaltfaktoren dieses konkreten Typs wurden bei der Untersuchung der figuralen Wahrnehmung und des Gedächtnisses gefunden und benannt, z. B. die Faktoren der Nähe, der Gleichheit, der Orthogonalität, der guten Kurve, des Aufgehens ohne Rest, der Pointierung, der Nivellierung; auch im engeren Sinne soziale Sachverhalte wurden mit konkreten Gestaltgesetzen erfaßt, z. B. mit der Wir-Tendenz (*Künkel,* 1974; vgl. auch *Gottschaldt,* 1935), aber auch mit den ursprünglich auf figurale Gegebenheiten bezogenen Faktoren der Nähe und der Gleichheit.

Gerade anhand der Faktoren der Nähe und der Gleichheit läßt sich zeigen, welche katastrophalen Folgen ein naiver Umgang mit solchen konkreten Gesetzmäßigkeiten haben kann: Es kann sein, daß Nähe das eine Mal tatsächlich zum Zusammenschluß von Menschen führt, ein anderes Mal aber kann sie gerade das Gegenteil bewirken; aber selbst wenn von einem Erfolg im Hinblick auf die Wirksamkeit des Faktors Nähe in mikrokosmischer Hinsicht – für die speziellen Menschen, die zusammengekommen sind – gesprochen werden kann, so kann dies in makrokosmischer Hinsicht – im Hinblick auf größere soziale Zusammenhänge – katastrophale Folgen haben. So übernahm ein amerikanischer Gruppendynamiker (von *Baudissin*, 1976; mündliche Mitteilung) optimistisch die Aufgabe, Engländer und Iren in einem Training zum Abbau von gegenseitigen Vorurteilen miteinander zu versöhnen. Es ist in diesem Zusammenhang nicht allzu wichtig, wie gut sich die auf engem Raum versammelten Engländer und Iren schließlich verstanden: Der Trainer und die seinem Ruf gefolgten Iren erhielten von den militanten Iren nach dem Training Morddrohungen, die irischen Teilnehmer wurden von ihren Landsleuten als Verräter und Kollaborateure gebrandmarkt. Die Folge der naiven Selbstüberschätzung des Trainers war jedenfalls eindeutig nicht die Verminderung von Spannungen, sondern ein Beitrag zu deren Eskalierung. Das Beispiel zeigt, daß die Anwendung von konkreten Gestaltgesetzen nur unter hinreichender Berücksichtigung der Gesamtsituation zu verantworten ist. *Festinger, Shachter* und *Back* (1950; nach *Smith*, 1976) haben experimentell den Zusammenhang zwischen den Faktoren der Nähe und dem Faktor der Gleichheit untersucht, indem sie die Entwicklung von Beziehungen von Studenten beobachteten, die gleichzeitig in ein Studentenheim einzogen. Sie stellen fest, daß Nähe das eine Mal tatsächlich zum Zusammenschluß führt, das andere Mal aber gerade das Gegenteil bewirkt, je nachdem, ob es sich um Personen handelt, die hinreichend gleichartige Interessen und Einstellungen haben oder allzu sehr voneinander verschieden sind.

Wie schon früher erwähnt, lassen sich die Konditionierungsgesetze der amerikanischen Lerntheorien und der Verhaltenstherapie (Kontingenz; Wiederholung; Einübung; Effektgesetz; Belohnung; klassisches Konditionieren; operantes Konditionieren: systematische Desensibilisierung; Vermeidungslernen; Entspannung; Reizüberflutung; elektrischer Schlag) auf dieser Ebene der konkreten Gestaltfaktoren ansiedeln. Die Entdeckung, daß ihre Wirksamkeit sehr unterschiedlich ist, führte *Lazarus* (1976) zu seiner Lehre vom „technischen Eklektizismus" (vgl. I, 1).

Ein einfaches Beispiel dafür, daß eine „gelungene" Konditionierung völlig belanglos für einen Klienten sein kann, sobald er die Laboratoriumssituation des Konditionierungsverfahrens verläßt, liefert

Lewin: Eine Versuchsperson lernt sehr schnell, daß sie bei einem umgebauten Schloß die Tür statt durch Herunterdrücken der Türklinke durch Heraufdrücken öffnen kann und erledigt diese Aufgabe, gibt man ihr die isolierte Anweisung „öffne die Tür" ausnahmslos richtig. „Dagegen treten leicht Fehler auf, wenn man sagt: ‚Hol doch ein Glas Wasser aus dem Nebenzimmer' (dadurch wird nämlich das Türöffnen unselbständiger Bestandteil eines größeren Handlungskomplexes . . .)"; die konditionierte Reaktion ist augenblicklich „vergessen" (*Lewin,* 1929, S. 9/10).

Hier sei zum Abschluß noch einmal festgestellt (vgl. S. 118): Konkrete Gestaltgesetze der beschriebenen Art, ebenso wie lerntheoretisch begründete Konditionierungsmethoden, haben ihre Bedeutung hauptsächlich als Hilfsmethoden im Rahmen eng umgrenzter situativer Ziele im therapeutischen Prozeß. Die Bedeutung ihres Einsatzes hängt ab von übergreifenden Zusammenhängen: der Gesamtbedingungslage. Der Einsatz von konkreten Gestaltgesetzen und von Konditionierungsverfahren lerntheoretischer Abkunft kann unter Beschreitung des gestalttheoretischen Weges „von oben nach unten" mit größerer Bewußtheit ihrer Bedeutung – und deshalb gezielter und wirkungsvoller – erfolgen, als es – wie in der orthodoxen Verhaltenstherapie üblich – bei der Beschränkung auf den Einsatz von Konditionierungsverfahren zur Beseitigung bestimmter Symptome möglich ist.

Es ist sicher nicht angebracht, die Erforschung solcher konkreter Gesetzmäßigkeiten geringzuschätzen. Es ist aber notwendig, sie in ihrem Stellenwert angemessen einzuordnen, damit sie nutzbringend und nicht zum Schaden von Klienten eingesetzt werden.

Erläuterung zu Abb. 7:

In einem von mir geleiteten Theorieseminar für angehende Gestalttherapeuten (29.–30. 1. 1977 in Bad Kreuznach) machten mir die Teilnehmer klar, daß meine graphische Veranschaulichung erst dann schlüssig das einschließe, was ich gesagt habe, wenn die „Tendenz zur guten Gestalt" zugleich – paradigmatisch – wenigstens zwei graphische Modelle der niedrigeren Konstruktebenen („Lebensraum" und „Gestaltfaktoren") umfasse und die Grenzen zwischen beiden durchgehend als durchlässig erkennbar seien.

Tatsächlich fordert *Lewins* Konstrukt „Lebensraum" geradezu seine Vervielfachung in der graphischen Veranschaulichung im „Rahmen" der „Tendenz zur guten Gestalt", und wird so auch *Köhlers* „Isomorphieannahme" gerecht; der Vollständigkeit halber müßten auch Gegenstände und Sachverhalte der unbelebten Welt mitgedacht werden. Die „Tendenz zur guten Gestalt" umschließt alle möglichen verschiedenen Lebensräume (Menschen) und Gegebenheiten der physikalischen Welt, wobei klar ist, daß jeder Lebensraum (ebenso wie physikalische Gegenstände) für einen anderen ein Sachverhalt der physikalischen Welt ist.

Eine weitere Anregung der Teilnehmer dieses Seminars bestand darin, die graphische Veranschaulichung in ähnlicher Weise zu nutzen wie Luft (1974) das „*Johari*-Fenster“: Man kann sich vorstellen, daß „Person“ und „Umwelt“ sich gegenseitig den zur Verfügung stehenden Raum streitig machen; so könnte man sich etwa den „Personbereich“ innerhalb eines Menschen, der viele seiner eigenen Möglichkeiten und Fähigkeiten auf oder in die Umwelt projiziert

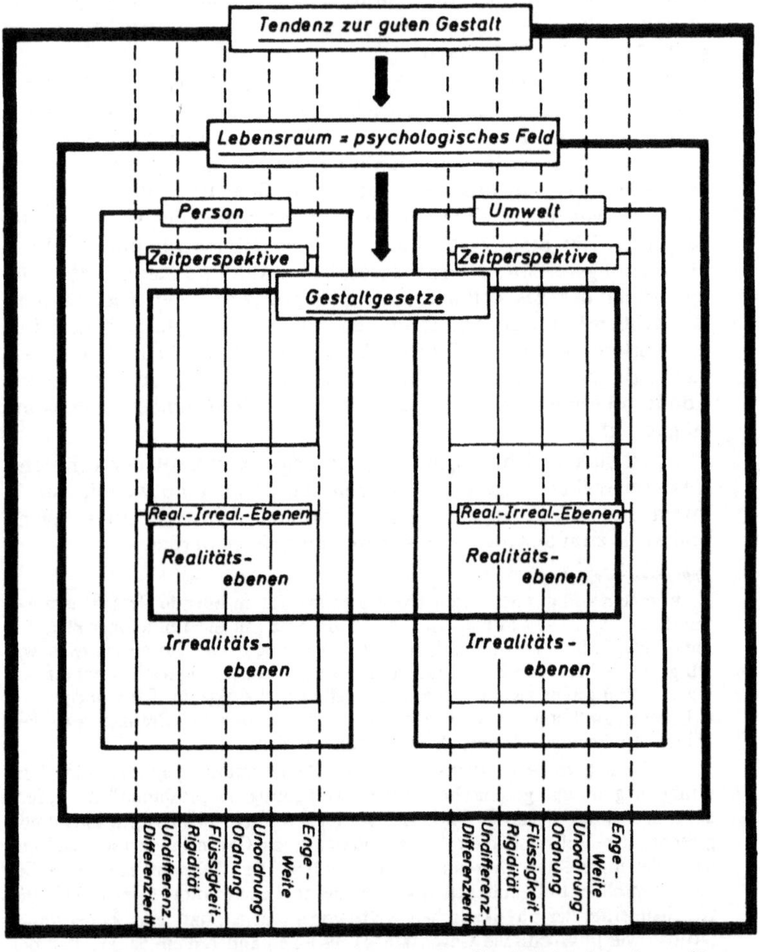

Abb. 7: Graphische Darstellung des Konstrukts Persönlichkeit, wie es hier gestalttheoretisch begründeter Psychotherapie zugrunde gelegt wird

(vgl. *Perls,* 1974), als sehr eingeschränkt, gewissermaßen als „erdrückt“ vom „Umweltbereich“ vorstellen.

Alle solche Veranschaulichungen sind legitim, solange man sich dabei der Gefahr bewußt bleibt, daß ein Modell schließlich phänomenal eine Eigendynamik gewinnen kann, die womöglich weg- und irreführt im Hinblick auf das zu Veranschaulichende.

3. Einige ergänzende Bemerkungen und Überlegungen

Die folgenden Überlegungen zur Gestalttheorie der Person und damit verknüpfte Probleme psychotherapeutischen Handelns gehen zwar aus von mit ihr vergleichbaren neueren Ansätzen; deren Darstellung bleibt jedoch auf Aspekte beschränkt, die der Präzisierung und Klarstellung der gestalttheoretischen Auffassungen dienen können. Die im folgenden nur unter dem beschriebenen Blickwinkel erörterten Originalarbeiten von *Kelly, Wexler* und *Pagès* seien ausdrücklich zur Lektüre empfohlen, auch wenn der Eindruck entsteht, daß sie sich vor allem durch Schwächen im Vergleich mit *Lewins* Auffassungen „auszeichnen“. *Kellys* Arbeit z. B. wird mit Recht von *Sader* (1980) ausführlich im Rahmen einer differenzierten Analyse von (gestalt- und feldtheoretischem Denken nahestehenden) Ansätzen der Persönlichkeitspsychologie erörtert.

3.1. Zu Kellys „Psychologie der persönlichen Konstrukte“

Kelly (1958, ein Auszug in deutsch: 1965) sieht im Motivationsbegriff ein irreführendes Konstrukt, das dazu angetan ist, am Wesen des jeweiligen Klienten eines Therapeuten vorbeizuführen, indem es Artefakte im Sinne eines vermeintlichen „neurotischen Paradoxons“ begünstigt. Dagegen setzt er seine „Psychologie der persönlichen Konstrukte“. Paradox kann menschliches Verhalten, Denken und Fühlen seiner Ansicht nach immer nur erscheinen, wenn ein Beurteilungsraster zugrunde gelegt wird, das der inneren Logik der „persönlichen Konstrukte“ eines Menschen nicht gerecht zu werden vermag. Unter dem Aspekt der „persönlichen Konstrukte“ gibt es seiner Erfahrung nach kein „neurotisches Paradox“. Er schreibt: „Das Paradox erscheint also, wenn der Klient versucht, sich des Systems der Konstrukte seines Therapeuten zu bedienen. Innerhalb seines eigenen Systems von Konstrukten sieht sich der Klient vielleicht einer Komplikation, aber keinem Paradox gegenüber“ (S. 504).

Zu einer ähnlichen Auffassung wie gegenüber dem Begriff des „Paradox“ kommt *Kelly* in Bezug auf den Begriff des „Widerstandes“. Er schreibt: „Aber glücklicherweise hatten wir auch die Gelegenheit zur fachlichen Überwachung von Therapeuten, und in dieser Situation . . . war es möglich, den Widerstand als Ausdruck der Naivität des Therapeuten zu erfassen“ (S. 502). Bemerkenswert ist der Vorschlag *Kellys*, wie man dieser „Naivität“ entgehen kann: Der Therapeut „ist der Mitforscher des Klienten und sucht zunächst zu verstehen, dann zu prüfen und schließlich dem Patienten zu helfen, die verschiedenen sich bietenden Möglichkeiten einer experimentellen Erprobung und Revision zu unterziehen. – Der Psychologe, der sich der Psychotherapie mit dieser Einstellung nähert, sagt sich: „Ich stehe vor der seltenen Gelegenheit, das innere Funktionieren jener verwickeltsten Schöpfung der ganzen Natur, der menschlichen Persönlichkeit, zu erleben. Während viele Gelehrte über die Komplexität dieser menschlichen Persönlichkeit geschrieben haben, werde ich selbst sehen, wie eine spezifische Persönlichkeit lebt und erlebt. Darüber hinaus wird mich ein sehr erfahrener Kollege bei diesem Unternehmen begleiten, jene Person nämlich, deren Persönlichkeit zu untersuchen ist. Er wird mir helfen, so gut er kann, aber es wird Zeiten geben, da wird er genauso verwirrt und ratlos sein wie ich selbst'" (S. 501).

Abgesehen davon, daß dieses Vorgehen im konkreten Fall durchaus in Einklang mit gestalttheoretischen Auffassungen stehen kann, scheint mir *Kelly* im Gegenzug zur Widersprüchlichkeit und Unfruchtbarkeit für psychotherapeutisches Handeln zahlreicher persönlichkeitspsychologischer Systeme und Terminologien in kurzschlüssiger Weise ein wenig „das Kind mit dem Bade auszuschütten". Immerhin hat er durchaus noch eine Persönlichkeitstheorie, auf die er sein Vorgehen stützt; aber ihm unterläuft tendenziell genau jener Fehler, der hier vermieden werden soll: indem er sich mit der allgemeinen Grundlage seines Menschenbildes – jeder Mensch sein eigener, in sich sinnvoll strukturierter und in der Antizipation auf Weiterentwicklung nach Maßgabe seiner Möglichkeiten ausgerichteter Kosmos – zufrieden gibt und daraus lediglich ableitet, daß konkrete therapeutische Hilfe allein darin bestehen kann, sich auf ihn – als Klienten – mit aller verfügbaren Intuition konstruktiv einzulassen.

Von der Natur der persönlichen Konstrukte sagt *Kelly*, der Mensch entwickle seine Art der Vorwegnahme von Ereignissen, indem er die Bahnen seines Denkens forme, sie gleichsam aus dem Stoff – hier könnte man sicher „Beziehungen zu sich und seiner Umwelt" einsetzen – herausgrabe. So bilde er sich sein eigenes Labyrinth; die Konstrukte, die er bilde, seien darin die Wege. So mache der Mensch sich eine Brücke zwischen Vergangenheit und Zukunft und zwar in einer Weise, daß seine Erlebnisse eingefaßt seien von den persönlichen Konstrukten, die er aufrichte, um seine Aufgabe zu erfüllen. Die Erlebnisse und Verhaltensweisen eines Menschen seien eingefaßt durch die Art und Weise, in der er Ereignisse antizipiert.

Was fehlt, sind Aussagen darüber, nach welchen Gesetzmäßigkeiten diese „persönlichen Konstrukte" entstehen; auch bleibt vage, was *Kelly* unter der zu erfüllenden Aufgabe versteht. Ohne Intuition kommt, wie noch ausgeführt werden soll (vgl. III), keine produktive therapeutische Tätigkeit aus. Mir scheint jedoch: Je mehr Wissen über den Ablauf psychischer Prozesse – das freilich nicht mit einer die Realität gewalttätig verzerrenden Theorie verwechselt werden darf – einem Therapeuten zur Verfügung steht, desto weniger steht er in der Gefahr, aus lauter „Ratlosigkeit", statt seine Intuition voll zum Zuge kommen zu lassen, in blinden Pragmatismus zu verfallen.

Sicher hat *Kelly* (S. 502) Recht, wenn ihm der Begriff der „Einsicht", wie er häufig als therapeutisch relevant deklariert wird (vgl. die kritischen Bemerkungen *Fürstenaus*, 1977), suspekt geworden ist. Er hat jedoch offensichtlich versäumt, sich mit dem gestalttheoretischen Begriff der Einsicht auseinanderzusetzen, sonst hätte er nicht auch hier mit dem Verzicht auf diesen Begriff das „Kind mit dem Bade ausgeschüttet". Einsicht als den *ganzen* Menschen erfassendes, Denken, Fühlen und Handeln umgreifendes und integrierendes Evidenzerlebnis scheint mir als Ziel psychotherapeutischen Eingreifens unverzichtbar zu sein.

Zusammenfassend läßt sich sagen, daß entscheidende Aussagen *Kellys*, wie noch deutlicher werden soll (vgl. III), vereinbar mit *Lewins* Konstrukt „Lebensraum" sind und darin auch ihren Platz finden. *Kelly* ist es aber nicht gelungen, hinreichend seine Überzeugung und wahrscheinlich zutreffende Erfahrung zu begründen, daß schlichtes Sich-Einlassen auf den Klienten und dessen „persönliche Konstrukte" zu Behandlungserfolgen führt, und er hat auch keine noch so allgemeine Gesetzmäßigkeit dafür angeführt, wie es zur Ausbildung jener „persönlichen Konstrukte" kommt, mit denen er sein Menschenbild charakterisiert. Er begibt sich damit der Chance, trotz eigener „Ratlosigkeit", methodisches Rüstzeug zur Hand zu haben, das, wenn nicht der Überwindung der eigenen, so doch der Überwindung der Ratlosigkeit des Klienten dienen kann; solches methodisches Rüstzeug läßt sich nämlich, wie noch herausgearbeitet werden soll (vgl. III), aus *Lewins* Konstrukt „Lebensraum" ableiten.

3.2. Zu Wexlers „Kognitiver Theorie von Erleben, Selbstaktualisierung und therapeutischem Prozeß"

Einen weiteren neuen und im Zusammenhang dieser Abhandlung bemerkenswerten Ansatz liefert *Wexler* (1974), indem er „eine kognitive Theorie von Erleben, Selbstaktualisierung und therapeutischem Prozeß" mit dem Ziel entwirft, *Rogers*' theoretische Darstellung der Gesprächspsychotherapie von Widersprüchlichkeiten zu befreien und zu präzisieren.

Er prägt den Begriff der „rules" (im folgenden als „individuelle kognitive Ordnungsregeln" übersetzt). Dieser Begriff weist einige Ähnlichkeit mit *Kellys* „persönlichen Konstrukten" auf; *Wexler* allerdings sieht *diesen* Begriff – für mich schwer verständlich – als restringiert in dem Sinne an, daß er im Gegensatz zu seinem eigenen Begriff auf bestimmte Inhalte festgelegt und nicht verallgemeinerungsfähig sei. Grundlegend und zentral ist nach *Wexler* für den Menschen, „daß er ein Prozeßvollzieher und Organisator von Informationen ist". Unter dieser Voraussetzung ist die „Veränderung des charakteristischen Stils, in dem mit Information umgegangen wird, das Ziel von Therapie" (S. 94).

Wexler macht zumindest auf *einen* Aspekt der menschlichen Persönlichkeit aufmerksam, der als wertvolle Ergänzung zu *Lewins* „Lebensraum" gelten darf; einige Auffassungen stimmen völlig mit denen *Lewins* überein; sie bedürfen deshalb hier keiner Erwähnung. Einige Auffassungen lassen an Differenziertheit zu wünschen übrig. Hier soll die meines Erachtens wichtigste Ergänzung und auch die korrekturbedürftigste und mit Hilfe der *Lewin*schen Überlegungen auch korrigierbare Auffassung erörtert werden.

Die wichtige Ergänzung besteht in dem Hinweis auf die Bedeutung des Kurzzeitgedächtnisses und der menschlichen Beschränktheit hinsichtlich der Fähigkeit, sich mit mehreren Informationen zu gleicher Zeit auseinanderzusetzen, für therapeutisches Eingreifen. *Wexler* (S. 60) geht davon aus, daß nur eine beschränkte Anzahl von Informationseinheiten in einem bestimmten

Augenblick aufgenommen, gegebenenfalls verarbeitet und schließlich auch ins Langzeitgedächtnis übernommen und veränderungsrelevant werden kann. Was jeweils eine Informationseinheit ist, hängt zweifellos vom jeweiligen Informationsmaterial ab. Man kann sich das Problem jedoch anhand des Subtests „Zahlennachsprechen" im Hamburg-Wechsler-Intelligenz-Test" (*HAWIE*) vergegenwärtigen: Es kann sein, daß es jemandem gelingt, sieben oder acht Ziffern ohne Schwierigkeiten sofort nachzusprechen, liest man ihm dann neun Ziffern vor, bricht das gesamte Kurzzeitgedächtnis zusammen und dem Probanden gelingt es kaum, die erste und die letzte Ziffer zu wiederholen.

K. Port (1956) spricht von der „Enge des Bewußtseins" und versteht darunter „die Unmöglichkeit gleichzeitiger attentionaler, insbesondere logischer Erlebnisse" (S. 124/125).

Ergänzend bemerkt er: „In einem Akt kann sicher eine Vielzahl von Gegenständen, ein Reichtum an anschaulichen und unanschaulichen Inhalten, eine Komplexion von Beziehungen bewußt werden, aber es lassen sich wahrscheinlich nicht mehrere derartige Akte gleichzeitig vollziehen" (S. 126).

Broadbent (1971), auf dessen Untersuchungen der Zusammenhänge zwischen Kurz- und Langzeitgedächtnis sich auch *Wexler* stützt, bemerkt zusammenfassend im Hinblick auf das Primärgedächtnis (primary memory): „Vorausgesetzt, daß ein Hauptproblem des Gedächtnisses die Auswahl im Hinblick auf die spätere Abrufbarkeit von einigen der vielen Einheiten im Speicher ist, gewinnen die Strategien der Auswahl größte Bedeutung" (S. 399).

Daraus folgt, daß stets nur ein Teil vorhandenen Gesprächsmaterials in einem therapeutischen Gespräch behandelt werden kann und darf, will man vermeiden, daß die Organisationsfähigkeit des Klienten überfordert wird und womöglich gänzlich zusammenbricht. *Wexler* stellt fest: „Die Spannweite der verfügbaren Ordnungsstrukturen im System ist von entscheidender Bedeutung für die Bestimmung des Schicksals von Informationen, die im Kurzzeitgedächtnis bereit stehen" (S. 62). Bei Unzulänglichkeit der Ordnungsregeln kommt dem Therapeuten dementsprechend die verantwortungsvolle Aufgabe zu, das Gesprächsmaterial zu akzentuieren, indem er die Zentrierung des Gesprächs bestimmt, damit die Aufmerksamkeit des Klienten auf ganz bestimmte Informationen lenkt und so auch bei ihrer sinnvollen Organisierung behilflich ist.

Bei der äußerst nützlichen Erörterung dieses Problems unterlaufen *Wexler* Formulierungen, die seinen Begriff der „kognitiven Ordnungsregeln" für den gestalttheoretisch Denkenden suspekt werden lassen. Er hält nämlich Informationen für „unvermeidlich verloren" (S. 60), die nicht reproduziert werden können und reduziert damit die „zentralen Bewußtseinsprozesse" (denen er durchaus zutreffenderweise auch Affekte zuordnet) auf die verbal abruf- und abfragbaren. Seine Begründung dafür, daß kein Erleben außerhalb des Bewußtseins (außerhalb der „kognitiven Ordnungsregeln") existiert, wäre erst stringent, wenn er aufgezeigt hätte, daß „Bewußtes" und „Unbewußtes" zwei Seiten der selben zentralen Bewußtseinsprozesse sind. So berechtigt nämlich *Wexlers* Kritik an der „expliziten oder impliziten" Vorstellung vieler Persönlichkeitstheoretiker von einem „unbewußten Homunkulus" oder „kleinen Mann im Mann" ist (vgl. *Müller*, 1984), der jeweils den Sinn von Informationen bestimme, ohne daß das aktuelle Bewußtsein des Menschen diesen Sinn wahrnehme – er gerät im Übereifer der Ablehnung eines unqualifizierten Verständnisses von „Unbewußtem" in die Nähe einer Position, die leugnet, daß im Bewußtsein des Menschen Sachverhalte eine Rolle spielen, die z.B. in dem Sinne nicht benennbar und abrufbar sind, als sie etwa den Grund oder den selbstverständlichen Bezugspunkt (die anschauliche Konstante) abgeben für die wahrgenommene und benennbare Informations-„Figur", etwa auch „funktional gebunden" sind im Zusammenhang einer umfassenderen Figur oder im „Schatten" einer im Zusammenhang der Aufmerksamkeitszentrierung dominierenden Figur unbemerkt bleiben (vgl. I, S. 30).

Wexler betont seine Nähe zu *Lewins* Auffassungen, indem er seinen Begriff der „kognitiven Ordnungsregeln" und das, was er mit „kognitiver Theorie" meint, anhand von *Lewins* Definition des psychologischen Feldes (= Lebensraum) zu erläutern versucht; dabei bemerkt er richtig: „Es umfaßt nicht nur die Repräsentation der Gegenwart, sondern auch die Vergangenheit und die Zukunft, wie sie von der Person in der Gegenwart repräsentiert sind. Die Aktivität, Sinnstrukturen zu schaffen, um Informationen zu organisieren und einen Teil des psychologischen Feldes zu strukturieren, ist das, was ein Klient grundsätzlich in der Therapiestunde tut" (S. 65). *Wexlers* eigener persönlichkeitstheoretischer Hauptbegriff, der der „kognitiven Ordnungsregeln" ermangelt trotzdem der notwendigen Differenzierung zwischen bewußten und unbewußten Vorgängen im Rahmen der zentralen kognitiven Prozesse.

3.3. Zu Pagès' „Theorie des affektiven Lebens der Gruppen"

Pagès (1974) hat eine Theorie des „affektiven Lebens der Gruppe" entwickelt, die, obwohl sie durchaus auch eine positive Würdigung im Hinblick auf ihre Nähe zu gestalttheoretischen Auffassung verdient, hier lediglich in dem Punkt erörtert werden soll, mit dem *Pagès* Kritik an *Lewins* Auffassungen verknüpft.

Pagès kritisiert an *Lewin*, daß dieser zwar die menschliche Beziehung untersuche, sie jedoch ihres affektiven Inhalts beraube; so komme es zu einer Trennung von Beziehung und Gefühl. Damit werde geleugnet, „daß die Beziehung affektiver Kontakt, Sensibilität bedeutet und daß umgekehrt Affektivität bedeutet, in Beziehung zu anderen zu treten" (1974, S. 119). Seine eigene Position definiert er: „Die menschliche Beziehung ist immer und von vornherein affektiv" (S. 120). Die Kritik gilt *Lewins* „Feldtheorie" (vgl. I), dem unmittelbaren Fundament seines Konstrukts „Lebensraum".

Tatsächlich sind *Lewins* psychologische Darstellungen verbaler oder graphischer Art stets Darstellungen von Beziehungsverhältnissen. Er bemerkt in bezug auf solche Beziehungsdarstellungen: „Eine richtige Darstellung dessen, was ‚ist', ist zugleich ‚Erklärung' dessen, was geschieht" (1969, S. 99). Das aber will heißen: Die Beschreibung der Beziehungsverhältnisse ist die Reizgrundlage, die im Individuum den (im weitesten Sinne) positiven Nachvollzug auslöst, der sich in der Feststellung manifestieren könnte: Ich habe verstanden; und das bedeutet ein Evidenzerlebnis, das Wahrnehmung, Denken, Fühlen und Verhalten unmittelbar erfaßt.

In diesem Fall handelt es sich um den *ganzheitlichen* Ausdruck der Relation zwischen der Reizgrundlage „Beschreibung" und dem Betrachter dieser Beschreibung. Die Relation ist – wie deutlich werden sollte – ein ganzheitliches

Phänomen und umfaßt demgemäß auch affektive Reaktionen. Ebenso wie hier die Beziehung zwischen (Beziehungs-)Beschreibung und ihrem Betrachter affektive Phänomene mit einschließt, ist dies bei jeder (Beziehungs-)Beschreibung der Fall. Der Fehler, der *Pagès* unterläuft, besteht darin, daß er „Beziehung" und „Affekt" als Begriffe gleichen Abstraktionsniveaus verkennt. Affekt jedoch ist lediglich *eines* von mehreren Phänomenen, in denen sich Beziehungsverhältnisse äußern. Gerade *Lewin* und seine Schüler haben in ihren Experimenten zur Affektentstehung – von Ärger, Frustration, Aggression, Apathie, Konflikten, psychischer Sättigung, Erfolg und Mißerfolg – immer wieder nachgewiesen, daß Beziehungsprozesse sowohl zwischen Menschen als auch zwischen Mensch und Ding (Beinahegeschehen) von Affekten begleitet sind (vgl. I, 3.4 und 4).

Durch die Verwechslung der Abstraktionsebenen kommt es bei *Pagès* zu einer Überbetonung des Affektiven, welche die Gefahr birgt, daß es schließlich geradezu als unabhängige Entität angesehen wird. Dabei scheint er einem Trend zum Opfer zu fallen oder ihn zumindest zu fördern, der sich, von den Vereinigten Staaten ausgehend, in Selbsterfahrungs- und Therapiegruppen zunehmend zu einer geradezu inquisitorischen Norm entwickelt hat. Dabei werden etwa *Perls* oder *Rogers* (vgl. III) als Kronzeugen angeführt, was sich allerdings nur als Mißverständnis infolge mangelhafter psychologischer Grundlagenkenntnisse erklären läßt. – Das Problem der Überbetonung des Affektiven und der Gefühle sei noch unter einer etwas anderen, allerdings auch der weiteren Aufklärung des Mißverständnisses von *Pagès* dienenden Perspektive beleuchtet.

3.4. Einige differenzierende Überlegungen zum Verhältnis zwischen kognitiver, intellektueller, affektiver und der Ebene des Handelns

Eine allgemeine Verwirrung in der psychologischen Literatur (also selbst bei von ihrer Vorbildung her als kompetent erscheinenden Wissenschaftlern) hinsichtlich des Begriffes „kognitiv", die dem Mißverständnis „Gefühl ist alles" Vorschub leistet, tritt auch zutage, wenn bei der Darstellung des Einstellungsbegriffs (vgl. *Süllwold,* 1969, der sich auf *Kretch* und *Crutchfield* bezieht) zwischen kognitiver, affektiver und der Ebene des Handelns unterschieden wird. Hier schlage ich im Einklang mit gestalttheoretischer Grundlagenforschung in den Bereichen des Wahrnehmens, Denkens, Handelns und Fühlens vor, die Dreiteilung als heuristisches Mittel sehr wohl zu akzeptieren, anstelle von „kognitiv" jedoch „intellektuell" zu setzen und den Begriff „Kognition" als übergeordneten Begriff aufzufassen, als dynamischen Begriff für die ganzheitliche Struktur menschlichen Bewußtseins und Bewußtwerdens. Dann noch von Überbetonung des Kognitiven zu reden, wäre barer Unsinn. Der Begriff hätte aber wieder die Bedeutung, die ihm die Bibel gibt, wenn es heißt: „... und er erkannte sein Weib". Intellekt, Gefühl und Handeln ist hier mit dem Begriff „erkennen" zugleich gemeint; Kognition (Erkennen, Erkenntnis) bedeutet dann das, was *Perls* (1974) mit „Bewußtheit" (awareness) meint: den dynamischen Prozeß des Mit-sich-und-der-Welt-in-Einklang-Kommens; folgerichtig sieht *Perls* (vgl. III) im „Bewußtheitskontinuum", in welchem die wichtigsten unerledigten Geschäfte unbehindert in den Vordergrund treten und erledigt werden könne, ein Kennzeichen optimaler Funktionstüchtigkeit der „Ganzheit Mensch".

Die Dreiteilung der Kognition bzw. des Bewußtseins des Menschen von sich selbst und der Welt kann für die nähere Definition von psychischen Störungen heuristische Bedeutung gewinnen. Die dementsprechenden Fragen könnten dann etwa lauten: Liegt die Störung mehr im *intellektuellen* Bereich (Handelt es sich um ein schlichtes Nicht-Wissen, etwa: Jemand hat eine Aufgabe zugewiesen bekommen, die er aufgrund seiner Ausbildung nicht bewältigen *kann.*), mehr im *affektiven* Bereich (Jemand fühlt sich schuldig, wenn er zu anderen Frauen als zu seiner Mutter Kontakt aufnimmt.) oder mehr im *Handlungsbereich* (Jemand ist so sehr an bestimmte Handlungsabläufe gewöhnt, daß er gar nicht auf die Idee kommt, geringfügige Änderungen in der Handlungsweise könnten die erlebten Schwierigkeiten beheben.)? Hierbei kann es sich stets nur um Gewichtung handeln, nie um Zuordnung in einem absoluten Sinne, weil die drei Bereiche der Kognition interdependent sind, das heißt, gemeinsam in wechselndem Ausmaße – wechselnd sowohl intraindividuell als auch interindividuell – das Bewußtsein beeinflussen, das seinerseits als Ganzes seine Teile beeinflußt.

3.5. Ein Hinweis auf Piaget

Obwohl auch *Piaget* affektive und kognitive Strukturen einander gegenüberstellt, statt die Begriffe „Affekt" und „Intellekt" gemeinsam dem Begriff „Kognition" unterzuordnen, leistet er doch wesentliche Beiträge dazu, die gemeinsamen Wurzeln affektiver und intellektueller Prozesse und ihr Ineinandergreifen in sensomotorischen Prozessen zu erkennen (vgl. z. B. *Piaget*, 1975, Gesammelte Werke 5, insbesondere der dritte Teil). *Metzger* (1976) bemerkt in einem Vortrag anläßlich des 80. Geburtstages von *Piaget*, er verzichte darauf, eine Auseinandersetzung zu versuchen zwischen seinem eigenen Bild vom Menschen und von dessen Werten und dem von *Piaget* entwickelten Bild. „Zu leicht entstünde dabei der Eindruck einer Art von Rechthaberei und Besserwisserei ... Zu groß erschiene das Gewicht der Unterschiede zwischen den verglichenen Auffassungen, so daß der Blick für die im Grunde viel bedeutsameren, wenn auch vielfach infolge eines unterschiedlichen Sprachgebrauchs nicht ohne weiteres erkennbaren Gemeinsamkeiten verstellt würde.

Eine dieser Gemeinsamkeiten ist die Überzeugung, daß Denken und Handeln unlösbar verflochten sind ...".

Auf Gemeinsamkeiten und überwindbare Unterschiede zwischen der Gestalttheorie und den Auffassungen von *Piaget* macht auch *Meili* mit Nachdruck aufmerksam:

„In den Arbeiten von *Piaget* findet man eine Theorie der Entwicklung, die mit gestaltpsychologischen Auffassungen auf weiten Strecken gut vereinbar ist, und die sie bereichern kann, weil sie sich auf ein von ihr weitgehend unbearbeitetes Gebiet beziehen. *Piaget* anerkennt die Existenz von Gestalten, er vertritt einen ‚konstruktiven Strukturalismus', er statuiert ‚un isomorphisme ... existant entre les ‚implications' propre a la conscience et la causalite propre aux processus nerveux' (1970, S. 154) und eine Tendenz zum Gleichgewicht spielt in seiner Theorie eine entscheidende Rolle, stellt sie nach ihm doch den Motor der geistigen Entwicklung dar" (1975, S. 72).

Einige kritische Bemerkungen *Piagets* gegenüber der Gestalttheorie erweisen sich nach den Darlegungen *Meilis* als Ausdruck von Mißverständnissen. *Piaget* selbst stellt einmal fest, er wäre wahrscheinlich Gestaltpsychologe geworden, hätte er frühzeitig genug (1913–1915) die gestalttheoretischen Werke von *Wertheimer* und *Köhler* zur Kenntnis nehmen können (1976).

Da *Piaget* im Rahmen dieser Arbeit nicht weiter behandelt wird, sollte wenigstens auf die weitgehende Kompatibilität seines riesigen psychologischen, insbesondere entwicklungspsychologischen Werkes mit der Gestalttheorie (vgl. insbesondere auch *Piaget*, 1976) hingewiesen werden. Punktuelle Rezeptionen *Piaget*scher Gedanken und Untersuchungen finden sich im Rahmen der Gestalttheorie schon seit vielen Jahren. Eine umfassende Auseinandersetzung erscheint wünschenswert und erfolgversprechend, vor allem im Interesse einer weiteren Klärung der Zusammenhänge zwischen Denken und Handeln (und vermutlich auch: Fühlen, wenn es gelingt, den begrifflichen Eigenarten *Piagets* gerecht zu werden).

III. ZU EINER GESTALTTHEORIE DER PSYCHOTHERAPIE: DIE THERAPIESITUATION ALS ORT SCHÖPFERISCHER FREIHEIT

1. Die schöpferische Therapiesituation: erste Definition und Erläuterung an Beispielen

Bei den vorangegangenen Erörterungen, insbesondere des Gesetzesbegriffes in der Psychologie, sollte eines ganz deutlich geworden sein: Der Mensch läßt sich nicht mit einem Raster absoluter Gesetzmäßigkeiten, eindeutiger Wenn-Dann- oder Ursache-Wirkungs-Beziehungen erfassen, und ein solches Raster kann deshalb auch nicht die Grundlage therapeutischer Einflußnahme liefern. Für therapeutische Arbeit gilt analog die Einsicht *Wolfgang Metzger*s bei der Auseinandersetzung mit der „Frage der Bildbarkeit schöpferischer Kräfte" (1962, S. 9): „Es wurde deutlich, daß es sich im Grunde nicht darum handeln kann, schöpferische Kräfte zu ‚bilden' oder zu ‚pflegen', d. h. sie unmittelbar zum Gegenstand einer erzieherischen Einwirkung zu machen, sondern vielmehr darum, Bedingungen herzustellen, unter denen solche Kräfte auftreten, und vor allem darum, Hindernisse der verschiedensten Art wegzuräumen, damit sie, wo sie vorhanden sind, überhaupt wirksam werden können. Der Zustand, der auf solche Weise herbeigeführt werden soll – und kann –, ist das, was wir inzwischen als ‚schöpferische Freiheit' bezeichnet haben" (vgl. hierzu auch *Wagenschein,* 1976). *Metzger* folgend läßt sich nun die Therapiesituation als Ort schöpferischer Freiheit ansehen, indem nämlich „das Wirken schöpferischer Kräfte überall dort" vorausgesetzt wird, „wo aus dem Tun eines Menschen etwas ... Besonderes, Neues, Eigenartiges, Ursprüngliches, Echtes, Wahres" entsteht: „ein Kunstwerk, das uns in seinen Bann zieht, ein Gedicht oder ein Musikstück, das uns aufhorchen läßt, die *Klarlegung ungeahnter Zusammenhänge,* eine *Entdeckung,* eine Erfindung, die unerwartete und *überzeugende Lösung einer organisatorischen Aufgabe,* aber auch *die von niemand für möglich gehaltene Auflösung eines menschlichen Zerwürfnisses*" (1962, S. 10/11; Hervorhebungen, hjw).

Begriffe wie „Lebenskunst" und „Lebenskünstler" können in diesem Zusammenhang den Beigeschmack einerseits des Nicht-zu-wissenschaftlichem-Denken-Passens und andererseits des Realitätsfernen, Utopischen, des Sich-Entziehens oder des Maskenhaften (vgl. *Kretschmer,* 1929, S. 121 über *Goethe*) verlieren. Lebenskunst kann dann verstanden werden: als die Fähigkeit, in schöpferischer Freiheit den Anforderungen und Möglichkeiten des Lebens zu begegnen (vgl. auch *Pöggeler,* 1976, S. 100).

Um diese „Kunst des Lebens" geht es in der Therapiesituation. Für den Klienten geht es darum, sie in einem oder mehreren Bereichen seines Lebens neu zu erwerben, für den Therapeuten geht es zuallererst darum, diese Kunst *in der Therapiesitzung* hinreichend zu beherrschen. Er mag bei sich selbst wo auch immer schöpferische Freiheit vermissen, er muß sie in der therapeutischen Arbeit mit Klienten herbeizuführen im Stande sein – für sich und für den Klienten –, sonst verdient seine Tätigkeit nicht ihren Namen.

Schöpferische Freiheit bedeutet im Umgang mit Lebendigem, dessen Eigenart gerecht zu werden. Willkürliche Änderungen des Lebendigen von außen sind im besten Falle unwirksam, im schlimmsten Falle sind sie von der Art, wie sie der chinesische Staatsphilosoph *Mong Tse* (geboren 392 vor Christus) nach *Metzger* (1962, S. 24) beschreibt: „Ein Mann aus Sung war sehr betrübt, daß sein Korn nicht recht wachsen wollte. Er versuchte daher, die Halme selbst in die Höhe zu ziehen. Nach dieser Arbeit kam er ganz erschöpft nach Hause und sagte zu seinen Leuten: ‚Ich bin sehr müde, ich habe meinem Korn geholfen zu wachsen.' Sein Sohn lief hinaus, um sich dies anzusehen, fand aber alle Halme verwelkt. – Es gibt viele Menschen auf der Welt, die den Wunsch haben, dem Korn beim Wachsen zu helfen."

Die „Moral" dieser Geschichte entspricht dem unter Gestalttherapeuten beliebten Sprichwort: "Don't push the river, it flows by itself", und sie beschreibt darüber hinaus metaphorisch die verheerendsten denkbaren Folgen gewaltsamer Eingriffe am lebendigen Menschen.

Besonders augenfällig geworden sind mir die negativen Folgen gewaltsamer Eingriffe während meiner Tätigkeit im Bereich der Suchtkrankentherapie (1971–1973). Ich lernte „geheilte" Alkoholiker kennen, deren hervorstechendster Charakterzug die eifernde Verurteilung jeglichen Alkoholgenusses zu sein schien: Sie teilten die Welt ein in den „guten" Bereich *ohne Alkohol* und den „schlechten" Bereich *mit Alkohol.* Daran erschreckte mich vor allem die Undifferenziertheit (der primitivprägnante Charakter) dieser Unterscheidung; solche Alkoholiker wirkten wie „umgedreht"; während vorher Sinn bzw. Unsinn ihres Lebens der exzessive Alkoholgenuß repräsentierte, tat dies nun die exzessive Ablehnung des Alkohols. Die „Depravation" war geblieben; lediglich das positive Vorzeichen war gewissermaßen durch das negative ausgetauscht worden. Der Alkohol bestimmte nach wie vor weitgehend alle Lebensäußerungen.

Die unter Suchtkrankentherapeuten allgemein geteilte Auffassung, daß in unserer Gesellschaft, vor allem im Bereich des geselligen Umgangs, der Alkoholgenuß eine mächtige, Suchtentwicklungen fördernde Rolle spielt und dieser Zustand der Veränderung bedarf, leuchtete mir schnell ein. Nicht jedoch die – häufig vor jeder im engeren Sinne therapeutischen Einflußnahme stehende – Zwangsverordnung: „Alkohol ist für Dich, Alkoholiker, ein für allemal tabu. Nur wenn Du dies vorweg ohne jeden Vorbehalt akzeptierst und Dich entsprechend verhälst, verdienst Du unsere therapeutische Hilfe. Wenn nicht: Schau wo Du bleibst."

Ich kam, wie die meisten heutigen Suchtkrankentherapeuten auch, zu der Auffassung, daß der gegenwärtig sicherste Weg, dem Rückfall in den Teufelskreis der Abhängigkeit von einem Suchtmittel zu entgehen, im totalen Verzicht auf dieses Mittel besteht. Ich bin jedoch bis heute der Ansicht, daß die Unterwerfungsforderung – die deshalb eine *Unterwerfungsforderung* ist, weil sie vor jedem Eingehen auf den individuellen Lebensraum des jeweiligen Klienten erhoben wird – einen *gewaltsamen* Eingriff in das Leben eines Individuums darstellt, der dazu angetan ist – erst recht, weil es sich zumeist ohnehin in einer ausweglosen Zwangslage fühlt –, ihm schweren Schaden zuzufügen. Dies leugnen viele im beschriebenen Sinne vorgehenden Suchtkrankentherapeuten nicht einmal. Sie verteidigen ihr Vorgehen jedoch mit der Frage, ob es – nicht allein im Interesse des jeweiligen Suchtkranken, sondern auch und gerade im Hinblick auf dessen Angehörige – nicht immer noch besser ist, wenn der Alkoholiker, selbst um den Preis der Persönlichkeitseinengung bis hin zur an Debilität grenzenden Engstirnigkeit, keinen Alkohol mehr trinkt und arbeitsfähig ist, als daß er ständig betrunken herumliegt und seine Familie von Sozialhilfe leben muß.

Ich sehe schon in der Argumentation mittels dieser Alternative eine primitivprägnante Vereinfachung, die der therapeutischen Aufgabe nicht gerecht wird. Meine eigene Erfahrung scheint mir zu bestätigen, daß – jedenfalls im Rahmen stationärer Behandlung in Heilstätten für Suchtkranke – die therapeutische Förderung der Persönlichkeitsentwicklung dem Klienten die realistische Einschätzung der Gefahren „kontrollierten Trinkens" erleichtern und ihm so den von innerer Überzeugung getragenen Verzicht auf Alkohol ermöglichen kann.*)

Metzger verdeutlicht die Eigenart des Lebendigen, für willkürliche Änderungen nicht zugänglich zu sein, noch am Beispiel des Beschneidens von Obstbäumen: „Selbst in solchen rücksichtslosen Eingriffen wird das Züchten nicht zu einem eigentlichen Machen, denn bei diesem läßt der bearbeitete Gegenstand die formalen Eingriffe völlig passiv über sich ergehen: Der Eingriff ändert ihn *unmittelbar.* Beim Züchten dagegen wird das erwünschte Ziel erst durch die *eigentümliche Antwort* des behandelten Wesens auf die ihm zugemuteten Eingriffe erreicht" (Hervorhebungen, hjw).

Wenn man sich darin einig ist, daß ein mißlungener Beschneidungsversuch beim Menschen entschieden problematischer ist als bei einem Baum, dann stellt sich die Frage, ob sich Eingriffe von außen (gemeint sind willkürliche, einseitige Änderungen der physikalischen und sozialen Lebensbedingungen) am lebenden Menschen überhaupt rechtfertigen lassen oder ob sie sich mit dem Wissen von der Unvorhersehbarkeit der „eigentümlichen Antwort" nicht geradezu verbieten. Es ist allzu leicht, die physikalischen (transphänomenalen) Lebensbedingungen eines Menschen in einer seine phänomenale Welt umkrempelnden Weise zu ändern; es ist fast unmöglich, über den Zu-

---

*) Ich werde auch im folgenden gelegentlich auf meine Erfahrungen in der Suchtkrankentherapie zurückgreifen, um theoretische Erörterungen an Beispielen zu veranschaulichen.

sammenhang zwischen spezifischer Änderung der physikalischen Welt und spezifischer Änderung der phänomenalen Welt etwas Eindeutiges auszusagen, jedenfalls in dem Zwischenbereich von eben noch merklicher bis zu tödlicher Wirkung.

Es mag Situationen geben, in denen ein Therapeut die Gewißheit hat, daß bestimmte Manipulationen an der transphänomenalen Umwelt des Klienten bestimmte erwünschte Änderungen seiner phänomenalen Welt bewirken, angefangen bei der Überzeugung, daß er umziehen muß, weil der morgendliche lange Anfahrtsweg zur Arbeitsstelle die Ursache seiner psychischen Überforderung ist, bis hin zu der Überzeugung, daß er sich scheiden lassen muß, um sich von seiner Depression zu befreien.

So problematisch schon, unter Einbezug der Frage, was für psychische Folgen ein Wegziehen aus vertrauter Umgebung haben kann, der Ratschlag umzuziehen ist, um wieviel problematischer noch stellt sich der Ratschlag dar, sich scheiden zu lassen?

Schon der vielleicht relativ harmlos anmutende erste Ratschlag ist ein Eingriff in die Autonomie nicht nur eines Menschen, sondern einer Vielzahl von Menschen. Unvertretbar ist ein solcher oder ein ähnlicher Ratschlag deshalb allemal, wenn er ohne Not gegeben wird, etwa aus der Auffassung heraus, die eigene therapeutische Kompetenz schließe ein, daß man besser als der Klient selbst wisse (z. B. aufgrund einer Theorie), was geschehen muß, damit er seine Probleme bewältigt.

Metzger (1962) zitiert eine taoistische Parabel (S. 37), die wegen ihrer Länge hier nur in den Auszügen wiedergegeben werden soll, die ausreichen, anschaulich werden zu lassen, worin das Wesentliche schöpferischen Umgangs mit Lebendigem liegt:

„In grauer Vorzeit, im Engpaß von Lung-men stand einst ein Kiribaum, ein wahrhaftiger König des Waldes. Sein Haupt hob er zu den Sternen, um mit ihnen Zwiesprache zu halten; seine Wurzeln aber senkte er tief in die Erde . . . Und es geschah, daß ein mächtiger Zauberer aus diesem Baum eine Wunderharfe schuf, deren unbändiger Geist nur von dem größten aller Musiker bezwungen werden sollte. Lange Zeit hindurch ward das Instrument vom Kaiser von China in seiner Schatzkammer gehütet, vergeblich aber war die Mühe derer, die nacheinander Melodien aus seinen Saiten zu wecken suchten. Als Antwort auf ihr heißes Mühen kamen aus der Harfe nur rauhe Töne der Verachtung . . .

Als letzter kam *Peh Ya,* der Fürst der Harfner. Mit zarter Hand liebkoste er die Harfe, . . ., und rührte leise an die Saiten. Er sang von der Natur und von den Jahreszeiten, von hohen Bergen und strömenden Wassern. *Und alle Erinnerungen des Baumes wurden wach* (Hervorhebung: hjw). . . .

In der Harfe aber erhob sich das Ungewitter von Lung-men; der Drachen fuhr auf dem Blitz daher, die donnernden Lawinen dröhnten durch das Tal. – Verzückt begehrte der Kaiser des Himmels zu wissen, worin das Geheimnis von *Peh Ya*s Sieg zu finden sei. ‚Herr', lautete die Antwort, ‚die anderen scheiterten, weil sie nur von sich selber sangen. Ich überließ es der Harfe, frei ihr eigenes Lied zu wählen, und wußte in Wahrheit nicht, ob die Harfe *Peh Ya* oder *Peh Ya* die Harfe sei.'"

Das Geheimnis des Königs der Harfner liegt darin, daß er lediglich dazu beiträgt, alle Erinnerungen des Baumes zu wecken und dann in diesen Erinnerungen lebt, als seien sie sein Leben hier und jetzt.

Es bedarf hier (nach der Erläuterung von *Lewin*s Konstrukt „Lebensraum" oder auch von *Kelly*s Begriff der „persönlichen Konstrukte" in Teil II) keiner expliziten Begründung mehr, warum ein lebendiger Mensch, selbst wenn er in psychischer Not ist, immer noch selbst am besten die Möglichkeiten (und wenn nur latent) kennt, diese Not zu überwinden, warum ein Therapeut, der von einer anderen Voraussetzung ausgeht, auf verlorenem Posten steht. Hier soll Anschaulichkeit der Darstellung therapeutischen Geschehens den Vorrang haben. In der therapeutischen Situation kommt es nämlich, so wichtig theoretische und technische Erörterungen für den Therapeuten zur Vorbereitung auf diese Situation sind, darauf an, „seinen Kopf zu verlieren und zu seinen Sinnen zu kommen" (*Perls*), in einer Art des „Vergessens" rationaler Begründungen, durch die der Wert dieser Begründungen erst offenkundig wird.

Ein Beispiel zur Verdeutlichung: Um Tanzen zu lernen (jedenfalls einen Tanz, über dessen Charakteristika man sich so mit anderen verständigen kann, daß man den „gleichen" Tanz zusammen tanzen kann), wird man am Anfang alle Aufmerksamkeit auf die Anweisungen des Tanzlehrers – eins rechts, eins links, langsam, langsam, schnell, schnell – richten. Tanzen aber kann man erst, wenn einem diese Anweisungen so in „Fleisch und Blut übergegangen sind", daß man sie sich auch nicht mehr leise vorsprechen muß, um die richtigen Schritte zu tun. Erst dann gewinnt der Tanz den sozialen Sinn, der ihm in der menschlichen Kultur in der Regel zugekommen ist: die Verbindung zu anderen zu festigen, indem er ihr Ausdruck verleiht. Die Regel, obwohl Grundlage „des Tanzes", den man im gemeinsamen Einverständnis tanzt, ist „vergessen" im Vollzug, kann soweit vergessen werden, daß neue Bewegungsformen entstehen in der enger und enger werdenden Verbindung der Tanzenden. Die Regel hat dann den Weg frei gemacht, Neues zu erfahren und zu erleben – und erfüllt so erst ihren Zweck.

„Harfe spielen" konnten alle, die in der Parabel vor *Peh Ya* sich vergeblich an der Zauberharfe versuchten. Der König der Harfner

„vergaß" sein Können und seine Aufgabe und wurde so erst frei, in Beziehung zur Harfe zu treten, daß er nicht wußte, „ob die Harfe *Peh Ya* oder *Peh Ya* die Harfe sei". Dies aber war der einzige Weg, die Harfe zu spielen.

Diese fernöstliche Weisheit scheint unserem Denken, Fühlen und Handeln so fremd zu sein, daß ihr für alle Menschen gültiger Kern offenbar in großer Gefahr steht, in unserem Kulturkreis mißverstanden zu werden. Jedenfalls weisen darauf gegenwärtige Tendenzen hin, die mit der Ausbreitung der in nicht geringem Maße von fernöstlichem Gedankengut (Meditation, ZEN) beeinflußten neuen sogenannten existentiellen Therapieformen der „humanistischen Psychologie" an Einfluß gewinnen. Die Einsicht, daß das traditionelle westliche Denken mit seinem Hang zum Abstrakten und Lebensfernen vielfach zu allzu mechanistischen und stückhaften Auffassungen vom Menschen führte, rief nicht nur die Betonung der Ganzheitlichkeit auf den Plan, sondern auch die Überbetonung des Fühlens und Handelns. Systematisches Erlernen von Methoden, intellektuelle Disziplin werden gelegentlich in einem Maße verachtet, daß Professionalität, die sich auf strenge und langwierige Ausbildung gründet, geradezu als Makel gilt. Sowohl die Parabel vom Harfner *Peh Ya* wie auch das Beispiel „Tanz" veranschaulichen demgegenüber, daß fruchtbares „Vergessen" rein handwerklichen Wissens und Könnens dessen Erwerb voraussetzt. Solches Vergessen bedeutet nicht Distanz zum intellektuellen Erfassen und handwerklichen Wissen, es bedeutet vielmehr die größtmögliche Nähe zwischen Intellekt, Fühlen und Handeln, die sich einstellt, wenn diese unterscheidbaren Funktionen sich in intentionaler Übereinstimmung befinden.

2. „Die Gruppe" als Grundlage menschlicher Entwicklung und als Medium therapeutischer Ausbildung

Was muß denn nun vom angehenden Therapeuten gelernt werden? Und wie? Worin besteht und wie erwirbt er sein handwerkliches Rüstzeug?

Eine allgemeine Antwort auf das *Was* wurde darauf schon gegeben: Der Therapeut muß im Stande sein, die therapeutische Situation so zu gestalten, daß sie Ort „schöpferischer Freiheit", d.h. freier Entfaltung angelegter Möglichkeiten wird – für Therapeut und Klient.

Der Erfüllung dieser Forderung kann nun schon das Bild vom Menschen, das sich jemand gemacht hat, entgegenstehen. Jemand der unerschütterlich an der Überzeugung festhält, daß der Mensch ein Wesen ist, dem nur durch Druck von außen Änderungen seines Lebens aufgezwungen werden können, scheidet als Therapeut, der im hier gemeinten Sinne Therapie betreibt, aus.

Dem entspricht der Versuch, therapeutische Ausbildung (das Wie) so zu konzipieren, daß sie Überzeugungen verstärkt oder überhaupt erst stiftet, nach denen der Mensch als Wesen gilt, dem Lebensbedingungen angemessen sind, die ihm ein Höchstmaß freier Entfaltung gewähren*).

Mit dieser Überzeugung korrespondiert die *Rogers*-Variable „Akzeptierung des Klienten"; an ihrem Beispiel hat man die Operationalisierbarkeit, Lehrbarkeit und Einsetzbarkeit von Therapeuten-Variablen diskutiert, die als Einstellungen konzipiert worden sind (vgl. *Wexler,* 1974). *Rogers* (1973) selbst weiß von der Unmöglichkeit, „Akzeptierung" als rein technische Variable einzusetzen. Für ihn ist Akzeptierung ein Ausdruck seines Menschenbildes, das Teil seiner Weltanschauung ist. Eine Weltanschauung aber läßt sich, weil sie Korrelat langfristiger Sozialisation ist, nicht wie ein Hemd wechseln. Wer es versuchen würde, geriete in die Nähe pseudologischer Verstellung und würde mit einer anderen *Rogers*'schen Therapeuten-Variablen, der „Echtheit" (Authentizität), kollidieren. Mangelnde Echtheit im Sinne von „eine Rolle spielen, die man nicht *ist*", wäre aber ein Hindernis für die echte zwischenmenschliche Begegnung, die *Rogers* nicht nur als unabdingbare Voraussetzung konstruktiver Veränderung ansieht, sondern auch als notwendige Bedingung menschlicher Entwicklung überhaupt, die sich *stets im Kontext sozialer Gruppen vollzieht* (vgl. auch *Metzger,* 1975).

Die soziale Gruppe – wie sie schon von zwei Menschen, Mutter und Kind oder einem Ehepaar, gebildet wird (*Lewin,* 1968, 3. Auflage, S. 128) – ist eine grundlegende Determinante des Lebensraumes. Sie ist der Boden des Lebensraumes. Ist dieser Boden (der Zugehörigkeit, des Aufgehobenseins) nicht fest, hat der Lebende keinen Halt (1968, S. 130)**)

Wo deshalb ein Therapeut oder überhaupt ein Partner sich selbst als Person aus der Begegnung auszuklammern versucht, sich auf eine „künstliche Rolle" zu beschränken versucht, die nichts oder nur wenig mit seiner Person als einer natürlichen Ganzheit im gegenwärti-

*) Zur grundsätzlichen Problematik vergleiche am Beispiel der Erziehung: *Kurt Guss:* Psychologie als Erziehungswissenschaft (1975).

**)Wenn in der Psychoanalyse von ödipaler Problematik die Rede ist, ist teils explizit, teils implizit der gleiche Sachverhalt gemeint. Die gegenwärtig in und außerhalb der Psychoanalyse populär gewordene „Familientherapie" (*Stierlin,* 1975; *Richter,* 1963, 1976; *Selvini Palazzoli* u.a., 1977) gründet auf diesem Sachverhalt.

gen Kontext zu tun hat, ist unvermeidlich der Boden der Beziehung zum anderen unklar, ungewiß und schwankend. Nicht minder zwiespältig bleiben dann die Ansätze des Partners, diese Beziehung zu verstehen und Folgerungen für eigenes Verhalten zu ziehen.

Die Ausgangsfrage war hier, wie der angehende Therapeut jenes grundlegende Rüstzeug erwerben kann, das definiert wurde als Überzeugung, daß dem Menschen Lebensbedingungen angemessen sind, die ihm freie Entfaltung gewähren. Überzeugungen sind Bestandteil des Lebensraumes und entstehen im Prozeß der unumgänglichen Auseinandersetzung mit der Umwelt. Sie stellen individuelle Interpretationen von empirischen Daten dar. Die Umwelt des Säuglings ist zunächst hauptsächlich die Mutter, später ist es hauptsächlich die Familie, allmählich differenziert sie sich in verschiedene Bezugsgruppen und Bereiche und Gegenstände der belebten und unbelebten Natur und der von Menschen geschaffenen Welt. Überzeugungen bilden sich auch in der Auseinandersetzung mit Dingen; die Quelle der *hier* wichtigen Überzeugungen ist jedoch die Beziehung zu anderen Menschen, zu Gruppen, denen man angehört oder nicht angehört, in denen man sich akzeptiert oder verachtet, gefördert oder gehemmt fühlt – damit ist diese Beziehung natürlich auch die Quelle von Verhaltensweisen*).

Menschliches Zusammenleben und menschliche Entwicklung erfolgen grundsätzlich nach Gruppengesetzmäßigkeiten. Individualität, wie sie sich aufgrund von Überzeugungen und Verhaltensweisen beschreiben läßt, kann nur im menschlichen Miteinander entstehen und sich nur im menschlichen Miteinander manifestieren. Ohne den Mitmenschen wäre jeder persönlichen Entwicklung der Boden entzogen.

Wenn nun im Prozeß der Auseinandersetzung zwischen Menschen und Gruppen der Ausgangspunkt individuellen Denkens, Fühlens und Handelns gesehen wird: Was liegt näher, als in „der Gruppe" das Mittel der Wahl zu erkennen, um Überzeugungen zu verändern oder auch erst zu stiften? Was liegt näher, als „die Gruppe" als *den* Ort zu definieren, an dem – soweit dies überhaupt möglich ist – sich jene von *Metzger* gemeinte „schöpferische Freiheit" herstellen kann, aus der Neues, etwa die Überwindung eines unüberwindlich erscheinenden

---

*) Wobei hier zur Frage, in welchen Fällen Überzeugungen und Verhaltensweisen auseinanderklaffen, nur der Hinweis gegeben werden soll, daß asynchrone Beziehungen zwischen Denken, Fühlen und Handeln ebenso wie etwa zwischen dem Grad an Ordnung und dem Grad an Differenzierung – vgl. *Lewin*, 1963, S. 151 – geradezu ein Kennzeichen eines nicht stagnierenden Prozesses der Persönlichkeitsentwicklung sind. Therapeutische Techniken zielen u. a. darauf ab, solche Diskrepanzen evident zu machen.

Pessimismus' gegenüber den menschlichen Fähigkeiten und Möglichkeiten, erwachsen kann?

*Moreno*s Satz: „Jedes gelungene zweite Mal ist die Überwindung des mißglückten erstes Males" stellt sich dann – und das bestätigt sein methodisches Vorgehen im Psychodrama – als Ausdruck einer auf „die Gruppe" bezogenen Hoffnung dar. Sie ist demnach der Ort, an dem gleichermaßen die Therapie von Menschen, die mit dieser Welt nicht fertig werden oder nicht fertig zu werden glauben, stattfinden kann, wie die Therapie von Therapeuten, soweit diese Therapie – zunächst nur – unter dem Aspekt der grundsätzlichen Forderung an ihn, Vertrauen zu gewinnen in die schöpferischen Fähigkeiten *des* Menschen, als notwendig erscheint.

„Die Gruppe" ist zugleich Therapie- und Ausbildungsmedium. Ihre Funktion als Ausbildungsmedium ist grundsätzlich nicht verschieden von der als Therapiemedium. Sie ist gleichsam eine „Engführung" im Leben des Menschen, der Prüfstand seines Lebensraumes, seiner Zeitperspektive, seiner Realitäts- und seiner Irrealitätsebenen, und zugleich der Ort, Korrekturen vorzubereiten und einzuleiten. Wenn dabei nicht unrealistisch unterschlagen wird, daß *eine* Gruppe nicht vollkommen für alle Gruppen stehen kann, mit denen der Mensch im Alltag zu tun hat (obwohl sie andererseits auch stets Menschen vereinigt, welche die *umfassendere* Realität mit hineinbringen), so kann sie auch schon einer für den Alltag nützlichen ersten Einübung neuen Verhaltens dienen.

Wer jedenfalls in seiner „Gruppe" erfährt, am Beispiel anderer wie – und vor allem – am eigenen Leibe, daß es sich gelohnt hat, Raum zu geben, zu erhalten und gemeinsam zu schaffen für freie Entfaltung – weil daraus unerwartete Lösungen für unüberwindlich gehaltener Schwierigkeiten erwachsen sind –, der hat die größtmögliche Chance erhalten, pessimistische Überzeugungen in bezug auf das Wesen des Menschen zu revidieren. Und selbst die auf nur einmaliger Erfahrung dieses Sachverhaltes beruhende Überzeugung, daß Bedingungen für „schöpferische Freiheit" (als Gegenstück zu Druck und Zwang) herzustellen, sinnvolle Entfaltung ermöglicht, ist realistisch auch außerhalb einer bestimmten Gruppe, in einer Welt, wo sich diese Erfahrung nicht verifizieren läßt, weil Druck und Zwang den Einsatz neuen Drucks und neuen Zwangs beständig erforderlich machen (vgl. *Guss*, 1975; auch *Bandura*, 1976).

Da die Bedeutung „der Gruppe" hier als zentral herausgestellt, die bisherige Begründung jedoch verhältnismäßig kurz ausgefallen ist, soll diese noch ein wenig ergänzt werden.

Wie man auch an die Begründung herangeht – ob ausgehend von der Bedeutung, die gesellschaftliche Gruppen und Gruppenphänomene für den einzelnen Menschen haben (Familie als Sozialisationsagentur, Schulklasse, Arbeitsgruppe usw.) oder ausgehend von der mit der Zeugung schon beginnenden existentiellen Abhängigkeit des einzelnen von anderen Menschen –, man stößt schließlich auf die gleichen Sachverhalte, in denen sich manifestiert, daß der Mensch ein „soziales Wesen" ist.

Häufig ist die kleinste soziale Einheit in zwei sich zusammengehörig fühlenden Menschen gesehen worden, wie sich das etwa (nach *Bion*, 1971, S. 109) in einer Tendenz von Gruppenmitgliedern zur „allgemeinen Annahme" äußert, „hier sei Paarbildung im Gange". Die Annahme einer Tendenz zur Paarbildung (zugleich und notwendigerweise auch verstanden als Tendenz zur Ausgrenzung Dritter) liegt auch der psychoanalytischen Vorstellung vom „Ödipuskomplex" zugrunde (vgl. z. B. *Brenner*, 1967, S. 126 f.). Die Untersuchungen und Überlegungen von *Spitz* (1957, 1970, 1967, 1976) über die Bedeutung „des Dialogs" zwischen Mutter und Kind lassen keinen Zweifel daran, daß die zwischenmenschliche Beziehung (auch abgesehen von der Abhängigkeit des Säuglings von der rein materiellen Fürsorge) für den einzelnen Menschen lebensnotwendig ist.

Spitz hat psychoanalytische Hypothesen zur menschlichen Entwicklung, die sich aus der historischen Betrachtungsweise ergaben, empirisch überprüft und in wesentlichen Punkten bestätigen können. In *Lewins* Terminologie ausgedrückt, hat er Fortschritte in der Ableitung eines gegenwärtigen Verhaltens aus einem früheren erzielt, was *Lewin* als eine der schwierigsten Aufgaben in der Psychologie ansieht, weil es sich dabei nicht um unmittelbare Zusammenhänge in einem gegebenen psychologischen Feld handelt, sondern um indirekte Zusammenhänge zwischen verschiedenen psychologischen Feldern (vgl. II.).

In unserem Zusammenhang ist vor allem wichtig, daß *Spitz* die entscheidende Bedeutung zwischenmenschlicher Erfahrungen für die zur Bewältigung des Lebens notwendige Entwicklung des frühkindlichen Lebensraumes belegt. Daß nicht nur die zwischenmenschlichen Erfahrungen in der frühen Mutter-Kind-Beziehung von Bedeutung sind, sondern in späteren Phasen der Kindheit und des Erwachsenenalters ebenso die zwischenmenschlichen Erfahrungen mit Mutter *und* Vater *und* anderen Menschen und Gruppen von Menschen, wird zwar auch von *Freud* und seinen Schülern beachtet (vgl. Ödipuskomplex, s. o.; *Freuds* „Totem und Tabu" und „Massenpsychologie und Ich-Analyse"; psychoanalytische Einzel- und Gruppentherapie: speziell die Beachtung der Phänomene der Übertragung und der Übertragungsneurose); umfassendere Beachtung aber hat zum Beispiel schon früh *Moreno* (1959) im Rahmen von Soziometrie und Psychodrama diesem Sachverhalt geschenkt (vgl. auch *Leutz*, 1974; *Yablonsky*, 1977). Theoretisch und praktisch am weitestgehenden verständlich gemacht und begründet hat ihn wahrscheinlich (zusammen mit einer Anzahl von Schülern) *Lewin*.

Er gilt zwar zumeist als Begründer der Kleingruppendynamik, hat sich aber ebenso mit komplexen Problemen im Kontext von Großbetrieben und verschiedenen Staatsformen befaßt und so von zwei Seiten die Phänomene eingegrenzt, denen heute im Zusammenhang mit dem Einsatz von Großgruppen als Mittel zur Therapie einzelner ebenso wie zur Soziotherapie im Kontext größerer Systeme (Krankenhäuser und Gemeinwesen) besondere Beachtung geschenkt wird (vgl. *Kreeger*, Hg., 1977); dies wird von Großgruppenpraktikern und -theoretikern wie *Foulkes* (1977) und *de Maré* (1977) angemessen betont.

Lewin stellt fest, daß der Mensch (nach der Phase der ausschließlichen Bezogenheit auf die Mutter; vgl. *Adler*, 1908, nach *Metzger*, 1976, S. 9) nach Zugehörigkeit zu einer (je nach Situation jeweils anderen) Gruppe strebt (vgl. 1963, S. 283, auch *Künkel*, 1939 und *Gottschaldt*, 1935, 1959). Das macht verständlich, warum Einstellungs- und Verhaltensänderungen eher und stärker als Folge einer Gruppendiskussion in Erscheinung treten, denn als Folge des Versuchs eines einzelnen, einen anderen von der Richtigkeit einer von dessen bisheriger Auffassung abweichenden Auffassung zu überzeugen (*Lewin*, 1963, S. 262). In dem Maße, in dem sich der Mensch zugehörig fühlt, ist er auch bereit, bisherige Wertvorstellungen, bisheriges Verhalten gemäß den Wert- und Zielvorstellungen *seiner* gegenwärtigen Gruppe zu verändern. *Lewin* erklärt:

> „Der Einfluß der Gruppenzugehörigkeit auf das Verhalten eines Einzelnen kann als das Ergebnis einer Überschneidungssituation angesehen werden: die eine Situation entspricht den Bedürfnissen und Zielen der eigenen Person; die andere den Zielen, Regeln und Werten, die für die Person als Glied der Gruppe bestehen. Die Anpassung des Individuums an die Gruppe hängt von der Vermeidung eines zu großen Konflikts zwischen diesen beiden Kräftekonstellationen ab" (1963, S. 303).

Die von *Lewin* und seinen Schülern empirisch belegte Tendenz des Menschen zur Vermeidung eines zu großen Konflikts zwischen Kräftekonstellationen im Lebensraum veranschaulicht, was in der Perspektive des Feldkonzepts der Gestalttheorie (vgl. I. und II.) die Rede vom Menschen als einem sozialen (nach Gemeinschaft strebenden) Wesen bedeutet (vgl. *Adler*, z.B. 1974, Erstveröffentlichung: 1920, S. 15, 27, 32). In ihr drückt sich aus: Der Mensch möchte sich als Teil eines größeren von Menschen gebildeten Ganzen wahrnehmen; dieses Ganze entsteht oder bleibt bestehen, wenn Konflikte zwischen einzelnen Teilen nicht über das Maß hinausgehen, das ein quasi-stationäres Gleichgewicht im Verhältnis aller Teile zueinander und im Verhältnis der Beziehungen zwischen den Teilen zu einer sie vereinenden Ganzeigenschaft (vgl. I., S. 24 f.) ermöglicht. Damit ist noch einmal ausführlicher, als es zuvor schon geschehen ist, erläutert, warum „die Gruppe" der geeignete Ort ist, um Änderungen alter Einstellungen und Verhaltensweisen zu erzielen.

Man kann nach dem hier Dargelegten davon ausgehen, daß etwa Verdrängungen, wie sie sich in Symptomen der Hemmung, Ängsten und anderen Störungen äußern (vgl. *Freud,* 1937, S. 44), in dem Grade bei einem einzelnen aufgehoben werden, in dem *seine* Gruppe als Ganzes (als Gestalt) sich von solchen Verdrängungen befreit.

Die Zweierbeziehung, die für den Säugling noch Ausschließlichkeitscharakter hat, wird für den heranwachsenden, seine Möglichkeiten entfaltenden Menschen (eben weil dies zu seiner Entfaltung notwendig ist) zunehmend zu einem Spezialfall seiner Beziehungsformen. Die Vielzahl von Mitmenschen, die der Lebensraum eines Menschen im Erwachsenenalter umfaßt, läßt den Rückgriff auf die Zweierbeziehung zu einer zeitweiligen „Retrogression" (wie *Lewin* den Begriff versteht: 1963, S. 126 ff.) werden, deren Sinnhaftigkeit nur die immer wieder erfolgende Rückkehr zu anderen und größeren Gruppen gewährleistet*).

Petzold (1977) zeigt sehr eindrücklich, wie das Leerwerden des psychologischen Feldes hinsichtlich zwischenmenschlicher Beziehungen im Alter – einerseits durch den Tod eines geliebten Menschen, andererseits durch den davon ausgelösten depressiven Rückzug von lebenden Menschen – bis zum Verlust des Lebenswillens führt; und er zeigt, wie mit der erfolgreichen Ermutigung dazu, den Kontakt zu einer Gruppe aktiv zu suchen, neue Lebensfreude möglich wird.

Nun birgt jene von *Lewin* empirisch belegte Anpassungstendenz des Menschen an eine Gruppe, in der er sich geborgen fühlen kann, aber nicht nur die beschriebene therapeutische Möglichkeit, daß eine Anzahl von Menschen *gemeinsam* und *gleichzeitig* Verdrängungen auflöst und Schwierigkeiten überwindet (und sich die Gruppenarbeit eben darin einzeltherapeutischer Arbeit überlegen zeigt); diese Anpassungstendenz birgt auch die Gefahr, daß sich der einzelne *seiner* Gruppe *blind* unterwirft, schlicht, um nicht schließlich alleine dastehen zu müssen, wie es ihm vielleicht in der Vergangenheit oft genug ergangen ist. Daraus erwächst für den Gruppentherapeuten eine Doppelaufgabe: Er muß ebenso wachsam den einzelnen wie die Gruppe als Ganzes bei den ablaufenden Prozessen begleiten und jeweils dann eingreifen, wenn Fluchttendenzen, etwa in die Illusion

---

*) *Gottschaldt* (1934, S. 135–137) macht am Beispiel der „sozialen Beziehungen jugendlicher Psychopathen" auf „eine natürliche Tendenz zum Zerfall durch Sättigung" bei „Wir-Gruppen" aufmerksam (vgl. auch 1935, S. 237–246 und 1959, S. 214 ff.). Er kommt zu dem Schluß, daß der Zerfall der „Wir-Gruppe" nur verhindert werden konnte, wenn durch Erweiterung der Kontaktmöglichkeiten des einzelnen diesem „die Freiheit des Wechsels zwischen Abhebung und Hingabe gegeben wurde". Diese Erfahrung bestätigt und ergänzt das hier Gesagte.

einer gar nicht existierenden Gemeinsamkeit (vgl. am Beispiel der Kritik an kirchlichen Veranstaltungen: *Walter*, 1970), das Übergewicht zu gewinnen drohen gegenüber dem Bemühen um angemessene Abgrenzung (Selbstbehauptung, Selbständigkeit) und um Bewußtheit und Verständnis des wechselseitigen Geschehens: der individuellen und der gruppalen Prozesse.

Vergegenwärtigt man sich die Feststellung von *Laplanche* und *Pontalis* (1972, S. 508), wonach in bezug auf *Freuds* „zweites topisches Modell" gilt, daß das intrasubjektive Feld nach dem Vorbild von intersubjektiven Beziehungen verstanden werden will, und akzeptiert man diese mit *Lewins* Konstrukt „Lebensraum" vereinbare Auffassung, so darf man davon ausgehen, daß die beiden Aufgaben des Gruppentherapeuten – dem Gruppenprozeß wie dem Prozeß beim einzelnen zu folgen – nicht nur *nicht* grundverschieden voneinander sind, sondern ihrem Wesen nach *gleichartig* (isomorph).

Die Gleichartigkeit innermenschlicher und zwischenmenschlicher Prozesse und das beständige Ineinandergreifen beider Prozesse vorausgesetzt, impliziert Therapie des einzelnen stets Therapie von Gruppen (der gegenwärtig anwesenden Gruppe wie anderer Gruppen), in denen der einzelne lebt. Hier wird die gesellschaftliche Relevanz jeglicher therapeutischer Arbeit sehr klar.

3. Was in der therapeutischen Ausbildung gelehrt und erfahren werden muß: 12 Antworten

Die Überzeugung, daß dem Menschen Lebensbedingungen angemessen sind, die ihm die Entfaltung in ihm angelegter Möglichkeiten erlauben, ist die grundlegende Voraussetzung für therapeutisches Handeln im hier gemeinten Sinne und nimmt dementsprechend, analog der „(Konstrukt-)Tendenz zur guten Gestalt" in der oben (S. 77ff.) entwickelten Konstrukthierarchie der Persönlichkeit, den höchsten Platz in einer Theorie therapeutischen Handelns ein. So allgemein diese erste Antwort auf das *Was* therapeutischer Ausbildung formuliert ist, so allgemein ist auch die erste Antwort auf das *Wie* therapeutischer Ausbildung ausgefallen: Therapeutische Ausbildung findet in einem Rahmen statt, der entscheidende Merkmale mit dem Rahmen gemeinsam hat, in dem sich menschliche Entwicklung überhaupt vollzieht – d.h. in Gruppen*).

*) Mit Gruppe ist hier – dies sei zur Vergewisserung betont – niemals eine bloße Menge von Menschen gemeint, sondern stets Menschen, die sich in der einen oder anderen Weise als zusammengehörig erleben; vgl. den Begriff „Wir-Gruppe" (*Gottschaldt*, 1935, 1959).

Als nächstes ist zu fragen (das folgende ist in Analogie zum Konstrukt „Lebensraum" zu sehen): Was folgt aus dieser Überzeugung für den therapeutischen Umgang mit Menschen? (Zur Beantwortung dieser Frage vgl. auch *Metzger*, 1976, S. 6/7.) Und wie erlernt man die Umsetzung dieser Überzeugung in konkretes therapeutisches Handeln?

Auf die Frage nach dem Wie vorweg eine noch relativ allgemeine Antwort: Vorausgesetzt, es gelingt, auf die Frage nach dem Was mit klaren Definitionen von Verhaltensweisen zu antworten, dann läßt sich therapeutisches Handeln im Prinzip wie Tanzen erlernen: durch schrittweises Einüben. (Aber: Um tanzen zu lernen, muß man – zumindest latent – tanzen lernen wollen.) Beim Versuch, Merkmale therapeutischen Umgangs mit Menschen zu definieren, soll dieser Aspekt im Auge behalten werden.

Metzger (1962, S. 18 ff.) beschreibt sechs Kennzeichen der „Arbeit am Lebendigen", „die durch Ausdrücke wie ‚hegen', ‚pflegen', ‚hüten', auch durch Bezeichnungen wie ‚Wartung', ‚Betreuung' und ‚Fürsorge' gekennzeichnet wird" (S. 21/22). Sie gelten auch uneingeschränkt für das, was hier mit Therapie bezeichnet wird:

3.1. Nicht-Beliebigkeit der Form

Das bedeutet: Man kann Lebendigem „auf die Dauer *nichts gegen seine Natur aufzwingen*"; man „kann nur *zur Entfaltung bringen*, was schon *in dem ‚Material' selbst als Möglichkeit angelegt ist*" (S. 22).

In der Erziehung geht es, auch wenn man Begabungs- und Interessenunterschiede von Natur aus in Rechnung stellt, vielleicht häufiger um das Vermeiden von „*Wegen* gegen die Natur eines Menschen", die so geradezu, ungewollt vom Erzieher, zu Barrieren werden, die das Erreichen des von ihm gewünschten und möglichen Ziels (einer bestimmten Form) verhindern, als um falsche Ziele. Wesentlich ist es unter diesem Aspekt zunächst, daß man die Wege „zur Entfaltung" bringt, die im betreuten Wesen angelegt sind. Dieser Aspekt behält auch seine Bedeutung für therapeutischen Umgang mit Erwachsenen; mit zunehmendem Alter gewinnt dabei jedoch die Frage nach den angelegten Möglichkeiten, bestimmte „Formen" zu verwirklichen, stärkere Bedeutung; denn die Anzahl von Möglichkeiten verringert sich mit dem Älterwerden beträchtlich: aufgrund der spezifischen Entwicklung in spezifischer Umgebung mit spezifischen Regeln (z. B. Berechtigungserwerb durch Zeugnisse).

3.2. Gestaltung aus inneren Kräften

Das bedeutet: „Die *Kräfte und Antriebe,* die die angestrebte Form verwirklichen, haben wesentlich *in dem betreuten Wesen selbst ihren Ursprung.* Der Betreuer sieht sich darauf beschränkt, durch die Setzung und Abwandlung gewisser Randbedingungen dessen innere Kräfte nach seinem Wunsch zu steuern, zu stärken oder zu schwächen, ihre Wirksamkeit im Ganzen oder an bestimmten Stellen zu erleichtern oder zu hemmen" (S. 23). „Von Dauer sind im Bereich des Lebendigen nur solche Formen, die *durch die Entfaltung innerer Kräfte sich bilden und ständig von ihnen getragen und wieder hergestellt werden"* (S. 26).

Der Begriff „Randbedingungen" ist nicht identisch mit *Lewins* Begriff der „Grenzbedingungen des Lebensraumes"; mit „Grenzbedingungen" meint *Lewin* allgemein transphänomenale Grundlagen der phänomenalen Welt; *Metzger* meint mit „Randbedingungen" Eingriffe in die physikalische und soziale Welt einer Person von seiten einer anderen Person. Z. B.: bestimmte Regeln, die etwa in einer Heilstätte für Alkoholiker mit der bewußten Absicht aufgestellt werden, daß sich der Klient damit, natürlich auf seine Weise, aber doch auf jeden Fall auseinandersetzt. Seine „eigentümliche Antwort" darauf entscheidet, ob sich diese Regeln als sinnvoll für ihn erweisen oder nicht; wobei weitere therapeutische Angebote wie Gruppentherapie und Einzelgespräche – die ebenfalls solche Rand-Grenzbedingungen darstellen – hier förderlich oder hinderlich sein können dafür, daß sich schließlich neue „Formen" – neue Lebensformen ohne Alkoholgenuß – bilden, die ständig von inneren Kräften getragen und wieder hergestellt werden. Hier kann entscheidend sein, ob es dem Therapeuten gelingt, durch ein langes Alkoholikerleben (man nennt die Folgen „Depravation") regelrecht verschüttete „Kraftfelder" – begrabene Wünsche, Erwartungen, Vorstellungen, Leistungsziele –, wenn nicht schon *vor* dem Klienten zunächst (wieder-) zu entdecken (das wäre entbehrlich), so doch freizulegen unter Einsatz seines therapeutischen oder einfach seines Vermögens als Partner, dem der andere etwas bedeutet.

Wenn von Dauer nur solche Formen sind, die durch innere Kräfte getragen werden, dann ist entscheidend, daß nicht Zwang therapeutisches Geschehen bestimmt (auch nicht indirekter, wie er bei der Behandlung von Alkoholikern in *offenen* Heilstätten etwa so aussieht: „Wenn Sie sich nicht anständig führen, dann schicken wir Sie in die Psychiatrie – oder einfach heim, und dann läßt sich Ihre Frau scheiden und Ihr Arbeitgeber kündigt Ihnen.").

Vielmehr kommt es auf den „Zug des Ziels" an, den äußerer Zwang geradezu zerstören kann (nicht muß; vgl. *Metzger,* 1976, S. 3).

Mit „Zug des Ziels" bezeichnet *Metzger* (S. 63 ff., S. 74, S. 86 ff.), was *Lewin* „positiven Aufforderungscharakter" eines Objektes nennt: ein von einem Ort der Umwelt im Lebensraum aus auf die Person im Lebensraum einwirkendes Kraftfeld, oder, wie *Metzger* sagt: einen Gestaltzusammenhang zwischen dem Menschen und seinem Ziel (S. 86)*).

Ist dieser Gestaltzusammenhang genügend stark, dann hat das Ziel eine genügend starke Anziehungskraft: Wenn jemand bei diesem „nur durch Feldkräfte gesteuerten Vorgehen" (*Metzger*, S. 74) dann, „was ja durch keinerlei äußere Maßnahmen verhindert wird, tatsächlich einmal abweicht, so ist das grundsätzlich nicht verhängnisvoll. Der Zug des Ziels ist in jedem Punkt des Bewegungsraumes wirksam. Soweit dieser nicht durch das bisherige Vorgehen selbst verbaut ist, kann daher jeder Punkt des Bewegungsraumes zum Ausgangsort eines weiteren Fortschreitens zum Ziel hin werden" (S. 74).

3.3. Nicht-Beliebigkeit der Arbeitszeiten

Das bedeutet: „Das lebende Wesen *kann nicht beliebig* auf seine Pflege *warten* . . . Es hat vor allem auch *seine eigenen fruchtbaren Zeiten und Augenblicke*, in denen es bestimmten Arten der Beeinflussung, der Lenkung oder der Festlegung zugänglich ist; . . . Wer mit lebenden Wesen umgeht, muß also in viel höherem Maß als der Macher geduldig warten können, andererseits aber, wenn der rechte Augenblick heranrückt, ohne Zögern bei der Hand sein." Zu beachten ist auch, daß „der Formungsvorgang in dem Augenblick, wo ich mich von dem betreuten Wesen abwende, nicht stehen (bleibt) wie bei einem Werkstück, wenn ich die Drehbank anhalte; er geht weiter, und wenn ich später wiederkomme, stehe ich möglicherweise vor

---

*) „Kraftfeld" oder „Gestaltzusammenhang" bezeichnen nun gar nichts irgendwie Magisches; um solchem Mißverständnis vorzubeugen, soll hier ein ganz einfaches Beispiel das Wesentliche veranschaulichen: Wenn jemand Hunger hat, dann riecht er einen Braten viel eher als jemand, der keinen Hunger hat – und dies, weil der „Gestaltzusammenhang" zwischen hungriger Person und Braten natürlicherweise sehr eng ist (der Duft steckte ihr gewissermaßen schon in der Nase, bevor sie ihn roch). Das Gleiche drückt die Feststellung aus, daß das Kraftfeld, das von dem Braten ausgeht, auf den Hungrigen eine sehr starke Anziehung ausübt. *Das ist der „Zug des Ziels";* er setzt voraus, daß in der Person das Bedürfnis vorhanden ist, das einem Ort oder einem Gegenstand in der Umwelt seine Attraktivität verleiht. Experimentelle Belege dieses Sachverhaltes liefern Untersuchungen zur sogenannten „sozialen Wahrnehmung" (social perception) und zur „perzeptiven Akzentuierung" (perceptual accentuation); vgl. *Heider*, 1973; *Atkinson* und *Walker*, 1973; *Cranach*, *Irle* und *Vetter*, 1973; *Murray*, 1933.

völlig neuen Verhältnissen. Man kann infolgedessen hier *weder nach Dauer noch nach Lage bestimmte Arbeitszeiten willkürlich festsetzen*, auch nicht die Arbeit in beliebig kleine Abschnitte aufteilen" (S. 27).

Der Alkoholiker, der an einem Punkt seines sozialen und körperlichen Abstiegs angelangt ist, wo er aus eigener Kraft seine weitere Zerstörung nicht mehr aufhalten kann, bedarf nicht weniger der Hilfe innerhalb eines relativ kurzen Zeitraums als der Säugling, der Hunger hat.

Eine gleichermaßen erschreckende wie wichtige Erfahrung des Alkoholikertherapeuten ist die Tatsache, daß viele längst im Abstieg begriffene Alkoholiker für therapeutische Angebote unzugänglich sind, so lange sie ihren Punkt völliger Hilflosigkeit nicht erreicht haben. Manchmal also muß es der Mitarbeiter einer Beratungsstelle geradezu darauf anlegen, auf diesen Augenblick zu warten, um dann unverzüglich einzugreifen.

Die Wahl des jeweils richtigen Zeitpunkts für eine Intervention in der therapeutischen Arbeit mit einzelnen oder Gruppen („timing") erfordert eine Geschicklichkeit des Therapeuten, die sich nur teilweise in konkrete Regeln fassen läßt. Solche Regeln lassen sich – mit unterschiedlichem Abstraktionsgrad – aus jedem hier angeführten Kennzeichen ableiten. Unmittelbar aus dem Kennzeichen der „Nicht-Beliebigkeit der Arbeitszeiten" läßt sich z. B. die recht allgemeine Regel ableiten, daß Interventionen des Therapeuten zur jeweiligen augenblicklichen Befindlichkeit des Klienten passen müssen. Über solche Regeln hinaus kommt es auf die mit ihrer Hilfe „geschulte Intuition" (*Ruth Cohn,* 1975, S. 134 ff.) an. Intuition bezeichnet hier jedoch kein „Zaubermittel", vielmehr ist damit die Fähigkeit gemeint, in einer jeweils spezifisch sich entwickelnden Beziehung deren innerer Logik sich ein- und unterzuordnen. „Wir können Intuition einmal versuchsweise als *einzigartige . . . Fähigkeit zur spontanen Erkenntnis* definieren, die basiert auf: –Klarheit der Wahrnehmungen, – ausreichender Speicherung entsprechender Fakten, – geschultem Denken, – unblockierten, wachen Gefühlen" (*R. Cohn,* S. 136)..

Ruth Cohn bestätigt mit der Schilderung ihrer Erfahrungen in einer länger als ein Jahr fortlaufenden Seminarveranstaltung über Gegenübertragung die Annahme, daß die Fähigkeit zur Intuition im hier gemeinten Sinne in langfristig fortgesetzten Ausbildungsgruppen trainiert werden kann.

3.4. Nicht-Beliebigkeit der Arbeitsgeschwindigkeit

Das bedeutet: Prozesse des Wachsens, Reifens, Überstehens einer Krankheit haben offenbar ihnen jeweils eigentümliche Ablaufgeschwindigkeiten, die sich nicht beliebig beschleunigen lassen. In bezug auf im Treibhaus gewachsene Früchte, deren Wachstum und Reifung mittels physikalischer und chemischer Verfahren beschleunigt wurden, bemerkt *Metzger:* „Freilich ... sind die so getriebenen Früchte und sonstigen organischen Erzeugnisse nicht etwa dieselben, wie die natürlich ausgereiften, auch wenn man uns das noch so eifrig versichert“ (S. 29). Hier ist ihm auch von beispielhafter Bedeutung die Auffassung, „daß die oft verblüffend raschen Heilungen durch sogenannte Stoßverfahren (Penicillin- und Sulfonamidstoß, Elektroschock u. dergl.) mindestens zum Teil fragwürdig, zum Teil auf längere Sicht sogar trügerisch zu sein scheinen“ (S. 29). Beispiel für therapeutische Arbeit: Deutungen können „richtig“ sein, werden aber trotzdem zu einem bestimmten Zeitpunkt noch nicht oder nur scheinbar „angenommen“.

3.5. Die Duldung von Umwegen

Das bedeutet: „Wer mit der Pflege, Aufzucht und Erziehung von lebenden Wesen zu tun hat, muß überall dort Umwege in Kauf nehmen, wo diese bei der Entwicklung jenes Wesens im Schöpfungsplan vorgesehen sind“ (S. 30).

Ein Beispiel, wie man es nicht machen sollte, sieht *Metzger* in dem Bemühen, Kinder schon im ersten Schuljahr oder gar im Kindergarten in das abstrakte Gestalten einzuführen, um ihnen so den „Umweg“ über das Gegenständliche zu ersparen. „Dabei ist nur *ein* Fehler in der Rechnung: Der Umweg über das Gegenständliche ist unvermeidlich, für den einzelnen Menschen nicht anders als für die ganze Menschheit“ (S. 32).

„Umwege“ müssen aber nicht unbedingt im „Schöpfungsplan“ ihren Ursprung haben; sie können in der Therapie notwendig werden aufgrund spezifischer Erfahrungen im Sozialisationsprozeß, ganz abgesehen davon, daß „Umweg“ („Widerstand“) vielleicht nur eine Definition des Therapeuten ist, die er von seinen subjektiven Erfahrungen ableitet. Für den Klienten etwa, der nur Druck und Zwang und Angst vor Strafe in seiner Erziehung erfahren hat, ist es kein Umweg, wenn er das Angebot der „Freiheit“ hartnäckig zurückweist und damit ausgesprochen oder unausgesprochen vom Therapeuten fordert, ihn in seiner „Unfreiheit“ abzuholen, der er aus eigener Kraft, d.h. ohne einen Menschen, mit dem er – zum ersten Mal – gemeinsam diese ersten Schritte geht, nicht entrinnen kann.

3.6. Die Wechselseitigkeit des Geschehens

Das bedeutet: „Das Geschehen beim Pflegen ... ist wechselseitig. Es ist im ausgeprägten Fall ein Umgang mit ‚Partnern des Lebens‘. Im

Gegensatz zum toten Stoff stöhnt und bockt das lebende Wesen, wenn ihm ins Fleisch geschnitten wird, es zuckt zurück, wenn es geschunden wird, es geht auf Liebkosungen ein und es blickt uns wohl auch mit Augen an. Man kann daher – im strengen Sinn des Wortes – nur ein lebendes Wesen lieben – und von ihm wiedergeliebt werden, oder hassen – und von ihm wiedergehaßt werden" (S. 33).

Lippitt (1974) geht mit *McGregor* davon aus, daß der Therapeut nur in dem Maße Einfluß auf den Klienten auszuüben vermag, in welchem der Klient auch Einfluß auf ihn ausüben kann (zur Erläuterung vgl. *Walter,* 1975). Aber nicht erst die auf solche Weise pointierte Fassung dieses Kennzeichens läßt die Bedeutung hervortreten, die einer klaren wechselseitig akzeptierten Vereinbarung zwischen Klient und Therapeut über Wege und Ziele der gemeinsamen Arbeit zukommt.

Metzgers Aufzählung, die mit diesem 6. Kennzeichen endet, folgt nicht aus einer streng logischen Analyse mit dem Ergebnis eines vollständigen Erfassens aller sich zwingend aus seinem der psychologischen Gestalttheorie verpflichteten Denken ableitenden Kennzeichen der Arbeit am Lebendigen. Sie hat ihren Sinn vielmehr darin, daß wichtige, teils zusammenhängende oder sich überschneidende Gesichtspunkte durch die gesonderte Behandlung hervorgehoben werden. Daher ist die Aufzählung auch offen für die folgenden Ergänzungen, die ebenfalls der Hervorhebung einzelner Aspekte dienen, seien sie nun bei *Metzgers* „Kennzeichen" schon implizit mitbehandelt oder nicht. *Metzger* allerdings meint mit Lebendigem grundsätzlich auch pflanzliches Leben; das gilt nicht unbedingt auch für die folgenden Kennzeichen:

3.7. Der „Beziehungscharakter" der verursachenden Fakten

Das bedeutet: „Ein Geschehen kann nur durch ein ‚Zueinander' verschiedener Gebilde verursacht werden." „Führt man nun ein Geschehen auf ‚Kräfte' zurück, so wird man eine Kraft immer nur als Zeichen des ‚Zueinander' mehrerer Fakten anzusehen haben" (*Lewin,* 1969, S. 54).

Lewin erläutert: „Es entsprach der aristotelischen Denkweise in der Psychologie (*Lewin,* 1931), das Geschehen auf die Natur eines einzigen Gebildes zurückzuführen, etwa auf den ‚Charakter der Person' als solcher, einen ihr innewohnenden ‚Trieb', auf einen Affekt usw. Auch die Frage, ob die Anlage oder die Umwelt entscheidend ist, beruht zum Teil auf dieser Denkweise" (S. 53/54). Der Übergang zur galileischen Denkweise bedeutet die Abwendung von solchen vermögenspsychologischen Postulaten gleichsam aus sich selbst heraus einsinnig wirkender Entitäten im Menschen.

Lewin meint mit dem „Beziehungscharakter" der verursachenden Fakten teilweise dasselbe wie *Metzger* mit der „Wechselseitigkeit des

Geschehens". *Metzger* bezieht sich explizit nur auf die Wechselseitigkeit zwischen Pflegling und Pfleger. *Lewin* geht darüber hinaus*), indem er auch die inneren Kräfte und Antriebe, von denen *Metzger* (vgl. Kennzeichen 2: Gestaltung aus inneren Kräften) spricht, als Ausdruck eines „Zueinander"-in-Beziehung-Stehens von Gegebenheiten, die an sich keine Kraft, keinen Antrieb in eine bestimmte Richtung darstellen, ansieht. Dies sei am Beispiel von Hunger und Appetitlosigkeit erläutert:

Hunger, verstanden als rein physiologisches Faktum des Mangels an Nahrung bedeutet nicht unbedingt, daß jemand auch Hunger empfindet. Nicht einmal dann empfindet er im eigentlichen Sinne Hunger, wenn er bestimmte körperliche Anzeichen als „Hunger" deutet. Auf psychischer Ebene bedeutet Hunger nämlich „Appetit auf etwas haben". Nun kann aber, aus welchen Gründen auch immer, die Fähigkeit verloren gegangen sein, zwischen der Wahrnehmung körperlichen Mangels und der Wahrnehmung oder dem Wissen von der Existenz der Nahrungsmittel diese Beziehung herzustellen, die Hunger und Appetit bedeutet und zum Essen führt. Das kann so weit führen, daß jemand zusammenbricht, ohne daß er sich bewußt ist, einen ganzen Tag lang nichts gegessen zu haben. Er kann sich dessen andererseits aber auch bewußt sein und es trotzdem nicht über sich bringen, Nahrung zu sich zu nehmen, weil unter den für ihn gegebenen Umständen jeder Gedanke an ein Nahrungsmittel nur höchsten Abscheu bis zur Übelkeit hervorruft (vgl. hierzu auch *Katz,* 1969, S. 86 ff.).

3.8. Konkretheit der wirkenden Fakten

Das bedeutet: „Nur Konkretes kann wirken. (...), d.h. etwas, was die Stellung einer individuellen, in einem bestimmten Zeitmoment bestehenden Einzeltatsache hat. Wirken kann nur etwas, was selbst ein Teil des Lebensraumes ist, und dem daher ein bestimmter Ort in der psychologischen Situationsdarstellung zukommt" (*Lewin,* 1969, S. 53).

Ein einfaches Beispiel: Ein Alkoholiker kam in die Heilstätte, wie häufig üblich, auf Drängen seiner Frau und seines Arbeitgebers. Wie er später berichtete, fühlte er sich von seinen Angehörigen übers Ohr gehauen und zu Unrecht als Alkoholiker bezeichnet. Der Gedanke daran, daß er in Zukunft ganz auf Alkohol verzichten müsse, sei ihm gar nicht gekommen. In den ersten Tagen seines Aufenthaltes in der offenen Heilstätte wurde der delirant und mußte in eine psychiatri-

*) *Metzger* (persönliche Mitteilung) sieht in seinem 6. Kennzeichen „Wechselseitigkeit" einen Spezialfall von *Lewins* „Beziehungscharakter".

sche Klinik überwiesen werden. Dort erlebte er nicht nur eigene Todesängste, sondern bekam auch mit, wie Patienten um ihn herum, die wie er wegen eines Deliriums eingewiesen waren, starben. Die reale Nähe des Todes als Folge seines Alkoholgenusses wurde ihm zum ersten Mal bewußt; die Konkretheit dieser Erfahrung wurde, seinem Bericht zufolge, zur Grundlage seines intensiven Bemühens, die therapeutischen Angebote (Einzelgespräche, Gruppentherapie, autogenes Training, Information über Alkoholismus) zu nutzen. Der „Tod als Folge seines Alkoholmißbrauchs" war zu einem Teil seines Lebensraumes geworden; dies erst befähigte ihn, eine sinnvolle Beziehung zwischen seiner Person und der Heilstätte zu erkennen (d. h. auch dem Ziel, auf Alkohol verzichten zu können).

3.9. Gegenwärtigkeit der wirkenden Fakten

Das bedeutet: Weder vergangene noch zukünftige psychologische Fakten beeinflussen das gegenwärtige Geschehen, sondern lediglich die *gegenwärtige* Gesamtsituation. „Diese These folgt unmittelbar aus dem Grundsatz, daß nur konkret Existierendes wirken kann" (1969, S. 55). Die Kennzeichen „Konkretheit" und „Gegenwärtigkeit" sind in dem – heute (*Bühler/Allen*, 1974, S. 82) in nahezu allen Formen „humanistischer Psychotherapie" angewandten – „Hier- und-jetzt-Prinzip" zusammengefaßt, das ursprünglich ein spezifisches Hauptmerkmal der von *Lewin* konzipierten gruppendynamischen T-(Trainings-)Gruppe war.

Konkret existierende Fakten sind, um einem häufigen Mißverständnis vorzubeugen, allerdings nicht nur in der Gegenwart ablaufende Handlungen und vorhandene Gegenstände und Personen. Es sind dies ebenso Erinnerungen an Vergangenes und Vorstellungen und Erwartungen von nicht gegenwärtig Verfügbarem. Klar zu unterscheiden ist jedoch stets zwischen dem vorgestellten nicht anwesenden Sachverhalt und der *Vorstellung* von diesem Sachverhalt.

Lewin stellt z. B. die Frage, wie man eine recht unbestimmte gegenwärtige Erwartung, ein recht unbestimmtes Ziel, begrifflich so fassen kann, daß es in die Darstellung des psychischen Lebensraumes überhaupt als Bereich aufgenommen werden kann. „Wie kann man z. B. von der Richtung auf ein unbestimmtes Ziel sprechen" (*Lewin*, 1969, S. 59)?

Die Antwort auf diese Frage liegt eben gerade darin, daß nicht das Ziel als solches in diese Darstellung gehört, sondern das Ziel in seiner gegenwärtigen psychischen Bedeutung für den Menschen, der es erstrebt. Die Unbestimmtheit oder Bestimmtheit und eventuell damit verbundene Furcht und Unsicherheit oder Freude und Gewißheit sind demnach Eigenschaften dieses Ziels, wie es gegenwärtig und konkret gegeben ist (*Lewin*, 1969, S. 59/60; vgl. auch *Köhler*, 1968). Dieser Einsicht wird in der Gestalt-Therapie methodisch Rechnung getragen, indem der Klient dazu aufgefordert wird, „das Ziel zu sein" und als „Ziel" zu sprechen.

Mit den Kennzeichen – *Lewin* spricht von Prinzipien – der Bezogenheit, der Konkretheit und der Gegenwärtigkeit charakterisiert *Lewin* das Geschehen im psychologischen Feld, dem Lebensraum (vgl. die Formel: $V = f(P, U) = f(L)$). Nur aus konkret gegenwärtigen und aufeinander bezogenen Fakten des Lebensraumes resultiert menschliches Verhalten, damit auch jegliche Veränderung des Denkens, Fühlens und Handelns.

Der so charakterisierte „Lebensraum" ist der wissenschaftlich-psychologische Hintergrund der auf sinnvolle Veränderung von Menschen abzielenden gruppendynamischen T-(Trainings-)Gruppe. Trotzdem wurden die noch heute als deren Kennzeichen geltenden methodischen Prinzipien – das „Hier-und-jetzt-Prinzip" (als Zusammenfassung der Prinzipien der Gegenwärtigkeit und der Konkretheit) und das „Feedback" (als vom Prinzip der Bezogenheit abgeleitete auf Verstärkung der Beziehungsprozesse gerichtete Technik) erst während der ersten Trainingsveranstaltungen dieser Art im Jahre 1946 (wo *Lewin* noch dabei war – er starb Anfang 1947) gewissermaßen „entdeckt" (vgl. *Benne* in *Bradford/Gibb/Benne*, 1972, S. 95 ff.).

Lewin wird der Satz zugeschrieben, daß der beste Weg, etwas zu verstehen (= richtig darstellen oder ableiten können), in dem Versuch besteht, es zu ändern (*Smith*, 1976, S. 144). Wenn er das so gesagt hat (eine ähnliche Feststellung findet sich bei *Lewin*, 1963, S. 219), dann bestätigt er damit nicht nur seine Auffassung, daß richtige psychologische Zusammenhangsdarstellungen (die den drei genannten Prinzipien gerecht werden) für die Einleitung von Änderungsprozessen taugen; sondern dann hält er darüber hinaus diese Ziel-Mittel-Beziehung für umkehrbar (worin der Ausdruck konsequenter Beachtung der Prinzipien Bezogenheit, Konkretheit und Gegenwärtigkeit der verursachenden Fakten gesehen werden kann*).

3.10. Authentizität und Transparenz des Therapeuten

Das bedeutet: „Ich habe herausgefunden, daß eine Beziehung um so hilfreicher sein wird, je ehrlicher ich mich verhalten kann ... Es

---

*) Aus dieser Auffassung entwickelte sich folgerichtig die „Aktionsforschung". *Bennis* (1975 in *Bennis/Benne/Chin*, 1975, S. 89) stellt fest: „*Aktionsforschung* – ein von *Lewin* geprägter Begriff – unternimmt es, für einen Klienten ein Problem zu lösen. Sie ist mit angewandter Forschung im allgemeinen identisch – abgesehen davon, daß sich die Rollen von Forscher und Forschungssubjekt in der Aktionsforschung ändern und sogar ganz umkehren können; die Subjekte werden dann zu Forschern und die Forscher beteiligen sich an den praktischen Schritten." Es wird im folgenden noch deutlich werden, daß die Rollen „Therapeut" und „Klient" in gleicher Weise relativ und also umkehrbar sind.

führt zu nichts, die äußerliche Fassade einer Einstellung zu zeigen, die ich auf einer tieferen oder unbewußten Ebene gar nicht habe. Ehrlichkeit meint ... die Bereitschaft, sich in Worten und Verhalten zu den verschiedenen in mir vorhandenen Gefühlen und Einstellungen zu bekennen und sie auszudrücken. Nur auf diese Art und Weise kann die Beziehung *Realität* besitzen ... Nur indem ich die authentische Realität, die in mir ist, biete, kann der andere mit Erfolg nach der Realität in sich suchen. Ich habe entdeckt, daß dies sogar dann zutrifft, wenn meine Empfindungen keineswegs solche sind, die mir gefallen, oder solche, die einer guten Beziehung förderlich erscheinen. Dieses Stehen zur *Realität* scheint ungeheuer wichtig" (*Rogers*, 1973, S. 74).

Das Kennzeichen läßt sich zugleich als Erläuterung und als Ergänzung zu den Kennzeichen „Wechselseitigkeit" (6.), „Bezogenheit" (7.) und „Konkretheit" (8.) auffassen.

3.11. Akzeptierung und Wertschätzung des Klienten

Das bedeutet: „Je mehr ich den einzelnen zu akzeptieren vermag, je mehr Zuneigung ich für ihn empfinde, desto leichter kann ich eine für ihn nützliche Beziehung schaffen. Akzeptieren heißt hier ein warmherziges Anerkennen dieses Individuums als Person von bedingungslosem Selbstwert – wertvoll, was auch immer seine Lage, sein Verhalten oder seine Gefühle sind ... Das Akzeptieren jedes schillernden Aspekts dieses anderen Menschen läßt die Beziehung für ihn zu einer Beziehung der Wärme und Sicherheit werden; die Sicherheit, als Mensch gemocht und geschätzt zu werden, ist anscheinend ein höchst wichtiges Element einer hilfreichen Beziehung" (*Rogers*, 1973, S. 47).

Dieses Kennzeichen läßt sich einerseits als Fortführung dessen verstehen, was *Metzger* unter „Nicht-Beliebigkeit der Form" (1.) und „Gestaltung aus inneren Kräften" (2.) beschreibt, und andererseits auch wieder als Erläuterung der Kennzeichen „Wechselseitigkeit" (6.) und „Bezogenheit" (7.). Es impliziert aber auch *Metzger*s Kennzeichen „Nicht-Beliebigkeit der Arbeitsgeschwindigkeit" (4.) und „Duldung von Umwegen" (5.).

3.12. Einfühlung (Empathie)*)

Das bedeutet: „die Fähigkeit, den anderen und seine Welt mit seinen Augen zu sehen" (S. 51); „ein einfühlendes Eingehen auf alle Gefühle

*) Vgl. *Teutsch* (1977).

und Mitteilungen des Klienten in ihrer jeweiligen Augenblicksbedeutung. Akzeptieren bedeutet wenig, so lange es nicht Verstehen enthält. Erst wenn ich die Gefühle und Gedanken verstehe, die Ihnen so furchtbar oder so schwach oder so sentimental oder so bizarr erscheinen . . ., fühlen Sie sich wirklich frei, all die verborgenen Winkel . . . Ihrer inneren Erfahrung zu erforschen. Diese *Freiheit* ist eine wichtige Bedingung der Beziehung. Sie schließt die Freiheit ein, sich auf bewußten wie unbewußten Ebenen zu erforschen . . . Dies meint auch noch eine völlige Freiheit von irgendeiner moralischen oder diagnostischen Bewertung, da solche Bewertungen, wie ich glaube, immer bedrohlich sind" (*Rogers*, S. 48).

Optimale Einfühlung schließt (vgl. *Wexler*, 1974) Authentizität und Akzeptierung ein. *Rogers* Erläuterungen weisen eindeutige Parallelen zu *Metzger*s Verständnis von therapeutischem Handeln in schöpferischer Freiheit auf. Man ist an die Parabel von *Peh Ya*, dem König der Harfner, erinnert. Das Kennzeichen erscheint in der hier zitierten Erläuterung so umfassend, daß es ebenso alle Kennzeichen *Metzger*s wie die *Lewin*s einschließt.

Tausch (1970) revidierte zusammen mit *Zehelein, Fittkau* und *Minsel* 1967 eine schon 1961 von *Truax* entwickelte Beurteilungsskala zur quantitativen Erfassung dieser letztgenannten Verhaltensvariablen. Sie wurde auf diese Weise als „Verbalisierung emotionaler Erlebnisinhalte" operationalisiert (von *Tausch* noch mit V abgekürzt, mir aber in meiner Ausbildung 1971/72 als VEE nahegebracht). Diese Operationalisierung mittels einer Schätzskala erlaubt die Ermittlung von Korrelationen mit der Skala „Selbstexploration des Klienten", die ihrerseits ein Kennzeichen therapeutischen Fortschritts, eine sogenannte „Prozeßvariable"*), operationalisieren soll. „Selbstexploration des Klienten" bezeichnet die Fähigkeit, Gefühle und insbesondere die bedeutsamen adäquat zu artikulieren und neue Aspekte und Zusammenhänge selbständig zu entdekken. Auch diese Schätzskala wurde ursprünglich von *Truax* 1961 entwickelt, und von *Tausch, Zehelein* und *Minsel* 1967 revidiert (*Tausch*, 1970). Die Untersuchungen der genannten deutschen Autoren, die sich auf den Zusammenhang zwischen Verbalisierung emotionaler Erlebnisinhalte (VEE) durch den Therapeuten und Selbstexploration des Klienten beziehen, ergaben bemerkenswert hohe Korrelationen. Deren Bedeutung als Nachweis für die Effektivität der Verwirklichung von VEE ergibt sich allerdings erst aus dem Zusammenhang, der zwischen Selbstexploration und konstruktiven Persönlichkeitsänderungen angenommen wird. Ähnlich positive Ergebnisse wie die deutschen Autoren für den Zusammenhang zwischen VEE und Selbstexploration ermittelten *Rogers, Truax, Carkhuff* u. a. in den USA für die Zusammenhänge zwischen allen drei von *Rogers* benannten Variablen mit Selbstexploration des Klienten (*Tausch*, 1970).

---

*) Die Gesprächspsychotherapeuten pflegen unter „Prozeßvariablen" lediglich „Prozesse im Verhalten des Klienten" zu verstehen. Ich schließe mich dieser einseitigen Verwendung dieses Begriffes nicht an (vgl. II.).

Die Gesprächspsychotherapeuten sind zweifellos am weitestens fortgeschritten in bezug auf eine kurrikular ausgefeilte Ausbildung im Sinne systematischer Einübung des als relevant erachteten Verhaltens. Um so nachdenklicher muß es stimmen, wenn ausgerechnet der deutsche Initiator der klientenzentrierten Psychotherapie, nämlich *Reinhard Tausch*, sich neuestens (GwG-Info, Juli 1976) skeptisch nicht nur über die Relevanz solcher experimenteller Tätigkeit wie der oben beschriebenen, sondern insbesondere auch über das Ausbildungsverfahren äußert. Er befürchtet offensichtlich, daß technologische Einstellungen überhand nehmen und damit das Wesentliche der klientenzentrierten Therapie verlorengeht, daß sie nämlich kein einfach technisch einsetzbares Verfahren ist, sondern – und nicht zuletzt darin mit gestalttheoretisch begründeter Psychotherapie übereinstimmt – eine menschliche Haltung erfordert, die keine Technik ersetzen kann: das bedingungslose Vertrauen in die schöpferischen Fähigkeiten jedes Menschen, sein Leben sinnvoll zu gestalten. Es sei noch darauf hingewiesen, daß die Bezeichnung VEE mißverständlich ist, denn es handelt sich um „Gefühle, gefühlsmäßige Bewertungen, Wünsche, Interessen und das Erleben der eigenen Person" (*Bommert* u. a., Seminarskript, 1971). Es geht also eindeutig im weiteren Sinne um eine Konkretisierung und Aktivierung der gegenwärtigen Kräfte im Lebensraum eines Klienten.

Die aufgezählten zwölf Kennzeichen ergänzen sich wechselseitig; in der Aufzählung erläutern und präzisieren spätere zuvor genannte Kennzeichen. Daraus ergibt sich, daß es am ehesten vor dem Hintergrund der Kenntnis aller genannten Kennzeichen möglich ist, sie in Verhaltensweisen zu übersetzen, die jeweils entweder einem oder mehreren Kennzeichen zugleich Rechnung tragen. Im übrigen sind die letzten drei genannten Kennzeichen von *Rogers, Tausch* und ihren Schülern schon ausdrücklich als Handlungsanweisungen (und am ausdrücklichsten das letztgenannte, vgl. oben) verstanden und beschrieben worden. Dies ist jedoch bis heute problematisch geblieben (vgl. *Wexler,* 1974) und muß es wohl auch bleiben (vgl. z.B. die folgenden Überlegungen).

Im folgenden wird auf eine systematische Unterscheidung zwischen Ausbildungsmethode und Therapiemethode verzichtet. Die aufgeführten Kennzeichen der Arbeit am Lebendigen beanspruchen, wie deutlich geworden sein sollte, Gültigkeit für jegliches menschliche Verhalten und Zueinanderverhalten. Da bleibt bestenfalls noch Raum für eine Unterscheidung der Rollen Trainer und Ausbildungskandidat, Therapeut und Klient; auch dabei handelt es sich aber (wie in der Aktionsforschung hinsichtlich der Rollen „Forscher" und „Forschungssubjekt"), wie sich noch deutlicher zeigen wird, nur um eine zeitlich begrenzte und reversible Funktionsteilung. Die Qualifikation eines Therapeuten wird letztlich allein durch das Ausmaß definiert, in dem er im Stande ist, seiner Entscheidung, Therapeut zu sein, erfolgreich Rechnung zu tragen. Vom Klienten, der die Behandlung bei ihm mit idealem Erfolg abschließt, unterscheidet ihn im

Hinblick auf therapeutische Qualifikation im Prinzip nur seine Entscheidung, Therapeut zu sein.

Ein trotzdem noch bestehender Unterschied zwischen Therapie und therapeutischer Ausbildung soll nun allerdings nicht geleugnet werden: Er ergibt sich, wenn man davon ausgeht, daß der ideale Erfolg von Therapie wie von Ausbildung nicht die Regel ist. Dann gewinnt es an Bedeutung, daß der angehende Therapeut sich gezielt theoretische Kenntnisse und die Kenntnis einer großen Anzahl von Techniken aneignet, damit sie ihn an das, was die Freiheit einschränkt, erinnern und ihm als „Eselsbrücke" zur schöpferischen Freiheit zur Verfügung stehen.

Da hier aber nicht beabsichtigt ist, ein umfassendes Methodenlehrbuch zu verfassen, entfällt trotz dieses letztgenannten Unterschiedes die Notwendigkeit, zwischen Therapie und Therapeutenausbildung klar zu unterscheiden.

4. Die Umsetzung der zwölf Antworten in therapeutische Praxis: Erörterung, Beispiele und Vergleiche zwischen verschiedenen Ansätzen

„Soweit für die Arbeit am Lebendigen sich überhaupt Regeln aufstellen lassen, können sie niemals starre Vorschriften, niemals Rezepte im strengen Sinn des Wortes sein, die jeweils eine eindeutig bestimmte Verfahrensweise als ein für allemal Erfolg verbürgend festlegen. Allenfalls können sie entweder weit gefaßte Rahmenanweisungen sein; diese geben dann lediglich an, was auf keinen Fall zum Ziel führt, und was unbedingt vermieden werden muß, um den Gegenstand der Arbeit nicht von vornherein zu zerstören oder sonstwie, etwa durch Verbauen des eigenen Weges, das ganze Bemühen zunichte zu machen. Oder, wenn die Regeln mehr ins einzelne und positive gehen, können sie grundsätzlich nur *Hinweise auf Bedingungszusammenhänge* zwischen gewissen Abwandlungen der Arbeitsbedingungen: der Verfassung, der Verhaltensweise und der Lebensumstände des behandelten Wesens einerseits und gewissen Abwandlungen der anzuwendenden Verfahren andererseits enthalten. Diese Art von Regeln kann man allerdings – im Gegensatz zur Ausführung einer starren Vorschrift – nur bei wirklichem Verständnis der Aufgabe und nur in ununterbrochener ‚Fühlung' mit dem Gegenstand des Bemühens sinngemäß befolgen" (*Metzger*, 1962, S. 78).

Dieser ihr von *Metzger* beigemessenen Bedeutung ihres richtigen Verständnisses entsprechend, soll hier die Aufgabe noch einmal ins

Auge gefaßt werden. Sie lautet in allgemeinster Form: Die therapeutische Situation muß so gestaltet werden, daß sie Ort schöpferischer Freiheit wird – *für Therapeut und Klient.* Dazu kann jetzt ergänzend gesagt werden: Diese Aufgabe darf als erfüllt betrachtet werden, wenn die therapeutische Situation den aufgezählten Kennzeichen der Arbeit am Lebendigen gerecht wird; diese sind aber alles andere als ins einzelne gehende Handlungsanweisungen. Auch das in der Aufzählung am meisten ins Detail gehende Kennzeichen, das *Tausch* „Verbalisierung emotionaler Erlebnisinhalte" nennt, stellt noch eine „weitgefaßte Rahmenanweisung" dar, deren konkrete Verwirklichung nur bei „wirklichem Verständnis der Aufgabe und nur in ununterbrochener ‚Fühlung' mit dem Klienten möglich ist". Wir werden anhand von verschiedenen Techniken verschiedener Schulen noch weiter überprüfen können, ob mehr möglich ist.

Nun sollte eines ganz deutlich geworden sein: daß der Therapeut nur dann im Stande ist, die Bedingungen schöpferischer Freiheit für seine Klienten herzustellen, wenn er selbst in schöpferischer Freiheit handelt, wenn er sich also keiner Regel unterwirft, sondern sich für seine therapeutische Aufgabe und seine Methode entscheidet, weil er sie als sachlich gefordert erlebt. Schöpferische Freiheit „ist nicht die Freiheit Beliebiges, sondern die Freiheit, das Rechte zu tun" (*Metzger,* S. 75). Das heißt auch: Als Grundlage erfolgreicher therapeutischer Arbeit gilt ebenso wie für die erfolgreiche Bewältigung des Lebens jedes Menschen die dem Menschen innewohnende „Tendenz zur guten Gestalt".

Perfekte therapeutische Ausbildung erfordert wie perfekte Therapie die Beseitigung aller störenden Hindernisse – und dazu gehören auch alle Kräfte, die zwar auf „das" Ziel hinlocken, aber nicht aus ihm selber stammen (etwa Geld, Prestige); denn nur in solcher Freiheit ist das ungetrübte Vertrauen in die „Tendenz zur guten Gestalt" und auf den „Zug des Ziels" gerechtfertigt.

Ob aber in solcher Freiheit beständig und in jeder Hinsicht zu leben unter den gegenwärtigen gesellschaftlichen Verhältnissen überhaupt möglich ist? Nach meinem Wissen sind es die wenigsten, die, selbst wenn sie alt geworden sind (was regelmäßig zur Rede von einem erfüllten Leben führt), gerne sterben; und doch müßte es so sein, wenn sie in „schöpferischer Freiheit" – d.h., nicht umgebracht von ihnen wesensfremden Lebensumständen und auch nicht aufbegehrend gegen die natürliche Vollendung des Lebens – stürben (vgl. *Marcel, Petzold,* 1976).

Kann man, muß man diese Vollkommenheit in einer unvollkommenen Welt, wenn schon nicht von irgend jemandem, so doch vom Psychotherapeuten erwarten?

Mir scheint, dieser Anspruch wäre verfehlt. Es geht, wie in aller wissenschaftlichen Arbeit, auch in der therapeutischen um Annäherungen, und es scheint mir auf alle Fälle angemessener, zu einer soliden Ausbildung den Erwerb der Fähigkeit zu zählen, möglichst *neidlos* das Charisma jener Therapeuten anzuerkennen, die mehr als das Erwartbare leisten, und auch *neidlos* jene „Charismatiker" zu entlarven, die in Wirklichkeit Scharlatane sind.

Es könnte hier darauf verzichtet werden, den Versuch zu unternehmen, die beschriebenen „Kennzeichen" in „Verhaltensregeln" zu übersetzen, wenn die Vermittlung „schöpferischer Freiheit" dadurch möglich wäre, daß man beschreibt, worin sie besteht. Da konkrete Regeln aber andererseits nur Möglichkeiten darstellen können (analog der Ebene der Gestaltfaktoren), und in der Praxis der Abwandlung gemäß den veränderten Umständen bedürfen, wäre es ein Widerspruch in sich, in ihnen die Grundlage eines ein für allemal vollziehbaren Erwerbs „schöpferischer Freiheit" zu sehen.

Immerhin: Den Beitrag, den die Gestalttheorie auf lange Sicht dazu leisten kann, die Folgen jenes Sündenfalls einzudämmen, der darin besteht, daß Menschen irgendwann begonnen haben, an den Teufel zu glauben*), möchte ich nicht gering veranschlagen. Einstweilen – und vielleicht so lange es Menschen gibt –, gilt, dem Dilemma gerecht werdend: „In der Wirklichkeit des schöpferischen Tuns wird es – genau wie im Lebensgeschehen – zumeist auf ein sinnvolles Zusammenspiel der beiden Verfahrensweisen, des durch Regeln geleiteten und des frei vom Ziel gesteuerten Vorgehens hinauskommen" (*Metzger*, S. 77). Und *Metzger* zitiert zur Erläuterung den japanischen Schwertmeister *Tukuan* (S. 77): „Es gibt zwei Arten von Schulung, die eine im letzten Begreifen, die andere in der Methode. Die erste ist, wie gesagt, darauf gerichtet, den letzten Sinn der Dinge zu begreifen, für den keine vorgeschriebenen Regeln das Handeln beschränken; da gibt es nur den einen Sinn, der seinen eingeborenen Weg geht. Allein die Meisterschaft der Einzelmethode ist ebenfalls notwendig. Hast du keine Kenntnis von ihr, so weißt du nicht, wie du deine Aufgaben anfassen sollst."

Darin mag man nicht nur die Begründung des Versuchs sehen, den Kennzeichen Verhaltensregeln (Methoden und Techniken) zuzuordnen, sondern auch die Rechtfertigung für die Existenz von psychotherapeutischen Schulen, deren Vertreter darauf achten, daß niemand sich ihres Namens bedient, der nicht eine ordnungsgemäße

---

*) Dem Teufel kann man natürlich keine schöpferische Freiheit zubilligen. Da man ihm zutraut, daß er Macht über Menschen ausübt, muß man natürlich auch vor anderen Menschen auf der Hut sein und möglichst vorbeugend ihre möglicherweise „teuflische Freiheit" einzwängen.

Ausbildung aufweist. Die damit häufig verbundene Einseitigkeit bis zur Engstirnigkeit mag immer noch fruchtbarer sein, als das haltlose therapeutische Dilettieren desjenigen, der seine Überzeugungslosigkeit als Unabhängigkeit deklariert.

Der Ausgangspunkt des Wachstums schöpferischer Freiheit des Klienten liegt in der schöpferischen Freiheit, die der Therapeut in der Therapiesituation lebt. Deshalb soll zunächst exemplarisch erörtert werden, was der Therapeut zur Förderung seiner eigenen schöpferischen Freiheit in der therapeutischen Situation tun kann.

Was solche Freiheit behindert, sind Zwänge, Gefühle des Gezwungenseins, sind Vorbehalte gegenüber dem Klienten, sind Wünsche und Bedürfnisse, etwa solche, die sich auf in der Vergangenheit Unerledigtes richten oder auch solche, die zwar in die Richtung der therapeutischen Hilfe für den Klienten zielen, ihren Ursprung jedoch nicht im Klienten haben, wie er ihn wahrnimmt: Das kann Ehrgeiz sein, das kann auch vom Klienten unabhängiges Erkenntnisinteresse sein, das kann das schlichte Bedürfnis nach Existenzsicherung oder nach materiellem Gewinn sein.

Welche Bedingungen muß sinnvoller Umgang mit den beschriebenen Schwierigkeiten erfüllen? Ich kann nicht sein, was ich nicht bin, d.h. ich kann störende Kräfte wie Bedürfnisse und Wünsche nicht einfach für eine Stunde oder einige Tage suspendieren oder so tun, als gäbe es sie nicht. Der „Umweg", sich als Therapeut zunächst mit sich selbst zu beschäftigen, wenn man spürt, daß man abgelenkt ist, ist unvermeidlich (Kennzeichen 5). Die Überwindung der ablenkenden Kräfte kann nur mit ihrer deutlichen Wahrnehmung und Akzeptierung beginnen (vgl. Kennzeichen 2, 10 und 11). Fruchtbares „Vergessen" setzt auch hier wie schon am Beispiel des Harfners *Peh Ya* (vgl. S. 137f.) und am Beispiel der psychotherapeutischen Ausbildung (S. 139) erörtert wurde, genaue Kenntnisse voraus.

Je nach Art und Ausmaß der vom Therapeuten erlebten inneren Störung kann es sein, daß er sie zu überwinden vermag, ohne dem Klienten oder der Klientengruppe davon zu berichten; es kann aber auch sinnvoll sein, den Klienten ins Vertrauen zu ziehen: Der Klient kann so für kurze Zeit zum Therapeuten seines Therapeuten werden, indem er sich mit dessen Problemen auseinandersetzt (vgl. Kennzeichen 6). Das In-Beziehung-Treten mit dem Klienten – und wirkliches In-Beziehung-Treten geschieht nur, wenn ich mich nicht anders zeige, als ich bin (vgl. Kennzeichen 10) – kann als solches schon die Schwierigkeiten im Therapeuten beseitigen: weil schon mit dem Eintritt in eine Beziehung sich die Kräfteverhältnisse im Lebensraum der an der Beziehung Beteiligten ändern (vgl. Kennzeichen 7). Der Zeitpunkt der Beschäftigung mit der inneren Störung ist nicht beliebig; vorausgesetzt der „Zug des Ziels" (therapeutische Hilfe für den

Klienten) ist trotz der Störung stark genug, dann ist die Beseitigung der Störung in dem Augenblick sachlich gefordert, in dem sie auftritt (vgl. Kennzeichen 3). Ist dieser „Zug" aber nicht stark genug, dann wäre es besser, die Sitzung zu verschieben, denn: „Um volle und echte Aufmerksamkeit anbieten zu können, ist kein Preis zu hoch" (*Kempler*, 1975, S. 33). Möglicherweise gelingt die Überwindung der Störung nicht in den durch den äußeren Rahmen gesetzten zeitlichen Grenzen (vgl. Kennzeichen 4). Hier wäre für Ausnahmefälle (etwa in Ausbildungsgruppen, in einer lehranalytischen Sitzung, wenn der Klient selbst Therapeut ist oder wenn dies dem Klienten eben zugemutet werden *darf*) eine gänzliche Umkehrung der Rollen denkbar*) (damit würde natürlich auch der Honorarempfänger wechseln).

Hier noch einige einfache, aber gerade in ihrer – vielleicht verblüffenden – Einfachheit den hier gestellten Ansprüchen genügende Beispiele konkreten Therapeutenverhaltens:

a) Der Therapeut ist nicht gleich daran interessiert, was seine Klientin selbst will. „Um selbst innerlich zur Sache zu kommen, sagt er, wo er steht: Ich finde Ihren Mantel hübsch. Wo haben Sie ihn gekauft? War er teuer?" (*Kempler*, 1975, S. 32).

b) „Worauf auch immer die Aufmerksamkeit des Therapeuten gerichtet sein mag, es ist manchmal ausreichend, einfach nur auszusprechen, wohin sie abgewandert ist, und damit kommt sie zurück: Ich bekomme Hunger (indem er auf die Uhr schaut). Ich hoffe, ich halte noch bis zum Essen durch. (Er achtet danach einen Moment aufmerksam darauf, welche Wirkung diese Worte auf ihn haben.) Doch – ich schaff' es noch" (*Kempler*, S. 32).

c) „Wenn jedoch seine Unaufmerksamkeit zu beheben noch schwieriger zu sein scheint, dann kann der Therapeut je nach seiner eigenen Sicherheit und seinem Sich-darin-Wohlfühlen einfach mit der Familie**)eine Weile über seine Unaufmerksamkeit sprechen: Ich denke immer noch an mein letztes Gespräch. Es hat mich sehr bewegt und irgendwie bin ich in Gedanken noch dabei. Ich tue meine Arbeit sehr gerne, aber manchmal ist es nicht einfach, so nach der Uhr von einem Gespräch zum anderen zu wechseln. ..." (*Kempler*, S. 32/33).

d) Ein Gruppentrainer (der Verfasser in Quickborn bei Hamburg; 10.–12. 10. 1975) hat zu Beginn der Arbeit mit einer ihm fremden Gruppe so starke Kopfschmerzen, daß er sich unfähig fühlt, dem Gesprächsprozeß und -verlauf zu folgen und angemessen zu

---

*) Vgl. die früheren Hinweise auf die „Aktionsforschung".

**) Die Zitate sind *Kemplers* Buch „Grundzüge der Gestalt-Familientherapie" entnommen.

intervenieren. Er gibt sein krampfhaftes Bemühen zu folgen auf, akzeptiert seine Unfähigkeit und zieht sich in sich zurück, indem er ein lautloses Zwiegespräch mit seinen Kopfschmerzen beginnt: Trainer (T.): Warum stört ihr mich, was wollt ihr von mir? Trainer als Kopfschmerzen (K.): Wir zeigen Dir, wie machtlos Du bist. T.: Wozu denn um alles in der Welt? Ich habe hier doch eine Aufgabe zu erfüllen. Und ihr hindert mich daran. K.: Woran wir Dich hindern, das ist, hier den großen Guru zu spielen. Das ist uns peinlich, daß Du mehr daran denkst, wie Du eine gute Figur abgibst, als daran, einfach zu tun und zu sagen, was nötig ist. T.: Da ist was dran. Ihr habt schon Recht. (Die Kopfschmerzen lassen augenblicklich nach.) Das gefällt mir auch nicht an mir. K.: Dann laß Deinen Größenwahn und erfülle einfach Deine Aufgabe. T.: O.K., das versuche ich jetzt. (Die Kopfschmerzen sind verschwunden.)

Selbst das auf seine eigenen Schwierigkeiten zentrierte Verhalten des Therapeuten in den Beispielen a), b) und c) (in Beispiel d) dann, wenn der Trainer von seiner Arbeit mit sich selbst anschließend berichtet) kann schon bedeutsame therapeutische Wirkungen auf den Klienten einschließen, einfach deshalb, weil der Therapeut sich als *der* Mensch, der er im Augenblick ist, ausdrücklich in die Beziehung einbringt. Der Klient erfährt so besser, woran er ist; er kann erkennen, daß er es mit einem normalen Menschen (nicht mit einem „Übermenschen") zu tun hat und – vielleicht nicht gleich, aber allmählich – begreifen, daß er auch zulassen darf, was er empfindet, daß ihm kein „Gesetz" z. B. verbietet, Interesse an banalen Dingen zu haben (Preis des Mantels). Er bekommt die Möglichkeit (insbesondere Beispiel c)), selbst etwas zu geben, indem der Therapeut bei ihm um Verständnis für seine Schwierigkeiten wirbt; er kann so beginnen, sich als akzeptierter Partner zu fühlen, und, indem er daraus Vertrauen in seine eigenen Fähigkeiten schöpft, seine potentiellen Möglichkeiten erfolgreicher Auseinandersetzung mit sich selbst und der Umwelt entfalten.

Es sei wiederholt, daß, je konkreter die Beispiele sind, sie desto mehr der Abwandlung je nach Situation bedürfen. Auch wenn der Therapeut keine andere Wahl hat, als seine Störungen unverzüglich zu beseitigen, so muß doch die Art, wie er seinen Klienten daran teilhaben läßt, der spezifischen Beziehungssituation angemessen sein. Dies ist nicht möglich ohne richtige Einschätzung der gegenwärtigen Verfassung des Klienten.

Stützt man sich hier auf Einzelheiten, etwa, daß der Klient leicht zittert, etwas blaß ist usw., dann steht man bei der Einschätzung der Bedeutung dieser Einzelheiten im Prinzip vor demselben Problem wie bei der Wahl der richtigen Worte, um dem Klienten etwas über die eigenen Schwierigkeiten mitzuteilen. Es kommt demnach darauf an, einen Blick für das Ganze der Person, das Ganze der Beziehung, d. h. für Gestalteigenschaften, zu haben. Dieses Ganze aber nimmt man wahr oder man nimmt es nicht wahr, aufgrund innerer nicht willkürlich steuerbarer Kräfte. Man fühlt es augenblicklich oder man fühlt es nicht, daß etwas – was, mag erst später klar werden – nicht stimmt.

Anscheinend ist es bei dem gewissenhaften Versuch, bestimmte therapeutische Vorgehensweisen als Vorbedingung bestimmter therapeutischer Folgen zu beschreiben, unvermeidlich, immer wieder zurückzukommen auf jene nicht in eindeutige Regeln faßbare „schöpferische Freiheit", die allein „dem Zug des Ziels" folgt, und in ihr die Bedingung zu erkennen, die erst ermöglicht, die Kenntnis in Regeln gefaßter Verhaltensweisen sinnvoll einzusetzen.

Dieses Hin-und-Her-Pendeln zwischen dem Ausgangspunkt „schöpferische Freiheit" und dem Versuch, sie in wiederholbare Verhaltensweisen zu fassen, findet seine Entsprechung in der Vorstellung vom „Gestaltkreis" (*Viktor von Weizsäcker* nach *Metzger*, 1962, S. 147/148) als einem Begriff für „dieses eigenartige ‚In-sich-zurück-Münden' des Geschehens beim freien, zielgesteuerten Verhalten" (*Metzger*, S. 147), ohne das es kein „richtiges Verhalten" gäbe. Dies nun wiederum ausgedrückt als Regel heißt: „Man muß den Erfolg seines Tuns von Augenblick zu Augenblick *auf sich selbst zurückwirken lassen;* so, daß das Tun des nächsten Augenblicks stets von dem Erfolg des unmittelbar vorausgehenden mitgesteuert und abgestimmt wird" (*Metzger*, S. 147). Dies tut nun zweifellos mehr oder weniger jeder Mensch und sicher häufiger noch als durch bewußtes ohne bewußtes Zutun.

Warum also sollte dies nicht auch übbar sein? Warum sollte sich diese Fähigkeit nicht steigern lassen bis zum „Gefühl für den rechten Augenblick" – bis zur aus innerer Gewißheit entspringenden Entschlossenheit und dem „Geschick, ihn (den Augenblick) im Vorüberhuschen beim Schopf zu fassen" (*Metzger*, S..148).

Zweifellos kann es dem Übenden dabei genau so ergehen, wie es anhand eines Auszugs aus einem angeblichen „Handbuch für den Soldaten" einmal ein Kabarettist vormachte: Während er die Definition des „Gehens" vorlas, setzte er gleichzeitig die Beschreibung in eigene Bewegungen um – bis er keinen Schritt mehr von den anderen setzen konnte, ohne sich selbst ein Bein zu stellen und auf die Nase zu fallen.

Nun kann sich aber solche freiwillig in Kauf genommene Regression als sehr fruchtbar erweisen, indem nämlich unökonomische, ineffektive oder regelrecht störende Bestandteile des gewohnheitsmäßigen Selbstregulationsvorgangs sichtbar werden und beim Neulernen vermieden werden können. Um einen solchen Vorgang handelt es sich beim Gehen wie bei therapeutischer Arbeit –

mit dem Unterschied, daß, wer ohne funktionierendes Rückmeldesystem zwischen motorischem und sensorischem Nervensystem *geht*, schon bei der kleinsten Unebenheit des Bodens hinfällt, wenn er nicht gelernt hat, diesen Mangel mit Hilfe der optischen Wahrnehmung auszugleichen, wohingegen der Therapeut, der ohne zielgeleiteten Handlungs-Wahrnehmungs-„Gestaltkreis" therapiert, gänzlich unberührt davon bleiben kann, daß sein Handeln mit dem Klienten längst nichts mehr zu tun hat (siehe Tanzen lernen; *Peh Ya*, der Harfner).

In neu gebildeten therapeutischen Ausbildungsgruppen oder Selbsterfahrungsgruppen findet sich oft mindestens ein Teilnehmer, der immer noch unentwegt mit aufwendiger Rhetorik seine Weltsicht im allgemeinen und seine Sicht der hier zu leistenden Aufgabe weiter deklamiert, wenn längst keiner mehr zuhört. Wie lernt er, die Gruppenmitglieder zu sehen, Feedbacksignale verbaler oder non-verbaler Art wahrzunehmen und sein Verhalten darauf einzustellen?*)

Es ist sicher grundsätzlich sinnvoll, wenn zu einer Ausbildungs-, Selbsterfahrungs- oder Therapiegruppe gelegentlich ein Anfänger hinzukommt. Denn nun kann die Gruppe als Ganzes und jedes einzelne Mitglied für sich bisherige Erfahrungen anwenden und die eigenen Fähigkeiten überprüfen, sinnvolle Beiträge dazu zu leisten, daß z. B. ein Neuankömmling, der wie der oben beschriebene auftritt, aufhört, zu den Wänden zu sprechen, und anfängt, auf das einzugehen, was jemand zu ihm sagt. Theoretisch läßt sich aus den zwölf Kennzeichen sehr gut ableiten, wie sinnvolles Feedback aussehen sollte und was sinnvolles Feedback bewirken muß. Ist aber z. B. der aus meiner „Stinkwut" erwachsende Konflikt, ob ich nun der Forderung nach Echtheit genüge oder der Forderung, den anderen zu akzeptieren, ihm freie Entfaltung seiner inneren Kräfte zu ermöglichen, seine „Umwege" zu dulden, keinen Zwang auf ihn auszuüben, lösbar? *Ruth Cohn* (1975) hat den Begriff der „selektiven Echtheit" geprägt: Ich muß, um „echt" zu sein, nicht alles sagen, was ich denke und fühle (sollte es auch nicht, wenn es nichts mit meiner Aufgabe zu tun hat), aber was ich sage, muß stimmen. („Stimmen" bedeutet aber auch, daß damit nicht etwa der Trick gemeint ist, die Aufmerk-

---

*) Das hieße in der Sprache des dargestellten Persönlichkeitskonstrukts (vgl. II., 2): die Anwesenden in die „Gegenwartsperspektive" seines „Lebensraumes" aufzunehmen, was Erweiterung bedeuten, aber möglicherweise die „Ordnung", etwa in Richtung Kompliziertheit, verringern würde, je nach vorhandenem „Ordnungsgrad" und der vorhandenen „Durchlässigkeit" der „Lebensraumbereiche". Damit wäre immerhin eine Beziehungsgrundlage entstanden, die der Person ermöglicht, weiteren Nutzen aus dem Gruppengeschehen und dem Kontakt mit einzelnen zu ziehen: z. B. „Neustrukturierung" des „Lebensraumes" durch Verringerung vorhandener „Rigidität", fortschreitende „Differenzierung" und „Erweiterung der Zeitperspektive".

samkeit eines anderen bewußt auf *das eine* zu lenken, um etwas anderes um so besser vertuschen zu können.)

Es kann richtig sein, zu sagen: „Mach bitte mal eine kleine Pause. Ich kann nicht mehr folgen. Hör mir bitte einen Augenblick zu." Es kann aber auch richtig sein, zu sagen: „Halt endlich mal Deine Klappe. Du langweilst mich." Ungeschickt wäre: „Wir merken doch, daß Du immer soviel reden mußt und so maniriert, weil Du Angst und einen Minderwertigkeitskomplex hast." Das sind Interpretationen. Über sie sagt die Psychoanalytikerin *Ruth Cohn* zur Erklärung ihrer Hilfsregel „Halte dich mit Interpretationen zurück" (1975, S. 125) das Nötige: „Bestenfalls schaden sie nicht. Wenn sie richtig und taktvoll sind (zeitadäquat), zementieren sie das, was der Interpretierte weiß; wenn sie richtig, jedoch nicht zeitadäquat sind, erregen sie Abwehr und verlangsamen den Prozeß".

Außerdem enthält dieses (letzte) Feedback (über die gegenwärtige Situation hinausgehende) Verallgemeinerungen („immer", „Komplex"). *Ruth Cohn* empfiehlt, damit zurückhaltend zu sein, denn: „Verallgemeinerungen haben die Eigenart, den Gruppenprozeß zu unterbrechen" (S. 126). Diese Eigenart liegt in der Natur der Verallgemeinerung. Sie führt weg vom in der *konkreten* Beziehungssituation (Kennzeichen 8) *unmittelbar Treffenden,* fordert leicht zum Widerspruch heraus, auf den niemand der Anwesenden etwas Kompetentes sagen kann, wenn sie, wie es häufig der Fall ist, den Betreffenden vorher gar nicht gekannt haben.

Für die beiden vorgenannten „Hilfsregeln" *Ruth Cohns* (keine Interpretation, keine Verallgemeinerungen) sei ergänzt, daß Interpretationen ebenso wie Verallgemeinerungen auch in bezug auf die *eigene* Person, zumindest vor der Abschlußphase einer therapeutischen Arbeitssequenz mit einer oder mehreren Personen, in der Regel ebenfalls den Prozeßverlauf hemmen, weil sie vom konkret Gegebenen ablenken.

Eine weitere Regel – es handelt sich hier um einige der für ihre Methode der TZI*) von *Ruth Cohn* formulierten „Hilfsregeln" – läßt sich an dem negativen Beispiel oben exemplifizieren: „Vertritt Dich selbst in Deinen Aussagen; sprich per ‚Ich' und nicht per ‚Wir' oder per ‚Man'". Sie vermutet: „Der Sprechende übernimmt nicht die volle Verantwortung für das, was er sagt. Er versteckt sich . . ." (S. 142). Der – wie in diesem Beispiel – Kritisierte kann überdies das „Wir" als Ausdruck einer geschlossenen Front der Abwehr erleben, ohne daß es zutrifft.

Noch eine von *Ruth Cohn* formulierte Regel, die einige Bedeutung für das Feedbackgeben hat: „Wenn Du etwas über das Beneh-

---

*) TZI = themenzentrierte Interaktion (vgl. die folgenden Seiten)

men oder die Charakteristik eines anderen Teilnehmers aussagst, sage auch, was es Dir bedeutet, daß er so ist wie er ist (d.h. wie Du ihn siehst)." So „werden echte Dialoge begünstigt" (vgl. Kennzeichen 6/7/10).

Einschränkungen der Gültigkeit dieser Regeln ergeben sich daraus, daß „man" oder „wir", auch wenn sie anstelle von „ich" gebraucht werden, nicht immer ein „Sich-Verstecken" bedeuten und daß Interpretationen und Verallgemeinerungen z. B. in der Abschlußphase der therapeutischen Arbeit mit einer oder mehreren Personen in den Feedbacks sowohl des Therapeuten als auch der anderen Gruppenmitglieder eine positive Funktion haben können. Die Situation kann natürlich auch so beschaffen sein, daß die letztgenannte Regel ihre Funktion verliert. „*Regeln sind Hilfestellungen* . . . Ihre Verabsolutierung ist Mißbrauch und dient dem Geist, den sie bekämpfen möchten" (*Cohn*, 1974, S. 159).

Es legt sich deshalb nahe, solche Regeln zwar einzuführen, sie von vornherein aber als nicht immer gültig zu deklarieren (vgl. Gesetzesbegriff bei *Lewin*, S. 82ff.). Das konkrete Geschehen bietet sich von Fall zu Fall als Beispiel für die Erläuterung dessen an, was solche Regeln bezwecken sollen (Gestaltfaktor-Ebene).

Vielleicht kann man es einmal so sagen: Ihr Sinn besteht neben ihrem – beschränkten – Anweisungswert vor allem darin, daß sie Ankerpunkte für Reflexionen, Umgang mit eigenen und Gefühlen anderer und systematische Einübung für therapeutisches Handeln und darüber hinaus sinnvolle Verhaltensweisen darstellen. An ihnen kristallisiert und strukturiert sich die zunehmende Erfahrung und persönliche Weiterentwicklung.

Spräche man aber anstatt von „Hilfsregeln" (wie *Ruth Cohn*) von Techniken und Übungen, dann würde man terminologisch unmißverständlicher der Tatsache gerecht, daß es von der jeweiligen Situation abhängt, ob es jemandem angemessen ist, eine Zeitlang grundsätzlich „ich" statt „man" zu sagen oder seine Gefühle statt Interpretationen mitzuteilen.

Ruth Cohns Regeln hatten ursprünglich in der Gestalttherapie, der sie sich verbunden weiß und aus der sie, wie aus der Psychoanalyse, beim Entwurf ihrer eigenen Methode in entscheidendem Maße mit „geschulter" Intuition geschöpft hat, die Bedeutung von Techniken und Übungen. Dies wird noch deutlicher, wenn man sich die beiden Hauptregeln ihrer pädagogisch-therapeutischen Gruppenmethode (TZI = System themenzentrierter Interaktion) vergegenwärtigt, die sie als Postulate formuliert: 1. Sei dein eigener Chairman; 2. Störungen haben Vorrang. Diese beiden „Postulate" sind, wie *Ruth Cohn* weiß, im strengen Sinne weder Regeln noch Postulate, sondern „Klarstellungen existentieller Phänomene" (1974, S. 135) –

nämlich 1. der unvermeidlichen Verantwortung für das eigene Handeln, des Angewiesenseins auf die eigenen individuellen Möglichkeiten der Verwirklichung bestimmter Formen durch innere Kräfte, und 2. der Tatsache, daß Störungen (z. B. Desinteresse am zur Diskussion stehenden Thema, Ärger über einen Gesprächspartner) „de facto Vorrang haben, ob solche Direktiven gegeben werden oder nicht . . . *unausgesprochen und unterdrückt bestimmen sie Vorgänge in Schulklassen, in Vorständen, in Regierungen*" (S. 153). Diese „Postulate" sind abweichend von den „Hilfsregeln" so allgemeiner Natur, daß sie die aufgeführten „Kennzeichen" voll abdecken. Sie entsprechen aber auch den beiden Grundkategorien, nach denen sich gestalttherapeutische Übungen und Techniken ordnen lassen. Das erste Postulat entspricht der Kategorie (*Cochrane* und *Holloway*, S. 274) *„Techniken zur Steigerung von Bereitschaft und Fähigkeit, die Verantwortung für das eigene Handeln zu übernehmen"* (anstatt sie Eltern, Lehrern, Vorgesetzten usw. aufzubürden und damit die eigene Inaktivität und Passivität zu rechtfertigen und zu festigen); das zweite Postulat entspricht der Kategorie (*Cochrane* und *Holloway*, S. 274) *„Techniken mit dem Zweck, den freien Fluß des Bewußtheits-(awareness)Kontinuums zu steigern"* (und so fähiger zu werden, den jeweils *gegenwärtigen* Anforderungen unmittelbar Rechnung zu tragen – vgl. auch *Perls, Hefferline, Goodman*, 1977)*).

Die Übungen der ersten Kategorie (Selbstverantwortung) werden primär den „Kennzeichen" gerecht, die den Aspekt betonen, daß im Bereich des Lebendigen nur „Formen" von Dauer sind, die durch die Entfaltung innerer Kräfte sich bilden und ständig von ihnen *in Freiheit* getragen und wiederhergestellt werden (vgl. Erläuterungen zu den Kennzeichen 1–6, 12); die Übungen der zweiten Kategorie (Bewußtheit) werden primär den Kennzeichen gerecht, die den Aspekt der Gegenwärtigkeit, Konkretheit und Wechselseitigkeit der verursachenden Fakten betonen (vgl. Erläuterungen zu den Kennzeichen 6–10).

Die Hilfsregel „sprich ‚ich' statt ‚man'" läßt sich als Technik oder Übung der ersten Kategorie von Übungen zuordnen, die noch nicht erwähnte „Hilfsregel" „Seitengespräche haben Vorrang" mit der Begründung, es könne sein, daß jemand etwas sagen wolle, was ihm wichtig sei, sich aber scheue, es zu tun (1974, S. 185), läßt sich der

*) Dieses Verständnis der „Postulate" dürfte Mißverständnisse der folgenden Art ausschließen: „1. Das TZI-System widerspricht dem Minimalkonsensus aller Emanzipationsbegriffe, indem es Ziele und Normen festsetzt. 2. Die scheinbar von Bevormundung befreiende Aufforderung des Hauptpostulats (gemeint ist Postulat 1, hjw) führt über das Phänomen der Metakomplementarität zu erneuter Abhängigkeit" (*Vogt*, 1975, S. 380–383).

zweiten Kategorie von Übungen der Gestalttherapie zuordnen. Andere „Hilfsregeln" stellen Kombinationen von Übungen beider Kategorien dar.

Indem *Ruth Cohn* immer wieder betont, daß sie auf den Einsatz gestalttherapeutischer Techniken und Übungen im Rahmen ihres „themenzentrierten interaktionellen Systems", mit dem sie auf ein realistisches Gleichgewicht der Faktoren Ich (Individuum), Wir (Gruppe) und Es (Thema, Aufgabe) abzielt, nicht verzichten mag, weist sie zumindest indirekt stets darauf hin, daß ihre Methode, auch wenn ihr in ihrer spezifischen Ausprägung als Gruppenmethode Originalität im Sinne einer Weiterentwicklung vorhandener Techniken nicht abgesprochen werden kann, doch in entscheidendem Maße einen Ausschnitt aus der umfassenderen Methode der Gestalttherapie darstellt.

Wenn man über die Unmittelbarkeit der Herleitung der Gestalttherapie aus der psychologischen Gestalttheorie auch geteilter Meinung sein kann: Man würde den Begriff „Zufall" zweifellos überstrapazieren, wollte man damit erklären, daß alle bisher angeführten Beispiele für die Umsetzung der zwölf Kennzeichen direkt oder indirekt gestalttherapeutischer Praxis entstammen. Die weitgehende Übereinstimmung gestalttherapeutischer Praxis mit gestalttheoretischen Konstrukten und Prinzipien soll anhand von Beispielen zu beiden Kategorien von Übungen und Techniken der Gestalttherapie (aber auch des Psychodramas, für das ähnliches gilt) noch deutlicher herausgearbeitet werden.

Einige Übungen, die hauptsächlich *Bewußtheit (awareness) fördern,* sind (*Cochrane* und *Holloway*): a) Kommunikation im Präsens, b) Traumbericht im Präsens, c) Ereignisbericht im Präsens. Damit wird der Tatsache Rechnung getragen, daß im Sinne des Feldbegriffs *Lewin*s und *Köhler*s ohnehin nur gegenwärtig existierende Bereiche und Kräfte des psychischen Gesamtfeldes handlungs- und veränderungsrelevant sind (vgl. Kennzeichen 6–10). Unfruchtbares aber häufig zur festen Gewohnheit gewordenes Spekulieren wie ,,was wäre gewesen, wenn ..." oder „wahrscheinlich kam der Traum daher, daß ..." wird durch die Übung eingedämmt (dies sollte auch als überprüfbare Hypothese verstanden werden). Die Formulierung einer Spekulation im Präsens – z. B. „Ich frage mich, ob ich das nicht falsch gemacht habe?" oder „Mir fällt dieser Traum ein, und ich denke auch gleich an ein bestimmtes Erlebnis" –, selbst hinsichtlich eines Jahrzehnte zurückliegenden Geschehens, erleichtert die Überprüfung, ob hier, in der Gegenwart, konkret emotional und motorisch repräsentiert, etwas (im Sinne eines „Spannungssystems") *unerledigt* ist und der Bearbeitung bedarf oder ob diese Spekulation längst eine „leere Hülse" darstellt, die aus Gewohnheit (vergleichbar einer für den gegenwärtigen Kontext sinnlos gewordenen konditionierte: Reaktion) weiterkolportiert wird und in der therapeutischen Arbei zur Zeitverschwendung führt.

Wichtig für therapeutische Arbeit sind lediglich Erinnerungen ar Träume oder Ereignisse, die in der Gegenwart von emotionalen und eventuell zusätzlich von motorischen Reaktionen begleitet sind. Dei Vertiefung der Bewußtheit dienen dementsprechend Fragen wie „Was fühlst du dabei?", „Kannst du bei diesem Gefühl bleiben?", „Was tut dein Fuß?" (z. B. wenn er auf und ab wippt) und Vorschläge zu Übungen wie „Bleib bei deinen Gefühlen, Wünschen und Wahrnehmungen, geh mit ihnen mit, laß dich von ihnen leiten" (das bedeutet: im Bewußtheitskontinuum bleiben), „Verstärke die Verspannung – und achte darauf, was dabei in dir vorgeht" oder „Geh noch einmal zu der Stelle zurück, wo du sagtest: ‚Du hörst mir ja gar nicht zu'" (diese Aufforderung folgt etwa aus der Beobachtung des Therapeuten, daß bei dieser Aussage die Mundwinkel des Klienten zuckten und es schien, als verschlucke er einen Kloß, bevor er ruhiger weitersprach).

Der von *Lewins* „Aktionsforschung" abgeleiteten „aktivierenden Befragung", wie sie etwa Sozialarbeiter als Organisationsentwicklungsstrategie der Gemeinwesenarbeit in Obdachlosensiedlungen anwenden, entsprechen diese Techniken und Übungen auf Einzeltherapie- und Gruppentherapie-Ebene. Im Sinne eines übergeordneten Begriffes läßt sich hier von *„veränderungsaktivierender Kraftfeldanalyse"* sprechen.

Dies gilt ebenso für die hauptsächlich *Verantwortlichkeit fördernden Techniken und Übungen* (*Cochrane* und *Holloway*): Sprachspiele wie a) „Sag ‚ich' statt ‚es'", b) „sag ‚ich will nicht' statt ‚ich kann nicht'", c) „wandle Fragen in Aussagen um" (vgl. *Ruth Cohn*s Hilfsregel: „Frage nicht ohne Zufügung deiner Motivation"; 1974, S. 157), d) „sprich X direkt an und sprich nicht über ihn (keinen Klatsch), als wäre er gar nicht anwesend".

Die letztgenannte Übung läßt sich nicht nur anwenden, wenn jemand über einen körperlich Anwesenden spricht, sondern auch, wenn er über einen Abwesenden, eventuell längst Verstorbenen spricht. Hier wird klar, daß es sich bei der Kategorisierung in a) *Bewußtheit* und b) *Verantwortlichkeit fördernde Übungen* nur um eine heuristische Trennung handelt.

Der Erhöhung der *Bewußtheit* wie der *Verantwortlichkeit* für das eigene Handeln gleichermaßen dient die Technik des „leeren Stuhls", mit deren Hilfe ein „Autodrama" inszeniert wird (Technik nach *Moreno; Schützenberger,* S. 51–53): Jemand ist auf dem „leeren Stuhl" in der Rolle eines anderen zugleich sein eigener Dialogpartner (die gestalttheoretische Grundlage dieser Übung läßt sich, abgesehen von der umfassenden Erörterung des Konstrukts „Lebensraum", speziell den Erläuterungen zu den Kennzeichen 2 und 7 entnehmen). Der weiteren Vertiefung der Erfahrungen mit Hilfe der schon genannten die Selbstverantwortung fördernden Sprachspiele dienen Dialogspiele wie „Laß Topdog und Underdog miteinander streiten." Mit Topdog und Underdog ist ein Gegensatzpaar im Erleben bezeichnet, das offenbar keinem Menschen fremd ist. *Perls* definiert: „Der Topdog ist rechtschaffen und autoritär; er weiß alles besser. . . . Der Topdog ist ein Tyrann und arbeitet mit ‚du sollst' und ‚du sollst nicht'. Der Topdog manipuliert durch Forderungen und Androhung von Katastrophen, wie ‚Wenn du das nicht tust, dann – wird dich keiner lieben, wirst du nicht in den Himmel kommen, mußt du sterben', usw.". Für *Perls* ist der Topdog identisch mit dem „Über-Ich" *Freuds*, der nach seiner Ansicht nur halbe Arbeit geleistet hat, indem er den Underdog ausließ (*Perls*, S. 26). „Der Underdog manipuliert, indem er sich ständig verteidigt und rechtfertigt, sich anbiedert und Heulsuse spielt usw. Der Underdog hat keine Macht. Der Underdog ist die Mickymaus. Der Topdog ist die Supermaus. Und der Underdog geht etwa so vor: ‚Manana'. ‚Ich tu mein bestes.' ‚Schau her, ich versuch's immer wieder. Ich kann nichts dafür, wenn es nicht geht.' ‚Ich kann nichts dafür, wenn ich deinen Geburtstag vergesse.' ‚Ich habe die besten Vorsätze.' Man sieht, der Underdog ist verschlagen, und normalerweise läuft er dem Topdog den Rang ab . . . So kämpfen also der Topdog und der Underdog um die Herrschaft. Wie alle Eltern und Kinder kämpfen auch sie miteinander um die Oberhand. *Der Mensch fällt in den Kontrollierer und den Kontrollierten auseinander*" (*Perls*, S. 27, Hervorhebung hjw).

Selbstverantwortung beginnt für *Perls* in der Auseinandersetzung zwischen diesen beiden Polen innerer Gegensätzlichkeit, dem Pol des „Du mußt" und dem Pol des „Ich kann nicht", und wird erreicht in der Weiterführung dieses elementaren Streits anhand der Dialogübung, bis jemand *seine* eigene Mitte dazwischen findet, d.h. die Fähigkeit, für sich, das eigene Wollen, Tun und Lassen einzustehen, wie es etwa (einmal oder mehrmals) mit dem Satz ausprobiert werden kann (als Übung verstanden): „Ich übernehme die Verantwortung dafür, daß . . ."

Um schon hier (wie sich aber auch bei der Darstellung der Technik des „leeren Stuhls" als Mittel zur Inszenierung eines „Autodramas" andeutete) anschaulich werden zu lassen (ausführlicherer Vergleich vgl. S. 176ff.), daß gestalttherapeutische und psychodramatische Techniken wesentliche Gemeinsamkeiten aufweisen und sich zwanglos kombinieren lassen, seien einige psychodramatische Techniken angeführt, die, wenn sie schon keine eindeutige Zuordnung zu den beiden Kategorien „Bewußtheitsförderung" und „Verantwortlichkeitsförderung“ zulassen (was ja auch bei spezifisch gestalttherapeutischen Techniken nicht immer möglich ist), doch den Anforderungen an Übungen beider Kategorien mehr oder weniger gerecht werden: a) Bewußtheitsförderung durch *„direktes Rollenspiel:* Der Protagonist spielt eine Situation so wie sie sich tatsächlich ereignet hat, mit Hilfe von Mitspielern“ (*Schützenberger,* S. 49); b) Verantwortlichkeitsförderung durch *Rollentausch* (*Schützenberger,* S. 51) – ein Mitspieler übernimmt die Rolle des „Protagonisten“ und dieser die Rolle des „Antagonisten“ (z. B. Mutter–Kind; Ehefrau–Ehemann); c) Bewußtheitsförderung und Verantwortlichkeitsförderung dadurch, daß *„ein Gegenstand oder ein Körperteil spricht:* Wir lassen einen Gegenstand sprechen, z. B. den Stift, dem es Mühe bereitet, einen bestimmten Brief zu schreiben, oder einen Körperteil: den Rücken, der sich krümmt, oder die Hand, die sich verkrampft, wenn man einen schwierigen Brief schreiben will“ (*Schützenberger,* S. 53). Diese Technik wird in gleicher Weise in der Gestalttherapie angewandt. d) Bewußtheitsförderung durch *„Erkundungspsychodrama:* Wenn jemand gehemmt oder gestört ist, ohne zu wissen, warum, spielen wir eine Reihe kleiner, banaler Szenen, ‚um mal zu sehen‘, bis wir auf etwas stoßen, was für den Protagonisten wichtig und von Interesse ist (hier und jetzt; hjw). Wir gehen dabei in seine Vergangenheit zurück, bis in seine Kindheit, und spielen insbesondere die klassischen Familienszenen, betreffend Mahlzeiten, Sauberkeit, Pünktlichkeit, den Hausschlüssel, Geheimnisse, die man zu wahren versucht, Beziehungen zu Brüdern und Schwestern, Spielzeug, Lieblingsaufenthalte, die Schule, Feste und Geburtstage“ (*Schützenberger,* S. 52).

Anhand der bisher dargestellten Beispiele für die Umsetzung der „Kennzeichen“ in therapeutische Arbeit wurde zwar gelegentlich auf die aus der Gesprächspsychotherapie nach *Rogers* abgeleiteten „Kennzeichen“ Bezug genommen. Techniken und Übungen, gleich welcher Provenienz, müssen ihnen, soll die vorliegende Darstellung stimmig sein, gerecht werden, dürfen zu ihnen so wenig wie zu einem der anderen Kennzeichen im Gegensatz stehen; erlaubt und sicherlich geboten ist nur, daß ein bestimmtes Kennzeichen einmal mehr im Vordergrund steht als ein anderes.

Was aber bei der Darstellung von Beispielen für die Umsetzung der Kennzeichen nicht fehlen darf, ist die Auseinandersetzung mit dem spezifisch gesprächspsychotherapeutischen Beitrag, die allgemein formulierten Kennzeichen „Transparenz und Authentizität des Therapeuten“ (10), „Akzeptierung des Klienten“ (11) und „Einfühlung in den Klienten“ (12) in Regeln zu übersetzen, die kontrollierbarer Übbarkeit zugänglich sind.

Bei der Behandlung dieser Frage wird, indem die Darstellung methodenimmanent (d. h. gemäß den realen Verhältnissen in der Entwicklung der Gesprächspsychotherapie) erfolgt, der Ausbildungsaspekt im Vordergrund stehen. Im Sinne der früheren Begründung, warum sich eine grundsätzliche Trennung von Ausbildungs- und Therapiemethode erübrigt, sei allerdings von vornherein die Frage aufgeworfen, ob dies notwendigerweise so sein muß.

Für „Einfühlung in den anderen", „Akzeptierung des anderen" und „Echtheit" wurden Schätzskalen entwickelt. Durch diesen psychologischen Kunstgriff mit den Schätzskalen kann die Methode ein Stück weit „am grünen Tisch" geübt werden. Etwa so:

Unabhängig voneinander ordnet eine Anzahl von Therapeuten dieselben, mittels Tonbandaufnahmen gewonnenen Therapeutenäußerungen, in bezug auf eine der Variablen, zwölf Stufen einer Rangskala zu. Die Äußerungen mit der höchsten Übereinstimmung werden ausgewählt und können nun dem angehenden Gesprächstherapeuten zum Studium dessen, worauf es ankommt, in die Hand gegeben werden. Nun wird auch noch ein weiteres Übungsmittel angefertigt; die jeweils einer Stufe zugeordneten Äußerungen werden auf gemeinsame Charakteristika hin angesehen; die Gemeinsamkeiten werden dann formuliert und bieten nun eine Möglichkeit intellektueller Vergewisserung beim Fortgang der Übung.

Der nächste Schritt besteht darin, daß der Übende Äußerungen vorgelegt bekommt, die ebenfalls zuvor skaliert wurden. Nur sind die Stufen, denen sie zugeordnet wurden, nicht angegeben. Der Übende muß sie einordnen und kann später überprüfen, wieweit seine Einschätzungen übereinstimmen mit der „objektiven" (d.h. intersubjektiven) Einschätzung.

Spätestens zu diesem Zeitpunkt beginnen in Ausbildungsgruppen Diskussionen über die Zuordnung. Besonders effektiv ist es, die Gründe für mangelnde Übereinstimmungen in der Zuordnung zu diskutieren. Insofern kann man vielleicht gerade von nicht so ohne weiteres eindeutig zuordbaren Beispielen lernen.

Gleichzeitig oder anschließend nimmt der Ausbildungskandidat an klientenzentrierten Encountergruppen teil, die ihm konkrete Erfahrungen mit der Anwendung des Gelernten bei sich selbst und an anderen vermitteln. Wie bei Ausbildungsverfahren anderer Schulen nimmt er schließlich als Kotrainer an Encountergruppen teil und führt selbst therapeutische Gespräche durch. Seine Einzelgespräche nimmt er auf Tonband oder Video-Recorder auf, damit sie anschließend von einem Lehrtherapeuten oder mehreren Therapeuten oder in seiner Ausbildungsgruppe von anderen Teilnehmern eingeschätzt werden.

Eine der bemerkenswertesten Neuerungen durch die Gesprächspsychotherapie ist die Regel, grundsätzlich auch die Gespräche fertig ausgebildeter Therapeuten auf Tonband aufzunehmen und von Zeit zu Zeit von Kollegen begutachten zu lassen. Das Prinzip der *wechselseitigen* Kontrolle ist damit zum festen Bestandteil der Methode erhoben worden.

Da die Gesprächspsychotherapie sich zunehmend zur Gruppenmethode entwickelt hat, seien kurz die Ergebnisse von *Speierer* dargestellt (1975, S. 272; vgl. auch 1976, S. 57) bei einer faktorenanalytischen Untersuchung zur Frage, welche Faktoren Grundlage eines therapeutischen Gruppenklimas sind. Es scheint sich dabei um folgende Faktoren zu handeln: 1. erlebte Solidarität der Teilnehmer untereinander (Erleben von Sympathie, Verständnis und Hilfe); 2. Selbstexploration (Erfahrung zeitweilig starker Gefühle bei sich und anderen) und 3. klientenzentrierte Gruppenleitung (Erfahrung von Verständnis, Offenheit und Nähe des Gruppenleiters)*).

Gerade hieraus ergeben sich Ansatzpunkte dafür, noch einmal die Frage anzuschneiden, ob es ein spezifisches Merkmal der Gesprächspsychotherapie sein muß, Ausbildungsmethoden und Therapiemethoden streng zu trennen. Wenn hier als entscheidende Faktoren die „erlebte Solidarität der Teilnehmer" herausgestellt wird und die „Selbstexploration der Teilnehmer", dann wird unzweifelhaft, daß die sogenannten *Therapeuten*variablen (Akzeptierung, Einfühlung und Authentizität) auch als allgemeingültige Variablen angemessenen zwischenmenschlichen Umgangs angesehen werden müssen. Dies entspricht aber auch *Rogers'* (1973) Feststellung, daß die therapeutische Situation nur ein Spezialfall allgemeiner menschlicher Beziehung ist. Und es legt die Auffassung nahe, daß das geschilderte Ausbildungsverfahren prinzipiell auch als Therapieverfahren von Nutzen sein kann.

Kein anderes gegenwärtig relevantes therapeutisches Vorgehen kann sich auf so standardisierte Ausbildungsverfahren und wissenschaftlich-experimentell gewonnene Forschungsergebnisse stützen wie die Gesprächspsychotherapie, obwohl der Einsatz solcher Experimente als prinzipiell bei allen Verfahren und Schulrichtungen möglich erscheint.

In der Psychodramaausbildung versucht man auf vergleichsweise informelle Weise ähnliches. Die Ausbildungskandidaten werden von Zeit zu Zeit von ihren Kollegen hinsichtlich ihrer Aktivität und der Qualität ihres methodischen Einsatzes beim „Mitspielen", beim „Rollentausch" usw. einer Rangskala zugeordnet. Gemäß dem Ergebnis werden sie zur Beseitigung ihrer Schwächen angehalten (*Schützenberger*, 1976). In der Gestalttherapie liegt das Schwergewicht der Ausbildung, wie auch beim Psychodrama, auf der Erfahrung dieser Methode am eigenen Leibe (Gestaltanalyse in Gruppen und Einzelsitzungen). Während der Ausbildung wird vom Gestalttherapeuten-Ausbildungstrainer spätestens im dritten Ausbildungsjahr die Trainerrolle an jeweils ein anderes Gruppenmitglied delegiert. In der Psycho-

*) Die verwendeten Fragebogen, die genaue Beschreibung der Untersuchungsbedingungen und die faktoranalytischen Ergebnisse sind enthalten in *Speierer* (1976). Einen Überblick über neueste Untersuchungsergebnisse, welche die positive Wirksamkeit klientenzentrierten methodischen Vorgehens (auch im pädagogischen Bereich) in Gruppen bestätigt, gibt *Tausch* (1976).

dramaausbildung und in der gestalttherapeutischen Ausbildung bilden wie in der gesprächspsychotherapeutischen Ausbildung die Überprüfung von Tonbandprotokollen und schriftlichen Darstellungen therapeutischer Arbeit und die Mitarbeit als Kotrainer den Abschluß (vgl. *Petzold, Sieper,* 1976).

Es ließen sich zweifellos gute Gründe dafür anführen, daß es wünschenswert wäre, auch die Ausbildung in Gestalttherapie, Psychodrama oder auch der diese und andere Methoden integrierenden im engeren Sinne gestalttheoretisch begründeten Psychotherapie streng im Sinne kurrikularer Programme zu strukturieren. Andererseits ist die Gefahr, dabei in autoritäres und mechanistisches Denken zu verfallen, auf die *Tausch* hinweist (vgl. S. 158), gerade bei einer Aufgabe, die „schöpferische Freiheit" erfordert, im Auge zu behalten. Es ist zu wünschen, daß diesem hier nur angeschnittenen Problem in Zukunft verstärkt Beachtung geschenkt wird.

4.1. Über Vergleichbarkeit und Möglichkeiten der Kombination einiger psychotherapeutischer Methoden

Die Grundregeln psychodramatischer und gestalttherapeutischer Arbeit sind trotz verschiedener Terminologie weitgehend identisch. Das „gelungene zweite Mal", das es nach *Moreno* herbeizuführen gilt, ist bei *Perls* die „Erledigung eines unerledigten Geschäfts". Die Hier- und-jetzt-Regel bei *Perls* ist bei *Moreno* in dem Grundsatz enthalten, Vergangenes in der gegenwärtigen „Semirealität" noch einmal zu durchleben. *Perls* begründet seine Betonung des gegenwärtigen Erlebens in der therapeutischen Arbeit mit der Feststellung: „Wir reden und reden darüber und erreichen nichts" (1974, S. 24) und *Moreno* sagt, daß „im Psychodrama ‚das Leben selber' anstelle von Diskussion und Analyse tritt" (1959, 1973, S. 70). In der Ablehnung einer „Darüber-Reden-Philosophie" (*Perls,* S. 24) und einer „Du-Solltest-Philosophie" (*Perls,* S. 24) stimmen sie ebenso überein wie in der Betonung dessen, was ist („Existentialismus", *Perls,* S. 24), als Ausgangspunkt konstruktiver Persönlichkeitsentwicklung. Die *Perls*'sche Regel, dem (gegenwärtigen) Bewußtheits(awareness)-Kontinuum des Klienten die Führung zu überlassen (d.h. als therapeutisch relevant den jeweils vorherrschenden Bewußtseinsinhalt zu akzeptieren), die er als Konsequenz seiner Entscheidung für die Philosophie des Existentialismus versteht (S. 25), findet bei *Moreno* ihre Entsprechung in der Betonung der Spontaneität („Spontaneität wirkt in der Gegenwart, jetzt und hier", *Moreno,* 1959, 1973, S. 34).

Es ließen sich noch weitere übereinstimmende Grundregeln benennen, dagegen wohl kaum solche, die sich gegenseitig ausschlössen.

Die Begründung erfolgt bei beiden Schulrichtungen zumeist – implizit oder explizit – unter Verweis auf Sachverhalte, die mit den zwölf aufgeführten Kennzeichen der Arbeit am Lebendigen schon erörtert wurden (vgl. auch Teil II). Entsprechend der weitgehenden Übereinstimmung der Grundregeln von Psychodrama und Gestalttherapie ist es unproblematisch und geboten, die zahlreichen daraus abgeleiteten Techniken und Übungen miteinander zu kombinieren.

Man kann einen wesentlichen Unterschied zwischen beiden Methoden darin sehen, daß *Moreno* die innere Welt eines Klienten in weiterem Umfang als *Perls* „nach draußen“, auf die Bühne holt, indem vorhandene Möbelstücke so arrangiert werden, daß der unmittelbar gegebene Raum die größtmögliche Ähnlichkeit mit jenem Raum aufweist, in dem sich das Ereignis, von dem der Klient berichtet, abgespielt hat, und andere Gruppenmitglieder die Rollen in diesem Ereignis vorkommender Personen übernehmen. (Damit hängt zusammen, daß im allgemeinen bei psychodramatischer Arbeit vergangene reale Geschehensabläufe mehr Beachtung finden als in der Gestalttherapie a la *Perls*).

Dies könnte die Vermutung nahelegen, daß das Psychodrama eine stärkere gegenwärtige Konkretisierung des Lebensraumes eines Klienten erlaubt. Andererseits aber findet bei *Perls* der im Psychodrama relativ vernachlässigte Bereich der Körpersignale (Zittern, Zucken, Druckgefühle usw.) besondere Beachtung; die Zentrierung auf diese vergleichsweise mikrokosmische Handlungsebene scheint dem äußerlich bewegungsreicheren psychodramatischen Geschehen im Hinblick auf das Ingangsetzen von Selbstexploration (Bewußtheit) und Neuorientierungsprozessen (Verantwortlichkeit) prinzipiell keineswegs unterlegen zu sein (vgl. *Perls,* 1974) und scheint ebenso wie das psychodramatische Arrangement ein Höchstmaß *gegenwärtiger konkreter* Repräsentation von vergangenen *Beziehungssituationen und -prozessen* (Kennzeichen 7, 8, 9) zu bewirken (vgl. den „Zug des Ziels“, wie er am Beispiel von Kennzeichen 2, S. 148f. erläutert wurde). Beide Methoden fordern vom „Regisseur“ (von der Auswahlfunktion bis zur Inszenierung) ein hohes Maß von Akzeptierung anderer Menschen und Einfühlung in sie und fördern dies bei den Gruppenmitgliedern.

Vordergründig mag sich also die Ansicht nahelegen, daß die handlungs- und veränderungsrelevante Konkretisierung im unmittelbar ablaufenden Geschehen beim Psychodrama eher zu erwarten sei als bei der Gestalttherapie, wo vornehmlich Dialoge zwischen Traumbildern, Symbolen, Gefühlen, Körpersignalen in Gang gesetzt werden. Tatsächlich scheint es aber bei den meisten Teilnehmern in gestalttherapeutischen Trainings- und Therapiegruppen nach relativ kurzer Einführungsphase (warm-up) so zu sein, daß der anschauliche Realitätscharakter eines Dialogs, den ein Klient etwa zwischen einer in seinem Traum vorkommenden Treppe und dem nicht-existierenden Geländer (*Perls*, 1974, S. 104) ohne weitere Requisiten erfindet, der Anschaulichkeit einer psychodramatischen Inszenierung mit vielen verschiedenen Spielern und einer ans Vollkommene grenzenden Bühnendekoration nicht nachsteht. Die Kombination beider Methoden ermöglicht allerdings, auf die spezifischen Bedürfnisse eines Klienten optimaler einzugehen: Dem einen gelingt es, auf seinem Platz sitzend, den Dialog zwischen seinen Händen zu führen („Nimm die positiven Argumente in die eine und die negativen in die andere Hand"); einem zweiten ist es angemessener, jeweils den Platz zu wechseln (Technik des „leeren Stuhls"), um den Rollenwechsel hinreichend anschaulich nachvollziehen zu können, einen dritten aktiviert erst die umfassende psychodramatische Inszenierung.

Der wesentlichste Unterschied zwischen den klassischen Formen von Gestalttherapie und Psychodrama darf wohl darin gesehen werden, daß im Psychodrama die Beziehung zwischen den Gruppenmitgliedern, indem sie füreinander wichtige Rollen nicht Anwesender in der „Semirealität" übernehmen, sehr schnell aktiviert wird und intensive gruppendynamische Prozesse zwischen den Anwesenden als über die psychodramatische Inszenierung der Vergangenheit hinausgehende Chance für ein „gelungenes zweites Mal" mit anwesenden Menschen in Gang kommen (Kennzeichen 6, 7). Auf diese Weise entgeht das Psychodrama (aber auch *Kemplers* Weiterentwicklung der Gestalt-Therapie zur Gestalt-Familientherapie und *Cohns* Weiterentwicklung zur TZI) der unnötigen Einseitigkeit des *Perls*'schen Vorgehens, die darin bestand, daß eher Einzeltherapie in der Gruppe durch den Therapeuten als Therapie der einzelnen mit der und durch die Gruppe stattfand.

Davon aber abgesehen gilt für diese Therapiemethoden, wie sie ihre „Erfinder" praktiziert haben, daß nicht nur die Identifikation mit menschlichen Rollen gefördert wird, sondern auch Dinge, Pflanzen, Tiere und Symbole durch Wort- und Körperausdruck der Gruppenteilnehmer sich darstellen und daß so ihre Bedeutung als bestimmende (und tragende) Kräfte für den oder die jeweiligen „Hauptdarsteller" (Protagonisten = diejenigen, deren Probleme durchgearbeitet werden) den größtmöglichen Grad von gegenwärtiger Anschaulichkeit und Realität gewinnen (Kennzeichen 2, 6, 7, 8, 9).

Eine angemessene Inszenierung – so direktiv sie äußerlich betrachtet wirken kann – setzt Einfühlung (Kennzeichen 12) und Akzeptierung der Eigentümlichkeit des Protagonisten, seiner je spezifischen Möglichkeiten, bestimmte Lebensformen zu verwirklichen, voraus (Kennzeichen 11, 1, 3, 4, 5) – insofern kann angemessene Direktivität bei Psychodrama und Gestalttherapie sich nur auf jene Randbedingungen beziehen, die dem Klienten dazu verhelfen, schneller und effektiver, als er es ohne Anleitung könnte, seine „eigene Sache zu betreiben". So kann Direktivität bei beiden Methoden etwa darin bestehen, einem Klienten unmißverständlich zu sagen, daß jetzt genug „geplaudert" sei, daß er, da er jetzt genügend Material zu Tage gefördert habe, die Entscheidung fällen müsse, ob er die spezifischen Möglichkeiten der Methode nutzen will, auch wenn es Überwindung kostet (z. B. sich im Rollenspiel zu exponieren, der Kritik der anderen auszusetzen usw.), oder nicht – und wenn nicht, dann aber auch nicht anderen die Zeit wegnehmen möchte mit unverbindlichem Berichten. In beiden Methoden spielt diese Herausforderung und Provokation durch den Therapeuten oder andere Gruppenmitglieder eine nicht unbeträchtliche Rolle. Die Entscheidung, der Anleitung im Sinne der Regeln und Techniken des Psychodramas oder der Gestalttherapie zu folgen oder nicht zu folgen, gilt als entscheidender erster Schritt für therapeutischen Erfolg (Einsatz eigener – innerer – Kräfte für eine selbstverantwortliche Entscheidung).

Eine Gefahr gerade dieses Grundsatzes liegt darin: Auch ein prinzipiell fähiger Trainer ist nicht dagegen gefeit, daß ihm die notwendige Steuerung der gruppendynamischen Prozesse entgleitet und daß in Ausbildungs- wie in Therapiegruppen diese methodisch richtige Herausforderung zur Entscheidung in eine inquisitorische Unterwerfungsforderung an einzelne, insbesondere an Neulinge, umschlägt: unter Regeln, die – in psychoanalytischer Terminologie ausgedrückt – primär etwa der Angstabwehr dienen – und letztlich therapiewidrig weil „primitivprägnant" sind („Wer hier nicht mal laut geweint hat, hat nichts begriffen", „Hier geht es um Gefühle, nicht um Gedanken", was dann zu grotesken Aussagen führt, von der Art wie: „Ich fühle, daß eins plus eins gleich vier nicht stimmt"). Meine Skepsis etwa gegenüber der Schreitherapie *Janovs* (1973) und dem jetzt hierzulande auch populär werdenden ähnlichen Vorgehen *Casriels* (München 1975) gründet in der Einseitigkeit ihrer theoretischen Vorstellungen, die als rational nicht nachvollziehbare Unterwerfungsforderungen an den Klienten herangetragen werden.

Während für Gestalttherapeuten und Psychodramatiker der wechselseitige Austausch von Techniken mit Recht theoretisch und praktisch kein Problem mehr darstellt (vgl. *Petzold*, 1973), tun sich vor allem Vertreter einiger psychoanalytischer Schulrichtungen (vor allem solcher sich unmittelbar auf *Freud* berufender) in Deutschland noch schwer damit, die Übernahme und Anwendung solcher Techniken als mit ihren theoretischen Grundlagen vereinbar anzusehen (Ausnahmen: z. B. *Fürstenau*, 1976; *Stierlin*, 1975; *Richter*, 1976; *Enke* u. a., 1976; *Heigl-Evers* und *Heigl*, 1973). Vielleicht würde hier weiterhelfen, intensiver als bisher zu prüfen, ob solche Unvereinbarkeiten sich wirklich mit für die Theorie der Psychoanalyse unverzichtbaren theoretischen Grundsätzen begründen lassen oder ob nicht vielmehr Widersprüche zwischen tatsächlich wichtigen theoretischen Grundlagen der Psychoanalyse und damit verwechselten Regeln, die diesen Grundlagen nur vermeintlich gerecht werden, dem Eindruck der Unvereinbarkeit zugrunde liegen. Es lassen sich jedenfalls gute Gründe für die Auffassung ins Feld führen – um das Problem von der anderen Seite aus zu sehen –, daß, was *Perls* und *Moreno* an der Psychoanalyse so heftig ablehnen, keineswegs entscheidende theoretische Grundlagen betrifft, sondern lediglich verzeihliche und leicht zu korrigierende Irrtümer *Freud*s und seiner Schüler im Hinblick auf die Umsetzung der Theorie in therapeutische Praxis (vgl. auch *Bruns* und *Metzger*, 1967).

So widerspricht die „Abstinenzregel" psychoanalytischer Therapie dem für die Psychoanalyse grundlegenden dynamischen Verständnis psychischer und zwischenmenschlicher Prozesse, jedenfalls wenn man *Lewin* darin folgt, daß die Psychoanalyse weitgehend eine Feldtheorie ist (vgl. *Lewin*, 1963; zur Definition eines psychologischen Feldes vgl. II, 2). Die Forderung, der Psychoanalytiker habe eine „weiße Leinwand" für die Übertragung des Analysanden zu sein, um Ersatzbefriedigungen zu vermeiden, stellt sich dann als Versuch dar, dem Prozeß der Weiterentwicklung den für ihn unverzichtbaren Boden der Bezogenheit und der Wechselseitigkeit (Kennzeichen 6, 7) des Austauschs mit anderen Menschen zu entziehen. In dieser Forderung steckt die zumindest partielle Verleugnung des natürlicherweise gegebenen dynamischen Feldcharakters der Beziehung zwischen Analysand und Analytiker, also eines Teils der gegenwärtigen Realität; zugleich aber soll durch die Erfüllung dieser Forderung eine therapeutische Umstrukturierung im Bezugsfeld des Analysanden auf dem Wege der Anerkennung und des Durcharbeitens seiner Wirklichkeit dienen. Gemessen an den aufgeführten zwölf Kennzeichen muß der Versuch, die Abstinenzregel konsequent zu befolgen, schließlich in die für Therapeuten wie Klienten frustrierende Sackgasse unbearbeitbarer Widersprüche führen, weil sich kein Mensch wirklich aus dem Beziehungsfeld, das entsteht, sobald er Kontakt mit einem anderen Menschen aufnimmt, herausnehmen kann, weil daher das Als-Ob-Verhalten des Analytikers (auch wenn dahinter die wohlmeinende Absicht steht, dem Klienten mehr Raum zur Selbstverwirklichung zu geben) einen Teil der Realität verleugnet und weil so der Gesamtzusammenhang des gegenwärtigen psychologischen Feldes (Lebensraum) ebenso wie einzelne Zusammenhänge notwendigerweise weitgehend unzugänglich bleiben müssen.

Die „Leinwand" wird nie „weiß" sein, der Analytiker wird mehr oder weniger verschwommen (das bedeutet für den Klienten: verunsichernd und hemmend) oder mehr oder weniger klar (das bedeutet für den Klienten – vorausgesetzt natürlich, es geht dem Analytiker wirklich um dessen Wohlergehen –: vertrauenerweckend und ermutigend) hindurchscheinen (vgl. Kennzeichen 7: „Beziehungscharakter",S. 152f.).Auch wenn dies jemandem nach jahrzehntelanger Praxis der Abstinenzregel paradox klingen mag: Dies begründet, warum gerade die Vermeidung des Therapeuten, sich als Mensch erkennen zu lassen, es dem Klienten erschwert, sich mit seinen Übertragungen, seinen starren Rollenerwartungen, sinnvoll auseinanderzusetzen, und warum dies leichter und effektiver möglich ist, sobald der Therapeut seine individuelle Eigenart nicht mehr zu verdecken sucht.

Wo genau der zur Abstinenzregel führende gedankliche Kurzschluß bei *Freud* erfolgt, läßt sich an einem Zitat nachvollziehen, das auch heute noch der Begründung der Abstinenzregel dient (*Laplanche/Pontalis:* Das Vokabular der Psychoanalyse, 1972, S. 23): „Wir müssen, so grausam es klingt, dafür sorgen, daß das Leiden des Kranken in irgendeinem wirksamen Maße kein vorzeitiges Ende findet. Wenn es durch die Zersetzung und Entwertung der Symptome ermäßigt worden ist, müssen wir es irgendwo anders als eine empfindliche Entbehrung wieder aufrichten" (1918, S. 188).

Gegen diese Aussage läßt sich unter Zugrundelegung der zwölf „Kennzeichen" bis auf den zweiten Satzteil des zweiten Satzes nichts einwenden. In diesem letzten Satzteil aber scheint plötzlich ein Mißtrauen gegenüber therapeutischem Fortschritt, wie er sich in offenkundiger Verminderung seelischen Leidens eines Klienten kundtut, gleichsam aufzustehen gegen Klient *und* Therapeut, mit der Forderung an den Therapeuten, dem Erfolg keinen Glauben zu schenken und entgegen natürlicher menschlicher Regung dem Klienten weh zu tun, um sein Leiden zu verlängern. So werden zwei Fliegen mit einer Klappe geschlagen: Mit der Bestrafung des Klienten bestraft der Analytiker auch sich selbst.

Eine *„empfindliche Entbehrung" „irgendwo anders"* aufzurichten, bedeutet Entwertung der bestehenden Beziehungssituation als eines sinnvollen Ganzen, es bedeutet Entwertung des Klienten *und* des Therapeuten als Menschen, deren Denken, Fühlen und Handeln sinngeleitet ist. Es bedeutet den Einbruch unerfindlicher Willkür, verständlich vielleicht nur als Ausdruck der Kapitualtion vor der Erkenntnis, daß Therapeuten und Klienten gleichermaßen zu vorzeitigen – primitivprägnanten – Abschlüssen schwieriger Auseinandersetzungen mit sich selbst und miteinander neigen (vgl. *Sperber*, 1978, insbesondere S. 279ff.).

Man möge diese Auseinandersetzung mit einem *Freud*-Zitat nicht als Versuch der Psychologisierung *Freuds* mißverstehen. Deutlich werden sollte lediglich, daß zwischen dem Ziel, das *Freud* vorschwebte, und dem Mittel, das er zu seiner Erreichung vorschlug, kein rational nachvollziehbarer Zusammenhang besteht. Man kann noch weiter gehen und sagen: Der Vorschlag, „eine empfindliche Entbehrung" *„irgendwo"* aufzurichten (der sich z. B. in der Abstinenzregel manifestiert), steht im Gegensatz zur Psychoanalyse als einer die Struktur der Seele und die Möglichkeit des intellektuellen Nachvollzugs dieser Struktur betonenden Wissenschaft.

Während bedauerlicherweise wissenschaftliches und psychotherapeutisches Potential einiger psychoanalytischer Vereinigungen in Deutschland immer noch im Beharren auf den eigenen theoretischen Grundlagen widersprechenden oder für sie irrelevanten Handlungsanweisungen gebunden zu sein scheint, gibt es von psychoanalytischer Seite auch das bewußte Bemühen, „Auswüchse schulischen Dogmatismus und schulischer Orthodoxie, die der Weiterentwicklung wie folgerichtig dem Ansehen der Psychoanalyse nur schaden können" (*Enke/Walter*, 1976, S. 121) zu überwinden, wie sich dies z. B. in der Äußerung *Fürstenaus* (1976) andeutet, wonach die Psychoanalyse in der Gefahr steht, sich im ständigen Bemühen um Abgrenzung gegenüber neuen psychotherapeutischen Ansätzen ihrer wesentlichsten Kennzeichen zu entledigen (und auspowern zu lassen): z. B. des Kennzeichens, der Bedeutung des Affektiven für den Menschen Rechnung zu tragen (weshalb *Fürstenau* auf der DAGG-Arbeitstagung 1976 eine Arbeitsgruppe „affektnahe psychoanalytische Gruppenarbeit" anbot). Dies gilt für jene psychoanalytisch-therapeutischen Vereinigungen in Deutschland, die seit langem auch *Alfred Adlers* „Individualpsychologie" und *C. G. Jungs* „analytische Psychologie" als psychoanalytische Schulrichtungen ansehen, deren Auffassungen in sinnvoller Weise mit *Freuds* Auffassungen verglichen und mit ihnen gemeinsam in theoretischer und praktischer Hinsicht weiterentwickelt werden können – und dies gilt auch insbesondere für die Vertreter von Individualpsychologie und analytischer Psychologie selbst. Die Individualpsychologen erkennen z. B. die psychologische Gestalttheorie ausdrücklich als mit *Adlers* Auffassungen vereinbare und notwendige Ergänzung der Individualpsychologie an (Ehrenpräsident der Deutschen Vereinigung war bis zu seinem Tode *Wolfgang Metzger*). Die Vertreter der analytischen Psychologie beginnen, in psychologischer Gestalttheorie, Psychodrama und Gestalttherapie Entsprechungen und sinnvolle Ergänzungsmöglichkeiten der eigenen theoretischen Auffassungen und des therapeutischen Vorgehens zu entdecken (vgl. das Ausbildungsprogramm des C. G. Jung-Instituts Stuttgart 1976; *Seifert*, 1976; auch *Whitmont* und *Kaufmann*, 1976).

Einer der wenigen deutschsprachigen Psychoanalytiker, die dem Psychodrama ausdrücklich einen Platz in der Psychoanalyse einräumen, ist *Adolf Friedemann* (vgl. 1975); in Frankreich dagegen hat sich eine einflußreiche Schulrichtung „analytisches Psychodrama“ entwickelt (*Anzieu*, 1975).

Noch in den Anfängen sind übrigens auch die Prozesse der wechselseitigen Durchdringung von Psychodrama und Gestalttherapie auf der einen und Gesprächspsychotherapie auf der anderen Seite – auch wenn, wie an früherer Stelle (S. 173 ff.) deutlich geworden sein sollte, Übereinstimmung in den grundlegenden Auffassungen im Hinblick auf Menschenbild und therapeutische Zielsetzung besteht. Die Notwendigkeit der Ergänzung der gesprächspsychotherapeutischen Methode um nonverbale, also zumeist in Psychodrama und Gestalttherapie beheimatete Techniken, begründen z. B. *Mente* und *Spittler* (1975, S. 264) in einem Erfahrungsbericht: „Eine Therapiegruppe kann natürlich ihre Probleme um den Tisch herum besprechen; das ist eine Möglichkeit des Vorgehens. Sobald wir merkten, was in der neuen Kombination möglich war, gaben wir der reinen Gesprächspsychotherapie endgültig den Abschied und schieben jetzt, etwa jede fünfte Sitzung, nichtverbale Übungen ein, ohne starre zeitliche Festlegung. Manchmal fragt schon die Gruppe in einer bestimmten Problemlage, ob es eine Übung gäbe, die hier weiterhelfen könne; ... Es hat sich herausgestellt, daß durch diese Übungen die interpersonale und die intrapersonale Wahrnehmung der Gruppenmitglieder stets verbessert wird, daß die Gespräche infolgedessen sehr viel mehr von unmittelbarem gefühlsmäßigen Erleben handeln und daß die Gruppenmitglieder wie übrigens auch der Therapeut zu einer tieferen Erfahrung ihrer selbst gelangen.“ *Mente* und *Spittler* betonen, daß sie die spezifische Methode der klientenzentrierten Gesprächspsychotherapie, zumal das Verbalisieren von geäußerten emotionalen Erlebnisinhalten, keineswegs für ungeeignet halten; „sie erscheinen uns allerdings als nicht ergiebig genug, wenn sie ausschließlich verwendet werden.“ *Cochrane* und *Holloway* (1974 in *Wexler* und *Rice*, S. 281) stellen in bezug auf Gestalttherapie und Gesprächspsychotherapie fest: „Wir glauben, daß *alle* Bedingungen, die von jedem dieser Therapieansätze vorgeschlagen wurden, wesentlich für einen kombinierten Ansatz sind“ und „Wir sehen den einzigartigen klientenzentrierten Beitrag im Bereich des Wissens darum, wie man *hinhorcht* (und hört). Wir sehen den einzigartigen Gestaltbeitrag auf dem Gebiet des Wissens darum, wie etwas (und was) *getan* werden kann.“

Der Hinweis auf die Vielzahl von Techniken („wissen darum, wie etwas (und was) getan werden kann“) in der Gestalttherapie bedarf der Ergänzung, daß darin das Psychodrama der Gestalttherapie keinesfalls nachsteht. *Schützenberger* (1976) spricht von 350 psychodramatischen-Techniken, „die es offenbar gibt", von denen sie selber 120 kennt (S. 49). Eine ähnliche Aussage wäre über gestalttherapeutische Techniken möglich. Es gibt kein umfassendes Kompendium psychodramatischer oder gestalttherapeutischer Techniken (allerdings nützliche Sammlungen oder Werke, in denen u. a. auch einige Techniken dargestellt werden: z. B. *Schutz*, 1973; *Kempler*, 1975; *Schützenberger*, 1960; *Leutz*, 1974; *Petzold*, 1973; *Perls, Hefferline, Goodman*, 1977; *Stevens*, 1975).

Gerade in der offenkundigen Unmöglichkeit, eine vollständige Sammlung gestalttherapeutischer oder psychodramatischer Techniken, Übungen, Spiele vorzunehmen, dürfte sich dasjenige Merkmal dieser Methoden äußern, anhand dessen sich am überzeugendsten ihre weitgehende Übereinstimmung mit dem der psychologischen Gestalttheorie entsprechenden Verständnis der „Arbeit am Lebendigen" nachvollziehen läßt. Die therapeutische Situation wurde in Anlehnung an *Metzger* als „Ort schöpferischer Freiheit" definiert. Für diesen Ort kann es per definitionem eine endgültige Festlegung weder in Gestalt von Regeln, Übungen, Techniken, Spielen, noch in Gestalt von Gefühlen, Gedanken, Bewegungen geben. Im Gegenteil: Es muß erwartet werden, daß „in ununterbrochener ‚Fühlung' mit dem Gegenstand" (*Metzger*) ständig neue Formen spontan „erfunden" werden (vgl. die Bedeutung, die der Spontaneität im Psychodrama nach *Moreno* und der unmittelbaren Kreativität in der Gestalttherapie *Perls'* zukommt). Mindestens dieses Merkmal gestalttherapeutischer und psychodramatischer Arbeit muß Eingang in jedes psychotherapeutische System finden, das den Anspruch erhebt, den Menschen als Wesen mit ihm je eigentümlichen Möglichkeiten der Verwirklichung je ihm eigentümlicher Formen des Glücks (aber auch des Unglücks), des Erfolgs (aber auch des Versagens) im Kontext selbst angesichts mächtigster Grenzbedingungen (im Sinne allgemeinverbindlicher Gegebenheiten physischer Existenz) je ihm eigentümlicher Beziehungen zur Umwelt zu achten.

Dem sicher nicht ausbleibenden Vorwurf, hier werde idealistisch spekuliert, soll vorwegnehmend nur mit dem Hinweis begegnet werden, daß das Fundament der hier vertretenen – dialektischen – therapeutischen Methodik (die empirische Erforschung von Wahrnehmung, Gedächtnis, Lernen und Denken) sicher über den Vorwurf des „Idealismus" erhaben ist. Wenn dieses Fundament nicht vergessen, statt dessen weiterentwickelt wird und schließlich den Bereich der darauf aufbauenden hier dargelegten Hypothesen und Theorien, ohne sich „den Magen zu verderben", weiterhin so zwanglos schluckt, wie sich dies insbesondere aufgrund der sozial- und erziehungspsychologischen Forschung *Lewins* und *Metzgers* erhoffen läßt, dann wird die Utopie vom „schöpferischen Menschen", auch wenn sie gelegentlich zur unrealistischen (weil die „Grenzbedingungen" leugnenden) Fiktion ausarten mag, sich als entscheidender Beitrag zu mehr menschlichem Glück erweisen.

4.2. Die wesentlichen Gesichtspunkte für die Umsetzung der „Kennzeichen" in therapeutische Praxis und ein neuerer „gestalttheoretischer" Beitrag zur Psychotherapie

Der Einsatz von (im Sinne prinzipieller interindividueller Übereinstimmung in bezug auf das therapeutische Arrangement) „objektiven" Techniken stellt eine zeitweilige Veränderung der transphänomenalen Umwelt des Klienten dar, im Sinne von Randbedingungen (vgl. *Metzger,* S. 26) seines gegenwärtigen Verhaltens. Von einer Technik wird erwartet, daß sich hinreichend genau vorhersagen läßt, welche Wirkungen ihr Einsatz auf die Vorgänge in der phänomenalen Welt (im Lebensraum) des Klienten ausübt*). Im Rahmen gestalttheoretisch begründeter Psychotherapie liegt die Aufgabe der Methode darin, ein therapeutisches Klima, d. h., mit *Metzger*s Worten, eine Situation schöpferischer Freiheit herzustellen oder zu fördern. Die Art der Veränderung bleibt Sache des Klienten. Die benötigten Methoden müssen also nur einen indirekten Beitrag zur Veränderung leisten. Ihre Prüfsteine sind die zwölf Kennzeichen (vgl. S.147 ff.). Die Wirkung auf die phänomenale Welt des Klienten muß so beschaffen sein, daß dieser anfängt, seine in ihm angelegten Möglichkeiten zunehmend zu entdecken, seine inneren Kräfte zu entfalten und Formen seines Lebens, seiner Tätigkeiten, seiner Beziehungen zu anderen zu entwickeln, die von diesen inneren Kräften getragen werden. Die Methode stellt günstige Bedingungen für Bewegungen im Lebensraum her; *der Klient* bestimmt die Richtung dieser Bewegung und setzt *seine* Kräfte ein, für die Bewegung in diese Richtung.

Auf die Gefahren rigoroser Eingriffe in die transphänomenale Umwelt eines Menschen wurde schon hingewiesen. Techniken wie sie hier gemeint sind, vermeiden ausdrücklich unmittelbar über die Therapiesituation hinausgehende Änderungen der transphänomenalen Welt eines Klienten. Nicht nur „Ermunterungen", sondern auch Vorschläge zu einschneidenden Eingriffen in die „objektive" Um-

*) Hinweise auf in dieser Hinsicht weiterführende ökologische Forschungen finden sich z. B. bei *Smith* (1976). Zur ökologischen Forschung gehört z. B. auch die empirische Untersuchung der Auswirkungen bestimmter Einstellungen von Therapeuten auf den therapeutischen Prozeß (vgl. *Combs, Avila, Purkey,* 1976, insbesondere den Teil daraus in 1975, S. 176 bis 181); vgl. ferner über „ökologische Sozialisationsforschung" das Buch von *Bronfenbrenner* (1976).

welt außerhalb der Therapiesituation verbieten sich aus der gestalttheoretischen Einsicht in Zusammenhänge psychischer Kraftfelder, sofern solche Vorschläge nicht zweifelsfrei von Klienten nur als von der Fachautorität des Therapeuten unabhängige Unterstützung bei der Suche nach Möglichkeiten sinnvoller Veränderung aufgefaßt werden. Über den Zusammenhang zwischen der Beschaffenheit irgendeiner „objektiven" Gegebenheit und der Beschaffenheit seiner subjektiven Repräsentation weiß immer der Klient – und wenn nur latent – selbst am besten Bescheid. Der Therapeut kann, in kompetenter Weise, nur Hilfestellung dabei geben, daß der Klient anfängt, sein Wissen im Rahmen des individuellen Gestaltzusammenhangs (Person–Umwelt; Bedürfnis–Ziel) voller zur Geltung zu bringen, und dann notwendige Eingriffe in die transphänomenale Welt selbst vornimmt. (Vor diesem Hintergrund besteht dann u. U. kein Anlaß, etwa auf Informationsfragen des Klienten direkt zu antworten und, wenn möglich, ihm auch sonst, entsprechend seinen konkreten Vorstellungen, konkret bei der Veränderung der „objektiven" Umwelt zu helfen.)*)

Etwas schwieriger wird es, wenn der Therapie-„Klient" nicht eine Person oder eine überschaubare Kleingruppe, sondern eine Organisation ist.

Wahrscheinlich ist es vielfach unumgänglich, daß der Organisations-Therapeut – er heißt in der Regel Organisationsberater, Innovationsagent oder einfach Änderer – irgendwann nach bestem Wissen und Gewissen mit dem Gewicht seiner Autorität Änderungsvorschläge macht und Änderungen vornimmt. Das hängt damit zusammen, daß Organisationen häufig gar keine Ganzheiten, keine Gestalten im gestalttheoretischen Sinne darstellen. Der Gesamtzusammenhang kann längst verloren gegangen sein – und da kann die Aufgabe nicht darin bestehen, Gestaltprozesse zu fördern, damit Verbesserungen erreicht werden; vielmehr müssen zuerst äußere Änderungen vorgenommen werden (Grenzbedingungen), die ganzheitliche Organisationsprozesse ermöglichen.

Selbst für große Organisationen aber, darauf weist *Greenfield* (1975) mit Nachdruck hin, gilt: Sie sind von Menschen gemacht, die in ihr arbeiten und gearbeitet haben – und Menschen, die darin arbeiten, „wissen" am besten, welcher Änderungen sie bedürfen. So ist auch der Ausgangspunkt auf Organisationen gerichteten Änderungsbemühens stets der einzelne Mensch, oder es sind Gruppen von Menschen, d. h.: Bevor der Änderer Entscheidungen trifft, muß er nach bestem Vermögen in Erfahrung gebracht haben, was die Menschen in der Organisation wollen. Nur so tut er das Optimale, schwerwiegende Fehlentscheidungen zu vermeiden. Vor leichtfertigen Aussagen über die transphänomenale Welt von Organisationen warnt auch *Vansina* (1976, S. 92). Er befürchtet, daß ein Hauptgrund für ein Scheitern beim Bemühen um organisatorischen Wandel häufig darin liegt, daß der Änderer vorschnell innere Schwierigkeiten, die natürliche Folgen von Einstellungs- und Auffassungsdifferenzen

*) Vgl. Anmerkung auf S. 25: Parallele zur Aktionsforschung.

zwischen ihm und seinem Klienten sind, externalisiert, d. h. der „objektiven" Umwelt seiner Tätigkeit, also etwa der Organisation, anlastet und diese dann im Interesse des eigenen psychischen Gleichgewichts mißbraucht*).

Den Anlaß dafür, daß hier noch einmal so pointiert Stellung bezogen wurde gegen weitreichende Eingriffe in die transphänomenale Umwelt des Klienten seitens des Therapeuten, liefern *Kemmler* und *Schulte* (1975, S. 116), die ausgerechnet in einem Sammelband, der *Wolfgang Metzger* zu seinem 75. Geburtstag gewidmet ist, zwar einerseits dessen Skepsis gegenüber *Lewins* „Vernachlässigung" der „objektiven" Welt zum Ausgangspunkt eigener Kritik wählen (vgl. auch *Graefe*), andererseits dabei aber mit solcher Vehemenz *Lewins* Leistungen für eine handlungsrelevante Psychologie in Abrede stellen, daß sie dabei schwungvoll auch *Metzgers* Position gleichsam als noch nicht brauchbar „vom Tisch fegen".

Sie schreiben: „Andererseits sind sowohl das Verhalten als auch die das Verhalten steuernden Stimuli Sachverhalte der transphänomenalen (physikalischen, sozialen) Umwelt und daher prinzipiell den Manipulationen beispielsweise eines Therapeuten direkt zugänglich. Um Verhaltensänderungen auf dem Hintergrund eines phänomenalen Ansatzes in Gang setzen zu können, bedarf es also nicht nur der Kenntnis der Beziehungen zwischen ‚behavioral environment' (phänomenaler Umwelt) und Verhalten, sondern auch der Kenntnis der Beziehungen zwischen ‚geographical environment' (transphänomenaler Umwelt) und ‚behavioral environment'. *Lewin hat keine dieser beiden Beziehungen hinreichend analysieren können* ... Auf der Grundlage der rekonstruierten phänomenalen Welt *werden vom Therapeuten Rückschlüsse auf die ‚verhaltenssteuernde (funktionale) Qualität' verschiedener Stimuli der transphänomenalen Welt gezogen* – wobei die Bedeutsamkeit der phänomenal repräsentierten Stimuli für den Patienten ein wichtiges Kriterium ist" (S. 116/117; Hervorhebung: hjw).

Das ist richtig: Die das Verhalten steuernden Stimuli sind Sachverhalte der transphänomenalen Umwelt. Sie sind dies, ob man darunter nun die unmittelbar steuernden Reize (die stets Sachverhalte der phänomenalen Welt eines Menschen sind – und als solche, entsprechend *Metzgers* Unterscheidung zwischen Wirklichkeit im ersten und zweiten Sinne, zugleich Sachverhalte *in der* transphänomenalen Welt) versteht oder die indirekt steuernden Grenzbedingungen der Wirklichkeit im ersten Sinne.

Zu ihnen hat der Therapeut natürlich auch nur wieder Zugang über seine phänomenale Sicht des Klienten. Das bedeutet aber,

*) In der Psychoanalyse wird dieses Problem unter „Übertragung–Gegenübertragung" gefaßt.

daß „therapeutische“ Eingriffe sowohl in die phänomenale Welt des Klienten wie auch in die für Klient und Therapeut gleichermaßen transphänomenale Umwelt sich nur begründen lassen mit dem (wie immer gewonnenen) subjektiven Eindruck des Therapeuten von der phänomenalen Welt des Klienten und deren Zusammenhängen mit für den Klienten transphänomenalen Reizgrundlagen, wie sie der Therapeut subjektiv (also phänomenal) erlebt (ein Therapeut hat ja zumindest in der unmittelbaren Therapiesituation keine „objektiven“ Meßinstrumente zur Verfügung).

Richtig ist zweifellos (vgl. S. 136 f.), daß die Reizgrundlagen der phänomenalen Welt des Klienten prinzipiell den Manipulationen des Therapeuten zugänglich sind. Auf das Konto allerdings der Diskrepanz zwischen kognitiver Unzugänglichkeit der Zusammenhänge zwischen der für den Klienten transphänomenalen Umwelt und seiner phänomenalen Welt für den Beobachter und der Leichtigkeit, die transphänomenale Umwelt massiv zu verändern, dürfte eine nicht geringe Zahl von „therapeutischen Schildbürgerstreichen“ gehen. Beispiele: a) „Was Ihnen fehlt, ist, daß Sie Ihrem Vorgesetzten einmal gründlich die Meinung sagen“; b) „Sie sind Ihren Untergebenen gegenüber zuwenig offen. Sprechen Sie mit ihnen über ihre Schwierigkeiten“ (über die negativen Folgen naiver Vertraulichkeit vgl. *Zand*, 1973); c) grundsätzlich jede „naive“ Übertragung von in einer Trainingsgruppe sinnvollen Verhaltensweisen auf Situationen außerhalb dieser Gruppe.

Wir haben nicht die von *Kemmler* und *Schulte* geforderten Kenntnisse. Wir können sie in absoluter Weise auch nie besitzen, wie *Metzger* bei der Auseinandersetzung mit der „schöpferischen Freiheit“ überzeugend darlegt: Regelgeleitetes Handeln führt ohne „freies, zielgeleitetes Handeln“, ohne intuitive Abwandlung von Regeln, nicht zum Erfolg.

Es sei betont: Gegen ein Fortschreiten in der Differenzierung des Wissens über die angesprochenen Zusammenhänge z. B. im Rahmen ökologischer Sozialisationsforschung (*Bronfenbrenner*, 1976) ist nun wirklich nichts einzuwenden – im Gegenteil: Solche Fortschritte sind sehr zu wünschen. Wohin aber zielen *Kemmler* und *Schulte*, wenn sie auch noch feststellen: „Eine phänomenologische, vom ‚Ganzen‘ ausgehende Analyse der Umwelt eines Individuums kann allerdings *nur dann* (Hervorhebung hjw) für das ‚Ingangsetzen von Veränderungen‘ hilfreich sein, wenn die Beziehungen zwischen Veränderungen in der physikalischen Welt einerseits und entsprechenden Veränderungen des phänomenalen Feldes andererseits hinreichend beschrieben werden können.“

Hier wird eindeutig von einem einseitigen Verständnis der therapeutischen Situation ausgegangen: von der einsinnigen Wirkungsrichtung vom Therapeuten zum Klienten. Und genau darin liegt der Pferdefuß ihres an beeindruckenden Forderungen zwar reichen, gleichwohl aber keine klaren Aussagen darüber, welche Kenntnisse „hinreichend" wären, anbietenden Aufsatzes über „Feldtheorie und funktionale Verhaltenstheorie". Als Ausweg aus dem postulierten Dilemma, daß *Lewin* die Beziehungen nicht hinreichend geklärt habe, schlagen *Kemmler* und *Schulte* eine Synthese seiner Feldtheorie mit der „funktionalen Verhaltenstheorie", einer in der Tat gestalttheoretischen Konzepten vergleichbaren Weiterentwicklung der amerikanischen Lerntheorien, vor. Wenn man *Bandura* (1976) auch darin zustimmen kann, daß die im Zusammenhang mit Konditionierungsverfahren extensive Forschung über äußerlich beobachtbares Verhalten und dessen Zusammenhänge mit experimentell kontrollierten Umweltgegebenheiten in einen größeren *kognitiven* Zusammenhang gestellt zu werden verdienen und dann fruchtbarer werden können als sie es bisher waren, so ist damit prinzipiell noch nichts über *Lewins* Darstellung der Wirkungszusammenhänge Hinausgehendes erreicht. Da *Kemmler* und *Schulte* dieses „Darüber-Hinausgehen" mittels „funktionaler Verhaltenstheorie" auch nur postulieren, fehlt in ihrem Aufsatz nur noch das Eingeständnis, daß *gegenwärtig keine hilfreichen Veränderungen in Gang gesetzt werden können.*

Warum dies nicht so ist, soll hier noch einmal kurz begründet werden, auch wenn diese Begründung ausführlicher schon in den vorangehenden Teilen dieser Arbeit enthalten ist.

These: Kemmler und Schulte stellen die falschen Fragen und kommen deshalb zu falschen Schlüssen.

Begründung: Sie fragen nicht nach den Möglichkeiten des Klienten, seine Schwierigkeiten zu überwinden (selbst die transphänomenalen Bedingungen seiner Umwelt zu verändern), sondern lediglich nach den Möglichkeiten des Therapeuten, den Klienten zu manipulieren. Die Antwort muß unbefriedigend ausfallen, weil die „eigentümliche Antwort" des Klienten auf einseitige Eingriffe von außen sich dem regelgeleiteten deterministischen Zugriff stets mehr oder weniger entzieht (zur Begründung vgl. S. 148f.). Da ist *Bandura* (1976) schon weiter, wenn er feststellt: „Eine Durchsicht der Literatur über Verstärkung lehrt uns, in welchem Ausmaße wir bei unserem Versuch, einen in zwei Richtungen verlaufenden Prozeß abzubilden, Opfer eines einseitigen Paradigmas geworden sind. Umweltkontrolle ist bis zum Überdruß untersucht worden, während persönliche Kontrolle weitgehend vernachlässigt wurde. Um nur ein Beispiel zu nennen: Es liegen zahllose Exempel dafür vor, wie ein Verhalten bei verschiedenen Verstärkungsplänen variiert; vergebens hält man jedoch Ausschau nach Untersuchungen, die zeigen, wie es Menschen entweder durch individuelles oder durch kollektives Handeln gelingt, Verstärkungspläne nach ihrem eigenen Bedürfnis zu bilden" (S. 221/222)*).

---

*) Damit befaßt sich in Deutschland z.B. *Jörg Fengler* (1978); vgl. auch *Lazarus* und *Fay* (1977).

Da *Kemmler* und *Schulte* nicht nach den Möglichkeiten des Klienten fragen, kommt ihnen nicht die Frage in den Sinn, was denn der Therapeut alles nicht zu wissen braucht, um hilfreiche Veränderungen in Gang setzen zu können. Da die Allwissenheit des Therapeuten das Ziel ihrer Überlegungen ist, kommt es ihnen *auch nicht* in den Sinn, zu unterscheiden zwischen schwerwiegenden Eingriffen in die transphänomenale Welt des Klienten und der Möglichkeit, Randbedingungen für den Klienten so abzuwandeln, daß sie der freien Entfaltung eigener Bewältigungsmöglichkeiten dienen. So geraten sie in die Sackgasse des „Alles-oder-Nichts", in der graduelle Unterschiede keine Rolle spielen wie die zwischen den Empfehlungen a) „Lassen Sie sich scheiden, damit Sie Ihre Depressionen verlieren" und b) „Benutzen Sie auf der Fahrt zur Therapiesitzung lieber die Bahn als Ihren Wagen, denn ich habe den Eindruck, daß Teilnehmer an therapeutischen Gruppen- oder Einzelsitzungen besonders häufig Verkehrsunfälle verursachen". Auf solche Unterscheidungen aber kommt es an, wenn nicht die Machtvollkommenheit (= absolute Kompetenz) des Therapeuten, sondern die Hilfe für den Klienten im Mittelpunkt der Erforschung hilfreicher Eingriffe steht.

Über der Frage und der Forderung nach absoluten Lösungen geht ihnen offensichtlich der Blick für die Handlungsrelevanz des phänomenologischen Ansatzes *Lewins* und die diesen stützenden und erweiternden Beiträge *Wolfgang Metzgers* verloren. Dem von *Wolfgang Köhler* und *Max Wertheimer* geprägten Begriff der „Gefordertheit der Lage", auf den sich *Metzger* stützt, wenn er den „Zug des Ziels" definiert, messen sie ebenso wie allen anderen schon in der klassischen Gestalttheorie formulierten Gestaltzusammenhängen (Isomorphie bei *Köhler;* Einsicht bei *Köhler* und *Wertheimer* usw.) offenbar keinerlei Handlungsrelevanz (keinerlei Bedeutung für die Klärung der Beziehungen zwischen anschaulichem Verhalten und seinen Bedingungen) bei. Handlungsrelevanz scheint in ihren Augen erst eine Psychologie zu haben, die im Stande ist, alles menschliche Geschehen in absoluten Wenn-Dann-Beziehungen auszudrücken, und die den Menschen grenzenloser Manipulation zugänglich macht. Solche Indolenz bei „Gestalttheoretikern" legt den Gedanken nahe, daß, wer heute den gestalttheoretischen Weg konsequent weitergehen will, sich vielleicht eher amerikanische Lerntheoretiker vom Schlag *Albert Banduras* zu Weggenossen wählt, die offenbar das Bewußtsein der eigenen wissenschaftlichen Herkunft besonders sensibilisiert hat gegenüber unrealistischen – und inhumanen – Forderungen an die psychologische Erforschung des Menschen.

Die hier im Gegensatz zu der Behauptung *Kemmlers* und *Schultes* vertretene These lautet: *Lewin und mit und nach ihm Wolfgang Metzger (und beide ausgehend von der klassischen Gestalttheorie Köhlers und Wertheimers) haben die Beziehungen zwischen menschlichem Verhalten und phänomenaler Reizgrundlage einerseits und zwischen phänomenaler und transphänomenaler Reizgrundlage andererseits immerhin insoweit hinreichend geklärt, daß hilfreiche Veränderungen bei Personen, die psychotherapeutischer Hilfe bedürfen, in Gang gesetzt werden können.*

Mit dieser These soll nicht bestritten werden, daß die Klärung dieser Zusammenhänge weiter vorangetrieben werden kann und daß, dies zu tun, für Erziehung und Therapie gleichermaßen nützlich sein kann. Sieht man aber ab vom wissenschaftlichen Selbstzweck solcher Erforschung und geht man davon aus, daß dem Menschen die Fähigkeit innewohnt, unter Bedingungen, die *Metzger* mit dem Begriff „schöpferische Freiheit" erfaßt, sein Leben sinnvoll zu bewältigen, dann ist der spezifische Ansatzpunkt therapeutischer Tätigkeit die phänomenale Welt des Menschen; dann reicht es aus, die „Randbedingungen" der transphänomenalen Welt zu kennen und herbeiführen zu können, die in der phänomenalen Welt eines Menschen den zwölf aufgeführten „Kennzeichen der Arbeit am lebendigen Menschen" gerecht werden. Daß entscheidende Maßnahmen in dieser Richtung möglich sind, sollte schon vor diesem Exkurs belegt worden sein. Es sollte aber auch deutlich werden, daß spezifische psychotherapeutische Forschung etwas anders aussehen sollte, als sich dies *Kemmler* und *Schulte* offenbar vorstellen.

Abschließen soll die im Kontext dieses Abschnitts relativ abstrakte Auseinandersetzung mit *Kemmler* und *Schulte* ein Beispiel (eigene Erfahrung) in der schlichten Sprache der Gestalttherapie, das vielleicht am besten anschaulich werden läßt, daß „Randbedingungen" herzustellen, die schließlich zu therapeutisch hochrelevanten Änderungen in der phänomenalen und der transphänomenalen Welt des Klienten führen, *weder* weitreichende *konkrete (inhaltliche)* Kenntnisse des Therapeuten über die Zusammenhänge zwischen Verhalten, phänomenaler Welt und transphänomenaler Welt voraussetzt, *noch* die Fähigkeit, die eintretenden Änderungen *konkret (inhaltlich)* vorhersagen zu können. (Konkret *ist jedoch für den erfolgreichen Therapeuten der Klient, wie er ihn vor sich hat: alles – und das ist viel –, was er sieht und hört – und „riecht".*):

Ein Mann kommt mit sich und der Welt, insbesondere seiner Frau und seiner weiblichen Vorgesetzten nicht zurecht. Nachdem er einige Male in einer Reihe von Sitzungen mit der Technik des „leeren Stuhls" Dialoge erfunden hat zwischen sich und seiner Frau und zwischen sich und seiner Vorgesetzten, hat er plötzlich nach einem wütenden Angriff auf seine Frau das Bild seiner Mutter vor Augen, wie sie ihm gegenübersitzt. Die geballten Fäuste, die eben noch gegen seine Frau gerichtet waren, schlägt er sich vor die Stirn und er bricht in heftiges Schluchzen aus. *Therapeut:* Beschreiben Sie Ihre Mutter. Wie sieht sie aus? Ihr Kleid, ihr Haar, ihre Hände, ihr Gesicht? *Klient* (beschreibt alles, ohne zu zögern; dann spricht er mit ihr): Du hast mich nie gemocht. Du wolltest nicht, daß ich geboren wurde. *Klient als Mutter:* Das stimmt; ich wollte Dich erst nicht; aber dann warst Du mein Kind, wie die anderen. Ich hab Dich so lieb wie die anderen, vielleicht sogar noch lieber, denn Du warst der Jüngste. Ja, ich habe Dich noch lieber, als die anderen. *Therapeut* (ordnet Rollentausch an und wiederholt*): Ich habe Dich noch lieber als die anderen. *Klient* (schluchzt): Aber du bist weggegangen, einfach weggegangen . . . (er kann vor Schluchzen nicht weitersprechen). *Therapeut* (nach einem Weilchen): Wo ist

---

*) In anderen Fällen kann er auch über die reine Wiederholung im Sinne der „Verbalisierung (noch nicht explizit vom Klienten ausgesprochener) emotionaler Erlebnisinhalte" hinausgehen.

die Mutter jetzt? *Klient:* Im Sarg. *Therapeut* (später): Wie lange ist Deine Mutter tot? *Klient:* Seit 15 Jahren.

Hier geht es um phänomenale Fakten, die in Beziehung zu bestimmten und beschreibbaren transphänomenalen Fakten stehen; jedoch: Der Therapeut hat es dem Klienten überlassen zu bestimmen, welche Personen (oder Bereiche) der transphänomenalen Welt für die therapeutische Arbeit wichtig sind. Er brauchte deshalb gar keine Ahnung von den objektiven Beziehungen zwischen phänomenaler Welt des Klienten und seiner transphänomenalen Reizgrundlage zu haben. Er brauchte ihn nur entsprechend den von *Metzger, Lewin* und *Rogers* als relevant herausgearbeiteten, in der phänomenalen Welt von Individuen handlungsrelevanten Prinzipien und „Kennzeichen" unterstützend zu begleiten.

Die Mutter war seit 15 Jahren tot. Die Beziehung zu ihr war im Hier- und-jetzt jedoch sehr lebendig. Sie war in der phänomenalen Welt dieses Mannes, mindestens bis zu dieser Sitzung, geradezu allgegenwärtig: in ihm selber, in seiner Frau, in seiner Vorgesetzten, wie er in einer späteren Sitzung selbst feststellte. Er konnte jetzt – immer noch mit Erstaunen darüber, daß er nun ganz anders zu seiner Frau und zu seiner Vorgesetzten hin empfand und die alten Schwierigkeiten nicht wiederkehrten – sagen: Ich wollte meine Frau verlassen, ich wollte meine Vorgesetzte verlassen; ich fürchtete ständig, von meiner Frau verlassen zu werden; ich fürchtete ständig, von meiner Vorgesetzten entlassen zu werden. Jetzt weiß ich, daß meine Mutter mich doch mochte. Das hat mein ganzes Leben verändert.

Vielleicht kann man sogar sagen: Jedes Fragen nach der Transphänomenalität der Mutter wäre bei dieser Arbeit im höchsten Maße irrelevant, ja störend gewesen. *Lewin:* „Wir können generell formulieren: Existenz oder Nicht-Existenz und die Zeitlage eines psychischen Faktums sind unabhängig von der Existenz oder Nicht-Existenz und der Zeitlage des Faktums, auf das es sich inhaltlich bezieht" (*Lewin,* 1969, S. 58). In *Fritz Perls'* Worten ausgedrückt, bestand das Ergebnis dieser therapeutischen Arbeit darin, daß der Klient ein unerledigtes Geschäft erledigt hatte.

Noch etwas könnte an diesem Beispiel deutlich geworden sein, nämlich: wie im Rahmen gestalttheoretisch begründeter Therapie mit dem in der Psychoanalyse so betonten Phänomen der „Übertragung" auf eine Weise umgegangen werden kann, daß es statt störend zu wirken, unmittelbar als therapeutisches Mittel genutzt wird. Ob ich mir als Therapeut nun explizit meiner sogenannten „Gegenübertragungsreaktion" bewußt bin oder nicht – die am konkreten Beispiel beschriebene Technik des „leeren Stuhls" stellt ein Situationsarrangement dar, in dem „Übertragungs-" und „Gegenübertragungsreaktionen" weniger Gefahrenquellen als zwanglos einsetzbare natürliche therapeutische Hilfsmittel sind; sie fördern auf seiten des Klienten wie auf seiten des Therapeuten die für handlungsrelevante Konkretisierung problematischer Beziehungssituationen notwendige Identifikation und Einfühlung.

5. Das therapeutische Geschehen als gegliedertes Ganzes: Auftauen – Ändern – Neustabilisieren

Im vorangehenden Abschnitt ging es darum, anschaulich darzustellen, wie sich das gestalttheoretische Menschenbild anhand von Techniken, Übungen, Spielen in therapeutische Praxis umsetzen läßt. Entsprechend dieser Zielsetzung beschränkte sich die Auseinandersetzung mit in ihrer Herkunft und ihrer konkreten Ausprägung zwar voneinander abweichenden, im Blick auf das ihnen zugrunde liegende Menschenbild aber durchaus mit der psychologischen Gestalttheorie übereinstimmenden Ansätzen auf das unvermeidlich erscheinende Maß. Dies aber schon genügte, um den Aspekt der Systematik therapeutischer Arbeit in den Hintergrund treten zu lassen*).

Warum es notwendig ist, eine gewisse Vorstellung vom therapeutischen Geschehen als einer sich wiederholenden gegliederten Verlaufsgestalt (das ist mit dem Aspekt der Systematik gemeint) zu entwickeln und warum dazu am Schluß dieses Teils ein Beitrag geleistet werden soll, sei begründet:

Vertrauen in die „Tendenz zur guten Gestalt" beim Menschen ist gerechtfertigt und notwendig. Übungen, Techniken und Spiele, die den zwölf Kennzeichen gerecht werden, dienen grundsätzlich der Aktivierung dieser „Tendenz". Ihre Anwendung bringt dennoch Gefahren mit sich. Therapeutische Verfahren wären überflüssig, wenn es nicht die Störung dieser „Tendenz" gäbe. Solche Störungen können grundsätzlich im Verlauf therapeutischer Arbeit ebenso wie im Alltag auftreten. Es ist *das Ziel* der therapeutischen Arbeit, daß diese Tendenz möglichst ungestört im Leben eines Menschen wirksam ist. Weil dies aber nicht vorausgesetzt werden kann, wird nicht nur der Einsatz von Techniken überhaupt erst nötig, sondern vermag er auch

---

*) Sammelbecken fast all jener Ansätze, die in einer auf Vollständigkeit in dieser Hinsicht bedachten Darstellung aufgeführt werden müßten, ist die „humanistische Psychologie" geworden (*Maslow, Massarik, Greening, Jourard, May*), wie sie *Bühler* und *Allen* (1974) darstellen, allerdings auch unter Verzicht auf eine vollständige Darstellung aller der „humanistischen Psychologie" zuzuordnender psychologischer, psychotherapeutischer und pädagogischer Ansätze und ihrer Beziehungen zueinander (dafür mit vielen Hinweisen auf ergänzende Literatur). Hier lassen sich z. B. noch nennen: „rational emotive therapy" (*Ellis* 1973 und in Jurjevich), Implosionstherapie (*Stampfl, Lewis* in Jurjevich), „assumption-centered therapy" (*Anderson* in Jurjevich), Realitätstherapie (*Glasser* in Jurjevich), *Synanon* (*Yablonsky*), Transaktions- und Skriptanalyse (*Berne, F. English*), Bioenergetik (*Lowen*), eidetische Analyse (*Lazarus/Ahsen*), katathymes Bilderleben (*Leuner*), integrative Bewegungstherapie (*Petzold/Berger*), neoanalytische Strömungen (vgl. insbesondere *Fromm*, 1976).

seelische Zustände auszulösen, mit denen ein Klient noch weniger ohne Hilfe fertig wird als mit dem Zustand, der ihn nach Hilfe Ausschau halten ließ. Es können z.B. innere Kräfte aktiviert werden, deren er sich noch nie bedient hat; es können z.B. Wünsche und Erwartungen in sein Bewußtsein treten, die ihm als mit seinen ihm vor und während der Therapiesituation bewußten Moralvorstellungen so unvereinbar erscheinen, daß sein bisher vielleicht eben noch zum Überleben ausreichendes Selbstwertgefühl augenblicklich gänzlich in die Brüche geht. Wenn in einem solchen Fall ein Klient die Vertrauensbeziehung zu seinem Therapeuten oder zu seiner Gruppe nicht als stabil genug erlebt, um den Mut zu rechtfertigen, gerade hier nicht verzweifelt aufzugeben, sondern in die Auseinandersetzung mit den widerstreitenden inneren Bereichen und Kräften einzutreten, so kann etwas ähnliches geschehen wie in einem Hypnoseexperiment, wenn der Proband genau an der Stelle den Rapport zum Hypnotiseur verliert, wo dieser ihm erfolgreich suggeriert hat, er sei blind: Es kann dann sehr schwierig werden, diese psychische Blindheit in neuen Hypnoseversuchen rückgängig zu machen (weil sie sich im Sinne eines circulus vitiosus – Erschrecken, Panik, Mißlingen der Herstellung eines neuen Rapports zum Hypnotiseur, Verstärkung des Bewußtseins, blind zu sein – selbständig verstärkt) (*Ludwig Mayer:* Hypnose, 1952, S. 78 ff.).

Die Tätigkeit des Therapeuten im hier vertretenen Sinne hat tatsächlich etwas mit der Rolle eines Hypnotiseurs zu tun, so sehr dem auch die Forderung, Bedingungen schöpferischer Freiheit für den Klienten und keine Abhängigkeit vom Therapeuten herzustellen, entgegenzustehen scheint: Zunächst einmal ist nämlich unleugbar, daß die Aufmerksamkeitszentrierung (etwa bei der Übung: im Bewußtheitskontinuum bleiben) sehr leicht und sehr häufig in eine Art Trance führt. Außerdem scheint die Anwendung des Wissens um gerade die elementarsten, selbstverständlichsten und natürlichsten Zusammenhänge im menschlichen Organismus, zwischen Denken, Fühlen und Motorik, etwa in Übungen, die darauf basieren, daß Lebensgefühl und Körperhaltung oder Stimme etwas miteinander zu tun haben (*Therapeut:* „Achte mal auf Deine Stimme. Beschreib, wie sie klingt." *Klient:* „Es ist wie ein leises Weinen." *Therapeut:* „Sei die Stimme." *Klient:* weint), häufig grenzenlose Verblüffung bei Klienten und damit Wünsche auszulösen, sich gänzlich in seine Macht als vermeintlich allmächtiger Magier zu begeben. Dieser Beobachtung entspricht in der Einleitung einer Ersthypnose die Technik, den Rapport herzustellen, indem dem Probanden Beobachtungen mitgeteilt werden, die der Hypnotiseur ohne Schwierigkeiten machen kann, die dem Probanden aber ein „Über-Wissen" des Hypnotiseurs suggerieren, das die Bereitschaft, ihm zu folgen, erhöht.

Der Vergleich therapeutischer Methodik der beschriebenen Art mit der Hypnosetechnik verdeutlicht: Die beschriebenen Techniken führen den Klienten, abhängig von seiner Persönlichkeit und von der spezifischen Technik, die angewandt wird, mehr oder weniger in einen tranceartigen Zustand und häufig auch zu für ihn in positiver wie in negativer Hinsicht überraschenden und überwältigenden Erfahrungen. Damit hängt zusammen, daß der Therapeut ein großes Maß an Macht über den Klienten gewinnt.

Ob nun eine relativ unspezifische oder eine besonders gut passende Technik gewählt wird, sie funktioniert vergleichsweise wie von selbst („Zug des Ziels") – jedenfalls bis zu einem Zustand des Klienten, in dem Umstrukturierungen seines Lebensraumes möglich *und* – dies ist hier entscheidend – unumgänglich sind. Aus der Abhängigkeit des Wirksamwerdens der individuellen „Tendenz zur guten Gestalt" von der Gesamtsituation, dem Gestaltzusammenhang zwischen dem Klienten und seinem Therapeuten oder seiner Gruppe, damit aus der Anfälligkeit gegenüber Störungen, die vom Therapeuten oder von der Gruppe ausgehen, leitet sich die Notwendigkeit ab, daß dem Therapeuten oder Trainer in diesem wie in keinem anderen Augenblick das bestmögliche Rüstzeug zur Verfügung steht. Erweist sich just in dem Augenblick, in dem der Klient auf Kosten von wenn auch nur notdürftiger Stabilität und Ordnung seines Lebensraumes ein Höchstmaß erreicht an Bewußtheit innerer Kräfte und Umweltbereiche und ihrer Beziehungen zueinander, wie sie sich in mehr oder weniger stark widerstreitenden Wünschen, Bedürfnissen, Gefühlen, Vorstellungen äußern, der Boden des Lebensraumes als unsicher und schwankend, dann schlägt Therapiearbeit in „Brandstiftung" um.

Es ist also möglich, den Klienten mittels Techniken zu überrumpeln. Dies steht dann im Widerspruch zu den Kennzeichen „Nichtbeliebigkeit der Arbeitsgeschwindigkeit und der Arbeitszeiten". Insbesondere *Bewußtheitsübungen* bergen die Gefahr der Überforderung des Klienten. Als Korrektiv können hier *Verantwortlichkeitsübungen* dienen, indem sie immer dann (im Sinne einer den Aspekt der „Ordnung" betonenden Realitätsprüfung) dazwischen geschaltet werden, wenn der (im Zustand erhöhter „Flüssigkeit") auf „Entdekkungsreise" gegangene Klient auf Neues gestoßen ist (im Sinne von „Erweiterung" und „Differenzierung" seines Lebensraumes). Diese Überlegung bedeutet, als Regel gefaßt: Dem dialektischen Charakter gestalttheoretisch begründeten therapeutischen Vorgehens ist durch kontinuierlichen Wechsel zwischen Betonung der *Bewußtheit* und Betonung der *Verantwortlichkeit* Rechnung zu tragen.

Diese Regel soll im folgenden um ein Modell ergänzt werden, das den Verlauf therapeutischen Geschehens als *regelhaft* gegliedertes Ganzes beschreibt und das Bewußtsein des Therapeuten dafür, wie er mit der ihm zuwachsenden Macht verantwortlich umgeht, schärfen kann.

Regeln sind, wie ausführlich begründet wurde, nur „Eselsbrücken", nur „Erinnerungen daran, was die schöpferische Freiheit behindert" (*Metzger*, persönliche Mitteilung); doch angesichts der unaufhebbaren menschlichen Unzulänglichkeit sind sie am unverzichtbarsten dort, wo sie am allerwenigsten mit Erfolg blind angewandt werden können, wo nichts wichtiger ist, als daß „der letzte Sinn der Dinge" „seinen eingeborenen Weg geht" (vgl. Zitat nach *Metzger*, S. 161). Und wenn ihre Kenntnis keine andere Bedeutung hat, als daß sie dem Therapeuten die Furcht vor dem Versagen nimmt, die zur Ursache des Versagens werden kann, dann reicht dies als Begründung für den Versuch aus, den Ablauf therapeutischer Prozesse systematisch und regelhaft zu erfassen.

Die ausführliche Begründung mag hier wichtiger sein als die nun folgende Darstellung; denn sie gibt nur – und zur Bestätigung sollen vergleichende Überlegungen angestellt werden – ein Modell wieder, über das zwischen den psychotherapeutischen Schulrichtungen, die mit Techniken der dargestellten Art arbeiten, aber auch mit der Psychoanalyse, Einigkeit besteht.

Auf *Lewin* geht die in der Überschrift dieses Abschnitts genannte dreiphasige Modellvorstellung zurück: „unfreezing" (Auftauen) – „change" (Ändern) – „refreezing" (Neustabilisieren) (vgl. *Schein* in *Bennis, Benne, Chin*, S. 128 ff.; *Lewin*, 1963, Kap. IX, dort übersetzt mit: Auflockern, Hinüberleiten und Verfestigen, S. 262).

Wie die drei Begriffe zeigen, versteht *Lewin* das therapeutische Geschehen als einen dynamischen Prozeß:

– Er beginnt damit, daß das wie immer geartete „Fließgleichgewicht" des Lebensraumes eines Menschen*) zunehmend labiler wird, genauer: daß a) die Grenze zwischen individuellem Lebensraum (der Wirklichkeit im zweiten Sinne) und noch nicht oder nicht mehr vom Lebensraum erfaßten Teilen der Welt (Wirklichkeit im ersten Sinne) durchlässiger wird, b) ebenso die Grenzen zwischen den Lebensraumbereichen (Person–Umwelt; Personbereichen; Umweltbereichen) durchlässiger werden und c) so die im Lebensraum vorhandenen potentiellen und manifesten Kräfte (bisher etwa in „isolierten Teilen", „Verdrängungen", „Verschiebungen", „Regressionen", „Introjektionen", „Projektionen" gebundene Kräfte frei

*) Wenn im weiteren Text von Gleichgewicht die Rede ist, geht es immer um ein „Fließgleichgewicht"; zu diesem Begriff vgl. *von Bertalanffy; Chin* in *Bennis/Benne/Chin*, S. 244 ff.; *Lewin* meinte etwa das gleiche – ein im Niveau veränderliches Gleichgewicht eines für Einflüsse von außen offenen Systems – mit dem Begriff „quasi-stationäres Gleichgewicht" (vgl. Kap. IX in 1963).

werden für Veränderungen ihrer Stärke und ihrer Zielrichtung. *Lewin:* „Damit die Schale der Selbstgefälligkeit und Selbstgerechtigkeit aufgebrochen wird, muß man manchmal eine affektive Aufrüttelung vorsätzlich einführen“ (1963, S. 263).

– Er schreitet fort zur Entwicklung und Erprobung veränderter oder neuer von inneren Kräften getragener Formen des Wahrnehmens, Denkens, Fühlens und Handelns. In dieser Phase ist die Verantwortung des Therapeuten am größten, weil ein Gleichgewichtszustand, wie unbefriedigend, kränkend, lähmend (etwa im Sinne von *Adlers* „neurotischem Arrangement“) die betroffene Person ihn auch erlebt haben mag, aufgegeben worden ist und ein neuer befriedigender Gleichgewichtszustand sich nicht (oder nur in seltenen Fällen) in einem einzigen fruchtbaren Augenblick einstellt, sondern erst allmählich nach einem in verschiedene Richtungen ausschwingenden Suchprozeß sich neu einpendelt. In dieser Phase prallen häufig innere Gegensätzlichkeiten – die vorher gar keine Rolle zu spielen schienen – hart aufeinander: z. B. der Wunsch nach absoluter Freiheit und der Wunsch nach vollkommener Geborgenheit. Dem Widerstreit der freigewordenen Kräfte entspricht das für diese Phase typische Schwanken zwischen hoffnungsvoller Erwartung (der Verwirklichung neu entdeckter Möglichkeiten) und hoffnungsloser Selbstaufgabe (angesichts der Unvereinbarkeit einer Reihe von neu entdeckten Möglichkeiten.).

Lewin: „Der Erfolg von Arbeitslagern oder -tagungen für eine Veränderung der Ideologie oder des Betragens hängt u. a. von der Möglichkeit ab, während der Veränderung ‚sozio-kulturelle Inseln‘ zu schaffen. Je stärker die akzeptierte Subkultur ... und je größer ihre Isolierung ist, um so mehr verringert sich die Art des Widerstandes gegen eine Veränderung, die auf dem Verhältnis des Individuums zum Standard der größeren Gruppe basiert“ (1963, S. 265).

– Er findet seinen (in der Regel *vorläufigen*) Abschluß in der Wiederherstellung eines Gleichgewichts auf einem im Falle des Erfolgs erhöhten Prägnanzniveau des Lebensraumes: der Zeitperspektive, der Realitäts- und Irrealitätsbereiche hinsichtlich ihrer Beschaffenheit wie sie sich anhand der *Lewin*schen Deskriptionsdimensionen „Enge–Weite“, „Unordnung–Ordnung“, „Flüssigkeit–Rigidität“ und „Undifferenziertheit–Differenziertheit“ – zumindest vorläufig – beschreiben läßt*).

*) Vgl. die Erörterung auf S.118 f., wo *Lewins* Deskriptionsdimensionen mit den von *Rausch* für die Beurteilung der Prägnanzhöhe von Wahrnehmungsgestalten vorgeschlagenen Prägnanzkriterien verglichen werden; daraus könnten sich neue und überprüfbare Hypothesen für die Beurteilung der Prägnanzhöhe psychischer Systeme ableiten lassen.

In dieser Phase liegt die Betonung auf der Verantwortlichkeit des Klienten, genauer: darauf, daß der Klient die Verantwortung für seine Veränderung übernimmt, indem er die Veränderung als Ergebnis einer persönlichen Entscheidung für sein persönliches Leben akzeptiert, auch wenn sie ihm die Subkultur der Gruppe erleichtert hat. *Lewin:* „Die Entscheidung verbindet die Motivation mit der Handlung, und sie scheint gleichzeitig eine Verfestigungswirkung auszuüben, die teils durch die Tendenz des Individuums, zu ‚seinen Entscheidungen zu stehen', und teils durch das ‚Bekenntnis zur Gruppe' bedingt ist . . . Die Experimente beweisen jedoch sogar, daß Entscheidungen im Hinblick auf die persönliche Leistung selbst dann wirkungsvoll sein können, wenn sie in einer Gruppenanordnung, die sich nie wieder sieht, getroffen wurden" (1963, S. 267).

Das „quasi-stationäre Gleichgewicht" des Lebensraumes, um dessen Herstellung und Stabilität auf einem angemesseneren Niveau es speziell in dieser Phase geht, ist jedoch, wie *Lewin* auch sieht (S. 267), nicht schon mit dieser Entscheidung gegeben. Es ist als soziales Gleichgewicht abhängig davon, wie gut sich die individuelle Entscheidung in den gegebenen sozialen Alltagskontext des Individuums einfügt. Diese Problematik muß also, sollen die Änderungsprozesse im Rahmen der „therapeutischen Subkultur" nicht in Unheil umschlagen, in der Abschlußphase eines Änderungsprozesses mit Vorrang behandelt werden.

5.1. Einige Vergleiche als Beleg für die Universalität des Drei-Phasen-Modells

Freud beschreibt die therapeutische Anwendung der Psychoanalyse (Gesammelte Werke X, S. 126–136) als „Erinnern, Wiederholen, Durcharbeiten". Die Entsprechung zu der begrifflichen Trias „Auftauen, Ändern, Neustabilisieren" ist nicht unbedingt augenfällig; sie wird aber deutlich, wenn man *Freud*s Erläuterungen folgt.

Zu der Phase des „Erinnerns" gehört: „Der Arzt deckt die dem Kranken unbekannten Widerstände auf; sind diese erst bewältigt, so erzählt der Kranke oft ohne alle Mühe die vergessenen Situationen und Zusammenhänge. Das Ziel dieser Techniken ist . . . deskriptiv: die Ausfüllung der Lücken der Erinnerung, dynamisch: die Überwindung der Verdrängungswiderstände" (X, S. 27).

Man tut *Freud*s Auffassungen wohl keinen Zwang an, wenn man behauptet, daß es beim „Erinnern" wie in der Phase des „Auftauens" um eine Freisetzung innerer Kräfte geht, die bisher in spezifischen Konstellationen (z. B. der Verdrängung bestimmter Erinnerungen) gebunden waren. *Freud* selbst ergänzt, daß es dabei neben den Erinnerungen an „Eindrücke, Szenen, Erlebnisse" (S. 127) auch auf „Phantasien, Beziehungsvorgänge, Gefühlsvorgänge" (S. 128) ankommt. Unterschiede zwischen *Freuds* und *Lewins* Auffassungen treten allerdings zutage, wenn man genauer beachtet, was sie jeweils unter „Erinnerung" verstehen. Bei *Lewin* ist klar, daß er Erinnerungen (nicht anders als Erwartungen und Ziele für die Zukunft) als Bestandteile des *gegenwärtigen* psychologischen Feldes (vgl. die Felddefinition von *Einstein,* Teil II,2.) auffaßt; dementsprechend besteht nur *indirekt* ein Zusammenhang zwischen einem lange vergangenen Geschehen und den gegenwärtigen Erinnerungen. *Freud* dagegen scheint zwischen einem feldtheoretischen und einem Ursache-Wirkungs-Verständnis im Sinne eines positivistisch-naturwissenschaftlichen Wissenschaftsideals, wonach ein traumatisches Erlebnis in der frühen Kindheit sich als direkte (letzte) Ursache einer gegenwärtigen psychischen Störung auffassen läßt, hin- und herzuschwanken (vgl. ausführlicher: *Walter,* 1977). Dieser Kurzschluß führt bis heute in der therapeutischen Anwendung der Psychoanalyse zu Überbetonungen der „exakten" Erinnerung (vgl. auch II., 1); handlungs- und veränderungsrelevant kann jedoch nach feldtheoretischem Verständnis nur die in der gegenwärtigen Zeitperspektive präsente Erinnerung sein, die im Extremfall keine Ähnlichkeit mit dem *indirekt* zugrunde liegenden Ereignis mehr aufweist (vgl. *Enke, Walter,* 1976).

Auch in bezug auf die Bedeutung des „Wiederholens" ist das beschriebene Schwanken *Freuds* zwischen den beiden erkenntnistheoretischen Paradigmen – statisch-klassifikatorischem bzw. positivistisch-naturwissenschaftlichem und dynamisch-feldtheoretischem bzw. konditional-genetischem Ursachenbegriff – von Bedeutung. So scheint *Freud* einerseits tatsächlich davon auszugehen, daß in der „Übertragungsneurose" im wesentlichen „Wiederholungszwänge" im Sinne einer mechanischen Wiederholung alter Verhaltensweisen in Erscheinung treten; dementsprechend wäre die spezifische Beziehung zwischen Analytiker und Analysand ziemlich bedeutungslos für das aktuelle Verhalten des Analysanden (woraus sich dann die Auffassung ableiten läßt: Ich, der Analytiker, bin als Mensch eigentlich gar nicht gemeint, wenn der Analysand Ärger oder Zuneigung mir gegenüber äußert). Diese Auffassung ist nicht vereinbar mit der gestalttheoretischen Sichtweise. Andererseits aber läßt sich mit *Freud* auch belegen, daß „Wiederholen" teilweise das einschließt, was als spezifisch für die Phase des „Änderns" beschrieben wurde, nämlich Entwicklung neuer Formen des Wahrnehmens, Denkens und Fühlens (motorisches Handeln lehnt er allerdings, indem er es als bedrohliches „Agieren" versteht, in der Therapiesituation ab) im Prozeß des Bewußtwerdens und Erprobens innerer Kräfte; dies alles geschieht nach *Freud* in der Auseinandersetzung mit der „Übertragungsneurose". Dieser „neue Zustand hat alle Charaktere der Krankheit übernommen, aber er stellt eine artefizielle Krankheit dar, die überall unserem Eingriff zugänglich ist. Er ist gleichzeitig ein Stück des realen Erlebens, aber durch besonders günstige Bedingungen ermöglicht und von der Natur eines Provisoriums" (X, S. 135).

Das so beschriebene „Wiederholen" scheint weit in die Phase des „Änderns", wie sie beschrieben wurde, hineinzuführen. Dann aber fährt *Freud* direkt fort:

„Von den Wiederholungsreaktionen, die sich in der Übertragung zeigen, führen dann die bekannten Wege zur Erweckung der Erinnerungen, die sich nach Überwindung der Widerstände wie mühelos einstellen" (S. 135).

Geht es also doch beim „Wiederholen" nur um das Ziel „Erinnern"? Hier scheint *Freud* tatsächlich entgangen zu sein, wie weit er in seinen Überlegungen schon bei der Entwicklung *neuer* Formen war, als er über die mit dem Begriff „Übertragungsneurose" ins Spiel gebrachte Beziehung zwischen Therapeut und Klient nachdachte. Er sieht den Aspekt des Provisorischen (das provisorisch ist, weil es zwischen alter und möglicher neuer Form steht); zu der Vermutung, *Freud* könne übersehen haben, daß die Beziehung des Klienten zum Therapeuten unmöglich reine Wiederholung sein kann, sondern etwas Neues, mindestens der Anfang der Entwicklung neuer Formen im Leben eines Menschen ist, könnte man, auch wenn er es hier nicht ausdrücklich erwähnt, nicht kommen, gäbe es keine weiteren Hinweise auf die Vernachlässigung oder Mißdeutung der persönlichen Beziehung zwischen Klient und Analytiker (vgl. Auseinandersetzung mit der „Abstinenzregel", S. 180 ff.).

*Freud*s Erläuterungen des „Durcharbeitens" zeigen, daß es dabei sowohl um die mit „Ändern" als auch um die mit „Neustabilisieren" gekennzeichnete Phase geht. Das Erfordernis des „Durcharbeitens" leitet *Freud* aus der Einsicht ab, daß „das Benennen des Widerstandes (die Deutungen des Analytikers also, hjw) nicht das unmittelbare Aufhören desselben zur Folge haben kann". Er fährt dann fort – und dies ist für den Vergleich hier wichtig –: „Man muß dem Kranken die Zeit lassen, sich in den ihm unbekannten Widerstand zu vertiefen, ihn *durchzuarbeiten*, ihn zu überwinden, indem er ihm zum Trotze die Arbeit nach der analytischen Grundregel (alles aussprechen, hjw) fortsetzt. Erst auf der Höhe desselben findet man dann in gemeinsamer Arbeit mit dem Analysierten die verdrängten Triebregungen auf ... Dieses Durcharbeiten der Widerstände mag in der Praxis zu einer beschwerlichen Aufgabe für den Analysierten und zu einer Geduldprobe für den Arzt werden. Es ist aber jenes Stück der Arbeit, welches die größte verändernde Einwirkung auf den Patienten hat und das die analytische Behandlung von jeder Suggestionsbeeinflussung unterscheidet" (S. 135/136).

Ergebnis dieses Vergleichs der *Lewin*schen Begriffs-Trias mit der *Freud*schen für den therapeutischen Prozeß ist, daß beide trotz verschiedener Akzentuierungen prinzipiell den Prozeßverlauf ähnlich beschreiben. Um hier zu voller Übereinstimmung zwischen Gestalttheorie und Psychoanalyse zu kommen, ist es aus gestalttheoretischer Sicht nötig, daß die Psychoanalyse das erkenntnistheoretische Schwanken *Freud*s überwindet und sich eindeutig auf die Seite der feldtheoretischen Sichtweise schlägt, die auch nach moderner naturwissenschaftlicher Auffassung den empirischen Forschungsergebnissen eher gerecht wird als das positivistisch-naturwissenschaftliche Wissenschaftsideal, das zur Vernachlässigung dynamischer und komplexer Wirkungszusammenhänge führt.

Dieser Schritt ist vollzogen in jenen systematischen Vorstellungen, die im Bereich des Psychodramas und der Gestalttherapie vom Verlauf therapeutischer Arbeit entwickelt worden sind und auf die noch eingegangen werden soll.

Doch zunächst sei auf eine unausgesprochene Doppeldeutigkeit der bisherigen Darstellung aufmerksam gemacht, die, unerörtert, spätestens dann Verständnisschwierigkeiten auslösen würde, wenn im folgenden plötzlich vom „Aufbau einer Psychodramasitzung" die Rede ist statt allgemein vom Verlauf des therapeutischen Prozesses. Zur Erläuterung: Die Trias „Auftauen, Ändern, Neustabilisieren" gilt sowohl im Hinblick auf eine einzelne therapeutische Sitzung als auch im Hinblick auf den Gesamtverlauf einer Therapie. Es wäre gleichermaßen verantwortungslos, einen Klienten nach einer halbstündigen Sitzung in extrem ungleichgewichtigem Gemütszustand seiner Wege gehen zu lassen, wie es dies nach vielen Sitzungen, etwa nach Wochen, Monaten oder Jahren immer fortgesetzter therapeutischer Arbeit wäre. Im Prinzip also muß jede einzelne therapeutische Sitzung eine Verlaufsgestalt aufweisen, wie sie auch einer Therapie im Ganzen angemessen ist. Das heißt auch, daß ein Therapeut als vorläufiges Ergebnis einer Sitzung eine in seinen Augen noch unzureichende Umstrukturierung im Lebensraum des Klienten akzeptieren muß, wenn dies nötig erscheint, damit dieser ohne therapeutischen Beistand bis zur nächsten Sitzung sein Leben bewältigen kann.

Es werden drei Phasen einer Psychodramasitzung unterschieden:

1. die Phase der psychischen Erwärmung;
2. die Phase der Aktion oder dramatischen Bühnenarbeit;
3. die Phase der Integration und der Gruppenpsychotherapie

(sehr gut dargestellt von *Schönke,* 1977). Dieses „triadische System" des Psychodramas faßt *Moreno* mit dem Begriff „integrierende Katharsis“ (1973, S. 79) zusammen*).

„Psychische Erwärmung“ bedeutet im Kontext einer Psychodrama-Gruppe (vgl. *Schönke,* 1977), daß jedes Gruppenmitglied seine Aufmerksamkeit „auf die konkrete Befindlichkeit der eigenen Person jetzt, in diesem Moment, in dieser Gruppe“ richtet und in der „Begegnung“ der Gruppenmitglieder ein „mittleres Aktivierungsniveau“ und vor allem ein „emotionaler Gleichlauf“ („eine Harmonisierung der Prozeßabläufe“) erreicht wird, der Vertrauen in die Tragfähigkeit der wechselseitigen Solidarität und des wechselseitigen Interesses aneinander rechtfertigt und dem einzelnen ermöglicht, belastende Gefühle und Erinnerungen auszusprechen, die in der zweiten Phase (der psychodramatischen Bühnenarbeit) aufgegriffen werden.

Die psychodramatische Bühnenarbeit beginnt mit „Exploration und Diagnose**): „Der Leiter fordert den Protagonisten auf . . ., einen Monolog über seine Gedanken und Gefühle zu führen . . . Durch ein völliges Sich-Einlassen auf den Bewegungsrhythmus des Protagonisten versucht der Leiter, sich in die Psychodynamik des Protagonisten einzufühlen“ (*Schönke,* 1977). Schließlich beschreibt der Protagonist den Ort der Handlung, die er später spielt (bis in Einzelheiten: Wetter, Tageszeit, Gefühlsqualitäten einzelner Gegenstände usw.), und die beteiligten Personen und wählt schließlich die Mitspieler, die diese Rollen übernehmen.

> „In der Bühnenarbeit müssen also zu Beginn: 1. die emotionalen Bindungen des Protagonisten an das Ausgangsereignis wieder voll erneuert werden, 2. die existentielle Einstellungs-, Erlebnis- und Handlungseinheit wieder hergestellt werden, 3. das Gefühl des Vertrauens und der Stabilität der sozialen Beziehungen zwischen Protagonist, dem Leiter und den anderen Gruppenmitgliedern aktualisiert werden, 4. dem Leiter jene Hinweise und Anhaltspunkte deutlich werden, welche ihm eine Zentrierung der weiteren Bühnenarbeit auf den Kernpunkt der Problematik und zur Katharsis der Gefühle erlaubt“ (*Schönke*, S. 192).

---

*) Es wird heute auch – meiner Ansicht nach unnötigerweise – vom tetradischen Psychodrama gesprochen (*Petzold,* 1973, S. 52). Gemeint ist damit keineswegs ein neues System oder wenigstens die Hinzufügung eines gleichgewichtigen vierten Gliedes zur ursprünglichen Trias, sondern lediglich die erweiterte Anwendung einer bestimmten Technik (Rollenspiel, Behaviordrama) in Phase 2 (Aktion). Zur Übereinstimmung der *Freud*schen Trias mit der psychodramatischen vgl. *Petzold* (1973).

**) „Es handelt sich hier nicht um eine klinische Diagnose im üblichen Sinne, sondern um ein Bild des Protagonisten in Form einer existentiellen Einstellungs-, Erlebens- und Verhaltensanalyse im sozialen Vollzug“ (*Schönke*, 1977, S. 192).

Das Spiel dient der psychodramatischen Katharsis, beschrieben als „Gefühlsentladung" „Einsicht" und „Integration der Gefühle" (S. 192).

„Wenn sich der affektive Höhepunkt in der Phase der Bühnenaktion nähert, unterstützt und ermutigt der Leiter den Protagonisten, jenen Gefühlen freien Lauf zu lassen, welche in der früheren Beziehungssituation unverwirklicht, unausgedrückt oder unbeachtet geblieben sind" (S. 192). „Der Protagonist sieht sich nach der Gefühlskatharsis und der Einsichtskatharsis gleichsam einer neuen Lebensrealität gegenüber, der seine alten Lebenseinstellungen, seine Erwartungen und Ziele nicht mehr gerecht werden. Seine Einstellung, seine Erwartungen und seine Ziele bezüglich des bearbeiteten Lebensbereiches müssen von ihm neu bestimmt werden. Er muß Entschlüsse fassen . . ." (S. 195). Hier unterstützt ihn die „Realitätsprobe", die darin besteht, daß „alternative Szenen . . . ins Auge gefaßt und auf ihre Tragfähigkeit hin erprobt werden. „Es können hier zunächst Szenen irrealer Wunscherfüllung eingesetzt werden und von diesen kann schrittweise zu reiferen Lösungen vorgegangen werden, bis der Protagonist eine Lösung als für sich angemessen sieht, welche auch in der realen Welt außerhalb des therapeutischen Schonraums Bestand haben kann" (S. 195 f.). Die hier behandelte Vergangenheit ist stets Teil des gegenwärtigen Lebensraumes. D. h. man kann nicht in die Vergangenheit zurückgehen, ohne zu sehen, was seitdem geschehen ist und jetzt geschieht.

Die dritte Phase (der Integration der Gruppe und der Gruppenpsychotherapie) führt den schon mit der „Realitätsprobe" eingeleiteten Prozeß der Neustabilisierung des Protagonisten fort, indem er nun erfährt, was die anderen Gruppenmitglieder, Mitspieler und Zuschauer, bei seinem Spiel erlebt, gefühlt und gedacht haben („sharing"), und indem er im Rahmen des Gruppenprozesses noch einmal neu gewonnene Einsichten, neue Auffassungen und Pläne an der Realität der anderen überprüfen kann; insbesondere die abschließende Zusammenfassung dient der affektiven und intellektuellen Einordnung des Erfahrenen, nachdem der Grad der Erregung, der in der Phase der Aktion erheblich angestiegen war, sich wieder dem Ausgangswert angenähert hat.

Es geht aber in dieser Abschlußphase nicht nur um den Protagonisten: „Gleichzeitig muß sichergestellt werden, daß niemand die Sitzung verläßt mit einem durch die Sitzung bewirkten unverarbeiteten Erlebnis oder im Zustand des Gefühls des ‚Nicht-Zu-Ende-Gekommenseins', von seelischer Qual oder von Ausweglosigkeit" (S. 199). Diese gruppenbezogene Funktion der dritten Phase trägt einem ganzheitlichen Verständnis von Gruppe Rechnung, das davon ausgeht, daß die Veränderung eines Mitgliedes kaum andere Mitglieder unbeeinflußt läßt.

Es bedarf hier keines expliziten Nachweises mehr, daß das Drei-Phasen-Modell *Lewins* mit dem Aufbau einer Psychodramasitzung in Einklang steht. Aber nicht nur das: Die spezifische psychodramatische Gestaltung der drei Phasen liefert eine Vielzahl von Anregungen zur Umsetzung *Lewin*scher Gedankengänge in effektive Praxis.

Auf die prinzipielle Übereinstimmung psychodramatischen und gestalttherapeutischen Vorgehens wurde schon früher (S. 176ff.) hingewiesen; sie gilt auch für die Auffassungen über den Verlauf therapeutischer Prozesse. Folgt man *Petzold* (1973, S. 34ff.), so lassen sich insgesamt sieben Phasen einer gestalttherapeutischen Sitzung unterscheiden, von denen die ersten fünf *Perls* schon ausdrücklich benannt und dargestellt hat. Es sind dies: „Klischee-Phase", „Rollenspiel-Phase", „Blockierungs-Phase" (Man kann sagen: Dies sind die Phasen der Gestalttherapie, die in der Anwärm- oder Auftau-Phase zu durchlaufen sind.), „Implosions-Phase", „Explosions-Phase" (Man kann sagen: Dies sind die Phasen der Gestalttherapie, die sich der Spiel- oder Änderungs-Phase zuordnen lassen.), „Zusammenfassen" und „sharing" (Diese Phasen entsprechen unmittelbar der psychodramatischen Abschlußphase.).

Zur Erläuterung der ersten fünf Phasen des gestalttherapeutischen Prozesses (die sechste und die siebte Phase sind identisch mit der dritten Phase der psychodramatischen Sitzung, vgl. S. 203) sei angefügt: 1. Mit „Klischeephase" sind die bedeutungsentleerten Symbole der Begegnung erfaßt: Wie geht's? Guten Tag! usw. 2. Mit Rollenspiel-Phase sind die „Spielchen" erfaßt, die jemand spielt, um seine Umwelt zu manipulieren: indem er z. B. in die Rolle des hochwichtigen Bonzen, des Tyrannen, der Heulsuse, des süßen kleinen Mädchens, des braven Buben usw. schlüpft. Diese beiden ersten Phasen nennt *Perls* (1974) auch die „Als-Ob-Schichten", die „synthetische Existenz". 3. Mit Blokkierungs-Phase kennzeichnet *Perls* den „toten Punkt", die „Sackgasse" im therapeutischen Geschehen. In diese Phase tritt der Klient ein, sobald er die Ebene des Rollenspiels verläßt und sich mit der eigenen Wirklichkeit unmittelbar konfrontiert fühlt; sie ist gekennzeichnet durch die „phobische Neigung zur Vermeidung". 4. Die Implosions-Phase nennt *Perls* auch die „Schicht des Todes" (sie hat nichts mit *Freud*s „Todestrieb" zu tun); sie tritt als Tod oder Todesangst in Erscheinung, indem einander entgegengesetzte Kräfte sich gegenseitig lähmen, wie es etwa bei einer sogenannten „Krampflähmung" geschieht. Die Erfahrung der Implosion wird erst möglich durch die Aufgabe der Klischees und der Rollenspiele, durch das „Hineingehen in die Sackgasse". 5. Die Explosions-Phase geht aus der Implosions-Phase hervor, sobald es zur wirklichen Berührung „mit dieser Leblosigkeit" der implosiven Schicht (*Perls*, 1974, S. 64) kommt. *Perls* unterscheidet vier Arten von Explosionen, die Explosion in: a) Trauer, Weinen; b) Freude, Lachen; c) Orgasmus; d) Wut. Die Explosion stellt den Übergang zur „echten Persönlichkeit", zum „wahren Selbst" dar. (Zur Begründung, daß sich ein Orgasmus durchaus als Ausdruck einer – im gestalttheoretischen Sinne verstandenen – „Einsicht" auffassen läßt, vgl. *Walter*, 1977).

5.2. Einige abschließende Bemerkungen zur Differenzierung des Begriffs „Neustabilisieren"

Geht man von *Lewins* Deskriptionsdimensionen des Lebensraumes „Enge–Weite", „Unordnung–Ordnung", „Flüssigkeit–Rigidität" und „Undifferenziertheit–Differenziertheit" aus, so läßt sich sagen: *In der Auftau-Phase liegt die Betonung auf Erhöhung des „Flüssigkeitsgrades", in der Phase des Änderns auf „Erweiterung" und „Differenzierung", in der Neustabilisierungs-Phase auf „Ordnung".*

Entscheidend für die Abschluß-Phase ist jedoch, daß, obwohl es vornehmlich um „Ordnung" geht, hier mit Ordnung eine *neue* Ordnung gemeint ist, die Fortschritte in Richtung größerer „Flüssigkeit", d. h. wechselseitiger Durchlässigkeit der Lebensraumbereiche, und in Richtung Erweiterung und Differenzierung des Lebensraumes integriert. Gerade den Aspekt „Flüssigkeit" (*Rogers*, 1973: hin zum Prozeß-Sein), mit dem Anpassungsfähigkeit, Flexibilität in der Auseinandersetzung mit der Umwelt erfaßt ist, schien *Lewins* Drei-Phasen-Modell zu vernachlässigen, insbesondere wenn man „refreezing" unglücklich mit „Verfestigen" oder „Wiedereinfrieren" übersetzt fand. Die vorangehende Darstellung sollte solche Mißverständnisse hinreichend ausräumen.

Es kann aber eben auch nicht nur um größere Flüssigkeit gehen, wie *Rogers* (1973, S. 136 ff.) dies mit seinem 7-Phasen-Modell des therapeutischen Änderungsprozesses nahelegt, indem er diesen Prozeß auf der Skala „Rigidität–Flüssigkeit" abzubilden versucht. Diese Eindimensionalität steht im Widerspruch zu einigen seiner eigenen Beobachtungen (vgl. auch *Wexler*, 1974)*).

Die Frage nach der Dauerhaftigkeit von Änderungen, die in therapeutischer Arbeit erzielt wurden, wird in den letzten Jahren immer häufiger gestellt und empirisch zu beantworten versucht. Angesichts der Fragwürdigkeit von Ansätzen, diese Frage mittels gängiger Testverfahren zu beantworten, erscheint eine stärkere Rückbesinnung auf

---

*) Hinsichtlich von *Perls'* Phasen „Implosion" und „Explosion" finden sich bei *Rogers* lediglich Andeutungen bei der Beschreibung der dritten, vierten und fünften Phase. Hier scheint sich mir (entsprechend der empirisch begründeten Auffassung von *Lieberman* u. a., 1974, daß das Geschehen in therapeutischen Gruppen stärker als durch ideologische Etikette durch die Persönlichkeit des Trainers bestimmt ist) im methodischen Unterschied (äußerste Behutsamkeit bei *Rogers* – konfrontierendes Eingreifen bei *Perls*) ein Unterschied vor allem in der Persönlichkeit zwischen *Perls* und *Rogers* niederzuschlagen. Nach meiner eigenen Erfahrung ist beides möglich: Veränderungsprozesse, die mit heftigen „Implosions"- und „Explosions"-Erfahrungen ablaufen, ebenso wie solche, die ohne heftige Gefühlsäußerungen ablaufen.

die von *Smith* (1976) *Lewin* zugeschriebene Auffassung (die auch *Bronfenbrenner* vertritt und seinem Lehrer *W. E. Dearborn* zuschreibt) wünschenswert, wonach der Versuch, etwas zu verändern, das beste Mittel ist, zu verstehen, wie Veränderungen vor sich gehen. Dann geriete vielleicht bei Effektivitätsuntersuchungen entschieden stärker die Hauptperson therapeutischen Änderungsbemühens, *der Mensch* als ganzheitlicher Prozeß, ins Blickfeld forscherischen Erfindungsgeistes (der neue Methoden und Techniken hervorbringt), als dies bisher, beim Einsatz vorfabrizierter Fragebogentests, der Fall ist (vgl. *Saders* Bemerkung, 1977, über die Beschränkung gruppendynamischer Wirkungsforschung auf die Untersuchung von Einstellungsänderung). Angemessene Erfolgskontrolle ist wichtig, weil das Ergebnis therapeutischer Arbeit nie besser sein kann als die Beständigkeit erzielter Veränderung: Erst indem sich therapeutische Veränderung als beständig erweist, verhilft sie nicht nur zu mehr persönlichem Glück, sondern macht sie zugleich wahrscheinlicher, daß schöpferische Freiheit nicht das Privileg von allzu wenigen innerhalb und außerhalb therapeutischer Situationen bleibt.

IV. PSYCHOTHERAPEUTISCHE SCHULEN DER GEGENWART UND DIE GESTALTTHEORIE

Schon in den vorangehenden Teilen dieses Buches ging es immer wieder darum, aus gestalttheoretischer Sicht zu einer wissenschaftlich vertretbaren Integration psychotherapeutischer Ansätze beizutragen – als Voraussetzung dafür, daß an die Stelle eines die Definition allgemeingültiger Variablen therapeutischen Eingreifens erschwerenden Nebeneinanders verschiedener Terminologien und Ideologien die gemeinsame Weiterentwicklung in Forschung und Praxis treten kann (vgl. *Thorne*, 1973).*) Jetzt soll in diese Richtung noch ein Schritt weiter gegangen werden. Dabei stehen zunächst die Beziehungen zwischen Psychologie und Psychotherapie unter dem Aspekt ihrer Entwicklung im Vordergrund. Dann werden – soweit dies noch nicht geschehen ist – die einflußreichsten Schulrichtungen der Gegenwart dargestellt und aus gestalttheoretischer Perspektive kritisch betrachtet und eingeordnet.

1. Zur allgemeinen Beziehung zwischen Psychologie und Psychotherapie

1.1 Die akademische Psychologie und die Psychotherapie

Charakteristisch für die Entwicklung der Psychotherapie war und ist wohl vielfach noch immer die definitorische Feststellung eines vergleichsweise progressiven Psychiaters (*Weitbrecht*, 1963, S. 422):

> „Gegenstand der *Psychotherapie* ist zuvörderst das seelische Abnorme als Spielart von Fehlhaltung bzw. -entwicklung, nicht nur im Sinne des Versuchs einer Korrektur des Fehlgegangenen, sondern auch einer Verhütung drohender Entgleisungen bei bestehender Gefährdung."

---

*) In dieser Hinsicht weiterführende Beiträge aus unterschiedlicher Perspektive und mit unterschiedlicher Weite der Perspektive (teilweise werden lediglich die Zusammenhänge zwischen zwei Ansätzen herausgearbeitet) liefern z.B. auch *de Marè* (1972, 1977), *de Marè* und *Kreeger* (1974), *Foulkes* (1977), *Ruitenbeek* (1974), *Dinkmeyer* und *Muro* (1971; Auszug in deutsch: 1975), *Combs, Avila, Purkey* (1975), *Schaffer* und *Galinsky* (1974), *Nye* (1975), *Rapaport* (1970, 1977), *Schülein* (1978), *Köhler-Weisker* (1978), *Strotzka* (1965, Hg. 1983), *Farau/Cohn* (1984), *Wexler* und *Rice* (Hrsg. 1976, darin z. B. *Whitmont* und *Kaufmann*), *Yablonski* (1978), *Goldstein* und *Stein* (1976), *Speierer* (1975), *Barton* (1974), *Lazarus* (Hrsg. 1976), *Luchins* (1964), *Metzger* (1970, 1971), *Walter* (1977, 1984), *Pauls* und *Walter* (1981), *Galli* (1983).

So schillernd viel- oder nichtssagend dieser Satz auch ist – und keineswegs nur in der Erläuterung, wonach „das seelische Abnorme als Spielart von Fehlhaltung und -entwicklung" gilt –, daß für seinen Verfasser Psychotherapie es „zuvörderst" mit wie auch immer verstandenem „seelisch Abnormen" zu tun hat, geht doch klar aus ihm hervor. (Ein Wandel in dieser Hinsicht deutet sich in einem der neuesten Psychiatrie-Lehrbücher an; *Dörner/Plog*, 1978.)

Was derselbe Autor dann wenig später über die psychoanalytischen Schulen sagt, nämlich, sie hätten als „ihr *Leitbild* vom gesunden, unneurotischen Menschen, gewissermaßen das Positivum dessen, was als Negativum für sie das Spezifikum für das Wesen und die fundamentale Störung bei der Neurose bedeutet" und „auf den Idealtyp des jeweiligen Menschenbildes hin" werde „dann die Therapie ausgerichtet" (S. 423), läßt sich durchaus als verständliche, wenn nicht gar unvermeidliche Folge seiner eigenen Definition des Gegenstandes der Psychotherapie ansehen.

Er fordert deshalb ebenso wie die Psychoanalytiker Zweifel sowohl an der Stichhaltigkeit seiner Maßstäbe für die Klassifizierung „abnorm" (vgl. *Hege*, 1974, S. 33) wie an der Berechtigung der seinem Korrektur- und Verhütungsbemühen zugrunde liegenden Annahmen über den gesunden Menschen heraus – Zweifel, denen die Vermutung zugrunde liegt, daß seelisch Gesundes zumindest nicht weniger als seelisch Gestörtes Gegenstand eines Forschungs- und Anwendungsgebietes „Psychotherapie" sein muß, das die Entwicklung realistischer Maßstäbe und Zielvorstellungen erlaubt; und daß seelisch Gestörtes keineswegs seelisch „Abnormes" sein muß, ja daß vielleicht der Verzicht auf solche Klassifizierung schon ein entscheidender Fortschritt ist.

Das Bemühen, Maßstäbe psychotherapeutischen Handelns am als abnorm Angesehenen zu gewinnen, hat eine Tradition, die den in der Vergangenheit gegebenen Möglichkeiten entspricht; den Erkenntnismöglichkeiten, welche die früheren „königlichen" und noch heute so genannten „Irrenanstalten" oder – in einem weiteren Sinne – die Begegnungen des Arztes mit seinen Patienten boten und bieten. Es ist sicher anerkennenswert, daß Ärzte die ihnen konkret gegebenen Möglichkeiten zu nutzen versuchten, um ihr therapeutisches Rüstzug zu verbessern. Es ist aber nicht zu übersehen, daß die Voraussetzungen für therapeutische Erkenntnisse und deren Auswirkungen auf eben diese Erkenntnisse vielfach kaum oder überhaupt nicht kritisch überprüft wurden; d. h. genauer: Die Bedingungen für die Entwicklung der Psychotherapie, wie sie sich aus der Erkenntnisquelle „Patient" oder – in einem engeren Sinne – „stationär-psychiatrischer Patient" ergaben, sind kaum untersucht, sondern als selbstverständlich vernachlässigt worden (*Nachmansohn*, 1965, erstmals 1933).

Folge dieser unbefragten Bedingung ist nicht nur, daß das Menschenbild vornehmlich aus dem Umgang mit als abnorm geltenden Patienten gewonnen wurde, sondern auch, daß der Arzt und Mediziner als allein prädestiniert für therapeutische Einsichten und Behandlungen angesehen wurde. Dies gilt in vieler Hinsicht noch heute, jedenfalls aber im Hinblick auf sozialversicherungsrechtliche Fragen der Behandlung und ihre Kosten und gipfelt in der widersprüchlichen Darstellung des psychotherapeutischen Berufes in den von der „Bundesanstalt für Arbeit" herausgegebenen Blättern zur Berufskunde (Band 3, Stand: April 1972); dort wird einerseits die Eignung sowohl des Mediziners als auch des Psychologen für psychotherapeutische Tätigkeit betont, andererseits aber darüber informiert, daß „nichtärztlicher Psychotherapeut" offiziell ein „ärztlicher Hilfsberuf" ist, der nur im Delegierungsverfahren in von den Krankenkassen anerkannter Weise ausgeübt werden kann. Es bestehe in vielen Bundesländern „noch ein Schwebezustand, was allerdings die Tätigkeit der nichtärztlichen Psychotherapeuten praktisch bisher nicht behindert hat". Die Gespaltenheit dieser Aussagen sollte dem Gesetzgeber, der ja indirekt hier spricht, Anlaß geben, die Gesetze zu überprüfen, welche die ideologische Verankerung der Rede von „Arzt und Nichtarzt" im Hinblick auf Psychotherapie liefern.

Im übrigen führen diese Informationen der „Bundesanstalt für Arbeit" nach jüngeren Entwicklungen ausgesprochen in die Irre (vgl. die Dokumentation „Monopoly im Gesundheitswesen" in *psychologie heute*, 1977, Nr. 1 und Nr. 2, jeweils S. 13–17). 1977 verweigerten nämlich sowohl die Allgemeinen Ortskrankenkassen wie auch die Ersatzkassen die Kostenerstattung für von Psychologen durchgeführte psychotherapeutische Behandlung; Ärzte durften nicht mehr wie zuvor Klienten an Psychologen überweisen (Ausnahme: tiefenpsychologisch fundierte und analytische Psychotherapie). Die Begründung der Ersatzkassen für diese Haltung lautete:

> „Nach geltendem Recht haben die nichtärztlichen Psychotherapeuten nicht das Recht zur Ausübung der Heilkunde. Sie sind auch keine Heil- und Hilfspersonen im Sinne von § 122 RVO, weil sich ihre Tätigkeit in weitgehender fachlicher Selbständigkeit vollzieht" (*psychologie heute*, 1977, Nr. 1, S. 14).

Wie auch die Formulierung zeigt, wird die Befähigung psychologischer Psychotherapeuten gar nicht angezweifelt; gerade ihre „fachliche Selbständigkeit" aber gibt die rechtliche Grundlage, sie von der Kostenerstattung durch Krankenkassen auszuschließen. Damit war, so hoffte man, der „schwarze Peter" endgültig dem Gesetzgeber zugeschoben, der es jedoch verstand, sich der rechtlichen Klärung des Sachverhaltes weiterhin zu entziehen, obwohl ihm seit 1975 ein von ihm initiiertes 1637 Seiten umfassendes Sachverständigengutachten vorliegt: der „Bericht über die Lage der Psychiatrie in der BRD" (die sogenannte „Psychiatrie-Enquête"). Die Notwendigkeit therapeutischer Behandlung durch Psychologen und deren Befähigung dazu, sofern sie entsprechend (nicht nur tiefenpsychologisch oder analytisch) ausgebildet sind, wird in diesem Gutachten betont; die Wirkung war aber der Intention der Verfasser genau entgegengesetzt. Indem sie den Psychologen die Befähigung zur *selbständigen Durchführung* therapeutischer Behandlung bestätigten, lieferten sie den Kassen die rechtliche Handhabe, Psychologen von der Kostenerstattung auszuschließen. Der Gesetzgeber andererseits verzögert – man darf wohl mit Recht annehmen: aufgrund der angespannten Finanzlage der öffentlichen Hand – die unausweichliche rechtliche Gleichstellung des „psychologischen Psychotherapeuten" mit dem „medizinischen Psychotherapeuten" im Hinblick auf die Kostenerstattung durch die Krankenkassen. Die Leiterin des Referats „Gesundheitsberufe" im „Bundesministerium für Jugend, Familie und Gesundheit" bemerkt in einem Interview (*psychologie heute*, 1977, Nr. 2, S. 15):

> „Wenn Sie sagen, Ärzte seien geneigt, gewisse Bereiche für sich ‚zu reklamieren', so möchte ich darauf hinweisen, daß dem Arzt durch das geltende Recht eine gewisse Monopolstellung im Bereich der Heilkunde eingeräumt wird, das den Arzt mit der uneingeschränkten Befugnis zur Ausübung der Heilkunde ausstattet. Die Ärzte stehen mit ihrer Einstellung auf dem Boden der geltenden Rechtslage."

Die Ministerialrätin läßt durchblicken, daß man ihrer Ansicht nach die „nichtärztlichen Psychotherapeuten" braucht, sieht sich aber nicht in der Lage, einen Termin zu nennen, zu dem eine gesetzliche Neuregelung, die den Erfordernissen gerecht wird, erwartet werden kann. Nun hat sich die Situation seit 1977 durch bescheidene Erfolge des „Berufsverbandes deutscher Psychologen" (BDP) wieder ein klein wenig verändert. Einige Krankenkassen sind zur Honorierung psychologisch-psychotherapeutischer Tätigkeit grundsätzlich wieder bereit. Doch ist die gegenwärtige Situation von klaren Regelungen mit allgemeiner Gültigkeit noch weit entfernt. So läßt sich hier nur feststellen: Die gegenwärtige Lage im Hinblick auf die Ausübung von Psychotherapie entspricht einem gesetzgeberischen Fiasko, in dem der Kampf um Machtpositionen und Existenzängste immer mehr Raum gewinnen (vgl. aus der Sicht der Psychologie: *Kühne* und *Schwaiger*, Hrsg.; 1976; *Bieling*, 1976; *Cöllen*,

1976 und verschiedene Beiträge in einigen Ausgaben des GwG-Info, 1976).*)

Die geschilderten Sachverhalte machen deutlich, wie groß die Gefahr ist, daß Erörterungen der Beziehung zwischen Psychologie und Psychotherapie zu Erörterungen von Standesproblematik werden. Im Zusammenhang dieser Arbeit jedoch soll diese Erörterung der Aufdeckung und Überwindung irrationaler Schranken dienen, die der Nutzung psychologischer Forschung für Theorie und Praxis der Psychotherapie entgegenstehen.

Einen Grund für die immer noch nicht überwundene Außenseiterstellung der Psychologie in Psychotherapie und Psychiatrie kann man darin sehen, daß sie als eigenständige akademische Wissenschaft noch jung ist. Diese Begründung wird von der Tatsache gestützt, daß sie ähnliche Anerkennungsschwierigkeiten auch bezüglich anderer Bereiche wie Pädagogik, Seelsorge und Rechtswesen hat, also in den Tätigkeitsbereichen, die lange, bevor es den Diplom-Psychologen gab, bestimmten Studienrichtungen – den alten Fakultäten – zugeordnet waren.

Man könnte allerdings einwenden, daß gerade die Psychotherapie keine ehrwürdigere Tradition habe als die Psychologie. Das stimmt zwar, aber entscheidender war wohl, daß sie im Tätigkeitsfeld der Mediziner zuerst aktuell wurde, und dies sicher nicht zuletzt, weil diese, wie schon weiter oben erwähnt wurde, eine institutionell abgesicherte Möglichkeit zu psychotherapeutischer Behandlung und Forschung besaßen.

Damit ist nun aber doch nicht erklärt, warum die wissenschaftliche Psychologie seit bis heute über 70 Jahren ihr akademisches Ghetto gerade im Hinblick auf die Psychotherapie nicht eindeutig verlassen hat. Tatsache ist, daß zwar auf der einen Seite zahllose psychologische Forschungsergebnisse von unmittelbarer Bedeutung für die Psychotherapie sind und diese zum Teil auch von Psychotherapeuten nicht-psychologischer Provenienz anerkannt und zur Begründung der eigenen Methoden herangezogen werden, daß auf der anderen Seite der Psychologe aber nicht nur *nicht* als mit dem besten Rüstzeug für psychotherapeutische Arbeit ausgerüstet gilt, sondern sein Studium auch tatsächlich diese Überzeugung kaum rechtfertigt.

Frühestens mit dem Diplom verläßt er in aller Regel den Elfenbeinturm reinen Wissens und reliablen Testens (vgl. *Salber*: „Wir wissen nicht, was gemessen wird, – aber was gemessen wird, wird

*) Über die zum Teil ähnliche Situation in Österreich informieren *Strotzka* (1983) und das *Institut für Wissenschaft und Kunst* (iwk, 1980).

gut gemessen"; 1960, S. 44) und auch dann nur, wenn er sich in seinem beruflichen Selbstverständnis von den praktischen Anforderungen in Psychiatrie, Erziehungs- und Lebensberatung, Suchtkrankentherapie und Strafvollzug (vgl. z. B. zu letzterem: *Nellessen*, 1975, 1976) infrage stellen zu lassen bereit ist.

Gelernt hat er, reliable Tests zu konstruieren und anzuwenden und darauf aufbauend Persönlichkeitsgutachten anzufertigen. Wie er dieses Können aber dann für seine Klienten fruchtbar machen kann, dazu fehlt es ihm an theoretischem Wissen und praktischer Erfahrung. Sowohl Sozialarbeiter wie auch Ärzte sind ihm – zumindest äußerlich – im Umgang mit Klienten von Anfang an überlegen, sofern er nicht zu den bislang ganz wenigen gehört, die Gelegenheit hatten, eine gesprächspsychotherapeutische oder eine verhaltenstherapeutische Ausbildung schon an der Universität zu beginnen.

Damit ist angedeutet, daß nicht etwa nur Vorurteile anderer dem Einfluß der Psychologie in Gestalt der Absolventen eines akademischen Psychologiestudiums auf die Psychotherapie entgegenstehen. Vielmehr ist es die rigorose Beschränkung auf eine Wissenschaftspraxis, die ihren Gegenstand – den Menschen – um ihrer theoretischen Exaktheit willen nur mit Fingerspitzen berührt und ihm antiseptischen Objektcharakter verleiht.

Über die engen Grenzen psychiatrischer Anstalten hinaus hat die Psychotherapie erst Bedeutung und Beachtung durch die Psychoanalyse *Freud*s gefunden. Daß *Freud* Arzt war, hat seiner Lehre die Anerkennung innerhalb der medizinischen Wissenschaft und Praxis zunächst nicht erleichtert, vermutlich, weil sie das Menschen- und Weltbild seiner Zeit und damit auch seiner Kollegen zu sehr in Frage stellte, auch wenn sie, wie man heute erkennen kann, wesentliche Aspekte dieses Weltbildes zugleich reproduzierte (naive Wissenschaftsgläubigkeit, positivistisch-naturwissenschaftliches Wissenschaftsideal, absolute Determiniertheit menschlichen Verhaltens, der Mensch als zu bändigendes Tier).

Die im Verfolgen seiner für seine Zeit umwälzenden Ideen vielleicht notwendige wissenschafts- und erkenntnistheoretische Zwiespältigkeit *Freud*s war zwar nicht unbedingt der in dieser Hinsicht eher arglosen medizinischen Wissenschaft suspekt, dafür um so mehr der psychologischen, die sich gerade erst als Wissenschaft etabliert hatte und den allergrößten Wert auf Exaktheit und Meßbarkeit ihrer Untersuchungsgegenstände und -methoden legte.

*Freud*s Lehre blieb deshalb lange eine Psychologie abseits der Universität, als introspektive Spekulation von Psychologen verlacht (vgl. *Jung*, 1951, nach 1972), die in ihrem elitären Wahn, eine „exakte" Naturwissenschaft zu vertreten, nicht erkennen konnten, daß es zahlreiche Möglichkeiten gab, psychoanalytische Einsichten und

Hypothesen mit experimentellen Methoden zu überprüfen und weiterzuentwickeln. Die Psychoanalyse ihrerseits entwickelte sich unter dem Druck der Verketzerung entgegen ihrem rationalen Anspruch mehr und mehr zu einem Geheimbund Auserwählter. Auf diese Weise schloß man sich gegenseitig aus. Die Psychoanalyse erkämpfte sich ihren Platz innerhalb der Medizin (mit allen sozialversicherungsrechtlichen Privilegien), die Schulpsychologie pflegte die „reine" Wissenschaft, entwickelte auch eigene psychotherapeutische Verfahren (Verhaltenstherapie, Gesprächspsychotherapie), die jedoch für lange Zeit (wie sich jetzt deutlich zeigt: bis heute) kaum Eingang in die staatlich legitimierte institutionelle Psychotherapie fanden.

Grob gesagt gab es zu Beginn dieses Jahrhunderts nur zwei Bereiche, in denen psychotherapeutische Fragen reflektiert wurden: 1. die Schulpsychiatrie, bestimmt von den Erfahrungen und Entwicklungen in psychiatrischen Anstalten; 2. die Psychoanalyse, angeregt von der Schulpsychiatrie, aber losgelöst von ihr. Erst mit einiger Verzögerung kam ab Ende der 20er Jahre 3. die Psychologie als akademischer Zweig psychotherapeutischer Forschung hinzu. Zwischen diesen drei Bereichen war und ist bis heute Austausch nur auf dem Wege ganz allmählicher und dem Ruch der Illegitimität ausgesetzter Diffusion möglich.

Bis hierher wurde allgemein von akademischer Psychologie gesprochen; daß jedoch zwischen aus dem orthodoxen Behaviorismus und aus der Gestalttheorie und verwandten psychologischen Schulen hervorgegangenen psychotherapeutischen Methoden klar zu unterscheiden ist, wurde schon zu Beginn von Teil I begründet. Im folgenden geht es gemäß dem Thema dieser Arbeit spezieller um die Beziehung zwischen Psychotherapieformen und Gestalttheorie.

1.2 Gestalttheorie und Psychotherapie

Lewin beendete 1929 einen Vortrag über „die Entwicklung der experimentellen Willenspsychologie und die Psychotherapie" (gehalten auf dem „dritten allgemeinen ärztlichen Kongreß für Psychotherapie", veranstaltet von der „Allgemeinen ärztlichen Gesellschaft für Psychotherapie – AÄGP –", deren Vorsitzender bis vor kurzem der Arzt und Diplom-Psychologe Professor *Helmut Enke* war) mit den Worten:

„Gelingt es daher der experimentellen Psychologie, den Zugang zu den lebenswichtigen und daher für den Psychotherapeuten im Mittelpunkt seines Interesses stehenden Prozessen des Willens-, Trieb- und Affektlebens zu gewinnen – und das erscheint mir gegenwärtig erreicht –, so dürfte auch die praktische Bedeutung der experimentellen Psychologie auf diesem Gebiete sehr bald ein wesentliches Gewicht bekommen."

Seitdem sind über 50 Jahre vergangen, die belegen, daß *Lewin* einer Fehleinschätzung unterlag. Die gestalttheoretische Schule der Psychologie, zu deren namhaftesten Vertretern *Lewin* neben *Koffka, Köhler, Wertheimer, Metzger* u. a. gehört, findet in der deutschsprachigen psychotherapeutischen Literatur bis heute kaum Erwähnung, am ehesten noch im Zusammenhang von Erörterungen des gruppendynamischen Aspekts der Gruppenpsychotherapie. Die gestalttheoretischen Beiträge*) versandeten im klassischen Behaviorismus, dessen Rigorismus Hemmungen ausschloß, sich als neues Wunderheilmittel anzupreisen. Von *Watson* stammt die allenthalben zitierte Behauptung, er könne „aus gesunden Kleinkindern ohne Rücksicht auf deren Anlagen und Neigungen durch eine geeignete Auswahl von Umwelteinflüssen je nach Wunsch Ärzte, Advokaten, Künstler, Kaufleute oder auch Landstreicher und Diebe machen (vgl. *Hofstätter*, 1957, S. 65).

Auf die Tatsache, daß sich *Lewin* 1929 in seiner Prognose hinsichtlich des in naher Zukunft zu erwartenden Einflusses der von ihm damals so genannten „experimentellen Willenspsychologie" auf die Psychotherapie so sehr irrte, vermag nun allerdings auch die Art seines Vortrages einiges Licht zu werfen. So versucht er den Teilnehmern des „ärztlichen Kongresses" das Wesen der experimentellen Willenspsychologie und den Unterschied zwischen assoziations- und elementenpsychologischer und seiner dynamisch-ganzheitlichen Sichtweise zu erklären. Ausgehend von *Achs* (1905 nach *Lewin*, 1929) Willensuntersuchungen, deren Ergebnisse trotz ihrer Vorläufigkeit immerhin zu dem über den assoziationspsychologischen Ansatz hinausführenden Begriff der „determinierenden Tendenz" geführt haben, schildert er die experimentellen Untersuchungen über „die Wiederaufnahme unterbrochener Handlungen" (*Ovsiankina*, 1928), „das Behalten beendeter und unbeendeter Handlungen" (*Zeigarnik*, 1927), „Sättigung" (*Lewin*, 1926; *Karsten*, 1928) und expliziert daran die grundlegenden Begriffe seiner Theorie wie Spannungssystem, Bedürfnis und Quasi-Bedürfnis, System, Vektor, Hand-

*) Es sind nicht eben viele speziell psychotherapeutische oder psychiatrische Beiträge; *ältere*: z. B. *Lewin* (1933), *Schulte* (1924), *Gottschaldt* (1934); *jüngere*, über deren Wirkung sich aber auch noch wenig bemerken läßt: *Luchins* (1949, 1964), *Bruns* und *Metzger* (1967), *Metzger* (1970), *Canestrari* und *Trombini* (1975); zu jung, um über ihre Wirkung etwas sagen zu können, sind die bemerkenswerten Untersuchungen *Tholeys* (1980, 1981, 1985) über „Klarträume".

lungsganzheit, Gestalt und Gestaltzerfall, Variationstendenz, Feld und Feldkräfte, Zielstrebigkeit, konstruktive versus klassifikatorische Begriffsbildung und anderes mehr (vgl. Teil I).

Dabei bleibt er ganz experimenteller Psychologe und vermeidet es, Schlüsse und Hypothesen anzubieten, die den unmittelbaren Zusammenhang mit den dargelegten empirischen Grundlagen überschreiten, und konkrete Anleitung für die psychotherapeutische Behandlung psychisch Gestörter zu geben. Konkreten Nutzen aus seinen Darlegungen zu ziehen, mutet er ganz den zuhörenden Ärzten zu, die sich – von ihrem Erfahrungs- und Ausbildungshorizont aus erschiene das jedenfalls verständlich – gefragt haben mögen, wie dieser eine so ganz und gar andere Sprache als sie sprechende, schier unverständliche Vortragsredner Eingang bei ihrem Kongreß finden konnte. Woher sollten sie die Kenntnisse der Psychologiegeschichte mitbringen, die nötig gewesen wären, zu erkennen, daß *Lewin* sich gar nicht mit ihnen, ihren Erwartungen und Auffassungen auseinandersetzte, sondern mit den Assoziations- und Elementenpsychologen? Und welche Veranlassung – selbst wenn sie die Gründe für dieses unhöfliche Verhalten gekannt hätten – bestand für sie, dafür Verständnis aufzubringen?

Daß *Lewin* darin versagte, seine nicht unmittelbar seinem Interessenkreis zugehörenden Zuhörer einzubeziehen in sein Denken und zu einer selbständigen Nutzung der von ihm mitgeteilten Fakten anzuregen, erscheint ein wenig kennzeichnend für sein gesamtes Wirken. Er verstand es offenbar nicht, sein eigenes Wissen von den Feld-Bedingungen zwischenmenschlichen Geschehens über die relativ engen Grenzen seiner von vornherein am gleichen Gegenstand wie er interessierten Mitarbeiterschaft fruchtbar werden zu lassen. Nur für sie war anscheinend so etwas wie die faszinierende Ausstrahlung eines genialen Experimentators spürbar (vgl. *Marrow*, 1977). Die einzige Veröffentlichung *Lewins*, von der man sich einen größeren Publikumserfolg hätte erhoffen können, scheint mir „Die Lösung sozialer Konflikte“ zu sein.

Lewin hatte, etwa im Gegensatz zu *Freud*, offenbar wenig von einem Guru an sich; den Grund scheint auch der Stil seiner wissenschaftlichen Veröffentlichungen zu verraten; die schlicht prägnanten und dadurch unmittelbar überzeugenden Äußerungen sind zerstreut inmitten diffiziler, manchmal langatmiger Spezialerörterungen im Dienst der Errichtung eines theoretisch umfassenden Wissenschaftsgebäudes, das sich um den Preis der Selbstverleugnung keine verfälschenden Simplifizierungen zuschulden kommen läßt. Dieses Gebäude ist verständlicherweise unvollendet geblieben, stellt sich vergleichsweise dar als eine Riesenbaustelle, mit noch fensterlosen

Hochhäusern und zahlreichen Grundmauern, zwischen denen nur wenige Ingenieure und Arbeiter etwas verloren werkeln, hier und da auch noch eine funktionierende Arbeitsgruppe sich einem einzelnen Projekt widmet.*)

Der Mangel an Publikumswirksamkeit ist Ausdruck einer bedingungslosen, ernüchternden Sachlichkeit. Das, was *Lewin* und seine frühen Mitarbeiter aufzubauen begonnen haben, steht oder fällt nicht mit seiner Vollendung; es ist auf immerwährende Unvollendetheit angelegt, die in ihrer jeweiligen spezifischen Beschaffenheit das jeweils gegenwärtig wirklich vorhandene Wissen über das menschliche Leben adäquat abzubilden vermag. Angesichts des dominierenden Eindrucks der Unfertigkeit wird verständlich, daß die in seinem Theoriegerüst verankerten Befunde und Prinzipien nur langsam wahrgenommen und genutzt werden. In dieser Unfertigkeit, die Ausdruck von *Lewin*s Sachlichkeit ist, liegt das für den nach eindeutiger Wahrheit Lechzenden Unerträgliche und Erdrückende, zugleich ein Gegensatz zur Psychoanalyse. In *Lewin*s Feldtheorie und *Freud*s Psychoanalyse stehen sich ein betont offenes und unfertiges und ein, tendenziell jedenfalls, eher geschlossenes, betont derministisches System gegenüber: der beschwerliche Versuch, den Zirkelschlüssen eines Denkens und Argumentierens ohne die – nicht oder nur im Sinne von sich im unendlichen schneidenden Parallelen mögliche – Kenntnis aller wesentlichen Einzeltatsachen zu entgehen auf der einen und der berauschende Glaube an die absolute methodische Zugänglichkeit der „menschlichen Wahrheit" im Zugriff rationaler Analyse auf der anderen Seite.**)

Lewin hat ein tragfähiges Fundament für umfassende psychologische Forschung (vgl. z. B. 1969, S. 26f.) gebaut, das naturgemäß den Mangel an exaktem Wissen deutlich hervortreten läßt. Sein Konstrukt „Lebensraum" ist so konzipiert, daß es nach menschlichem Ermessen nie den Lebensraum eines Menschen vollständig abbilden kann. Das für die Psychologie Wesentliche dieses Konstrukts liegt in der Möglichkeit, allgemeine Prinzipien, die nun allerdings

---

*) Dies gilt vor allem für Deutschland bzw. ganz Europa, weniger für Amerika (vgl. die Arbeiten von *Heider, Festinger, Luchins, Cartwright* und anderen; einen Überblick bietet *Marrow*, 1977). In Deutschland hat man eher versucht, *Lewin* „zu schlucken" und vergessen zu machen, daß die eigenen Vorstellungen von ihm geprägt wurden (wesentliche Ausnahmen: *Metzger* und seine Schüler). Eine Änderung kündigt sich mit dem Beginn der Herausgabe einer „Kurt-Lewin-Werkausgabe" an (seit 1981).

**) In der neueren Entwicklung wird allerdings ein Wandel deutlich (vgl. *Fürstenau*, 1979, 1983; *Lorenzer*, 1970, 1973, 1974; *Schülein*, 1975).

vielleicht Tatsachen und Gesetzmäßigkeiten in einem viel entscheidenderen Sinne sind, als ihn die Psychologie alter deterministischer Prägung gekannt hat, sichtbar werden zu lassen. Diese Prinzipien sind das psychotherapeutisch m. E. über alles zuvor theoretisch Dargestellte und Darstellbare Hinausgehende (vgl. Teil II und Teil III).

Freud hat, indem er auf den Aufbau einer differenzierten Metatheorie verzichtete oder aufgrund seiner wissenschaftlichen Vorbildung dazu auch gar nicht im Stande war, in erkenntnistheoretischem Niemandsland hin und her schwankend ein in sich zwar relativ geschlossenes, aber die Realität im konkreten Modell bis heute teils einzwängendes und deformierendes System geschaffen, in dem nicht die Einzeltatsachen notwendig falsch sind, aber im Mangel des genügend allgemeinen Bezugssystems die Gewichtung. Wieweit *Freud* dieses System wirklich geschaffen hat oder wieweit es dazu gemacht wurde, indem Gedanken, Möglichkeiten von seinen Schülern zu allgemeinverbindlichen Tatsachen umstilisiert wurden, mag strittig sein. Das Fehlen eines differenzierten Registrierungssystems für einzelne Befunde, individuell richtige Einzeltatsachen, legte jedoch eine solche Entwicklung nahe. Vergegenwärtigt man sich die Art und Weise, wie es zur Trennung zwischen *Freud* auf der einen, *Adler, Jung, Reich* und anderen auf der anderen Seite gekommen ist (vgl. z. B. *Farau, Cohn* 1984; *Sperber*, 1984, S. 29; *Freud* selbst, 1914, G. W. Bd. X), dann können einem *Freud*s Äußerungen, die Bereitschaft zur Wandlung eigener Auffassungen ausdrücken, ein wenig als „Verbaltoleranz" vorkommen.

Teilweise laufen die Gegensätzlichkeiten zwischen psychologischer Feldtheorie und Psychoanalyse denen zwischen Feldtheorie und orthodox-lernpsychologischer Verhaltenstherapie parallel. So scheint die vordergründige Nüchternheit behavioristischer Selbstbeschränkung auf das rein äußerlich Beobachtbare in Gestalt des Anspruchs, damit zugleich Zugang zu allen wesentlichen Aufbauelementen der menschlichen Persönlichkeit und ihrer Verbindungen miteinander zu haben, in Wirklichkeit nicht weniger, als dies für psychoanalytische Deutungseuphorie gilt, dem Bedürfnis nach letzter, eindeutiger Wahrheit zu erliegen. Dort der Glaube an die Möglichkeit eines umfassenden Zugangs zu den innerpsychischen Vorgängen, hier die Eliminierung aller nicht eindeutig genug klassifizierbar erscheinenden Vorgänge aus dem Wahrnehmen und Denken.

*Lewin*s Kritik an der Psychoanalyse war jedoch nie so hart und ablehnend wie die an der assoziationistischen Schule der Psychologie. Er hat in den erkenntnistheoretischen Mängeln der Psychoanalyse die Ursache für die Verabsolutierung ihrer begrifflichen Konstrukte gesehen, die sie zu einer „Vermögenspsychologie" werden ließ.

Aber er hat auch keinen Zweifel daran gelassen, daß er in ihr einen seinem eigenen ähnlichen psychologischen Ansatz sah, dem das Verständnis der menschlichen Persönlichkeit als eines dynamisch-ganzheitlichen Prozesses zugrunde lag. Zumindest zeitweise scheint er die Integration beider Ansätze für möglich gehalten zu haben, etwa in seiner Erörterung des Begriffs der Regression (vgl. auch *Marrow*, 1977).

Die Wandlung der theoretischen Formulierungen *Freud*s in zeitlich aufeinander folgenden Schriften (vgl. *Sandler, Dare, Holder*, 1973) weist darauf hin, daß er zumindest sich selbst gegenüber die spekulative Vorläufigkeit seiner Auffassungen eingestand. Erst indem sie zu Lehrsätzen gerannen, wurden sie fragwürdig, gewannen sie „primitivprägnanten" Charakter: indem dem „Trieb" als solchem, anstatt ihn als theoretisches Konstrukt einer dahinterstehenden psychischen Wirklichkeit anzusehen, Wirklichkeit zugeschrieben wurde (vgl. *Lewin*s Vorschlag statt dessen von Bedürfnis zu sprechen, Teil I); indem der „Ödipuskomplex" und die gesamte Phasenlehre der psychischen Entwicklung im Sinne eines naiv-historischen Ursachenbegriffs – der ein vergangenes Geschehen mit der gegenwärtigen, sich aus diesem vergangenen Geschehen indirekt ableitenden Erinnerung gleichsetzt – und überdies im Sinne einer für jede menschliche Entwicklung verbindlichen Erfahrung verstanden wurden; und vor allem in der Gleichsetzung der psychoanalytischen mit einer therapeutischen Methode (zur Kritik daran vgl. *Fürstenau*, 1983). Damit soll nicht angezweifelt werden, daß (was gerade in der Weiterentwicklung der Feldtheorie zu einer Theorie des sozialen Wandels Bedeutung gewonnen hat; vgl. den Abschnitt über Organisationsentwicklung) Analyse einer Störung und Therapie unter speziellen Bedingungen identisch sein können; dazu bedarf es jedoch der Erforschung solcher Bedingungen und nicht nur des rationalistischen Postulats, daß intellektuelles Erklären zur Heilung führt (vgl. *Fürstenau*, 1977). *Freud* selbst äußert einmal, er glaube, daß die Psychoanalyse eher als ein bedeutendes Instrument der Analyse menschlichen Verhaltens denn als psychotherapeutische Methode in die Psychologiegeschichte eingehen wird.

Daß die psychoanalytische Lehre per se als therapeutische Methode aufgefaßt wurde, mag zusätzlich zu ihrem umfassenden Erklärungsanspruch und den sie bedrängenden Anfeindungen jenes Klimas der Überforderung bedingt haben, in dem *Freud*s Entwürfe und Spekulationen für Offenbarungen galten, jeder innere und äußere Widerspruch weganalysiert oder weggedeutet und dogmatisch die reine Lehre verfochten wurde.

Der französische Gruppendynamiker *Pagès* (1974) liefert mit seiner Dissoziationstheorie ein Erklärungsmodell für dieses Verhalten:

Wer die immer gegenwärtige natürliche Spannung zwischen Hinwendung und Abwendung, Gleichsein und Anderssein, Allmacht und Ohnmacht nicht ertragen kann, verfällt dem Denken in autoritären Begriffen (vgl. *Adorno*, 1968), der teilt die Welt (sich selbst nicht minder) in den rechtgläubigen und den ungläubigen Teil. Dynamisches Denken steht nach *Pagès* immer in der Gefahr umzuschlagen in unfruchtbares statisches in Begriffen des Absoluten. Die Größe dieser Gefahr mag nun einerseits Persönlichkeitsvariable sein, andererseits dürfte sie auch von den Umständen abhängen. Eine tragfähige wissenschaftstheoretische Basis läßt sich dementsprechend unter einem Denkmilieu verstehen, das die Spannung zwischen Erfolg und Mißerfolg in erträglichen Maßen hält und der Überforderung als Auslöser der Dissoziation keinen Vorschub leistet.

In diesem Zusammenhang kann die Frage nach einer möglichen Integration von Psychoanalyse – vielleicht aller tiefenpsychologischen Richtungen – und Gestalttheorie neu aktuell werden. Als Stärke der Gestalttheorie wurde das wissenschaftlich solide Fundament betont, als Schwäche wurde der Mangel an motivierender Ausstrahlungskraft dargestellt. Schwäche und Stärke scheinen die verschiedenen Seiten desselben Sachverhalts zu sein, ebenso wie bei der Psychoanalyse, hier nur umgekehrt: deren Stärke ist, wie sich in der manchmal geradezu missionarischen Überzeugtheit ihrer Vertreter zeigt, daß sie Menschen regelrecht in ihren Bann zu schlagen vermag; ihre Schwäche dagegen scheint sich bei der nüchternen Analyse ihrer Theorie und der sich auf sie berufenden konkreten Erklärungen als verwirrende Ungeschiedenheit verschiedener Typen von Erklärungsbegriffen herauszustellen: historischer neben konditional-genetisch-systematischen, konkreter neben abstrakten, dynamischer neben absoluten, kurz: als erkenntnistheoretischer Dilettantismus. Der entscheidende Schritt aufeinander zu könnte seitens der Psychoanalyse das Eingeständnis ihrer erkenntnistheoretischen Schwäche sein und seitens der Gestalttheorie (zumindest in Deutschland) das Eingeständnis der relativen Ineffektivität in bezug auf die Umsetzung ihrer erkenntnistheoretischen Solidität in konkrete Anwendung für den Menschen. Die dann naheliegenden nächsten Schritte aufeinander zu wären, daß die Psychoanalyse ihre Begriffe mit dem Anspruch *Lewin*scher Theoriebildung an Operationalisierung, Überprüfbarkeit und Konstruktivität konfrontiert und in Einklang zu bringen versucht, und daß die Gestalttheorie die spekulativen Elemente der Psychoanalyse als konstruktive Herausforderung begreift oder gar selbst neuen Mut zur Hypothesenbildung faßt, den Rechtfertigungszwang gegenüber den vom Behaviorismus inspirierten Lerntheorien hinter sich lassend, zumal diese in ihrer orthodoxen Form kaum noch existieren (dies läßt sich durchaus von *Tholey* sagen, 1980, 1981, 1985).

Solche weiterführenden Verbindungen zwischen Psychoanalyse und Gestalttheorie sind schon vollzogen worden (vgl. *Rapaport*, 1970, 1977; *Fürstenau*, 1972, 1977; *Spitz*, 1976; *Sullivan* nach *Farau/Cohn*, 1984); ihrer allgemeinen Anerkennung steht leider insbesondere in Deutschland immer noch ein Übermaß an Orthodoxie auf psychoanalytischer Seite entgegen (vgl. *Enke* und *Walter*, 1976).

Die Darstellung der Beziehungen zwischen Gestalttheorie und Psychotherapie ist schon hier zu einer Auseinandersetzung zwischen Gestalttheorie und Psychoanalyse geworden. Dies entspricht der Tatsache, daß nahezu keine psychotherapeutische Richtung der Gegenwart unbeeinflußt ist von der Psychoanalyse. Wenn Gestalttheorie hier vor allem als Theorie *Lewins* behandelt wurde, so findet das seine Berechtigung darin, daß er als einer der ersten Gestalttheoretiker dem Willens- und Affektleben des Menschen und dessen sozialer Bedingtheit mehr als beiläufige Aufmerksamkeit gewidmet, daß er die Scheu vor den scheinbar nicht exakt faßbaren affektiven Prozessen mit der Entwicklung spezifischer Versuchsanordnungen überwunden und daß er den Zusammenhang seiner Forschungsarbeit mit dem Fortschritt psychotherapeutischer Theorie und Praxis betont hat. Dies mindert nicht die Verdienste anderer Gestalttheoretiker (auf entwicklungs-, völker-, wahrnehmungs-, denk- und gedächtnispsychologischen Gebieten) um den Nachweis und die Untersuchung der Ganzheitlichkeit psychischer Prozesse. Insbesondere *Metzger* (1962, 1971, 1975a, 1975b, 1976) hat in neuerer Zeit entscheidende Beiträge zur Anwendung der Gestalttheorie für Pädagogik und Sozialisationsprobleme geleistet.

1.3 Die Kritik am „medizinischen Modell" in Psychotherapie und Psychiatrie und die Position der Gestalttheorie

Es ist bezeichnend, daß für die Definition psychischer Störungen wesentliche gestalttheoretische Auffassungen erst heute, mit der zunehmenden Kritik am sogenannten „medizinischen Modell" der Psychotherapie (vgl. *Keupp*, Hg.; 1972; *Szasz*, 1972; *Scheff*, 1972) und der wachsenden Anerkennung eines neuen Paradigmas, des „erzieherischen Modells" (vgl. *Walter*, 1975), immer mehr Bedeutung gewinnen.*)

---

*) Auch für verhaltenstherapeutisch orientierte Psychologen übrigens (vgl. *Skinner*, 1973; *Lazarus* und *Fay*, 1977), die, obwohl ihr Ansatz im Sinne ihres Verständnisses von „lernen" eigentlich von Anfang an ein er-

Ausgangspunkt für verändernde Eingriffe am Menschen ist nämlich ebenso wie aus gestalttheoretischer Sicht (vgl. *Lewin*, 1963, 1969) auch aus der Sicht des „erzieherischen Modells" der Psychotherapie nicht das „Abnorme", sondern der relativ (im Sinne eines „quasi-stationären Gleichgewichts") störungsfreie Ablauf psychischer Prozesse (vgl. *Hege*, 1974). Dieser Wechsel in der Blickrichtung (der gleichbedeutend ist mit einem Wechsel des Bildes vom hilfesuchenden Klienten) ermöglicht überhaupt erst zu sehen, daß die Gestalttheorie, insbesondere in der Weiterentwicklung *Lewins* (vgl. Teil II), etwas mit Psychotherapie zu tun hat. Offenbar waren sich dessen in der Vergangenheit auch nicht allzu viele Psychologen bewußt, die sich der Gestalttheorie verpflichtet fühlten. So wußten die akademischen Vertreter der Gestalttheorie in der Bundesrepublik denn offenbar auch nicht so recht, was sie mit der Gestalt-Therapie – jenem mit der therapeutischen Arbeit und den Publikationen des aus Deutschland emigrierten, 1970 in Amerika gestorbenen Psychiaters und Psychoanalytikers *Fritz Perls* verknüpften Namensverwandten – eigentlich zu schaffen hatten. Eine der kennzeichnendsten Übereinstimmungen aber zwischen Gestalttheorie und *Perls'* Gestalt-Therapie besteht zweifellos darin, daß *Perls* statt von Neurose lieber von „Störung in der Entwicklung" spricht und darin eher ein erzieherisches als ein medizinisches Problem sieht (*Perls*, 1974, S. 36).

Den entscheidenden Anstoß für die neuere Diskussion um das „medizinische Modell" in Psychotherapie und Psychiatrie liefert *Szasz* (1960, deutsch: 1972; vgl. *Keupp*, 1972, S. 69). Er legt dar, daß der Begriff der seelischen Krankheit

„– ganz gleich, wie nützlich er einmal gewesen sein mag – ausgedient hat und heute nur noch die Funktion eines bequemen Mythos hat".

Der Begriff der seelischen Krankheit basiert auf der Annahme,

„daß eines Tages irgendein, vielleicht sehr feiner, neurologischer Defekt als Ursache aller Störungen des Denkens und Verhaltens gefunden wird... *Alle Lebensschwierigkeiten* werden chemisch-physikalischen Prozessen zugeschrieben, die zur gegebenen Zeit von der medizinischen Forschung entdeckt werden würden" (*Szasz*, 1960).

Fortsetzung der Fußnote von S. 223

zieherischer war, sich doch unkritisch auf den medizinischen Krankheitsbegriff eingelassen hatten, indem sie die aus dessen Tradition erwachsenden Beschreibungen von Symptomen psychischer Störungen zum Ausgangspunkt ihrer therapeutischen Theorie- und Methodenentwicklung wählten.

Szasz meint, daß einerseits der Begriff der „seelischen Krankheit" irreführend sei, wenn man psychische Symptome nur als Zeichen einer hirnorganischen Krankheit ansehe, daß andererseits aber mit einem Defekt oder einer Erkrankung des zentralen Nevensystems auch nicht die Überzeugungen eines Menschen erklärt werden könnten. Die so charakterisierte Grundposition des „medizinischen Modells" psychischer Krankheit führt vielmehr dazu, daß nur aus dem sozialen Lebenszusammenhang verstehbare Prozesse der Zuschreibung von Eigenschaften, der Stigmatisierung und der Definition abweichenden Verhaltens (vgl. *Steinert*, Hg.; 1974; *Garfinkel*, 1974, *Emerson*, 1974) vernachlässigt werden und so gesellschaftliche Verhältnisse, die entscheidenden Anteil an der Entstehung von Störungen haben, von den Institutionen für psychische Gesundheit (im engeren Sinne: den psychiatrischen Anstalten) zugleich reproduziert und verfestigt werden (vgl. *Strotzka*, 1965, S. 34ff.).

„Die Evidenz spricht ... für die Auffassung, daß man heute als seelische Krankheit bezeichnet, was zum größten Teil *Kommunikationen* nicht akzeptabler Vorstellungen sind ..." (*Szasz*, 1972),

also Abweichungen von vorherrschenden psychosozialen, ethischen und moralischen Normen.

Szasz leugnet mit dieser Kritik am „medizinischen Modell" keineswegs die Existenz der sozialen und psychischen Vorgänge, die mit dem Begriff der „seelischen Krankheit" bis heute erfaßt werden. Es geht ihm um die Akzeptierung der Tatsache, „daß menschliche Beziehungen von Natur aus Schwierigkeiten mit sich bringen" und darum, daß diese Schwierigkeiten statt als Symptom für eine angeblich dahinterstehende hirnorganische Störung selbst als Gegenstand von Therapie begriffen werden.

„Was wir tatsächlich haben, sind Lebensschwierigkeiten biologischer, ökonomischer, politischer oder sozialpsychologischer Art" und „*Mehr Verständnis* und die sich daraus entwickelnde Handlung sind unsere einzigen rationalen Mittel der Entlastung".

Mit diesem Plädoyer für eine Bewältigung psychischer Probleme ohne Rückgriff auf eine entschuldigende „tiefere" medizinisch-somatische Ursache appelliert *Szasz* zugleich an den Menschen, selbstverantwortlich im Zusammenschluß mit anderen seine eigenen und die psychosozialen Schwierigkeiten der anderen anzupacken.

Scheff (1972) hat einen diesem Appell entsprechenden Ansatz der „Selbsthilfe-Psychotherapie" entwickelt, den er „reevaluating counseling" (auf deutsch etwa: neubewertungsorientierte oder umstrukturierungsorientierte Beratung) nennt. Von diesem Ansatz erwartet er, daß er u. a. den Forderungen gerecht wird: Anwendbarkeit auf eine Vielzahl von Problemen und eine Vielzahl von Bevölkerungsgruppen, Eignung für Prävention wie für Therapie und Implikationen für soziale, kulturelle und politische Veränderungen ebenso wie für individuelle Änderungen.

Der Wechsel des psychotherapeutischen Paradigmas vom sogenannten „medizinischen“ zu einem „erzieherischen“ Modell oder einem präventiven Modell (*Cowen*, 1975) bedeutet, kurz zusammengefaßt, etwa folgendes:

Einem psychisch Gestörten wird nicht mehr der Stempel des Krankseins aufgedrückt. Er bleibt von vornherein selbst die verantwortliche Instanz für seine Störung, gilt grundsätzlich als befähigt, Einsicht in seine Störungen und ihre Ursachen zu gewinnen und sie durch ihm zur Verfügung stehende Kräfte zu beeinflussen. Entsprechend geht es (statt um medizinische Behandlung im Sinne vornehmlich medikamentöser Behandlung von hinter einem psychischen Symptom vermuteten organischen Ursachen) um die Aktivierung und Stärkung der Fähigkeiten des Klienten, sich selbstverantwortlich mit seiner Störung auseinanderzusetzen und sie zu überwinden.

Die Ursachen psychischer Störungen werden als weitgehend sozial bedingt angesehen, als Ausdruck etwa von Gleichgewichtsstörungen im Austausch zwischen Individuum und Umwelt. Psychotherapie wird aus dieser Sicht zum gezielten Einsatz von Methoden, die auf den allgemeinen Gesetzmäßigkeiten menschlicher Entwicklung und menschlichen Zusammenlebens gründen und darauf abzielen, eine – im Sinne subjektiven Wohlbefindens – lebenswerte Balance zwischen Individuum und Umwelt herzustellen.

Um nicht mißverstanden zu werden, sei darauf hingewiesen, daß das „medizinische Modell“ (das eine Ideologie repräsentiert) keinesfalls mit den Ergebnissen medizinisch-wissenschaftlicher Forschungen verwechselt werden darf. Letztere sind zweifellos von nicht geringerer Bedeutung für die Kenntnis von der menschlichen Entwicklung und für die Gestaltung des menschlichen Zusammenlebens als psychologische, soziologische und pädagogische Forschungen. Und es soll auch nicht angezweifelt werden, daß es körperliche Störungen gibt, die Störungen des psychischen Wohlbefindens im Gefolge haben. Der erzieherische Ansatz bedeutet keinesfalls einen Verzicht auf medizinische Diagnostik. Im Gegenteil: Er erfordert umfassende interdisziplinäre Zusammenarbeit, um der vielfältigen Problematik des Individuums und seiner Umwelt – den biologischen, ökonomischen, ökologischen, politischen, historischen und anderen Problemen – gerecht zu werden.

Werden psychische Störungen als soziale Phänomene begriffen, so folgt daraus auch, daß die geltenden Normen und Wertvorstellungen des gesellschaftlichen Lebens nicht selbstverständlich die Maßstäbe für psychotherapeutisches Handeln und Forschen abgeben, sondern Gegenstände der kritischen Überprüfung, Erforschung und Veränderung sind. Psychotherapie erhält damit auch die Funktion der Ideologiekritik. Dabei ist es nicht mit der Anerkennung der Tatsache getan, daß die Entwicklung des Menschen von seiner unmittelbaren sozialen Umwelt entscheidend mitbestimmt wird, sondern es muß auch in Rechnung gestellt werden, daß übergreifende gesellschaftliche Gesetze wiederum diese Umwelt determinieren.

„Der benötigte sozialpsychologische Ansatz muß deshalb so beschaffen sein, daß er zwar das konkrete Handeln von Individuen als Ausgangspunkt wählt, die soziale Prägung dieses Verhaltens jedoch nicht auf Wirkfaktoren in der unmittelbaren Interaktion von Primärgruppen beschränkt. Soziale Gruppen sind keine letzten Konstanten sozialer Ordnung ..." (*Keupp*, 1972, S. 34).

Für Therapie und Veränderung, individuelle wie gesellschaftliche gleichermaßen, heißt das:

„Um die Energie, die Hoffnung gegenüber dem Gefühl der Vergeblichkeit freizusetzen, muß man die *Mikrodynamik* benutzen, aber im Kontext der *Makrostruktur*" (*Lippitt*, 1974, S. 276).

„Gegenstand der Psychotherapie" – vor allem der psychotherapeutischen Grundlagenforschung – ist mit der Akzeptierung eines erzieherischen Modells nicht mehr „zuvörderst das seelisch Abnorme als Spielart von Fehlhaltung bzw. -entwicklung", wie *Weitbrecht* (1963, S. 422) feststellt. Was dagegen schon der Psychiater *Nachmansohn* (1932, Neuauflage 1965) für unabdingbar hält, wenn die Psychotherapie wissenschaftlichen Ansprüchen genügen will, nämlich eine „normal-psychologische und biologische Grundlage", tritt mit einer Fülle von wertvollen Forschungsergebnissen aus der Reserve. Die Definition psychischer Gesundheit muß theoretische Zusammenhänge in Form allgemeiner Gesetze der menschlichen Entwicklung und des menschlichen Zusammenlebens einschließen und zugleich konkrete Ableitungen zulassen, die den Eigentümlichkeiten des Einzelfalles Rechnung tragen. Diese Formulierung lehnt sich an die Forderung (Lewins (1969, S. 27) für ein zukünftiges Begriffssystem der Psychologie an.

Guss (1975a, 1975b) hat nachdrücklich darauf hingewiesen, welch fragwürdige Folgen es für Theorie und Praxis der Erziehung hat – und dies dürfte gleichermaßen für ein erzieherisches Modell der Psychotherapie gelten –, wenn die Zielvorstellungen (die immer auch Wertvorstellungen sind) und die Mittel, das Ziel zu erreichen, als voneinander unabhängige Teile des Erziehungsvorgangs behandelt werden. Ziele und Mittel sind lediglich verschiedene Aspekte desselben Geschehenszusammenhangs. Die Mittel (Erziehungs- und/oder Therapiemethoden) sind immer zugleich auch inhaltliche Bestandteile der das Ziel definierenden Wertvorstellungen. Damit scheiden Methoden aus, die offensichtlich im Gegensatz zum angestrebten Ziel stehen: Zwang und Drill, um aus jemandem einen „selbstverantwortlichen, unabhängigen" Menschen zu machen (vgl. auch Teil III).

Wesentliche Kriterien der Kritik am „medizinischen Modell" und der Entwicklung von Alternativen decken sich mit gestalttheoretischen Auffassungen und Forschungsergebnissen. Wenn *Keupp* (1972, S. 1) feststellt, in der Psychiatrie „würden nur aus sozialen Interaktionsprozessen interpretierbare Verhaltensmuster auf verdinglichte Konstanten des Individuums zurückgeführt", oder *Laing* (1969, S. 96) bemerkt: „Ich begann zu begreifen, daß ich es nicht bloß mit der Untersuchung von Individuen zu tun hatte, sondern mit der von Situationen" (auch zitiert bei *Keupp*, 1972, S. 63), so stehen hinter diesen Äußerungen die gestalttheoretischen Auffassungen vom dynamischen Prozeßcharakter psychischer Vorgänge und von der ganzheitlichen Struktur der Beziehungen zwischen Individuum und Umwelt (Teil-Ganzes-Relation).

Ausgehend von der Einsicht, daß sich in psychischen Problemen immer Situationen manifestieren, kritisiert *Laing* (1969, S. 96, auch zitiert bei *Keupp*, 1972, S. 63) den künstlichen Charakter der Diagnose- und Behandlungssituation in psychiatrischen Kliniken:

> „Erstens wurde das Verhalten dieser Menschen als Zeichen für einen Krankheitsprozeß angesehen, der *in* ihm vorging und der erst in zweiter Linie möglicherweise für etwas anderes stand. Das ganze Geschehen wurde in eine medizinische Metapher eingeschlossen. Als zweites beherrschte diese medizinische Metapher dann das Verhalten aller, die ein Teil von ihr geworden waren, Ärzte und Patienten. Als drittes konnte die Person, die in dem System Patient war und vom System isoliert wurde, nicht mehr als *Person* betrachtet werden; folglich fiel es auch dem Arzt schwer, sich als Person zu verhalten. Eine Person existiert nicht ohne sozialen Kontext. Man kann eine Person nicht aus dem sozialen Kontext reißen und sie weiterhin als Person ansehen oder als Person behandeln."

Diese Kritik deckt sich u. a. mit *Lewin*s Begründung dafür, als Alternative zum lebensfernen Laborexperiment das Feldexperiment einzuführen. Diese methodische Modifikation soll Pseudo-Entdekkungen, Artefakte, die unzulässige Verallgemeinerung von Verhaltensweisen, die eben nur die spezielle im Labor künstlich erzeugte Situationsdynamik „fordert", verhindern. So lassen sich sehr gut experimentelle oder psychiatrische Untersuchungsbedingungen denken, deren immanente Dynamik ihre prägnanteste Gestalt in einem Tobsuchtsanfall der Versuchsperson oder des Klienten findet – und das völlig unabhängig von Klassifikationen wie „gesund“ oder „krank“. Auch das Umgekehrte ist möglich: Verhaltensgewohnheiten, die in der gewohnten Umgebung eines Menschen ihren spezifischen Sinn haben, werden in der ungewohnten Psychiatrieumwelt beibehalten und als „wahnhaft“ klassifiziert. Indessen mag der Klient vielleicht lediglich die neue Situation nicht ganz so schnell durchschaut haben, wie es der zeitknappe Psychiater erwartet hat. Dieser Vorgang fällt in den gestalttheoretisch recht gut untersuchten Bereich der sozialen Akzentuierung von Wahrnehmungen. Das „sinnlose“ Verhalten des Klienten deutet vielleicht eher auf eine gewisse affektive oder intellektuelle Schwerfälligkeit hin (was auch schon eine zu weitgehende Interpretation sein kann) als auf tiefergehende Verwirrung.

Auch das Phänomen der sich selbst erfüllenden Prophezeihung ist in diesem Zusammenhang von Bedeutung. Die aus einer bestimmten Erwartung des Diagnostikers heraus künstlich hergestellten Bedingungen erzeugen die interaktionelle Dynamik, welche die diagnostischen Hypothesen verifiziert. Die Empfänglichkeit des sozialen Wesens Mensch für Umwelteinflüsse kann nicht ausdrücklich genug in Rechnung gestellt werden, wo es um psychologische oder auch medizinische Diagnostik oder um Beurteilung von Behandlungserfolgen geht. Die Experimente *Lewins* und seiner Schülerin *Karsten* (1920, vgl. Teil I) über „psychische Sättigung“ können zur Charakterisierung der Lage eines hospitalisierten psychiatrischen Patienten angeführt werden. *Karsten* konnte nachweisen, daß Gefühle der Sättigung, des Überdrusses, der Sinnlosigkeit zum „Gestaltzerfall“ führen. Was zunächst noch als sinnvoll wahrgenommen wurde, wird schließlich überhaupt nicht mehr erkannt. Es kommt zu Vergessen, Versprechen, Stottern, lauter in der Psychiatrie als klassisch geltenden Symptomen.

Die Betonung der „sozial-evaluativen Funktion“, vor allem der Definition psychischer Krankheit, findet ihre begriffliche Aufhellung in gestalttheoretischen Begriffen wie dem der „funktionalen Gebundenheit“ (Blindheit des Therapeuten gegenüber wichtigen Verhaltensweisen und Aussagen von Patienten, weil er sie nicht aus seinem habituellen Wahrnehmungs- und Bewertungsraster – z. B. Schizophrenie – herauszulösen und als „sinnvoll“ zu erkennen vermag) oder dem des „anschaulich Konstanten“ (vgl. Teil I). Sie charakterisieren so alltägliche Vorgänge wie „vor Bäumen den Wald nicht mehr sehen“. Wie die Fehlbeurteilung eines gewohnten Verhaltens in ungewohnter Umgebung läßt sich jede Bewertung von Verhaltensweisen und Vorstellungen, nicht zuletzt im Hinblick auf zugrundeliegende individuelle oder kollektive Normen, als Figur-Grund-Phänomen verstehen.

Weiterhin trifft sich die Kritik an der traditionellen Vermeidung der Reflexion darüber, woraus ein Psychiater oder ein Psychotherapeut seine Maßstäbe für die Diagnosen schöpft (oder auch einfach für die bewertende Aussage, ein Klient „agiere"), wiederum mit der gestalttheoretischen Einsicht, daß nicht nur der Klient, sondern auch der Therapeut Teil der „hier und jetzt" in der Begegnung beider entstehenden ganzheitlichen Interaktionsdynamik ist und sich ihr ebensowenig wie der Klient entziehen kann: Sympathie, Antipathie, väterliche Gefühle oder Rivalitätsgefühle stehen einer „fleisch- und blutlosen" Objektivität entgegen, und zwar um so heftiger und folgenreicher, je beharrlicher sie behauptet wird.

Ein Hauptvorwurf betrifft die Verdinglichung und Verabsolutierung von psychischen Symptomen, ihre undsummenhafte Kategorisierung und die aus erstarrtem Modelldenken folgende Verkennung ursprünglich beschränkt brauchbarer Konstrukte als letzte Ursachen, wo erst der soziale Kontext den Zugang zu wirklichem Verständnis eröffnen würde. Die Unzulänglichkeit therapeutischer Methoden kann in dieser Erstarrung nicht mehr gesehen werden, sondern wird, modellimmanenter Logik folgend dem Patienten als Widerstand, Unheilbarkeit usw. angelastet. Die Kritik geht aus von der Einsicht, die *Lewin* dazu veranlaßte, den Übergang von der „aristotelischen" Klassifikation nach äußeren Merkmalen zur „galileischen" konditional-genetischen Sicht zu proklamieren. Hier sei an das Beispiel erinnert: Wenn Ruhe und Bewegung von Körpern als verschiedene Kategorien eingestuft werden, statt daß Ruhe als ein Spezialfall der Bewegung gilt, dann ist die Sicht auf Sachverhalte, die sich aus der konditional-genetischen Identität von Ruhe und Bewegung ergeben, verstellt. Dieser Aspekt läßt ahnen, wie oft in den Symptomkatalogen der klassischen Psychiatrie seiner Entstehung nach Zusammengehörendes auseinandergerissen und konditional-genetisch Verschiedenes „in einen Topf" geworfen worden ist (vgl. *Strotzka*, 1965, S. 38ff.).

Der Nachweis, „daß menschliches Lernen vor allem soziales Lernen ist" (*Keupp*, S. 22), stand von Anfang an im Widerspruch zum „medizinischen Modell". Er ist hauptsächlich innerhalb und ausgehend von der gestalttheoretischen Schule der Psychologie erbracht worden; die mittlerweile zahlreichen empirischen Untersuchungen gruppendynamischer Art hat *Lewin* initiiert (vgl. Teil III, S. 21f.; hinsichtlich des gesamten vorangegangenen Abschnitts: *Walter*, 1975).

2. Psychotherapeutische Schulen der Gegenwart und die Gestalttheorie

In den folgenden Abschnitten werden gegenwärtig einflußreiche psychotherapeutische Schulrichtungen behandelt – nicht aber die vielleicht noch immer einflußreichste: die Schulpsychiatrie. Die Darstellung der Kontroverse um das „medizinische Modell" hat im wesentlichen vorweggenommen, was hier zur Schulpsychiatrie als psychotherapeutischer Schule zu sagen wäre. Sie ist der mächtige Sachwalter des „medizinischen Modells" in der Psychotherapie. Ihre Vertreter haben sich darin bis heute kaum von einer anderen psychotherapeutischen Schulrichtung beirren lassen (vgl. aber *Dörner/Plog*, 1978). Zwar haben Psychoanalyse und Verhaltenstherapie mittlerweile in mäßigem Umfang Eingang in die psychiatrischen Anstalten gefunden, prinzipiell gilt allerdings auch noch heute: Der Austausch zwischen Psychoanalyse und anderen später entwickelten Psychotherapieformen (ob sie sich nun von der Psychoanalyse oder von der akademischen Psychologie ableiten) einerseits und der Schulpsychiatrie andererseits vollzieht sich nur unter Schwierigkeiten. Dies zeigt z. B. die Einseitigkeit im Sinne eines positivistisch-naturwissenschaftlichen Wissenschaftsideals, in der psychoanalytische Vorstellungen im Bereich der Psychiatrie aufgegriffen und assimiliert werden (ermöglicht durch *Freud*s erkenntnistheoretische Zwiespältigkeit, vgl. S. 220 ff.). Die Verhaltenstherapie bot sich der Psychiatrie an aufgrund ihrer Indifferenz gegenüber den äußerlich nicht beobachtbaren Bedingungszusammenhängen äußerlich beobachtbaren Verhaltens. Mit jedem beliebigen Symptom – gleichgültig, welches Bewertungsraster es als solches definiert – kann der Einsatz von Konditionierungsverfahren gerechtfertigt werden.

2.1 Psychoanalyse

Da auf die Psychoanalyse schon relativ ausführlich eingegangen wurde, geht es hier (wie übrigens aus dem gleichen Grunde jeweils mehr oder weniger auch bei den anderen noch zu behandelnden Schulrichtungen) vornehmlich um akzentuierende Zusammenfassungen und Ergänzungen.

Die wesentlichste Gemeinsamkeit zwischen der Psychoanalyse *Freud*s und der Gestalttheorie besteht darin, daß beide die menschliche Seele als dynamischen Prozeß auffassen und die Rolle der Umwelt für die Persönlichkeitsentwicklung betonen (*Freud* vor allem in „Massenpsychologie und Ich-Analyse", „Totem und Tabu" und der immer wieder neuen Auseinandersetzung mit dem „Ödipuskomplex"). So konnten Gestalttheoretiker (vgl. *Lewin*, 1970, 1963, 1969; *Metzger*, 1963; *Metzger* und *Bruns*, 1967; *Graefe*, 1961) psychoanalytische Begriffe zum Ausgangspunkt eigener Überlegungen und Untersuchungen machen:

1. *Lewin* setzt sich ausführlich mit dem Begriff der Regression auseinander, indem er ihn aus seiner Sicht operationalisiert und differenziert in Regression und Retrogression. Regression bezeichnet nach *Lewin* eine allgemeine Primitivierung des Verhaltens, Retrogression lediglich den Rückgriff auf ein früher einmal gezeigtes Verhalten, das keineswegs eine Primitivierung bedeuten muß. *Lewin* (1963) stellt fest, daß die „Substitutionstheorie der Regression" (Abwendung von einem ursprünglichen Ziel angesichts einer Barriere und Ersatzbefriedigung durch Realisierung eines anderen)

„ihrem Wesen nach eine Feldtheorie ist... Sie stellt einen Versuch dar, die Situation zu einer gegebenen Zeit zu charakterisieren, und sie macht die Topologie des Lebensraumes und bestimmte dynamische Qualitäten seiner Regionen (Attraktivität, Barriere usf.) für ein bestimmtes Ereignis verantwortlich".

Untersuchungen zu Ersatzbefriedigungen und zum Ersatzwert von Handlungen wurden schon früh in Berlin unter *Lewin*s Leitung begonnen (*Ovsiankina*, 1928, *Zeigarnik*, 1927; *Mahler*, 1933).

2. In seinen Darlegungen zur „Topologie" bzw. zur „Struktur der Person" interpretiert *Lewin Freud*s Begriff des „Komplexes" im Zusammenhang seiner Auffassung von der dynamischen Verbundenheit der verschiedenen Teile der Person als Phänomen relativer Isolierung von Persönlichkeitsteilen.

3. Das *Freud*sche Konstrukt des „Unbewußten" akzeptiert *Lewin* – wenn auch folgerichtig in Anführungszeichen, da er es begrifflich anders faßt – in der Formulierung:

„Das Konstruktum *Kraft* bezeichnet für einen bestimmten Punkt des Lebensraums Richtung und Stärke der Tendenz zur Veränderung. Das Zusammenspiel einer Anzahl Kräfte am gleichen Punkt zur gleichen Zeit nennt man *resultierende Kraft* ... Die Beobachtung des Verhaltens erlaubt nicht nur die Bestimmung bewußter, sondern auch ‚unbewußter Ziele' im Sinne *Freud*s."

So läßt sich auch die Genese der verschiedensten „neurotischen" Symptome verstehen.

4. Von psychoanalytischen Überlegungen zu Bedeutung und Rolle des Traums oder des Spiels hat sich *Lewin* bei der Ausgestaltung des Konstrukts der Zeitperspektive anregen lassen, indem er hier zwischen Realitäts- und Irrealitätsebenen unterscheidet und bemerkt:

„Dynamisch entspricht die Irrealitätsschicht mehr einem fließenden Medium, und sie ist enger mit den zentralen Schichten der Persönlichkeit verbunden. Für die Psychologie der Träume ist das ganz besonders wichtig. Das Spiel kann als eine Handlung auf der Realitätsebene in Verbindung mit der Irrealitätsebene verstanden werden" (1963, S. 278, vgl. hier S. 112; zur Übereinstimmung zwischen *Freud*s Verständnis des Traums und *Lewin*s Vorstellung von der Irrealitätsschicht als einem mehr fließenden Medium vgl. *Walter*, 1977).

Metzger (1970) hat psychoanalytische Auffassungen über den Traum mit Ergebnissen empirischer Forschung verglichen; er sieht sie teils als bestätigt und teils als widerlegt an. Neue und weiterführende gestalttheoretische Forschungsergebnisse zum Traumerleben und seiner Bedeutung konnte *Tholey* (1980, 1981, 1985) liefern.

5. *Graefe* (1961, S. 287) weist darauf hin, daß *Lewin*s Vorstellung, wonach innerpersonale Bedürfnisspannungen außerpersonal Aufforderungscharaktere induzieren, welche der Person im Lebensraum die Richtung ihrer Bewegungen geben, „der *Freud*schen Theorie der Besetzung von Objekten mit Libido recht nahe kommt". *Metzger* spricht im gleichen Sinne von „Gestaltzusammenhang" zwischen der Person und ihrem Ziel (vgl. Teil III). Demnach ist die psychoanalytische Vorstellung von der „Besetzung von Objekten mit Libido" mit der Gestalttheorie vereinbar.

6. *Bruns* und *Metzger* (1967) untersuchen am konkreten Beispiel der Entstehung und Heilung einer kindlichen Phobie *Freud*s Annahme,

„daß Phobien aus einem Konflikt zwischen dem Über-Ich (bzw. Gewissen) und einem übermächtigen (vom Gewissen verurteilten) elementaren Impuls, z. B. einem Haß-Impuls entstehen, und zwar dann, wenn der Konflikt mitsamt dem verpönten Impuls verdrängt wird" (S. 233).

Die Autoren schließen:

„So kann man kurz als Gesamtergebnis der Untersuchung dieses durch seine geradezu einmaligen Beobachtungsbedingungen bemerkenswerten Falles festhalten, daß durch ihn die *Freud*'sche Auffassung von der Art und Weise, wie eine Phobie sich entwickelt, sich in ihren wesentlichen Zügen in überraschender Weise bestätigt hat, daß aber zugleich die genauere Erörterung des Falles zu ernsten Bedenken sowohl gegen die *Freud*'sche Theorie des Ödipus-Komplexes als auch gegen seine Theorie der Gewissensbildung Anlaß gibt. Entscheidungen darüber scheinen uns aber nur aufgrund neuen, genügend gesicherten empirischen Materials möglich zu sein" (S. 243).

Die Bedenken gegenüber dem „Ödipus-Komplex" richten sich gegen die Annahme, es handle sich bei ihm um ein notwendiges

Durchgangsstadium jeder normalen Persönlichkeitsentwicklung, ebenso wie gegen *Freuds* Vorstellungen von der Entstehung dieses Komplexes. *Bruns* und *Metzger* sehen seine Entstehung eher in einer durch äußere Umstände begünstigten „Übersteigerung des Besitzstrebens" (S. 240) und unabhängig vom Geschlecht des Kindes oder der Bezugsperson, die es als Zärtlichkeitsquelle bevorzugt. Die Bedenken gegenüber *Freuds* Vorstellung von der Entwicklung des Gewissens richten sich gegen die Kompliziertheit der *Freud*'schen Annahmen. *Bruns* und *Metzger* haben bei einem weniger als 3 Jahre alten Kind den Eindruck gewonnen, daß sich die Entwicklung des Gewissens spontan in der Übernahme einer Forderung seitens der Bezugsgruppe vollzieht (S. 241; vgl. zum „Ödipuskomplex" auch *Sperber*, 1978, 1984).

7. Der Begriff „Agieren" läßt sich gestalttheoretisch mit „aus dem Felde gehen" übersetzen (vgl. *Lewins* differenzierte Analyse der psychologischen Situation bei Lohn und Strafe). Diese Übersetzung erleichtert es, den Begriff „Agieren" von seinen negativen Konnotationen zu befreien, konkreter ausgedrückt: Agieren nicht nur als etwas Krankhaftes, sondern als eine gelegentlich ausgesprochen vernünftige Verhaltensweise des Menschen zu verstehen.

Diese Hinweise (vgl. auch frühere, z. B. zum Begriff der „Sublimierung", Teil II, S. 94, ebenso die teils sehr detaillierte Auseinandersetzung *Metzgers*, 1970 mit der Psychoanalyse) rechtfertigen die Feststellung, daß Gestalttheoretiker, beginnend vor über 50 Jahren, die danach noch oft aufgestellte Behauptung widerlegt haben, die psychoanalytische Theorie sei für die wissenschaftliche Psychologie unzugänglich und entziehe sich der Nachprüfung und Korrektur (vgl. z. B. *Eysenck*, 1976, S. 158). Für viele, auch für hier nicht erwähnte, psychoanalytische Konstrukte gilt, daß sie sich in die Sprache der Gestalttheorie übersetzen lassen und von gestalttheoretischer Seite theoretisch und experimentell untermauert, zugleich aber auch differenziert und modifiziert worden sind. Die in bezug auf eine „Willens-, Bedürfnis- und Persönlichkeitspsychologie" von *Lewin* getroffene Feststellung, daß „die einzige Annäherung an tiefer liegende Problem das glänzende Werk von *Freud*" war (1969, S. 25), hat ihn nicht davon abgehalten, die schwachen Stellen im Theoriegebäude der Psychoanalyse aufzudecken. Die gestalttheoretische Kritik an der Psychoanalyse erscheint – heute wie vor 50 Jahren – gerade unter dem Aspekt einer möglichen Integration beider Ansätze im Interesse sinnvoller gemeinsamer Weiterentwicklung unerläßlich.

Bei seiner Suche nach neuen Begriffen der Psychologie, die „vereinheitlichen, ohne ungebührend zu vereinfachen", die „Person und Umwelt, Gesetz und Einzelfall umfassen" (1969, S. 27), stellt sich

Lewin auf die Seite der Wissenschaftler, denen „der Versuch der Psychoanalytiker, allgemeine Gesetze gänzlich auf Fallstudien und therapeutischer Arbeit zu gründen, ... methodisch unzureichend“ erschien. In der Beschränkung auf den Einzelfall, den einzelnen Patienten als Forschungsgegenstand, blieb *Freud* trotz der weitreichenden Visionen soziogenetischer Zusammenhänge in der medizinischen Tradition verhaftet. Zu der unter bestimmten Voraussetzungen, wie *Charlotte Bühler* (1974) begründet, methodologisch durchaus vertretbaren Beschränkung des Forschers auf einen Einzelfall, kam die Beschränkung auf den als krank geltenden Einzelfall hinzu. Dies – nicht der Einsatz von Einzelfallstudien als solcher – ist eines der wichtigsten Argumente derjenigen, die anzweifeln, daß es der Psychoanalyse gelingen konnte, ein realistisches Bild vom „normalen“ Menschen als Bezugspunkt konkreten therapeutischen Handelns zu entwickeln.

Die kritische Beurteilung, die *Freud* im Rahmen der gegenwärtigen Frontstellung zwischen medizinischem und erzieherischem Modell von den Befürwortern des letzteren erfährt, ist zum größten Teil bei *Lewin* vorgezeichnet. So etwa auch die Rede *Keupps* vom „Doppelcharakter des *Freud*schen Ansatzes“. Er besteht darin, daß *Freud* die traditionellen medizinischen Vorstellungen von der „letzten“ Ursache psychischer Störungen zugleich überwindet und reproduziert. Er überwindet sie insofern, als er die psychogenetische und die soziogenetische Dimension psychischer Störungen erkennt und nicht mehr allein neurologische Ursachen postuliert; er reproduziert sie, indem er sich, zunächst jedenfalls, in der alten deterministisch-mechanistischen Weise auf die Suche nach psychischen Traumen als letzten Ursachen begibt. *Lewin* hat die wissenschaftstheoretischen Implikationen dieser Denkweise, der *Freud* widersprüchlicherweise verhaftet blieb, analysiert und als „vorgalileisch“ und „aristotelisch“ apostrophiert. Eines ihrer wesentlichen Merkmale sieht er in der Vermengung historischer und systematischer Erklärungsbegriffe.

„Sie hat in der Psychoanalyse, deren Verdienst nicht zuletzt in der Betonung der historischen Fragestellung liegt, zu begrifflichen Grenzüberschreitungen und wichtigen Mißdeutungen geführt“ (1969, S. 52).

In der schon erörterten Auseinandersetzung mit dem Regressionsbegriff wird die hier angedeutete Kritik anschaulich (1963, S. 126ff.): Historische Fragestellung zielt auf die Abfolge von verschiedenen Lebensstilen im Lebenslauf; systematischer Fragestellung geht es um die zu einem ganz bestimmten Zeitpunkt sich ereignenden Veränderungen, oder anders gesagt: um die im psychologischen Feld zu einer bestimmten Zeit wirksamen Kräfte. Die Vermengung der historischen und der systematischen Fragestellung kann nun dazu führen, daß ein Ereignis in der frühen Kindheit (historischer Aspekt) als direkter Bedingungsfaktor eines in der Gegenwart sich ereignenden Verhaltens (systematischer Aspekt) angesehen wird.

„Es würde jedoch den Sinn des Feldes zunichte machen, wollte man die Lebensräume des Neugeborenen, des drei-, sechs- oder sechzigjährigen Menschen insgesamt als *eine* dynamische Einheit behandeln" (vgl. ausführlicher Teil II).

Die hier aufgezeigte begriffliche Unschärfe *Freud*s hat der Verabsolutierung seiner Konstrukte und seiner symbolischen Veranschaulichungen Vorschub geleistet (vgl. *Sperber*, 1984). Konstrukte und Symbole werden bis heute für die Sache selbst, zu deren Verständnis sie Hilfe bieten können, genommen. Dynamisch-prozeßhafte Modellvorstellungen sind in statisch-deterministische Erklärungsraster umgeschlagen – und zwar stets, sobald lange zurückliegende Ereignisse im Leben der Menschen zu letzten Ursachen gegenwärtigen Geschehens erhoben worden sind. Dies gilt insbesondere für die Verwendung der psychoanalytischen Phasen- und Trieblehre als Etikettierungsinstrumente des Laienpsychologen (*Walter*, 1977). *Guss* (1975) meldet eine weitere und sowohl unter gestalttheoretischem wie unter erzieherischem Aspekt wichtige Kritik an der Psychoanalyse an, indem er ihre Verwandtschaft zu pädagogischen Vorstellungen feststellt, wonach der Mensch ursprünglich nur auf Lustgewinn ausgerichtet ist und erst zu einem sozialen Wesen gemacht werden muß. Gestalttheoretische Untersuchungen menschlicher Verhaltenstendenzen (vgl. Teil I), die häufig in sozialpsychologische Fragestellungen einmündeten, führten dagegen zum Nachweis von dem Menschen innewohnenden Tendenzen zur Ordnung, Differenzierung und sozialen Anpassung (vgl. Individualpsychologie). Damit verschiebt sich der Schwerpunkt erzieherischen wie therapeutischen Bemühens – wie schon bei der Erörterung des „erzieherischen Modells" erwähnt wurde –, eindeutiger als dies bei *Freud* geschieht, von Methoden des Zwangs und der Dressur auf solche der Förderung von dem Menschen von Natur aus innewohnenden und in einem durch äußere Einflüsse unbehinderten Entwicklungsverlauf sich selbständig entfaltenden Verhaltenstendenzen (Tendenzen zur guten Gestalt bzw. Prägnanztendenzen). Auch *Freud* ist diesen Tendenzen begegnet; allerdings: Er begegnet ihnen recht zwiespältig; so sagt er z.B. 1918,

„daß wir es im Seelenleben mit Strebungen zu tun haben, die diesem Zwang zur Vereinheitlichung und Zusammenfassung unterliegen ... So vollzieht sich bei den analytisch Behandelten die Psychosynthese *ohne* (sinngemäße Hervorhebung; H.J.W.) unser Eingreifen automatisch und unausweichlich" (1918, S. 186).

Bei der in *Freuds* Auffassungen schon angelegten Uneinheitlichkeit des Bildes, welches die psychoanalytischen Schulen heute bieten, kann es nicht verwundern, daß einzelne ihrer Vertreter längst Weiterentwicklungen vollzogen haben, denen die hier vorgebrachte Kritik nicht mehr gerecht wird (vgl. *Rapaport*, 1971, 1977; *Blanck* und *Blanck*, 1977; *Fürstenau*, 1972, 1977, 1983; *Fromm*, 1976; *Spitz*, zahlreiche Werke, vgl. Literaturverzeichnis). Der sozialpsychologische Aspekt gewann spätestens mit der Einführung der „analytischen" Selbsterfahrungsgruppen und der Gruppentherapie für viele Psychoanalytiker an Bedeutung. Die analytische Gruppentherapie ist zweifellos nicht weniger als die übrigen mittlerweile zahlreichen Gruppenmethoden und -stile der von *Lewin* und seinen Schülern seit 1947 (*Lippitt*, 1974; *Bennis, Benne, Chin*, 1974; *de Maré*, 1972) entwickelten Trainingsgruppenmethode (T-Gruppe) verpflichtet, auch wenn so etwas naiv-ignorante Feststellungen von Psychoanalytikern vorkommen wie:

„Noch eine weitere theoretische Richtung ist in Erscheinung getreten. Sie hat nur wenige Anhänger gefunden und wird vor allem von ihrem Begründer und seinen Schülern praktiziert. Es ist die Richtung der ‚therapeutischen Gruppendynamik', die sich aus den Arbeiten *Kurt Lewins* entwickelte" (*Slavson* in *Preuss*, 1972, S. 11).

Der Psychoanalytiker *Fürstenau* (in *Bachmann*, 1972) verwendet explizit den Begriff des „sozialen Feldes" und legt ihn seiner praktischen Arbeit in Therapie und Organisationsberatung zugrunde. Der französische Gruppendynamiker *Pagès* verbindet *Lewin*sche Ansätze mit *Freud*schen in seiner Theorie des affektiven Lebens der Gruppen (1974a, 1974b).

Die Bedeutung der Psychoanalyse für die Psychotherapie kann gar nicht überschätzt werden. Es gibt fast keinen psychotherapeutischen Ansatz der Gegenwart (insbesondere auch im Bereich der „humanistischen Psychologie", vgl. *Bühler*, 1974), der nicht Beziehungen zur Psychoanalyse aufweist. Deshalb ist die Kenntnis psychoanalytischer Theorie unerläßlich für das Verständnis psychotherapeutischer Theorie und Praxis. Dabei ist zuerst an das Gesamtwerk *Sigmund Freuds* als der Grundlage gegenwärtiger psychoanalytischer Auffassungen zu denken. Wer aber selbst am Prozeß der Weiterentwicklung der Psychoanalyse teilhaben will, muß sich auch mit *Jung* und *Adler* und der sogenannten „Neo-Psychoanalyse" auseinandersetzen, deren Vertreter *Freuds*, *Jungs* und *Adlers**) Auffassungen zu

*) Speziell in bezug auf die Wirkungen *Adlers* vgl. *Metzgers* Einführungen in die Bände der „Deutschen Neuausgabe" der Werke *Adlers* (Fischer Taschenbuch), *Ansbacher* und *Ansbacher* (1970) und Hinweise von *Ernst*

integrieren bemüht sind (vgl. *Frankl*, 1947, 1972, 1973; *Fromm*, 1971, 1976; *Horney*, 1931; *Schultz-Hencke*, 1927, Nachdruck: 1972; *Sullivan* nach *Farau, Cohn*, 1984). Von nicht minderer Bedeutung aber sind Arbeiten offiziell als im Sinne orthodoxer Freudianer linientreu geltender Psychoanalytiker wie *Rapaport* (1971, 1977), *Spitz* (zahlreiche Werke, vgl. Literaturverzeichnis), *Kohut* (1977), *Blanck* und *Blanck* (1977), *Lorenzer*, (1970, 1973, 1974), *Schülein* (1975, 1978), *Fürstenau* (1979, 1983), aber auch von psychoanalytischen Außenseitern wie *Ammon* (vgl. 1973, 1974) und von zu Dissidenten gewordenen Psychoanalytikern wie *Perls* (vgl. z.B. 1974).

Man kann den Eindruck gewinnen, daß wichtige Weiterentwicklungen der Psychoanalyse jeweils ihren Ausgang nehmen von dem einem einzelnen vergönnten partiellen Bewußtwerden einer ideologischen Starrheit oder Erstarrung der „reinen Lehre“. *Kohut* (1977) etwa ging auf, daß das psychoanalytische „Narzißmuskonzept“, indem es lediglich der Erfassung von psychischen Störungen diente, zu eng gefaßt war, und belegt die große Bedeutung „narzißtischer“ Verhaltens-, Erlebens- und Einstellungsweisen für die kreative Bewältigung des Lebens bis hin zu überragenden künstlerischen (Picasso, Beethoven), aber auch herausragenden altruistischen Leistungen (Albert Schweitzer).

Ein ähnlicher Bedeutungswandel wie hinsichtlich des Verständnisses von „Narzißmus“ tritt immer deutlicher hinsichtlich des Verständnisses von „Regression“ in Erscheinung. In beiden Fällen werden lange Zeit vorwiegend negativ bewertete Phänomene zunehmend in differenzierenderem und zugleich positiverem Licht gesehen.

2.2 Individualpsychologie

*Adler*s „Individualpsychologie“ ist eine Psychologie des Menschen als sozialem Wesen. Mit dieser Feststellung soll zunächst der Tatsache Rechnung getragen werden, daß *Adler* seiner Lehre einen Namen gegeben hat, der sogar als Gegenteil dessen, was er damit meint, mißverstanden werden kann (vgl. *Adler*, Neudruck seiner Werke im Fischer-Taschenbuchverlag; *Wexberg*, 1928; *Sperber*, 1970; *Metzger*, 1970; *Schmidt*, 1970; *Ansbacher* und *Ansbacher*, 1970, 1972; *Titze*, 1976; *Rom*, 1977). *Sperber* (1978, S. 9), einer der begabtesten und

---

Fortsetzung der Fußnote von S. 223

Bornemann (1970), der nicht zu verwechseln ist mit *Ernest Borneman*, einem zumindest teilweise nicht *ernst* zu nehmenden „Psychologen“ und Publizisten (vgl. *Walter*, 1976).

erfolgreichsten Schüler *Adlers*, betont, daß „alle Menschenkenntnis *vergleichende Individualpsychologie und kritische Sozialcharakterologie* in einem ist".

Adler hat die gegenwärtige Kontroverse zwischen „medizinischem" und „erzieherischem" Modell der Psychotherapie in nicht minderem Maße wie *Lewin* vorweggenommen. Um so erstaunlicher ist, daß sein Name in dieser Diskussion kaum Erwähnung findet. *Keupp* (1972) jedenfalls, dem das Verdienst zukommt, diese zuletzt in Amerika neu erwachte Diskussion in deutscher Sprache zugänglich gemacht zu haben, setzt sich zwar mit *Freud* auseinander, erwähnt *Adler* aber mit keinem Wort.

Erst heute wird bekannter, daß *Adler* mit *Wertheimer* befreundet war. *Metzger* (persönliche Mitteilung) geht so weit, *Adler* der gestalttheoretischen Schule der Psychologie zuzurechnen und ihm im Vergleich mit *Lewin* das Primat in bezug auf verschiedene gruppendynamische und feldtheoretische Entwicklungen zuzusprechen.

Man kann an die im vorangehenden Kapitel dargestellte gestalttheoretische Kritik an der Psychoanalyse anknüpfen (vgl. *Sperber*, 1984), um *Adlers* psychotherapeutische Position in bezug auf die Gestalttheorie zu verdeutlichen. Was als mit der Gestalttheorie verwandte Aspekte der Psychoanalyse dargestellt wurde, kann für die Individualpsychologie vorausgesetzt werden. *Adler* gelangt über den *Freud*schen Zwiespalt zwischen dem Verständnis der menschlichen Seele als Prozeß und dem Verhaftetbleiben in statisch-deterministischem Kausalitätsdenken hinaus, indem er sich, statt an gleichsam gegenständlich aufgefaßten Trieben oder Traumen, an in die Zukunft gerichtetem Streben, statt – und besonders hier ist seine eigene Entwicklung erkennbar – an tatsächlichen organischen Minderwertigkeiten am sozial vermittelten Minderwertigkeitsgefühl bei der Aufhellung konkreten menschlichen Verhaltens orientiert.

Die Kompromißlosigkeit *Adlers* in der Abwendung vom traditionell-medizinischen Denkmodell, das die Annahme gegenständlich festliegender Substrate (vgl. *Szasz*, 1972) fordert, kann einerseits den tieferen Anlaß zum Bruch zwischen ihm und *Freud* erhellen, andererseits verständlich werden lassen, warum die medizinische Welt sich *Freud* schneller als *Adler* öffnete. Jedenfalls aber trifft *Lewins* Kritik an der Psychoanalyse, ihre Denkweise sei „vorgalileisch" und „aristotelisch", auf *Adler* kaum mehr zu. Er befreite sich – auch wenn er sich dieses erkenntnistheoretischen Unterschiedes nicht bewußt gewesen sein mag, wie die Bemerkung *Brachfelds* (Einführung zu *Adler*, Menschenkenntnis, S. 8), *Adler* sei kein Theoretiker, sondern Realist und Pragmatiker gewesen, nahelegt – weitgehend von der unfruchtbaren Vermengung historischer und systematischer Aspekte von Verhaltensweisen.

Theoretisch wäre übrigens durchaus denkbar, einen verabsolutierenden Ursachenbegriff statt auf die Vergangenheit auf die Zukunft anzuwenden. Wenn es nicht theoretische Bewußtheit *Adlers* war, die verhindert hat, daß er diesen Fehler beging, so war es vielleicht die vermutlich für ihn wie für die meisten Menschen anschaulich größere Ungewißheit der Zukunft im Vergleich mit der Vergangenheit.

Adlers finales Konstrukt „Sinn des Lebens" ließ sich nicht wie das vergangenheitsbezogene Konstrukt „Trauma" selbst noch dem einfachsten Verstand als nachprüfbares Faktum darstellen. Der immanente „Sinn des Lebens" – man könnte hier auch die ebenfalls von *Adler* verwendeten Begriffe „Leitbild" und „Lebensplan" einsetzen – mußte, wie *Metzger* (Vorwort zu *Adler*, Der Sinn des Lebens, S. 8) sagt,

„aus dem ‚Lebensstil' des fraglichen Menschen erschlossen oder ‚erraten' werden, d. h. aus der Art, wie er sich in bestimmten Lagen benimmt, wie er sich bestimmten Menschen, Aufgaben, Schwierigkeiten des Lebens und Zumutungen seiner Umgebung gegenüber verhält".

So charakterisiert, läßt sich der „Sinn des Lebens" auch als „Gesamtheit der Ansichten eines Individuums über seine psychologische Zukunft und seine psychologische Vergangenheit, die zu einer gegebenen Zeit existieren" oder als Bezugssystem des Kontinuums „Mensch" verstehen, das seine jeweils spezifische Ausprägung, ja auch Wandlung, in Abhängigkeit von den zu einer gegebenen Zeit im Lebensraum eines Menschen wirksamen Kräften erfährt. Dies aber ist die Definition des *Lewin*schen Konstrukts „Zeitperspektive".

Die gestalttheoretische Kritik am pessimistischen Menschenbild der Psychoanalyse entspricht den Auffassungen *Adlers*. Für ihn ist der Mensch kein von Natur aus asoziales Wesen, das erst gebändigt werden muß. Vielmehr geht es um

„*die Herstellung allgemeiner Umstände*, durch welche die erwünschten Verhaltensweisen ermöglicht und begünstigt werden, von denen man also hoffen kann, daß in ihnen in dem Kind der natürliche Antrieb erwacht, sich aus freien Stücken diesen Zielen gemäß zu verhalten" (*Metzger*, Vorwort zu *Adler*, Heilen und Bilden, S. 14/15).

Das Hauptziel psychotherapeutischer Arbeit im Sinne *Adlers* ist ein Mensch, der im Rahmen der ihm als Mensch unter Menschen gesetzten Grenzen innerlich frei und unabhängig ist, zu urteilen, zu entscheiden, seine Möglichkeiten in der Zusammenarbeit mit anderen zu entfalten, die Schwierigkeiten des Lebens zu bewältigen. *Adler* glaubte an die natürlichen Tendenzen des Menschen zur Ordnung und zur Einordnung in soziale Gefüge. Die experimentelle gestalttheoretische Forschung hat solche Tendenzen – wenigstens eine ganze Reihe – nachgewiesen.

Der Mangel an empirischer Fundierung mag hinter der Vagheit stehen, die der Verwendung des zentralen Begriffs „Gemeinschaftsgefühl“ bei *Adler* anhaftet. *Metzger* hält das Gemeinschaftsgefühl für einen Sonderfall der von *Künkel* mit „Sachlichkeit“ bezeichneten Haltung (Vorwort zu *Adler*, Sinn, S. 21). Dabei denkt *Metzger* an den von *Wertheimer* und *Köhler* verwendeten Begriff der „Gefordertheit“ bzw. „der Forderung der Lage“ und an die daran anknüpfende Definition der Intelligenz als der Fähigkeit, sich von ihr – der Lage – leiten zu lassen. Gemeinschaftsgefühl als Erscheinungsform der Sachlichkeit zu verstehen, bewahrt davor, es mit Vereinsmeierei zu verwechseln (vgl. dazu auch Dreikurs, 1969).

In der psychotherapeutischen Anwendung der Individualpsychologie ist der Psychotherapeut Agent des „orientierenden Bewußtseins“ (*Metzger*) bei der Aufdeckung und Überwindung von Sackgassen, in die der Klient bei seinem Streben nach Sinn und Erfüllung im Kontakt zu seinen Mitmenschen hineingeraten ist. Sackgassen sind die selbstbetrügerischen Arrangements (vgl. *Wexberg*, 1928), die dazu dienen, den Schein des Sinnhaften sich selbst und der Umwelt gegenüber zu wahren, während man in Wahrheit das natürliche Risiko des zielstrebigen Vorangehens auf dem als richtig empfundenen Weg nicht auf sich nimmt. Folgerichtig ist *Künkels* (1972) Ausgestaltung *Adler*scher Gedanken zu einer „Wir-Psychologie“. *Lewin* nannte dieses Wissenschaftsgebiet „Gruppendynamik“.

Es gibt keine wesentlichen Gegensätze zwischen gestalttheoretischer Persönlichkeitspsychologie und Individualpsychologie; es gibt aber zahlreiche Ansatzpunkte zur gestalttheoretischen Begründung und Ausgestaltung der Individualpsychologie. *Metzger* (1972a und Vorwort zu *Adler*, Heilen) hat jedoch deutlich gemacht, welche entscheidenden Weiterentwicklungen sich in den zeitlich aufeinanderfolgenden Arbeiten *Adler*s feststellen lassen. Das ist bei *Adler* nicht anders als bei *Freud*. Die Vermutung scheint nicht unbegründet, daß, hätte *Adler* nicht eine Zeitlang gewissermaßen „auf Eis gelegen“ und wäre der Kreis der sich zu ihm als seine Schüler bekennenden Psychotherapeuten nicht bis heute klein geblieben, die Individualpsychologie gegenwärtig ein genau so in sich widersprüchliches Gesamtbild böte wie die Psychoanalyse.

2.3 Analytische Psychologie

Vergleicht man *Freud, Adler* und *Jung* miteinander, so kann man den Eindruck gewinnen, daß *Jung* von diesen dreien insofern den theoretisch weitesten Horizont hat, als er weder *Freud* noch *Adler* zu widerlegen sucht, sondern vielmehr deren Auffassungen in einen umfassenderen Kontext einzubringen und gelten zu lassen sich bemüht.

„Besonders *Jung* begreift, daß jede therapeutische Schule einen spezifischen Weg zum Eine-Person-Sein konstituiert. Nach *Jung*s Auffassung bedeutet dies, daß die freudianische Theorie für bestimmte Personen auf bestimmten Stufen ihrer Entwicklung angemessen ist, während adlerianische Theorie für andere angemessen ist" (*Barton*, 1974, S. 243).

Jung selbst sagt z.B.:

„Obschon die Anfänge der modernen Psychotherapie in der Hauptsache auf den Verdiensten *Freud*s fußen, so würde man sich doch sehr irren, wenn man – wie dies übrigens noch häufig geschieht – die psychische Behandlung schlechthin mit *Freud*scher ‚Psychoanalyse' identifizierte. Dieser Irrtum wird allerdings begünstigt durch *Freud* selber und dessen Anhänger, welche ihre Sexualtheorie und ihre Methodik in sektiererhafter Weise als allein selig machend auffassen. *Adler*s ‚Individualpsychologie' ist ein nicht zu unterschätzender Beitrag und damit eine Erweiterung des psychologischen Gesichtspunktes. Es ist an Theorie und Methodik der Psychoanalyse sehr viel Richtiges und Wahres, jedoch beschränkt sich ihre Wahrheit im wesentlichen auf das sexuelle Beziehungssystem und ist blind für alles, was diesen Kategorien nicht unterstellt ist. *Adler* hat den Beweis erbracht, daß man nicht wenige Neurosen mit besserem Erfolg auf ganz andere Weise erklären kann" (*Jung*, 1935, enthalten in 1972, S. 47/48).

Mir scheint, daß sich die Frage danach, worin sich der umfassendere Charakter der Theorie *Jung*s gegenüber anderen tiefenpsychologischen Richtungen äußert, recht gut zusammen mit der Frage nach der Beziehung zwischen den für *Jung* und den für die Gestalttheorie grundlegenden Auffassungen beantworten läßt.

„*Jung*s Auffassung, daß, was dem einen nützt, dem anderen schadet, stellt einmal mehr deutlich sein Verständnis vom Menschen als einem mehrstufigen und vieldimensionalen Wesen heraus. Indem er eine im Gleichgewicht befindliche, viele Facetten aufweisende Entwicklung der Persönlichkeit als wertvoll und angemessen darstellt, kündigt er das existentielle Verständnis der ‚Lebenswelt' an" (*Barton*, 1974, S. 261).

Existentielles Verständnis bedeutet in *Perls*' Worten (vgl. den noch folgenden Abschnitt über die „Gestalt-Therapie") *die Betonung dessen, was ist*; unter diesem Aspekt ist jedes Theoretisieren vom Übel, sobald es eine Eigendynamik gewinnt, die den Therapeuten darin behindert, seinen Klienten so zu sehen, wie er nun einmal gegenwärtig ist, und diese spezifische Beschaffenheit als Maßstab für die Mittel und die Ziele therapeutischen Eingreifens gelten zu lassen (vgl. auch *Kelly*, behandelt in Teil III). Darauf ist die Äußerung *Jungs* gemünzt:

„Das Dilemma *Freud-Adler* fand seine Lösung in der Anerkennung verschiedener prinzipieller Einstellungen, die jeweils einen bestimmten Aspekt des Gesamtproblems akzentuieren" (1951, enthalten in 1972, S. 16).

Die Offenheit des *Jung*schen Denkens gegenüber verschiedenen Schulrichtungen und neuen Entwicklungen, zugleich einige, wie ich meine, wesentliche Gemeinsamkeiten mit der Gestalttheorie, belegt auch *Jungs* Feststellung:

„Da es meine feste Überzeugung ist, daß die Zeit zu einer Gesamttheorie, die alle Inhalte, Vorgänge und Phänomene des Psychischen zentral erfaßt und darstellt, noch längstens nicht gekommen ist, so betrachte ich meine Ansichten als Vorschläge und Versuche zur Formulierung einer neuartigen naturwissenschaftlichen Psychologie, welche sich in erster Linie auf die *unmittelbare Erfahrung an Menschen* (Hervorhebung hjw) gründet. Dabei handelt es sich nicht um Psychopathologie, sondern um eine allgemeine Psychologie, die auch das pathologische Erfahrungsmaterial in sich begreift" (1939 im Geleitwort zu *Jacobi*, 1971).

Dem Bewußtsein von der Vorläufigkeit seiner Vorstellungen entsprechend hat *Jung* die therapeutische Situation nie so streng und so eng gefaßt wie *Freud*. Bei *Freud* geht es z. B. theoretisch fast ausschließlich um *Wiederholung früheren Verhaltens*. Obwohl er in der „Übertragungsneurose" auch etwas Neues zu sehen vermag, sieht er ihre Hauptbedeutung doch letzten Endes darin, daß sie ein Mittel zur Förderung der „Erinnerung" und der Wiederholung ist (*Freud*, G.W.X, S. 135). *Jung* faßt die sogenannte Wiederholung entschieden allgemeiner, indem er von der Einseitigkeit des Patienten spricht oder von einem Ungleichgewicht als Folge der persönlichen Lebensgeschichte, in deren Verlauf bestimmte spezifische Begabungen, Eigenschaften oder Aspekte der Persönlichkeit des Patienten ermutigt und andere entmutigt werden (*Barton*, 1974, S. 257). Auf diese Weise bringt er nicht, wie vielfach in theoretischen Erörterungen üblich, „die Sache auf den Begriff", sondern den Begriff – hier die „Wiederholung" – wieder auf die Sache: Das ist hier der Mensch, dessen pathogener Konflikt hauptsächlich in der Gegenwart liegt (*Jung*, 1912, S. 192; *Seifert*, 1976, S. 391).

Damit entspricht er der für die Gestalttheorie grundlegenden Definition des *psychologischen Feldes*, das sich zwar von der Vergangenheit indirekt herleitet, nicht aber in handlungs- und veränderungsrelevanter Weise von der Vergangenheit her (so wenig, wie von der Zukunft her) aufgerollt – analysiert oder gedeutet – werden kann; denn es ist stets ein gegenwärtiges Feld (vgl. Teil II und Teil III). Mit dem Begriff der „Wiederholung" bringt *Jung* zugleich den Begriff der „Erinnerung" in Einklang mit der menschlichen Realität. Erinnerung ist stets Bestandteil des gegenwärtigen psychologischen Feldes (des Lebensraumes), nicht schematisches Abbild des Vergangenen, sondern eine Äußerung des lebendigen Menschen, mit dem sie sich dementsprechend auch wandelt.

Von dem bisher Gesagten ausgehend, lassen sich eine Anzahl weiterer Übereinstimmungen mit der Gestalttheorie ausmachen, die den Horizont tiefenpsychologischer Theorie auflockern und durchlässiger machen für die Vielfalt menschlicher Lebensbereiche.

„Freudianische Theorie stellt methodischen Skeptizismus und Selbstbehauptung, gute Ich-Kontrolle und angepaßtes Sexualverhalten als höchste Unerläßlichkeiten hin, so als ob diese äußerst begrenzte Spannweite von Werten, Charakteristika und Lebensthemen das ganze Leben erfasse. *Jung* sieht diesen Interpretationsstil und diese Art der Selbstkontrolle als einen Wert an, der dazu geeignet ist, Menschen von ihrer Selbstaufblähung und Überidealisierung herunterzuholen. Auf diese Weise wird, was *Freud* absolut setzt, von *Jung* relativiert; d. h., es wird angesehen als nützlich und wahr, aber als von begrenztem Wert. *Jung* wußte, daß viele Wahrheiten akzeptiert werden müssen, wenn Platz für den ganzen Menschen geschaffen werden soll; Gefühle zählen, Gedanken, Vorstellungen und Phantasien zählen, Unbewußtes zählt, bewußte Ziele zählen" (*Barton*, 1974, S. 261/262).

Hier wird deutlich, daß für *Jung*, gestalttheoretisch ausgedrückt, der ganze Lebensraum eines Menschen therapeutisch von Bedeutung ist. Der spezifische Lebensraum eines einzelnen Menschen aber ist gewissermaßen eingebettet in kulturelle Lebensräume und diese wiederum in den Lebensraum des Menschen schlechthin. *Seifert* stellt fest:

„Kulturanthropologische Feldforschung, genaue Untersuchungen des Lebensraumes anderer Kulturen, seiner Kraftfelder, Grenzen und Valenzen – es zeigen sich viele bisher nicht dargestellte Parallelen zu *Kurt Lewin* – bilden den wichtigsten Referenzrahmen seines Menschenverständnisses" (1976, S. 393).

In der therapeutischen Arbeit geht es ihm im Sinne dieses Menschenverständnisses um Erweiterung, Präzisierung und Intensivierung von Zielsetzungen und Bedeutungen.

„Die auftauchenden Zielsetzungen entstehen aus der beständig sprechenden, Sinn konstituierenden und symbolisierenden Aktivität des Patienten. Dem Patienten wird dabei geholfen zu sehen, daß seine Sinn schaffende Aktivität, sein augenblicklicher Selbstausdruck tiefer geht, als er bemerkt hatte" (*Barton*, 1974, S. 125).

Es geht *Jung* offensichtlich um das, was weiter oben (vgl. Teil III) *veränderungsaktivierende Kraftfeldanalyse* genannt wurde.

Komplexe sind für ihn wie für *Lewin* relativ isolierte Teile im psychischen Systemganzen (*Jung: psychische Totalität; Lewin: Lebensraum*).*)

Die therapeutische Arbeit soll dazu dienen, daß die Isolation dieser Teile aufgehoben und Umstrukturierung (Wandlung) möglich wird, durch die diese Teile wieder besser integriert werden in den Gesamtzusammenhang des Lebensraumes. Mit ihrer relativen Isolierung verschwinden dann dadurch ausgelöste Gefühle der Entfremdung, Ängste, Befürchtungen und Unsicherheiten eigenen Bedürfnissen und Handlungen gegenüber (vgl. *Barton*, S. 109). Bei der Förderung des therapeutischen Prozesses behält immer wie in der gestalttheoretischen Forschung die *phänomenale Welt* des Klienten, „das ‚Psychische' als das uns gegebene ‚Organ' zur Erfassung von Welt und Sein" (*Jacobi*, S. 3, entsprechend *Jung*, 1971, S. 53), den Vorrang gegenüber Theorien und daraus abgeleiteten Techniken.

Das sich hier ausdrückende Verständnis intrapsychischer Prozesse, gilt im Prinzip auch für *Jung*s Verständnis interpersoneller Prozesse. Der Therapeut wird in seiner Sicht Teil der persönlichen Welt des Klienten, ebenso wie der Klient Teil der persönlichen Welt des Therapeuten wird. In dieser wechselseitigen Durchdringung vollzieht sich Therapie – für Therapeut und Klient. Der Therapeut bleibt in dieser Beziehung nur in dem Maße Therapeut, in dem er der Erfahrenere ist und mehr hilft als geholfen bekommt. Der Klient bleibt Klient in dem Maße, in dem er mehr der Hilfe bedarf als helfen kann und hilft (vgl. *Barton*, S. 111f.). *Jung* sagt:

---

*) *Jolande Jacobi* (1971) merkt zum *Jung*schen Begriff der *Totalität* an, daß dieser Begriff bei *Jung* mehr ausdrückt als Einheit oder Ganzheit. Totalität „begreift eine Art Integration in sich, eine Vereinheitlichung der Teile, eine schöpferische Synthese, die etwas geistig-aktives mitausdrückt. Eine Gesamtheit, die mit dem Begriff des ‚sich-selbst-regulierenden-Systems' zusammenzudenken ist" (S. 13). Im gestalttheoretischen Sprachgebrauch ist, wenn von Ganzheit im Psychischen die Rede ist, in der Regel der von *Jacobi* beschriebene dynamische Aspekt mitgemeint; erst recht aber ist er im Begriff der Gestalt miterfaßt, z. B. wenn man von einem Hindrängen auf einen nach Maßgabe einer gegebenen Kräftekonstellation im Lebensraum prägnanten Zustand – die gute Gestalt – spricht.

„Es ist dem einsichtigen Psychotherapeuten schon lange bewußt, daß jede kompliziertere Behandlung einen individuellen, *dialektischen* Prozeß darstellt, an dem der Arzt als Person so viel beteiligt ist als der Patient ... Schwere Fälle bedeuten daher für den Patienten sowohl wie für den Arzt nichts weniger als eine menschliche Bewährungsprobe. Man könnte ohne allzu viel Übertreibung sagen, daß jede tiefer greifende Behandlung etwa zur Hälfte in der Selbstprüfung des Arztes besteht, denn nur, was er in sich selber richtig stellt, kann er auch beim Patienten in Ordnung bringen. Es ist kein Irrtum, wenn er sich vom Patienten betroffen und getroffen fühlt: nur im Maße seiner eigenen Verwundung vermag er zu heilen" (in 1972, S. 13).

Theoretisch basiert diese Auffassung bei *Jung* auf seiner Vorstellung vom *„kollektiven Unbewußten"* und von den *„Archetypen"*. Therapeut und Klient treffen sich in den allgemein menschlichen Symbolen, in den Bildern vom gütigen Weisen, der bösen Hexe, des wiedergeborenen Helden. Sie können sich trotz ihrer verschiedenen Persönlichkeiten gar nicht verfehlen, sobald sie sich gemeinsam einlassen auf den kollektiven Hintergrund ihrer Existenz. Die Archetypen

„konstituieren angeborene strukturelle Dispositionen, welche sich im inneren Gesichtsfeld des einzelnen als allgemein menschliche und darum bei allen Menschen gleiche oder ähnliche Gefühle, Ideen, Symbolvorstellungen, Urteile usw. aktualisieren" (*v. Franz*, o.J.).

Hier soll nicht einfach eine Identität behauptet werden zwischen *Jungs* Begriff des Archetypischen und der „Tendenz zur guten Gestalt", wie sie sich in der allgemein-menschlichen Bevorzugung von durch bestimmte Kriterien der Ordnung ausgezeichneten „prägnanten Gestalten" in Denken, Fühlen und Handeln äußert. Die Parallelität und Verwandtschaft beider Vorstellungen liegt jedoch auf der Hand und läßt ins einzelne gehende Vergleiche als sinnvoll erscheinen (siehe auch *Seifert*, 1976, S. 389, S. 391).

Im Zusammenhang mit dem „kollektiven Unbewußten" und den „Archetypen" werden für das therapeutische Eingreifen *Jungs* „Bewußtseinsfunktionen" und seine „Einstellungstypen" bedeutsam (*Barton*, S. 146). Er unterscheidet vier Bewußtseinsfunktionen, die in jeweils verschiedener Gewichtung für das Wesen eines Menschen Bedeutung gewonnen haben können (vgl. *Jacobi*, S. 13ff.): das Denken (Beispiel: bewußte Bewertung wahr – falsch), das Intuieren (Beispiel: Beachtung und Einprägung des Gesamtzusammenhangs, z. B. der Gesamtstimmung in einer Situation), das Fühlen (Beispiel: bewußte Bewertung angenehm – unangenehm) und das Empfinden (Beispiel: schlichtes Einprägen von Einzelheiten in einer Situation). Als Einstellungsweisen benennt *Jung Extraversion* und *Introversion*.

Mit Einstellung ist hier die allgemeine Reaktionsweise des Menschen auf das, was an ihn von innen oder von außen herantritt, gemeint (*Jacobi*, S. 25). *Jung* hat weder die eine, noch die andere Typologie im Sinne absoluter Maßstäbe verstanden, vielmehr lediglich als eine Hilfe dabei, Ordnung in die „psychologische" Wahrnehmung zu bringen. Er bemerkt (in 1972, S. 16):

„Vor allem interessierte das Problem der apriorischen Einstellungstypen und der diesen zugrunde liegenden Funktionen. Auf dieser Linie bewegen sich der Rorschach-Test, die Gestaltpsychologie und weitere Versuche zur Aufstellung typischer Unterschiede."

Da ich nicht so recht sehe, inwiefern sich die Gestalttheorie Verdienste um irgendeine Typologie erworben haben könnte, vermute ich, daß *Jung* hier die Gestaltpsychologie positiv erwähnt, weil sie sich in aus seiner Sicht verdienstvoller Weise grundsätzlich mit den Phänomenen des Empfindens, Denkens, Fühlens und Intuierens befaßt hat (vgl. Teil I, 3.). Dies wird jedenfalls plausibel, wenn man sich klar macht, in welchem Kontext *Jung*s Funktions- und Einstellungstypen für ihn selber ihre Bedeutung haben: im Kontext einer grundsätzlich dialektischen Betrachtungsweise nämlich, wie sie dem gestaltpsychologischen Verständnis von Figur-Grund-Prozessen entspricht, demzufolge Unbewußtes notwendiges Korrelat von Bewußtem – und nicht etwa nur Verdrängtes – ist (vgl. *Jung*, in 1972b, S. 13f.).

Der *Schatten* dominiert jeweils in den weniger der bewußten Kontrolle unterworfenen Bereichen, in den Nacht- und Tagträumen – bezogen auf die Menschheit: in den Mythen und Märchen. Der Schatten ist das Unverwirklichte, auch das Unterdrückte. Für *Jung* hat

„die Erfahrung ... ja schon längst gezeigt, daß zwischen dem Bewußtsein und dem Unbewußten ein *kompensatorisches Verhältnis* besteht, und daß das Unbewußte immer versucht, den bewußten Teil der Psyche durch Anfügung des Fehlenden zur Ganzheit zu ergänzen und damit gefährliche Gleichgewichtsverlusten vorzubeugen. In unserem Falle erzeugt das Unbewußte, wie zu erwarten, *kompensierende Symbole*, welche die zusammengebrochenen Brücken ersetzen sollen, es aber nur mit Hilfe des Bewußtseins auch wirklich können. Die vom Unbewußten erzeugten Symbole müssen nämlich, um effektiv zu werden, vom Bewußtsein ‚verstanden', d. h. assimiliert und integriert werden. Ein unverstandener Traum bleibt bloßes Ereignis, aber das Verstehen macht ihn zum Erlebnis" (in 1972, S. 20; vgl. auch *Whitmont* und *Kaufmann*, 1976, S. 90).

Sieht man einmal von der spezifischen Stellung dieser Auffassung im Rahmen von *Jung*s „kollektivem Unbewußten" ab, dann ist hier natürlich die prinzipielle Übereinstimmung mit *Freud* hinsichtlich der Bedeutung des Traums zu erkennen – und die Übereinstimmung beider mit *Lewins* Konzeption der Realitäts- und Irrealitätsebenen. Die Irrealitätsebenen des menschlichen Lebensraums sind aus gestalttheoretischer wie aus tiefenpsychologischer Sicht von höchster Bedeutung, sobald es darum geht, den ganzen Menschen – die *Licht*- und die *Schatten*seiten – in den Blick zu bekommen mit dem Ziel, möglichst weitgehend dem Menschen seine inneren Kräfte verfügbar zu machen und in den Dienst der Herstellung eines angemessenen Gleichgewichts seiner Persönlichkeit zu stellen.

Zwar stellt *Jung* die Funktionstypen als besonders wichtig heraus, in bezug auf den *Schatten* aber geht es nicht nur um die spezielle Dialektik etwa zwischen Denken und Fühlen, sondern ebenso um die zwischen Liebe und Haß, Freude und Trauer. Für *Jung* gibt es eine archetypische Tendenz des Menschen, eine Schattenseite zu haben (*Barton*, S. 115). In der Sprache der Gestalttheorie läßt sich hier von Figur-Grund-Phänomen sprechen. Die Dialektik zwischen Schatten und Licht kann ebensowenig wie die zwischen Figur und Grund je gänzlich aufgelöst werden. Worum es in der therapeutischen Arbeit geht, ist, daß sich die Beziehungsverhältnisse ändern, gestalttheoretisch ausgedrückt: daß primitive Figur-Grund-Beziehungen in komplexere überführt werden, daß etwa aus einer Schwarz-Weiß-Alternative (die relative Blindheit bedeutet) eine Vielzahl von Alternativen entsteht, wie sie sich als eine von schwarz bis weiß reichende Skala verschiedener Helligkeitsabstufungen vorstellen läßt. Man kann dieses Beispiel auch heranziehen, um sich klarzumachen, daß Rationalität, bewußtes Entscheiden, nur möglich wird, wenn jemandem eine Skala von Alternativen zur Verfügung steht. Bei einer Schwarz-Weiß-Alternative ist kein Abwägen, kein „hier mehr, dort weniger" möglich. Bestenfalls kann es zu einem Umkippen der Figur kommen (Beispiel: Vase/Gesichtsprofile) – dem „Gestalt-switch" (wie *Groeben* – 1975 – das, offenbar in Ermangelung eines deutschen Wortes *auf deutsch* nennt) –, als Paradigma einer irrationalen Basis wissenschaftlichen Denkens.

Wo sich Licht und Schatten unvermittelt als Extreme gegenüberstehen, geht ein Riß durch die Person, der zwei einander unzugängliche Bereiche trennt. Im Prinzip – nur viel extremer – handelt es sich um dasselbe Problem wie das des Komplexes. Bei dem *jungianischen* Bemühen, Licht und Schatten einander näher und einander zugänglicher zu machen, ist das Hauptziel, daß der Mensch sich als Ganzheit, als Gestalt verwirklicht und erlebt. *Jung* nennt diese Ganzheit auch das „archetypische Selbst". *Kollektives Unbewußtes* und *archetypisches Selbst* werden in der konkreten Therapiesituation schließlich – bei allen theoretischen Differenzen, die es geben mag – gleichbedeutend mit dem allgemeinen Rahmen des Konstrukts der

„Tendenz zur guten Gestalt", indem dem damit jeweils Gemeinten gewissermaßen grundsätzlich vertraut wird als die Bewältigung des Lebens ermöglichenden allgemein-menschlichen Kräften. Es gilt dann – mit dieser oder jener Terminologie im Hinterkopf –, die äußeren Bedingungen herzustellen, die den postulierten Kräften ihre Entfaltung ermöglichen.

Auf einen besonders für gruppentherapeutische Arbeit wichtigen Aspekt des „kollektiven Unbewußten" macht *Seifert* (1976, S. 387) aufmerksam:

> „Die Idee eines gemeinsamen Unbewußten ist ein für das Verständnis von Gruppenprozessen in der Psychotherapie und in großen kollektiven Zusammenhängen notwendiges theoretisches Postulat, häufig schlagwortartig konzeptualisiert in der Auffassung der ‚Gruppe als Ganzes'. Ob von einem Gruppen-Ich oder von gemeinsamen Grundannahmen der Gruppe gesprochen wird, kann dabei dahingestellt bleiben. Jeder Gruppenteilnehmer partizipiert an der archetypischen Grundlage seines Verhaltens, an diesem kollektiven und deshalb unbewußten System möglicher Selbstverständlichkeiten und selbstverständlicher Verhaltensformen. Die Konstrukte von Rolle, Gruppenstruktur, Norm usw. gehören als formale Elemente ebenso hierher wie inhaltlich-bildhafte Aspekte, die meines Wissens für die theoretische Grundlegung der Gruppendynamik noch nicht herangezogen worden sind" (vgl. aber *Däumling*, 1976).

Barton schreibt (1974, S. 132):

> „Die spontane Entfaltung und Vereinheitlichung im Leben der Person durch Symbole (als Inkarnationen innerer Kräfte, vgl. *Jacobi*, S. 144ff.; Hinzufügung hjw) wird in der jungianischen Therapie als ein Geschehen individueller und universeller Natur betrachtet. Bei jedem Schritt auf diesem Wege bezieht sich der Therapeut, implizit oder explizit, auf die kollektiven universellen Tendenzen im Leben der Person. Ihre individuellen Konflikte werden als repräsentative menschliche Konflikte verstanden, und ihre Lösungen werden verstanden einerseits als zu ihr gehörig, andererseits als über sie hinausgehend. Die Einheit von Gegensätzen im Auftauchen der unbewußten Symbol-schaffenden Macht wird ebenfalls als allgemein menschlicher Prozeß verstanden ... Das Selbst ist genau die archetypische Tendenz der Persönlichkeit zur Vereinheitlichung und ist stets impliziert in dem Dritten, das die anscheinend unvereinbaren Seiten der Persönlichkeit verbindet, vereinheitlicht und vereinigt. Das Selbst ist diese Einheit, auf die sich alle mystischen Traditionen beziehen, wenn sie, Schluß machend mit dem eingeengten Ich als dem Zentrum des Lebens, zu verstehen geben: ‚Nicht ich lebe, sondern Jesus lebt in mir'" (zur Dialektik zwischen „Ich" und „Selbst", die sich gestalttheoretisch, zumindest teilweise, wahrscheinlich als Dialektik zwischen „Person" und ihrer „Umwelt" abbilden läßt, vgl. *Seifert*, 1976, S. 391).

Diese vergleichsweise nüchterne Sprache *Barton*s, in der er Wesentliches der „analytischen" Psychologie und Psychotherapie zusammenfaßt, mag immer noch, vielleicht auch einfach wegen der Auffassungen, die dargestellt werden, dazu angetan sein, den Vorbehalt, *Jung* sei zu mystisch und zu unsystematisch (vgl. *Barton*, S. 139), zu verstärken. Ich teile diesen Vorbehalt *im Hinblick auf die Sprache* mancher seiner Anhänger, wie sie mir begegnet ist. Wenn z. B. in einem therapeutisch-wissenschaftlichen Gesprächskreis vom „Hauch des Überirdischen" oder vom „Ohr der Seele" gesprochen wird, so empfinde ich das als ein unnötiges und dem *Jung*schen Bemühen um Erweiterung und Integration der menschlichen Möglichkeiten widersprechendes Abgleiten in schwärmerisch-metaphorische Sprache, wo relative Abstraktheit der Sprache angebracht wäre, damit Austausch sowohl zwischen verschiedenen Schulrichtungen wie auch zwischen verschiedenen Menschen möglich bleibt oder wird.

Ich ziehe nicht zuletzt deshalb die Begriffe der Gestalttheorie solcher Sprache, aber auch vielen Begriffen *Jung*s vor, weil sie mir tatsächlich mehr Präzision und Systematik zu erlauben scheinen. Es sei aber ausdrücklich offen gelassen, ob die Begriffe der Gestalttheorie schon ausreichen, um *Jung*s Erkenntnisse voll abbilden zu können.

Die inhaltliche Übereinstimmung jedoch zwischen der „analytischen Psychologie" *Jung*s und der Gestalttheorie scheint mir immerhin so groß zu sein, daß einer wechselseitigen Durchdringung wirklich nur die Sprachgewohnheiten entgegenstehen können. Anknüpfend an das hier letzte Zitat von *Barton* läßt sich zusammenfassend sagen, daß in der analytischen Psychologie *Jung*s die meisten gestalttheoretischen Begriffe und Konstrukte ihre Entsprechung haben: „Tendenz zur guten Gestalt" (als Begriff für die allgemeinen und im individuellen Kontext spezifisch wirksamen Tendenzen des Menschen, überindividuellen, im Wesen der Menschenart begründeten Prägnanzkriterien gerecht zu werden), „Gefordertheit der Lage" (verstanden als die aus der Spannung zwischen allen Kräften im jeweils umfassenden Lebenszusammenhang erwachsende Forderung an den Menschen, sich in bestimmter Weise zu verhalten), die Definition des psychologischen Feldes (Lebensraum), die Betonung der dynamischen und schöpferischen Ganzheitlichkeit des Menschen und der Figur-Grund-Dialektik, der zwischenmenschlichen Bezogenheit, der anschaulichen Konkretheit und Gegenwärtigkeit als Voraussetzung jeder therapeutischen Einflußnahme und Weiterentwicklung. „Nicht ich lebe, sondern Jesus lebt in mir" darf durchaus – zumindest symbolisch oder metaphorisch – als ein die Gestalttheorie charakterisierender Satz verstanden werden, auch wenn er hier nichts anderes bezeichnet (aus meiner Sicht nicht weniger) als jene Sachlichkeit, aus der heraus sich jemand der „Gefordertheit der Lage", den natürlichen Gesetzen der menschlichen Existenz (etwa im Hinblick auf die verschiedenen Phasen des Lebens), freiwillig unterwirft – und sie dadurch erst voll ausschöpft (im Sinne dessen, was *Jung* Selbstwerdung und Umwandlung nennt; vgl. *Jacobi*, S. 230ff.).

2.4 Nicht-direktive klientenzentrierte Gesprächspsychotherapie

Die von *Rogers* (1942, deutsch: 1972; 1961, deutsch: 1973; 1969, deutsch: 1974; 1970, deutsch: 1974) entwickelte Therapieform wird das eine Mal als tiefenpsychologische Richtung, das andere Mal als Form der Verhaltenstherapie gesehen – je nach Auffassungsrichtung, die dem Beurteiler seine eigene Zugehörigkeit zu einer psychotherapeutischen Schule nahelegt. Daß dieser Wechsel in der Auffassungsrichtung so leicht möglich ist, charakterisiert zugleich die Psychotherapie *Rogers'*. Statt jedoch zur näheren Kennzeichnung ihres Charakters hier die verschiedenen Einflüsse aufzuzählen, die *Rogers* selbst sieht oder andere bei ihm zu erkennen glauben, mag es genügen festzustellen, daß *Rogers*, ausgerüstet mit den allgemeinen Kenntnissen eines Psychologen, seine Methode aus den Notwendigkeiten und Erfahrungen der Praxis abgeleitet hat.

Tiefenpsychologe ist *Rogers*, sofern man mit Tiefenpsychologie das Bemühen bezeichnet, äußerlich beobachtbares Verhalten aus innerpsychischen, nicht direkt beobachtbaren dynamischen Vorgängen zu verstehen; Verhaltenstherapeut ist er, sofern man experimentelle Untersuchungen und Nachprüfungen psychotherapeutischer Arbeit für spezifische Merkmale der Verhaltenstherapie hält. Diese verkürzten Denkweisen finden sich – vor allem außerhalb der akademischen Psychologie – zwar häufig, sind aber nur sachlich nichtssagender Ausdruck von Hilflosigkeit im Bemühen, die Vielfalt psychologischer Theorien und Richtungen zu überblicken. Allerdings hatte sich gerade in Deutschland eine Zeitlang tatsächlich eine Richtung von *Rogers* ausgehender Gesprächspsychotherapie etabliert, die in großem Ausmaß eine lerntheoretische Interpretation ihres Vorgehens vornahm (*Tausch*, 1970, der sich heute zunehmend davon wieder distanziert).

Für *Rogers* ist der Mensch ein Organismus, der, seinen in ihm angelegten Gesetzmäßigkeiten folgend, von Natur danach strebt, sich zu behaupten und zu entwickeln. In der Auseinandersetzung mit dem „Wahrnehmungsfeld", in das er hineingeboren wird – in dem er Beziehungen zu anderen erfährt, selbst sucht und verwirklicht, Werte und Ziele entwickelt –, differenziert sich der Organismus „Mensch" zu seinem „Selbst". Wie für *Adler* – mit dem er auch die enge Beziehung zur Praxis gemeinsam hat – steht auch für *Rogers* die Frage nach dem Sinn im Mittelpunkt menschlichen Lebens und Strebens.

Innerhalb der ganzheitlichen Struktur des „Selbst" können im Verlauf des Lebens Inkongruenzen entstehen, das heißt Widersprüche zwischen Selbstverständnis und Erfahrungen, die als mangelnde Übereinstimmung zwischen Wollen und Sollen, Wünschen und Können etc. erlebt werden. Das Ausmaß der aus diesen Spannungen resultierenden Unfähigkeit, noch authentisch zu sein – mit anderen Worten: die eigenen Bedürfnisse mit dem Erleben der Welt und der eigenen Rolle in ihr in Einklang zu bringen –, ist ausschlaggebend für die Notwendigkeit, eine therapeutische Beziehung einzugehen.

In ihr geht es folgerichtig darum, „das Selbst zu sein, das man in Wahrheit ist", also: „weg von den Fassaden", „weg von ‚Eigentlich-Sollte-Ich'", „weg vom Erfüllen kultureller Erwartungen", „weg davon, anderen zu gefallen", hin zur „Selbstbestimmung", zum „Prozeß-Sein", zur „Komplexität", zur „Erfahrungsoffenheit", zum „Akzeptieren der anderen", zum „Selbstvertrauen" (*Rogers*, 1973).

Welches sind die *Rogers*' methodisches Vorgehen kennzeichnenden Merkmale? Er versucht, „nicht-direktiv" vorzugehen, d.h.: Statt seinen Klienten Verhaltensregeln mit auf den Weg zu geben, hilft er ihnen im Gespräch, selbst herauszufinden, wie ihre Störungen zusammenhängen und wie sie sie überwinden können. Dahinter steht bei *Rogers*, der einige Zeit in der Erziehungsberatung tätig war, die Unzufriedenheit mit der Rolle des „Besserwissers", der aus psychologischen Tests Ratschläge herausdestilliert und an Eltern und Kinder weitergibt – und aus der Erfahrung, wie häufig Wissen und Tun auseinanderklaffen, gleichzeitig von der Nutzlosigkeit seines Handelns überzeugt ist.

Rogers glaubte, erkannt zu haben, daß direktives Vorgehen des „überlegenen Ratgebers" den Klienten nur noch unselbständiger und hilfsbedürftiger macht, als er es schon ist, daß es dagegen in der Rolle des „facilitators" (desjenigen, der statt Ratschläge zu verteilen, Hilfestellung leistet, den Klienten begleitet beim selbständigen Bemühen, die Störung zu überwinden) möglich ist, natürliche Tendenzen und Fähigkeiten des Klienten zu wecken und zu fördern, die ihn schließlich tatsächlich befähigen, ohne professionelle Hilfe auszukommen.

Von diesem Standpunkt aus stellt sich das häufig im Mittelpunkt psychoanalytischer Erörterungen stehende „Übertragungsproblem" – abgesehen von dem auch für *Rogers* wichtigen Aspekt des Vertrauens zwischen Klient und Therapeut – oft als durch das psychoanalytische Arrangement der Therapiesituation bedingt dar: die Abhängigkeit als Folge der autoritären Rolle, der Widerstand als Folge von den „persönlichen Konstrukten" (ein Begriff *Kellys* – 1965 –, den *Rogers* ausdrücklich übernimmt; *Rogers*, 1973, S. 137) des Klienten nicht angemessenen Bewertungsmaßstäben des Therapeuten (ein Aspekt, den man als negative Auswirkung eines „Theorieüberhangs" beim Therapeuten bezeichnen könnte; vgl. auch *Jung*, 1951 in 1972, S. 12).

„Nicht-direktiv" heißt auch Verzicht auf Deutungen, zumindest sofern sie über den Charakter von Vorschlägen hinausgehen, was aber erst dann mit einiger Wahrscheinlichkeit nicht der Fall ist, wenn der Klient nach einigen Sitzungen im Therapeuten nicht mehr den Allwissenden sieht.

In diesem Zusammenhang sei auf eine Kritik *Kelmans* (1974) an *Rogers* hingewiesen, die in dem Maße ihre Berechtigung haben dürfte, in dem *Rogers* tatsächlich glaubt, es lasse sich in der therapeutischen Beziehung gänzlich vermeiden, daß der Klient vom Therapeuten „manipuliert" wird (vgl. auch *Wexler*, 1974). *Kelman* sieht eine Gefahr darin, daß die unvermeidliche gegenseitige „Manipulation" von zueinander in Beziehung tretenden Menschen geleugnet wird. Er hält es für besser, sie zu akzeptieren, bewußt in Rechnung zu stellen; gerade dadurch eröffnet sich die Möglichkeit, sie seitens des Therapeuten gering zu halten.

Was „klientenzentriert" bedeutet, enthält der Begriff „nichtdirektiv" schon weitgehend: Wenn nicht der Therapeut, sondern der Klient in erster Linie den Gang der therapeutischen Gespräche bestimmt, sind sie natürlicherweise „klientenzentriert". Ein Beispiel könnte möglicher Kritik an dieser Stelle vorbeugen: Es ist nicht nur denkbar, sondern häufig zu Beginn einer Therapie tatsächlich der Fall, daß ein Klient kaum von sich, statt dessen vorwiegend von Problemen anderer oder quasi „verobjektiviert" äußerst distanziert von eigenen Problemen berichtet. In diesem Fall ist es Aufgabe des Therapeuten, den emotionalen Inhalt durch eigene Verbalisierungen der vom Klienten gemachten Aussagen zunehmend in dessen Blickfeld zu bringen. In diesem Zusammenhang wird erneut deutlich – wie schon in der Kritik *Kelmans* –, daß kommunikative Beeinflussung auch in *Rogers* Methode eine Rolle spielt; Grad und Richtung, in die die Beeinflussung zielt, machen den Unterschied zu anderen Methoden aus.

Nach *Rogers* (1973) eigenen und Untersuchungen anderer (z. B. *Tausch*, 1960, *Bommert* u. a., 1971) haben sich einige Variablen des Therapeutenverhaltens als für den therapeutischen Erfolg ausschlaggebend nachweisen lassen:

1. Echtheit des Therapeuten; das bedeutet, daß er sich, statt reduziert auf die Rolle oder Pose des überlegenen Beraters, „als der, der er ist", in die therapeutische Beziehung „einbringt".

2. Wertschätzung und emotionale Wärme gegenüber dem Klienten (Akzeptierung).
3. Empathie, das präzise einfühlende Verständnis; von Tausch und seinen Schülern als „Verbalisierung emotionaler Erlebnisinhalte (VEE)“ operationalisiert; diese Variable drückt aus, daß es im therapeutischen Gespräch vor allem um die Klärung der „hier und jetzt“ herrschenden emotionalen Situation des Klienten geht.
4. Aktivität; der Therapeut soll häufig ins Gespräch eingreifen, die Gesprächseinheiten, auf die sich seine „Verbalisierung emotionaler Erlebnisinhalte“ des Klienten bezieht, nicht zu groß werden lassen.
5. Konkretheit; statt zu theoretisieren, soll der Therapeut eng am unmittelbar Gegebenen bleiben (vgl. zu allen genannten Variablen Teil III).

Zusammengefaßt geht es mit Hilfe der Verwirklichung der genannten Variablen um die Herstellung einer psychotherapeutischen Situation, die der Klient als relativ angst- und spannungsfrei erlebt und die es ihm insofern erleichtert, durch Aussprechen insbesondere emotional unangenehmer Erlebnisinhalte (Belastung, Erniedrigung etc.) und Auseinandersetzung mit ihnen konstruktiv zum Fortgang seiner Therapie beizutragen. Wesentlich ist vor allem der Zusammenhang dieser Variablen mit der „Prozeßvariablen“ (Variable des therapeutischen Prozesses im Klienten) „Selbstexploration“, die wiederum eng mit konstruktiven Änderungen des Klienten zusammenhängt (*Tausch*, 1970; *Bommert* u.a., 1971).

Rogers selbst ist den Operationalisierungen seiner Methode – den von ihm selbst wie den von anderen vorgenommenen – gegenüber immer mißtrauisch geblieben. Mit „Echtheit des Therapeuten“ ist im Grunde mehr eine Haltung, die der Therapeut zu verwirklichen fähig sein muß, angesprochen als eine rein technisch einsetzbare methodische Variable. Dem entspricht, wenn er unverholen äußert, daß er selbst das Werkzeug sei, mit dem er den therapeutischen Prozeß untersuche (1973, S. 132). Bei diesem Versuch, den therapeutischen Prozeß zu erfassen, stellt er fest, daß es nicht darum gehen kann, einen Menschen von einem statischen Zustand in einen anderen zu überführen, sondern darum, ihm dabei zu helfen, auf dem Kontinuum zwischen starrer (und infolgedessen neuen Erfahrungen unzugänglicher) Struktur und fließendem (neuen Erfahrungen zwanglos integrierenden) Prozeß sich dem letztgenannten Pol zu nähern. Diese Vorstellung entspricht weitgehend dem gestalttheoretischen Konstrukt des „dynamischen Gleichgewichts“ oder dem des „Fließgleichgewichts“ von *v. Bertalanffy* (1957; *Metzger*, 1971; vgl. aber auch die kritische Anmerkung zu *Rogers* auf S. 207).

Dieses Verständnis psychischer Störungen und ihrer Überwindung hat darüber hinaus Bezüge zu *Freuds* Begriff des „Komplexes", *Adlers* „neurotischem Arrangement", *Lewins* „isoliertem Teil in der Persönlichkeit", *McDougalls* und in neuerer Zeit *Pagès'* „Dissoziation", *Perls'* „Sackgasse". Jedem dieser Begriffe liegt die Vorstellung eines Kontinuums oder einer Alternative zwischen statischem und dynamischem Zustand der Persönlichkeit zugrunde. Diese Entsprechungen in verschiedenen psychotherapeutischen Lehren gewinnen Bedeutung, sobald es nicht mehr um Abgrenzung, sondern um Integration verschiedener Ansätze geht.

Zusammen mit den folgenden Hinweisen auf die Bezüge zur Gestalttheorie, sollen jetzt noch einige Ergänzungen in der Darstellung von *Rogers'* Methode vorgenommen werden: Bei der Ausdehnung in der Anwendung seiner psychotherapeutischen Prinzipien auf Gruppenmethoden hat sich *Rogers* von *Lewins* „Trainingsgruppen"-Veranstaltungen anregen lassen, an denen zwar nicht er selbst, aber einige seiner Schüler teilgenommen haben (*Lippitt*, 1974). Es bedarf, zumal es hier weder um Anleitung zur Einzel- noch zur Gruppentherapie, sondern um die Darstellung theoretischer Zusammenhänge geht, keiner ausdrücklichen Beschreibung von *Rogers'* „Encounter-Gruppe" (1970). *Rogers* würde zweifellos der Auffassung zustimmen, daß keine grundsätzlichen Unterschiede zwischen den Aufgaben des Therapeuten in der Einzel- und in der Gruppensituation bestehen (vgl. Teil III). Er ist überzeugt,

> „daß die therapeutische Beziehung nur ein Spezialfall allgemeiner zwischenmenschlicher Beziehungen ist, und daß die gleiche Gesetzmäßigkeit alle interpersonalen Beziehungen regelt" (*Rogers*, 1973, S. 53).

Eine wichtige Realisation der Gruppenidee ist im übrigen die Zugehörigkeit des einzelnen Therapeuten zu einer Gruppe von Therapeuten als Bestandteil der therapeutischen Methode (vgl. Teil III).

Über die schon bei *Freud, Adler* und *Jung* aufgezeigten Übereinstimmungen mit der Gestalttheorie hinaus, finden sich bei *Rogers* noch eine Reihe spezieller Übereinstimmungen bis hin zum Sprachgebrauch.

In diesem Zusammenhang soll er zunächst aus gestalttheoretischer Sicht gegen eine herbe Kritik verteidigt werden. Sie lautet:

> „Der kausale Determinismus der Psychoanalyse wird hier durch einen rosenroten Finalismus ersetzt. Ein allzu simplizistisches Menschenbild, in der der Organismus zugleich Streben, Wissen und Gewissen ist und sein ontologisches Fundament bildet!" (*J. Swildens*, 1967, Prax. d. Psych. 5).

Dem Verfasser dieser Kritik, der in seinem Beitrag im übrigen *Rogers* durchaus gerecht wird (was dieses Zitat gewiß nicht nahelegt), scheint an dieser Stelle (die Polemik ist gerade hier so verlokkend) die eigene Prägnanztendenz beim Formulieren einen Streich gespielt zu haben (Primitivprägnanz). Dies zeigt, daß auch der Nachweis menschlicher Prägnanztendenzen, menschlicher Tendenzen „zur guten Gestalt“ (deren Abqualifizierung als finalen Determinismus einem aus Unkenntnis der wissenschaftlichen Belege leicht unterlaufen kann) tatsächlich kein Grund ist, die Zukunft der Menschheit nun „rosenrot“ zu sehen.

Die Komplexität zwischenmenschlicher Beziehungen, das Spiel der Kräfte im sozialen Feld läßt diese Tendenzen allgemeiner Natur in den verschiedensten Erscheinungsformen zum Ausdruck kommen, die je nach Kräftekonstellation im Lebensraum eines Menschen auch in Widerstreit zueinander geraten und selbstzerstörerischen Charakter annehmen können. Daß dies so ist, also „rosenroter Finalismus“ der Wirklichkeit nicht entspricht, macht das therapeutische Bemühen, Konstellationen zu schaffen, welche die menschliche Tendenz „zur guten Gestalt“ aus den Sackgassen herausführt, erst nötig.

Diese Apologie stellt *Rogers* als Gestalttheoretiker dar; der Hinweis auf die Bedeutung, die er der „hier und jetzt“ in der therapeutischen Situation herrschenden Interaktionsdynamik und der Konkretheit der Interventionen des Therapeuten beimißt, rücken ihn der Gestalttheorie noch näher. Jedenfalls hat *Lewin* den wissenschaftstheoretisch wohl saubersten Nachweis geführt, daß nur Konkretes wirken kann,

„d. h. etwas, was die Stellung einer individuellen, in einem bestimmten Zeitmoment bestehenden Einzeltatsache hat. Wirken kann nur etwas, was selbst ein Teil des Lebensraumes ist, und dem daher ein bestimmter Ort in der psychologischen Situationsdarstellung zukommt“ (1969, S. 53).

Und für die Bedeutung des „Hier-und-jetzt“ gilt, daß

„weder vergangene noch zukünftige Fakten das gegenwärtige Geschehen beeinflussen, sondern lediglich die gegenwärtige Gesamtsituation. Diese These folgt unmittelbar aus dem Grundsatz, daß nur konkret Existierendes wirken kann“ (1969, S. 55).

Zusammen mit den vorgenannten Prinzipien beschreibt *Lewin* den „Beziehungscharakter der verursachenden Fakten“:

„Ein Geschehen kann nur durch ein ‚Zueinander“ verschiedener Gebilde verursacht werden“.

Auch diesem Prinzip trägt *Rogers* in seinem konkreten Therapeutenverhalten Rechnung (vgl. Lehrfilme, in denen *Rogers* seine Methode demonstriert, vorgeführt z. B. auf dem GwG-Kongreß in Würzburg, 1975).*)

2.5 Gestalt-Therapie

Perls (1947, deutsch: 1978; 1969, deutsch: 1981; 1974; –; *Hefferline; Goodman*, 1951, deutsch: 1979) setzt sich bei der Darstellung der Gestalt-Therapie ebenso wie vom wissenschaftlichen Ansatz der Verhaltensforschung, in dem ohne tieferes Engagement hauptsächlich *über* Verhalten reflektiert wird, oder therapeutischen Methoden, die das Deuten und Interpretieren in den Vordergrund stellen (das nennt er „mind-fucking"), auch von den philosophischen und religiösen Positionen ab, die vor allem mit einem „*Du sollst*" operieren – und damit das Scheitern stets vorprogrammieren. Am nächsten fühlt er sich dem „existenziellen" Ansatz, der das, was *ist*, betont. Hier vermißt er allerdings den Rahmen, in dem die Zusammenhänge sichtbar werden (*Perls*, 1974, S. 24).

Die Ganzheitlichkeit menschlichen Seins, der Gestalt- bzw. Figur-Grund-Charakter der Phänomene des Denkens, des Fühlens, des Handelns, der Gedächtnisleistungen und der Träume ist der für die Gestalt-Therapie zentrale gestalttheoretische Ausgangspunkt, zu dem der als Psychoanalytiker ausgebildete Psychiater *Perls* durch seine Bekanntschaft und Zusammenarbeit mit dem Psychologen *Max Wertheimer* und dem Neurologen und Psychiater *Kurt Goldstein* gefunden hat. Es geht ihm im gleichen Sinne, wie es im Zusammenhang mit der Skizzierung eines „erzieherischen Modells" der Psychotherapie dargestellt wurde, nicht in erster Linie um das Auffinden von Krankheit und Krankheitsursachen, sondern um Aktivierung positiver Tendenzen: der Tendenzen zur „guten, geschlossenen Gestalt", die *Wertheimer* und andere als für das produktive Denken des Menschen entscheidende Eigenschaft nachgewiesen haben. *Perls* übertrug – wie die Spärlichkeit seiner theoretischen Äußerungen zeigt, ohne die dieses Vorgehen rechtfertigenden Experimente *Lewins* und seiner Schüler genau zu kennen – die gestalttheoretische Sicht auf den psychotherapeutischen Prozeß. Für das therapeutische Vorgehen folgt daraus, daß es darauf ankommt, Gefühle, Vorstellungen, insbe-

---

*) Zur Weiterentwicklung und empirischen Überprüfung der Gesprächspsychotherapie in Deutschland vgl. auch *Pfeiffer* (1973), *Speierer* (1975), *Mente* und *Spittler* (1975), *Teuwsen* (1975), *Kristen* und *Mente* (1975), *Tausch* (1976).

sondere die hemmenden und störenden, gegenwärtig Prägnanz gewinnen und damit der konkreten Auseinandersetzung zugänglich werden zu lassen. Unbewußtes, Verdrängtes ist – ganz im Sinne gestalttheoretischer Begriffe wie „funktionale Gebundenheit" – das gegenwärtig nicht Verfügbare. Sobald es konkret und prägnant da ist, ist es der Befriedigung, der realitätsgerechten Modifikation und Anpassung, der Veränderung im aktuellen Gestaltprozeß zugänglich. Zur therapeutischen Arbeit gehört damit eine subtile Phänomenologie der anschaulichen Welt des jeweiligen Klienten.*)

Sie führt vom „Erklären" zum „Verstehen".

„Die meisten Leute halten Erklären und Verstehen für ein und dasselbe. Es ist aber ein großer Unterschied zwischen beiden. Wie jetzt auch; ich kann euch eine Menge erklären. Ich kann euch eine Reihe von Sätzen geben, die euch helfen, ein rein verstandesmäßiges Modell davon aufzubauen, *wie* wir funktionieren. Vielleicht spüren einige von euch die Übereinstimmung dieser Sätze und Erklärungen mit eurem wirklichen Leben, und das würde Verstehen bedeuten" (*Perls*, 1974, S. 33/34).

Im gestalttherapeutischen Vorgehen kommt es also darauf an, daß Erklären und Verstehen zusammenfallen (*Lewin*: Nur Konkretes kann wirken). Dies geschieht im Prägnantwerden dessen, was *ist*. Entsprechend der Feststellung *Lewins*, „Eine richtige Darstellung dessen, was ‚ist', ist zugleich eine ‚Erklärung' dessen, was geschieht", mit der er den Vorwurf zurückweist, „unsere Darstellungen (der Situation) seien keine ‚Erklärungen', sondern einfach ‚Beschreibungen'" (1969, S. 98/99), kann man das gestalttherapeutische „Verstehen" getrost als wissenschaftlich akzeptables „Erklären" ansehen.

Der tiefere Hintergrund von *Lewins* Überlegungen, die das Vorgehen von *Perls* untermauern, ist die Erfahrung, daß mit hochformalisierten Methoden zahlreiche „wissenschaftliche" Ergebnisse gewonnen werden, von denen selbst der Wissenschaftler, der sie „gefunden" hat, nicht annähernd sagen könnte, was sie bedeuten. Mag man noch bereit sein, Wissenschaft – und auch Humanwissenschaft – als Selbstzweck anzuerkennen, so stellt sich doch spätestens bei der Anwendung wissenschaftlicher Forschungsergebnisse auf die psychotherapeutische Behandlung die Frage, was sie nützen, wenn für den Therapeuten wie für seinen Klienten eine nachvollziehbare Beziehung zu ihrem „anschaulichen Selbst" fehlt. Man kann aber auch grundsätzlich anzweifeln, daß etwas die Bezeichnung „Erklärung" verdient, was man nicht „versteht", und eine operationale Erklärung, die keinen persönlichen Bedeutungsinhalt hat, im Bereich der Humanwissenschaften für eine Farce halten.

---

*) Dabei geht es um die „quasi-physikalischen", „quasi-sozialen" und „quasibegrifflichen Fakten" im Lebensraum des Menschen (*Lewin*, 1969, S. 47f.) bzw. um seine „persönlichen Konstrukte" (*Kelly*, vgl. Teil II).

Auch das folgende *Lewin*-Zitat bestätigt *Perls'* Vorgehen:

„Für das Ableiten des tatsächlichen psychologischen Geschehens und seiner Dynamik hat man ... nicht auf das ... Beziehungsgefüge an sich, sondern auf die jeweilige Struktur des bei dem betreffenden Individuum bestehenden tatsächlichen psychologischen Umfeldes einzugehen" (1969, S. 48).

Man muß, wie das bisher Dargestellte belegt, nicht wie *Beisser* (in *Fagan* und *Shepherd*, 1971) auf den oft strapazierten Begriff des Paradox' zurückgreifen, um zu erläutern, daß Änderung erst beginnt, wenn *jemand wird, was er ist*, und Änderung nicht möglich ist, solange jemand zu sein versucht, was er nicht ist, solange er dem konkret Gegebenen durch die Flucht in eine fiktive Existenz auszuweichen versucht.

Gestalttherapie zielt mit der Betonung des *Wie* (Konkretheit) und des *Jetzt* (Gegenwärtigkeit) ab auf die Erfahrung, daß die Entfremdung in den verschiedensten körperlichen und seelischen Regungen des Menschen hier und jetzt ihren Ausdruck findet, daß sie hier und jetzt vielfach wahrgenommen und überwunden werden kann. Wie für die Prinzipien der Konkretheit und der Gegenwärtigkeit im therapeutischen Vorgehen von *Rogers* gilt für ihre Anwendung auch hier, daß sie *Lewin* wissenschaftstheoretisch begründet hat.

Wie *Rogers* in seinen sieht auch *Perls* in seinen Prinzipien des therapeutischen Vorgehens zugleich die Prinzipien gesunden Lebens schlechthin; dem entsprechend darf erwartet werden, daß ein Klient in dem Maße, in dem er sie in seinen Lebensstil aufnimmt, besser in seinem Leben zurechtkommt. In bezug auf das Hier-und-jetzt-Prinzip etwa gilt: „Angst ist die Kluft zwischen dem Jetzt und dem Später" (1974, S. 38). Und in dem Maße, in dem es jemandem gelingt, ganz im Jetzt zu sein, schlicht „da-zu-sein", verliert er die Angst, denn dann erkennt er seine gegenwärtigen Handlungsmöglichkeiten. Im Jetzt kann er handeln, Vergangenes kann er ebensowenig verändern wie Zukünftiges herbeizaubern. Eine parallele Aussage findet sich bei *Bloch*: „Primär lebt jeder Mensch, indem er strebt, zukünftig, Vergangenes kommt erst später und echte Gegenwart ist fast überhaupt noch nicht da." Darauf aber kommt es *Bloch* (1967) an.

In dem Prinzip der Gegenwärtigkeit sind die anderen gestalttherapeutischen Prinzipien im Grunde schon enthalten: Aus dem „Schlicht-da-sein" folgt die Offenheit und Wachheit der Sinne (awareness) für aktuelles Geschehen bzw. das Bewußtseinskontinuum, in dem die wichtigsten unerledigten Situationen unbehindert in den Vordergrund treten und erledigt werden können, ebenso wie die Fähigkeit zu selbstverantwortlichem Denken und Handeln (responsibility). Die Aufgabe des Therapeuten ist entsprechend diesen Prinzipien, den Klienten beim Prozeß des Gewahrwerdens und Erkennens von Sinn und Sinnzusammenhängen, von persönlichen Schwierigkeiten und Beziehungen zu anderen Menschen, bei der Entfaltung des eigenen Potentials zu unterstützen oder einfach zu begleiten, sobald die entscheidenden therapeutischen Prozesse in Gang gekommen sind und das Stadium effektiver Selbstregulierung erreicht haben.

Perls sieht fünf Schichten oder Phasen, durch die die Therapie von Neurosen führt (vgl. Teil III):

1. Die Schicht der Klischees.
2. Die Schicht der Spielchen und der Rollen, mit denen wir bestimmte Ziele erreichen wollen.
3. Die Phase der „Blockierung", des „toten Punktes", der „Sackgasse", in die der Mensch eintritt, sobald er die Ebene des Rollenspiels verläßt.
4. Die Implosionsphase oder „Schicht des Todes", die als „Tod" oder Todesangst in Erscheinung tritt, indem sich einander entgegengesetzte Kräfte gegenseitig lähmen (Krampflähmung).
5. Die Explosionsphase, die aus der Implosion hervorgeht, sobald es zur wirklichen Berührung „mit dieser Leblosigkeit der implosiven Schicht" (*Perls*, 1974, S. 64) kommt. *Perls* unterscheidet vier Arten von Explosionen: Trauer, Weinen; Freude, Lachen; Orgasmus; Wut. Die Explosion ist einem „Aha-Erlebnis" vergleichbar, wie es sich etwa bei der Lösung einer kurz zuvor noch für unlösbar gehaltenen Aufgabe einstellt. Im psychotherapeutischen Kontext bedeutet sie eine zumindest momentane Befreiung und Überwindung eines „Komplexes", einer „Fixierung", eines „neurotischen Arrangements", einer „Verdrängung". Sie kann – sie muß nicht – der Ausgangspunkt einer endgültigen Überwindung von Störungen durch eine Umgestaltung des Lebensstils sein.

Es ist zweifellos schwierig, diese abstrakte Darstellung ohne zusätzliche Hilfen im anspruchsvollen gestalttherapeutischen Sinne zu verstehen. *Perls* sagt: „Es kommt auf das Durcharbeiten an" (S. 64); das bedeutet hier: Jemand, der seine Probleme durcharbeitet, wird durch diese Phasen hindurchgehen; die Erfahrung wird ihm dann einen konkreten Begriff von dem vermitteln, was mit den aufgezählten Phasen gemeint ist. Hier kann noch am ehesten ein Beispiel, das *Perls* selbst gibt, zum Verstehen beitragen:

„Es gab da einmal ein Mädchen, eine Frau, die vor nicht allzu langer Zeit ihr Kind verloren hatte, und sie konnte nicht recht mit der Welt in Kontakt kommen. Wir arbeiteten ein bißchen, und wir fanden heraus, daß sie sich am Sarg festhielt. Sie erkannte, daß sie diesen Sarg nicht loslassen wollte. Versteht ihr nun? Solange sie nicht willens ist, sich diesem Loch, dieser Leere, diesem Nichts zu stellen, kann sie gar nicht zum Leben, zu den anderen zu rückkommen. Es ist so viel Liebe in diesem Sarg gebunden, daß sie gern ihr Leben in diese Phantasie investiert, eine Art Kind zu haben, selbst wenn es ein totes Kind ist. Wenn sie ihrem Nichts gegenüberstehen und ihre Trauer erleben kann, kann sie ins Leben zurückkommen und mit der Welt in Kontakt kommen" (*Perls*, 1974, S. 64/65).

In der Gestalttherapie findet die Einsicht, daß jede Wahrnehmung persönlich akzentuiert ist, ihren Niederschlag in der Annahme, daß Wahrnehmungen quasi abgespaltene Teile des Selbst enthalten und (funktional) binden können, und daß man sich diese Teile wieder zu eigen machen und damit sein Potential entfalten kann, indem man sich mit ihnen identifiziert oder es zumindest versucht. Im vorangehenden *Perls*-Zitat sind das „tote Kind", „der Sarg" solche Wahrnehmungen und die Identifikation mit ihnen kann zu der Erkenntnis führen: Ich bin tot, ich bin ein Sarg. Diese Konfrontation vermag dann die Explosion in Trauer und Schmerz auslösen, die zugleich die Rückkehr aus der Erstarrung ins lebendige und authentische Sein ist.

Konkret fordert der Therapeut auf: Sei der Druck in der Kehle, sei der Schmerz im Bauch – aber auch: sei das Gefühl der Befreiung, der Lust; sei der trostlose Weg in deinem Traum, aber auch: sei die grüne Wiese in der Ferne; laß den Druck, den Schmerz, den Weg sprechen, aber auch: die Freiheit, die Lust, die Wiese, anstatt zu „computern", anstatt „mind-fucking" zu betreiben. Laß die beiden Pole in dir, den Wunsch, menschlich zu sein, und den Zwang, die Rolle des Lehrers, Managers, Vorgesetzten zu spielen miteinander reden; erfinde einen Dialog (und du machst die Erfahrung, daß du zwischen diesen Polen dein authentisches Selbst findest). Setz deine Mutter auf den Stuhl vor dir, schau sie dir an, sag ihr hier und jetzt, was du ihr nie sagen konntest; sei deine Mutter und antworte dir (und du erkennst, daß sie, die dich, wie du meinst, hemmt, ein Teil von dir ist, sei also, was du bist, und du erkennst, daß alle Möglichkeiten in dir selber liegen, dich zu hemmen und dich voranzubringen).

Der direkte und herausfordernde Charakter solcher Therapeutensprache mag erschrecken und Gefahren in sich bergen, ganz abgesehen davon, daß sie auch zarter und subtiler, je nach konkretem Fall, klingen kann. Wenn die Hypothese *Perls'* stimmt – das *Lewin*sche Konstrukt des Lebensraumes scheint sie zu bestätigen –, daß, was immer in meinem Bewußtsein als Freund, als Feind, als Freude oder als Last repräsentiert ist, auch Teil von mir ist und die persönliche Erfahrung dieses Sachverhalts die Voraussetzung für Veränderung ist, dann ist auch solche direkte Sprache, richtig eingesetzt, sogar in einem tieferen Sinne nicht-direktiv als schonungsvolles Akzeptieren von „Um-den-heißen-Brei-Herumreden" des Klienten. Es ist die *Perls*'sche Alternative zum „jahre-, jahrzehnte- und jahrundertelange(n) Auf-der-Couch-Liegen" (*Perls*, 1947, S. 10), „... aber du must dich selbst einbringen".

Die Gestalt-Therapie hat, von Amerika herkommend, wohin (nach Südafrika) *Perls* als deutscher Jude emigriert war, zunehmend auch in Europa Fuß gefaßt. Weiterentwicklungen zielen auf spezielle Anwendungsbereiche (Familientherapie: *Kempler*, 1975; Kindertherapie: *Oaklander*, 1981; Resozialisierung, Alkoholiker- und Drogenabhängigentherapie, Arbeit mit alten Menschen; *Petzold*, 1974, 1977; *Petzold* und *Bubolz*, Hg., 1976), auf Integration verwandter Ansätze und auf verstärkte Nutzung des Mediums „Gruppe" (*Cohn*, 1975; *Petzold*, 1980; *Walter*, 1975, 1977, 1979; *Pauls* und *Walter*, 1981; *Ronall* und *Feder*, 1983). Zwar arbeitete auch *Perls in* der Gruppe, er schenkte jedoch gruppendynamischen Prozessen zwischen den physisch Anwesenden wenig Beachtung.

Die therapeutischen Auffassungen und Methoden von *Perls* verdanken ihre gegenwärtige Bedeutung nicht zuletzt seiner bewußten Entscheidung, auf dem Namen „Gestalt-Therapie" zu bestehen. Da seine theoretischen Äußerungen jedoch allzu häufig Unkenntnis der Gestalttheorie in wichtigen Einzelheiten erkennen lassen, haben in der Vergangenheit die meisten Gestalttheoretiker sich entweder gar nicht zu seinen Veröffentlichungen geäußert oder ein vernichtendes Urteil gefällt (*Henle*, 1978). *Tholey* (1984) schreibt z. B.: „Im Hinblick auf ihre theoretischen Erörterungen darf man die ‚Gestalt'-Therapie im Anschluß an verschiedene Kritiker wohl zu Recht als ‚Gestaltgeschwätz' einstufen" (S. 173). *Hoeth* (1980) sieht dies, jedenfalls in Bezug auf das grundlegende Werk von *Perls, Hefferline* und *Goodman* (1951, deutsch: 1979), differenzierter, so, wenn er in seiner Rezension zu deren Bemühen, Gestalttheorie und Psychoanalyse miteinander zu verbinden, sagt: „Die so sehr notwendige, aber auch sehr schwierige Integration dieser beiden, nach einer (oberflächlichen) am Inhaltlich-thematischen orientierten Betrachtungsweise, konträren Positionen scheint mir im ganzen gelungen, und das ist ein immenser Schritt" (S. 115). Und erst recht in Bezug auf die von *Perls, Hefferline* und *Goodman* vorgestellte Praxis mag er nicht wie *Tholey* (ebenfalls S. 173) in gestalt*theoretischer* Distanz verharren: „Die Frustration des ‚orthodoxen' Gestalttheoretikers ob ... begrifflicher Unschärfen kann jedoch ohne weiteres in den ‚Hintergrund' treten (nicht zum ‚Grund' im wahrnehmungspsychologischen Sinne werden), wenn man auf den therapeutischen (Selbst-)Erkenntniswert der *Perls*'schen Beispiele im Band ‚Wiederbelebung des Selbst' zentriert. Hier wird in wahrhaft faszinierender Weise demonstriert, wie eine Steigerung des Bewußtheitsgrades bei der Wahrnehmung von Gegebenheiten der Außenwelt in eine Steigerung des Bewußtheitsgrades der Wahrnehmungsfähigkeit für Vorgänge des eigenen Innenlebens überleitet ... Vielleicht ist der therapeutische Praktiker und Phänomenologe *Perls* dem Theoretiker *Perls* um einiges voraus? – Integration wäre vonnöten!" (S. 116/117). Dieser Forderung entsprechen in jüngster Zeit mehr oder weniger gelungene Bemühungen, Gestalt-Therapie explizit als gestalttheoretischen Ansatz der Psychotherapie zu begründen und weiterzuentwickeln (*Yontef*, 1982; *Saner*, 1984; *Portele*, 1984; *Walter*, 1984).

2.6 Psychodrama

Moreno nimmt für sich in Anspruch, daß er Gruppentherapie schon im Jahre 1910 angewendet hat (*Ruitenbeek*, 1974, S. 14). Es wäre sicher interessant, den Verbindungen zwischen *Freud, Adler, Frankl, Moreno* (in Wien) – und darüber hinaus –, *Perls, Goldstein, Wertheimer, Lewin* (in Berlin und Frankfurt) zunächst in Europa und später in Amerika, wo z.B. in den Jahren 1938–1955 wichtige Beiträge *Lewins* und seiner Schüler in der Zeitschrift des Moreno-Instituts „Sociometry" erschienen, einmal gezielt nachzugehen; hier jedoch soll es bei einer Darstellung wesentlicher methodischer Gesichtspunkte und Vorgehensweisen *Morenos* bleiben.

1912 veröffentlichte *Moreno* einige Schriften unter dem Titel „Einladung zu einer Begegnung" und lieferte darin nach Ansicht *Johnsons* (1959, S. 42f.) eine erste Definition von „Encounter", indem er schreibt:

> „Ein Gang zu zwei: Auge vor Auge, Mund vor Mund. / Und bist du bei mir, so will ich dir die Augen aus den Höhlen reißen und an Stelle der meinen setzen, und du wirst die meinen ausbrechen und an Stelle der deinen setzen, dann will ich dich mit den deinen und du wirst mich mit meinen Augen anschauen."

Dieses Zitat läßt in der Tat kaum Zweifel daran, daß *Moreno* damals schon wesentliche Aspekte der späteren Trainings-Gruppe *Lewins* und seiner Schüler formuliert hat. *Moreno* gilt heute jedoch hauptsächlich als Schöpfer der Methoden des Psychodramas und der Soziometrie (vgl. *Dollase*, 1975; *Hofstätter*, 1956; *Höhn* und *Seidel*, 1969).

Das soziometrische Instrumentarium zur Messung von Nähe und Distanz zwischen Gruppenangehörigen, der Gruppenkohärenz, der gegenseitigen Einschätzung hat große Bedeutung für die Erforschung von Gruppenstrukturen gewonnen, sowohl in der ausgesprochen metrischen Anwendung wie in der zwangloseren offenen Feedback-Form oder im sogenannten „lebenden Soziogramm". Den Zusammenhang mit *Lewins* theoretischer Arbeit läßt darüber hinaus, wie bei der Erörterung der Methoden von *Rogers* und *Perls*, auch wieder der Hinweis auf die Bedeutung hervortreten, die *Moreno* der Konkretheit, der Gegenwärtigkeit und der zwischenmenschlichen Bezogenheit für effektive therapeutische Arbeit und für die Änderung von Personen schlechthin beimißt.

Das Psychodrama *Morenos* konstituieren Bühne, Protagonist (Hauptdarsteller: Klient oder Patient), eines oder mehrere Hilfs-Ichs (therapeutische Helfer), Psychodrama-Direktor oder -Leiter und die Gruppe der Zuhörer, die zugleich potentielle Hauptdarsteller, Hilfs-Ichs sein können und vor allem den „Resonanzboden" (*Ruitenbeek*, 1974; *Yablonsky*, 1976) für das Geschehen auf der Bühne abgeben.

Die Übergänge zwischen Psychodrama, Soziodrama und Rollenspiel sind fließend. Während im Psychodrama speziell die Einzelperson im Blick ist, werden im Soziodrama auch kulturelle Faktoren und Zusammenhänge dargestellt und reflektiert.

> „Bei den ... ‚deep action methods' des Psychodramas werden die persönlichen Meinungen oder Probleme der Individuen durchleuchtet, während bei den ‚deep action methods' des Soziodramas die Erfahrungen der Gruppe in den Mittelpunkt gestellt werden" (*Weiner* und *Knepler* in *Petzold*, 1972, S. 72).

Psychodrama und Soziodrama können sowohl Rollenspiele einschließen wie auch von ihnen ihren Ausgang nehmen oder zu ihnen hinführen. Rollenspiele dienen in jedem Fall dazu, effektiveres Verhalten für Rollen zu üben, die ein Mensch alltäglich zu erfüllen hat oder die er übernehmen möchte.

Die Bühne soll den „Freiraum" gewähren, in dem der Protagonist sich ungezwungen ausdrücken und er selbst sein, seine Welt *verkörpern* kann.

Die Aufgabe *des Protagonisten* ist es, sich möglichst weitgehend in die Situation hineinzubegeben, die ihm bedeutsam und problematisch erscheint – dies kann ein traumatisches Erlebnis in der frühen Kindheit sein, wie es ihm im Verlauf analytischer Gespräche oder von „Anwärm"-Übungen in den Sinn kommt, oder ein zukünftig erwartetes Ereignis. Er soll es erleben, als wäre es hier und jetzt, und er soll noch einmal oder im voraus hindurchgehen. Es ist offensichtlich, daß es dabei wie bei *Perls* um das „unerledigte Geschäft" bzw., gestalttheoretisch, um die „offene Gestalt" und deren prägnante Schließung geht.

Die Hilfs-Ichs haben die Aufgabe, sich in die Welt des Protagonisten hineinzuversetzen, die Rolle einer nicht anwesenden oder gestorbenen Bezugsperson oder einer Täuschung, eines Symbols oder von Gegenständen zu übernehmen (*Moreno* in *Petzold*, 1972, S. 83), ihn zu stützen, wo er zu phobischer Vermeidung neigt, zu provozieren, wo er sich in Schwäche flüchtet.

*Der Direktor**) hat die Aufgabe, Regie zu führen; er muß die Fäden in der Hand halten, er muß sich der Verantwortung gewachsen zeigen, die darin besteht, daß Vieles, was in der Psychoanalyse als Widerstand gilt und hochgeachteter Grund für jahrzehntelange Dauer einer Therapie, im psychodramatischen Spiel schlicht überrollt wird. Der Direktor muß frühzeitig absehen können, ob der Protagonist, sobald er aus dem Rausch der Dramatik „erwacht", fähig zu neuer Integration seiner Persönlichkeit ist. Er muß zu verhindern wissen, daß der Bruch alter Dämme (Barrieren, Tabus usw.) erfolgt, wo keine neuen Fertigkeiten gewachsen sind, die totale Überschwemmung und Untergang verhindern können. Im Bilde bleibend kann man sagen: Das Ziel ist nicht in erster Linie, daß neue Dämme aufgebaut werden, sondern daß der Protagonist im freigesetzten Strom schöpferischer Aktion schwimmen gelernt hat (siehe auch *Rogers*' Ziel: hin zum Prozeß-Sein). Das psychodramatische Arrangement aktualisiert – und damit werden spezifische Aspekte der bisherigen Schilderung noch einmal hervorgehoben –:

1. das Zeiterleben des Protagonisten mit seinen Dimensionen Vergangenheit, Gegenwart und Zukunft (*Lewin*: Zeitperspektive);
2. sein Raumerleben, soweit es unmittelbarer Kontext seines Problems ist (*Lewin*: Lebensraumbereiche);
3. seine Realität – über Denken, Fühlen, Befürchten hinaus –
   a) bis hin zum Handeln im Hier-und-jetzt (*Lewin*: Konkretheit, Gegenwärtigkeit), und nicht nur in der reduzierten Realität der Therapeut-Klient-Beziehung, sondern
   b) um mit Hilfe der Gruppe – soweit nicht anders, wie etwa durch gleichzeitige Anwesenheit von Ehepartnern, Freunden usw. möglich – simulierte Wirklichkeit der Beziehung zu den Menschen, denen er im Alltag begegnet (*Lewin*: Beziehungscharakter der verursachenden Fakten, Trainingsgruppe), und dies
   c) verstärkt durch das, was *Moreno* „Surplus-Reality" nennt. „Es besagt in unserem Fall, daß gewisse unsichtbare Dimensionen unserer Lebensrealität nicht voll erlebt oder dargestellt werden und wir sie daher mit ‚Überschußmethoden' und Instrumenten in die therapeutische Situation hereinholen müssen. Eine der wichtigsten und beliebtesten Techniken des Realitätsüberschusses (Surplus-Reality) ist der *Rollentausch*" (*Moreno* in

*) Im deutschen Sprachraum wird stattdessen von „Psychodrama-Therapeut" oder „-Leiter" gesprochen.

Petzold, 1972, S. 82). Dazu gehören auch das Hilfs-Ich, das Rollenspiel, der leere Stuhl, der Zauberladen und anderes (vgl. *Leutz*, 1974, 1975), also Instrumente und Techniken, die geeignet sind, Aspekte der Wirklichkeit, zu denen gewöhnlich der Zugang fehlt, in den Blick zu bekommen;

4. *die „Kosmodynamik"*; damit bezeichnet *Moreno* die Möglichkeit des Protagonisten, auf der Bühne quasi außerirdischen Wesen und Möglichkeiten zu begegnen oder sie zu verkörpern. Die Frau, die sich immer gewünscht hat, ein Mann zu sein, kann sich auf der Bühne diesen Wunsch erfüllen; der Greis kann Kind sein.

„Es gibt keinen Tod im Psychodrama. Die Ungeborenen und Toten werden auf der Psychodramabühne ins Leben gerufen. ... Diese Externalisationen stehen jedoch in Beziehung zur Subjektivität und den Vorstellungen des Protagonisten. ... Bedeutungsvoll ist die Expansion des Menschen entsprechend seinen persönlichen Bedürfnissen und Fantasien. ... Im psychodramatischen Kosmos kann der Mensch auch Tiere verkörpern – Hunde, Tiger, Bären, Fische, Vögel, Insekten –, überhaupt jedwede Imagination, und zwar nicht in Form einer Regression, sondern in Form *schöpferischer Aktion*. ... Hierdurch soll keine Lanze für Illusionen oder die Flucht aus der Wirklichkeit gebrochen werden, sondern das genaue Gegenteil, eine Lanze für die Kreativität des Menschen und des Universums" (*Moreno* in *Petzold*, 1972, S. 86).

Man könnte nun vordergründig einen Gegensatz zwischen *Perls*' ebenso wie *Rogers*' Verständnis der Rolle als zu überwindender und zu durchbrechender „synthetischer Existenz" und *Moreno*s expliziter Akzeptierung der „Rolle" als allgemeinmenschlicher Ausdrucks- und Handlungsform sehen. Diese Sicht dürfte jedoch schon das vorangehende Zitat in Frage gestellt haben und erst recht fragwürdig werden, wenn *Moreno* poetisch ausführt:

„O mein Theater wird ein Hohngelächter sein! Ich werde vor die Rampe eines jeden treten und ihn bemüßigen, hier im Komödienhaus ein Komödiant zu sein. Lachgründe, Scheingründe, Wahngründe, schlimme Gründe, Theatergründe, Abgründe genug, Komödie als selbstdiktierter allerheiligster Weltuntergang, Theater der Selbstzerfleischung, ehrlichster Strafvollzug. Ich wünschte nicht das Theater des guten Gedächtnisses, der kreisförmigen Behaglichkeit, des Selbstvergessens. Die Idee des reinen Theaters fordert die einmalige Zeit, den einmaligen Raum, die einmalige Einheit, den Schöpfer. An Stelle der alten Dreiteilung tritt unsere Einheit. Es gibt keine Dichter, Schauspieler, Zuhörer mehr. Fort mit den Augen der Gaffer und den Ohren der Horcher. ... Die Bühne ist dort, wo ihr seid, wie hier, wo ich stehe. Ich grüße euch Schauspieler der Galerie, der Stehplätze, der Logen und Parkettreihen, hinter den Kulissen, Souffleure! Unser Theater ist *Einheit des Seins und des Scheins*. Wir spielen das Theater des Augenblicks, der identischen

Zeit, comédie immediate, den Scheinwerfer unseres gegenwärtigen Geistes ..." (Königsroman, 1923, zitiert nach *Petzold*, 1972, S. 14/15).

Dies „reine" oder „totale" Theater, dies „totale" Rollenspiel, in dem Schein und Sein zur unauflöslichen Einheit verschmelzen, bedeutet die Aufhebung aller Entfremdung und damit Neuentdekkung des „authentischen Selbst", die von Hemmnissen und Blokkierungen befreite schöpferische Auseinandersetzung mit den Möglichkeiten des Lebens – dies ist aber auch das erklärte Ziel von *Perls* und *Rogers*. Zweifellos war keiner dieser drei auch nur im entferntesten willens und imstande, den Typ des normierten, jede Selbstdarstellung unterdrückenden Wissenschaftlers abzugeben. Um so reizvoller ist es, ihre je eigentümlichen Weisen, die gleichen Ziele zu erreichen, miteinander zu vergleichen.

Wenn *Tilman Moser* (FAZ, 8. Okt. 74: „Laß die linke Hand wissen, was die rechte tut, und beide miteinander spielen", Rezension von *Frederick S. Perls*: Gestalt-Therapie in Aktion) sich über die aus seiner Sicht rührende Überheblichkeit sowohl von *Moreno* wie auch von *Perls* mokiert, indem er feststellt, „beiden gemeinsam ist die tiefe Überzeugung, daß Freud ein kleiner Vorläufer ihrer Vollendung der Psychotherapie war", so dürfte er insofern recht haben, als die geistes- und kulturgeschichtliche Bedeutung, die *Freud* gewonnen hat, zweifellos beide weit überragt, ebenso wie sie von der wissenschaftstheoretischen und -praktischen Bedeutung *Lewin*s überragt werden. Ihre auch von *Moser* voll anerkannte Bedeutung als psychotherapeutische Praktiker jedoch, die *Freud*s wie *Lewin*s Werk überdauernde Wirksamkeit für eine menschlichere Welt sichern kann, mag noch längst nicht zu voller Entfaltung gelangt sein.*)

2.7 Verhaltenstherapie

Um Mißverständnissen vorzubeugen, soll hier zunächst noch einmal (vgl. ausführlicher Teil I) festgestellt werden: Die Verhaltenstherapie ist ganz gewiß nicht auf dem Boden gestalttheoretischer Auffassungen entstanden. Sie ist historisch betrachtet vielmehr ein Abkömmling jener Richtungen der Psychologie, von denen sich die Gestalttheoretiker bewußt abgesetzt haben und die sie mit Begriffen wie „elementenhaft", „atomistisch" und „assoziationistisch" gekennzeichnet haben. Extremstes Beispiel dieser psychologischen Richtung ist *Watsons* „Behaviorismus". Erst die Weiterentwicklung des Beha-

*) Vgl. hierzu auch *Straub* (1975), *Schönke* (1975, 1977), *Friedemann* (1975), *Petzold* (1975), *Moreno* (1973), *Schützenberger* (1976), *Anzieu* (1975).

viorismus in den verschiedenen Lerntheorien ermöglicht heute, aus gestalttheoretischer Sicht nicht nur Trennnendes und Unterscheidendes, sondern auch Verbindendes bei der Auseinandersetzung mit dieser psychologischen Richtung zu erkennen (vgl. Teil I und *Pauls* und *Walter*, 1981).

Immerhin gibt es auch schon einen älteren Versuch *Lewins* (1963), den für Behaviorismus, Lerntheorien und Verhaltenstherapie grundlegenden Vorgang der klassischen Konditionierung gestalttheoretisch zu interpretieren: *Lewin* faßt die Vorgänge der Konditionierung und der Löschung von Verhaltensweisen als strukturelle Veränderungen in der Realitätsschicht der Zeitperspektive auf. Erfolgs- und Mißerfolgserlebnisse (Glocke – Futter, Glocke – kein Futter) im Ablauf von Zeitabschnitten führen zu Veränderungen in den Erwartungen des Individuums.

Wie nah oder wie fern nun amerikanische Lerntheorien bzw. Formen der Verhaltenstherapie der Gestalttheorie sind, entscheidet sich daran, in welchem Maße ein dynamisches Verständnis der Konditionierungsvorgänge, wie *Lewin* es andeutet, in sie eingegangen ist, wie weit also nicht an einem mechanistischen Verknüpfungsmodell strukturell unzusammenhängender Verhaltensweisen als Grundlage menschlichen Verhaltens und therapeutischer Vorgänge festgehalten wird, in dem lediglich Häufigkeit, Dauer, Reihenfolge und andere äußerlich beobachtbare und kontrollierbare Variablen des Zusammentreffens zweier oder mehrerer Gegebenheiten der Umwelt und des Individuums als psychologisch relevant gelten.

Solche Entwicklungen sind längst in Gang gekommen (vgl. Teil I). Vorgezeichnet in den amerikanischen Lerntheorien, in *Tolmans* Unterscheidung zwischen „Lernen" (learning) und „Verhalten" (performance), die einer Unterscheidung zwischen manifesten und latenten Verhaltensmustern entspricht (*Ortlieb*, 1975), in *Hulls* Begriff der „fraktionierten Zielreaktionen" bzw. des „Zielgradienten" und im weitergehenden Gebrauch von „intervenierenden Variablen" im Reiz-Reaktions-Geschehen haben dynamische Konzepte, die sich nur noch in der ideologischen Sprachregelung von gestalttheoretischen Auffassungen unterscheiden, für das Verständnis psychischer Störungen und ihre Beseitigung, für das Verständnis der Verbindung zwischen Reizgrundlagen und offenem Verhalten zunehmend Einfluß auf Theorie und Praxis der Verhaltenstherapie gewonnen (*Ortlieb*, 1975).

Nach dem schon in Teil I Dargestellten erübrigt sich hier eine ins einzelne gehende Darstellung lerntheoretischer Grundlagen der Verhaltenstherapie und ihrer Weiterentwicklungen. Festzustellen ist jedoch, daß trotz des Festhaltens einer Reihe profilierter Vertreter der Verhaltenstherapie (*Eysenck, Wolpe, Skinner*) an lerntheoretisch orthodoxen Interpretationsgrundlagen – vielleicht auch gerade deswegen, insofern, als dadurch die Widersprüchlichkeiten theoretischer Formulierungen und die mangelnde Übereinstimmung zwischen konkretem therapeutischem Geschehen und Interpretationen besonders gut sichtbar werden –, innerhalb der verhaltenstherapeutischen Schulen die Bereitschaft wächst, lerntheoretischen Dogmatismus zugunsten ausdrücklich dynamischer Interpretationsweisen aufzugeben.

Als einer der Wortführer der in diese Richtung zielenden Gruppe von Verhaltenstherapeuten ist *Arnold Lazarus* zu nennen (1971, 1976). Seine „Lehre vom technischen Eklektizismus" bedeutet Offenheit für die verschiedensten therapeutischen Sichtweisen und Techniken, sofern sie durch die Forschung als erfolgsversprechend ausgewiesen werden. Allein diese Offenheit mag schon ausschlaggebend für das Maß sein, in welchem er dem Beziehungs-, Einstellungs- und Umstrukturierungsaspekt in der therapeutischen Situation Bedeutung beimißt.

In dem von *Lazarus* herausgegebenen Sammelband „Angewandte Verhaltenstherapie" (1976) kommen Autoren zu Wort, die ein einseitiges lerntheoretisches Verständnis psychischer Störungen nicht mehr für angemessen halten. So wird z.B. festgestellt, daß die Forderung nach einer „Desensitivierungshierarchie" in vielen Fällen gar nicht zu erfüllen ist, weil bei Klienten ein „Alles-oder-nichts-Verhalten" zutage tritt, das auf eine gemeinsame Wurzel etwa aller phobischen oder zwanghaften Symptome hinweist. Von dieser Erkenntnis ausgehend wird ein „ganzheitlicher Ansatz" der Verhaltenstherapie vorgeschlagen, in dem die Hierarchie vieler einzelner Reizkonstellationen durch eine Hierarchie von einigen wenigen Gefühlsreaktionen auslösenden Vorstellungsbildern (emotive images) ersetzt wird, die jeweils mehrere mit der Verhaltensstörung in Zusammenhang stehende Konstellationen enthalten (*Jacobs* in *Lazarus*, 1976).

Der kognitive Verhaltensaspekt wird von mehreren Autoren betont. Dabei wird zwar nicht expressis verbis die in der psychologischen Literatur ganz allgemein feststellbare definitorische Unklarheit beseitigt, ob der „kognitive" nun den emotionalen Aspekt und den Verhaltensaspekt der Erkenntnis einschließt oder diesen beiden letztgenannten als (eigentlich) theoretisch-intellektueller Aspekt gegenübergestellt wird; es wird aber manchmal deutlich, daß ersteres (also ein ganzheitliches Verständnis von Kognition) gemeint ist; so etwa, wenn vom „kognitiven Therapeuten" verlangt wird, daß er sich mit dem Gedankeninhalt (Themen, Konzepten, Einstellungen, Überzeugungen), den Gedankenprozessen, den Gefühlen und dem Verhalten des Klienten vertraut macht, um die Zusammenhänge zwischen diesen Bereichen richtig einschätzen und die für die Reorganisation bzw. Veränderung des Klienten geeigneten Methoden aus dem weiten Methodenspektrum auswählen zu können. Aus dieser Forderung folgt, daß der Beziehung zwischen Klient und Therapeut große Bedeutung beigemessen wird (*Brown* in *Lazarus*, 1976).

Bemerkenswert ist die Unterscheidung zwischen Verhaltenstherapie und Psychotherapie (*Kraft* in *Lazarus*, 1976). Sie geht davon aus, daß sich mit dem Einsatz klassischer verhaltenstherapeutischer Methoden zwar manche Symtome beseitigen lassen, tieferliegende Störungen aber des Einsatzes subtilerer Methoden bedürfen.

Die hier angedeutete Entwicklung läßt den Abbau der historisch begründeten gestalttheoretischen Hab-acht-Stellung gegenüber der Verhaltenstherapie zu, läßt Möglichkeiten der Kooperation und der gemeinsamen Weiterentwicklung hervortreten. Es scheint kein unwesentliches Ziel zu sein, sichtbar werden zu lassen, daß Forschungsergebnisse gestalttheoretischer wie lerntheoretischer Herkunft sich zu ergänzen vermögen, daß die interpretatorischen Differenzen häufig nur noch Spiegelfechtereien sind, jedenfalls, sobald die Lerntheoretiker den Dunstkreis *Watson*scher Menschenverachtung verlassen und den Menschen nicht mehr als willkürlich manipulierbares und zu manipulierendes Wesen, sondern als Subjekt und Aufgabe begreifen (vgl. *Bandura*, 1976; *Schwitzgebel* und *Kolb*, 1977; *Pauls* und *Walter*, 1981).

2.8 Organisationsentwicklung (Soziotherapie)

Organisationsentwicklung ist längst nicht mehr ein einheitlicher Ansatz der praktischen Anwendung sozialwissenschaftlicher Erkenntnis, auch wenn, historisch gesehen, all die verschiedenen unter diesen Begriff fallenden Methoden und Ziele im wesentlichen auf gruppendynamischer Forschung und Praxis *Lewin*s und seiner Mitarbeiter fußen, vor allem auf T-Gruppentheorie und Laboratoriumsmethode (*Bradford, Gibb, Benne*, 1972); selbst Modifikationen begründende Zweifel daran, daß diese Methoden Änderungen ausreichend zu bewirken vermögen, lassen sich meist als Rückbezug auf von *Lewin* vorgezeichnete theoretische Argumente erkennen, so etwa die Auffassung, daß die sozialpsychologische Perspektive der Laboratoriumsmethode zu eng sei, weil sie nur spezielle Gruppen im Auge habe, daß darüber hinaus zusätzlich auch größere soziale Bezüge erfaßt werden müßten, um mit den in Rechnung gestellten Variablen den wirklichen dynamischen Zusammenhängen gerecht zu werden (siehe u.a. *Lewin*, 1945).

Unterschieden werden z. B. folgende Organisationsentwicklungsansätze (*Sievers*, 1975; *Morin*, 1974; *Bennis, Benne, Chin*, Hg., 1975): Prozeßberatung, Grid-Organisationsentwicklung, befragungsorientierte Entwicklung (Survey-Guided Development), Kontingenztheorie, Management durch Zielvereinbarung (by Objectives), Arbeitsbereicherung (Job Enrichment), soziotechnische Systeme (*P. G. Herbst*, 1975) und Großgruppe (*Kreeger*, Hg., 1977).

Man sollte sich dieser Vielfalt unterschiedlicher Konkretionen bewußt bleiben, wenn im folgenden hauptsächlich *Ronald Lippitt*s Auffassung von OE, die wohl am besten der Begriff „Prozeßberatung" kennzeichnet, gefolgt wird, nicht zuletzt, weil *Lippitt* zu den frühen Mitarbeitern *Lewin*s in Amerika gehörte und am Zusammenhang seiner Position mit dessen gruppendynamischen Vorstellungen keinen Zweifel aufkommen läßt.

Lippitt verwendet ebenso wie die meisten anderen OE-Fachleute selten das Wort Psychotherapie, um seine Tätigkeit zu charakterisieren, dies offensichtlich nicht deshalb, weil er Therapie als außerhalb seines Arbeitsfeldes liegend versteht, sondern vielmehr, weil er sie als *ein* Anwendungsfeld gruppendynamischer Forschungsergebnisse unter anderen im übergreifenden gesellschaftlichen Zusammenhang versteht. So kann er sich auch bereit erklären, den Begriff „klinische Praxis" in einem so weiten Sinne zu verstehen, daß er „alle Fachleute einschließt, die den Problemen angewandter Gruppenarbeit gegenüberstehen" (1974, S. 274).

Organisationsentwicklung steht im Dienst *geplanten sozialen Wandels*. Dabei geht es darum, wissenschaftliche Erkenntnisse und persönliche Erfahrungen in optimaler Weise dazu beitragen zu lassen, daß Fortschritte in der sozialen Praxis erzielt werden. Konkrete Ausgangspunkte sind etwa sich in wachsender Kriminalität oder politischem Desinteresse offenbarende Kommunikationsschwierigkeiten zwischen verschiedenen Bevölkerungsgruppen einer Kommune oder nachlassende Leistungen einer Abteilung in einem Betrieb oder in einer Verwaltungsbehörde (*R. Lippitt*, 1969: The Process of Utilization of Social Research to Improve Social Practice. In: *Bennis, Benne, Chin*, 1969: The Planning of Change, S. 142 bis 146; nicht in der deutschen Ausgabe, 1975, enthalten).

Lippitt stellt fest:

> „Dabei zielen wir darauf, die Makrosoziologie der Organisationsdynamik mit den Veränderungsvorgängen zu verbinden, auf die es nach unseren Erkenntnissen besonders ankommt – Vorgänge bei der Entwicklung der Kommunikation oder dem Aufbau von Arbeitsgruppen ... der Organisation –, um die Produktivität der Beziehungen zwischen den verschiedenen Abteilungen, die Effektivität des Schulkollegiums, die Qualität des Endprodukts oder was auch immer zu erhöhen" (*Lippitt*, 1974, S. 274).

Er stimmt der Kritik daran, daß die Strategien der OE meist an der Spitze eines Systems ansetzen, in der Zusammenarbeit mit denen, die die Machtpositionen innehaben, statt mit den unterprivilegierten Gruppen innerhalb eines Systems, entschieden zu und erläutert am Beispiel der *Strategie des multiplen Eintritts*, wie er selbst seine Aufgabe als *Veränderer* (change agent) versteht:

„Wir treten gleichzeitig an verschiedenen Stellen ein ... Ich arbeite oft mit Schulsystemen, und da ist die Eintrittsstelle vielfach nicht die Schulleitung, sondern etwa ein Kommittee von Lehrern, oder sogar ein aktivistischer Schülerverband. Ich bin dann ein von ‚draußen' kommender Helfer, der von einem Teil des Systems herangeholt wurde – von einem Teil, der sich in Bedrängnis befindet und sich als erster an mich wandte. In diesem Zusammenhang ist es wichtig, zwischen dem von außen und dem von innen her arbeitenden Berater zu unterscheiden.

Bei meiner Arbeit muß ich mich aber so verhalten, daß alle Teile des Systems mich akzeptieren können, denn wenn ich nur von einem Teil als sein Advokat akzeptiert werde, dann verliere ich die Chance, ihnen wirklich zu helfen, indem ich das größere System beeinflusse. Ich bin denen gegenüber, die von mir Hilfe wollen, dafür verantwortlich, daß ich das Vertrauen aller gewinne."

Klient des *Änderers* ist also stets ein ganzes *System*, auch wenn er durch eine Untergruppe Eingang in dieses System findet – der Änderer, wie ihn *Lippitt* versteht, ist demnach zugleich *Verbindungsmann* (linking agent) zwischen den Teilen des Systems.

Diese Aufgabe nimmt er, so lange es in der Realität zu keiner direkten Kommunikation zwischen den Teilgruppen kommt, wahr, indem er in der Gruppe, die ihn gerufen hat, im Rahmen von *Rollenspielen* die Rolle der „anderen" realitätsgerecht zu spielen versucht, um die Fähigkeit seiner Klienten zur Unterscheidung zwischen guten und schlechten Strategien bei der Darstellung ihrer Ideen und Wünsche zu steigern und damit ihre Fähigkeit, später in der direkten *Konfrontation* sie in der Situation angemessener, erfolgversprechender Weise zu vertreten.

Als charakteristisch für seine Auffassung vom Änderer führt *Lippitt* eine These *Douglas McGregors* an:

„Die Bereitschaft, Einfluß zu akzeptieren, ist genauso hoch wie der Grad, in dem Reziprozität des potentiellen Einflusses wahrgenommen wird; d.h.: A (der Berater) wird B (den Klienten) in dem Maße beeinflussen können, als B erkennt, daß er selber auf A Einfluß ausüben kann" (*Lippitt*, 1974).

In dieser These drückt sich zunächst einfach die gestalttheoretische Erkenntnis aus, daß eine Einflußbeziehung nur zwischen Teilen innerhalb desselben Bezugsrahmens möglich ist. Sie scheint darüber hinauszugehen, indem eine Gleichgewichtstendenz postuliert wird. Vergegenwärtigt man sich, daß *Lippitt* als Änderer seinen eigentlichen Klienten stets im übergeordneten System sieht, so wird einleuchtend, daß die hier postulierte Wahrnehmung der Reziprozität aus der gemeinsamen Bindung von Änderer und Klient an ein übergeordnetes Ganzes folgt. Dieses Ganze stellt als soziales Ganzes – und somit im Verhältnis seiner Glieder zueinander – ein „quasistationäres Gleichgewicht" (*Lewin*, 1963) dar; auf dieses Systemgleichgewicht bezieht sich die *Wahrnehmung des potentiell gleichgroßen Einflusses*.

Anders ausgedrückt: Die gemeinsame Bindung an ein Ganzes gestattet das Bewußtsein, daß ich in dem Maße, in dem ich dem Ganzen kongruenter als der andere bin, ihn zu beeinflussen vermag, und ebenso die Bereitschaft, den Einfluß des anderen auf mich zu akzeptieren in dem Maße, in dem ich ihn als den besseren Sachwalter des Ganzen im Vergleich zu mir wahrnehme. Gleichheit und Gleichberechtigung sind eine Funktion der Bindung an ein übergeordnetes Systemganzes.

Diese theoretische Einsicht findet auch ihren Niederschlag in der Bedeutung, die *Lippitt* dem *Beratungsvertrag* beimißt. Er stellt fest,

> „daß das Maß des Engagements, das bei den Beteiligten erreichbar ist, davon abhängt, in welchem Maße der Vertrag, der der gemeinsamen Arbeit von Helfern und Hilfesuchenden, Leitern und Anzuleitenden, Innovationsagenten und Klientensystem zugrunde liegt, für sie alle sinnvoll ist."

Ein methodisches Hilfsmittel in der praktischen Arbeit des Änderers – das Rollenspiel – wurde schon erwähnt. Ein weiteres methodisches Hilfsmittel, etwa in der Arbeit mit Kommunen, ist die Aufforderung des Änderers,

> „mit dem Hubschrauber eine imaginäre Reise fünf Jahre in die Zukunft" zu machen, „um dann auf die Stadt hinunterzuschauen, jeder für sich, und zu beobachten, was sich dort abspielt: im politischen System, in der Wirtschaft, im Schulwesen. Dabei sollen sie feststellen, was es an Fortschritt gibt ... Dies schreiben sie auf große Bögen auf, und diese werden anschließend an den Wänden aufgehängt. Jeder geht herum und kreuzt diejenigen Zukunftsbilder an, die ihn am meisten begeistern".

Anschließend werden Komitees zur Verwirklichung dieser Vorstellungen gebildet, denen der Änderer zu helfen versucht, indem er sie die *Kraftfeld-Analyse* (ein Begriff *Lewin*s) lehrt,

> „d. h. das systematische Erfassen einerseits der Hindernisse, der Barrieren, der Machtprobleme, welche die Bewegung in jene Richtung erschweren, und andererseits aller Ressourcen, die sich dafür mobilisieren lassen" (S. 276).

Die für die Gestalttheorie grundlegende Erkenntnis, daß ein Ganzes etwas anderes ist als die Summe seiner Teile – und unter bestimmten Bedingungen mehr –, schlägt sich in der Differenzierung *Lippitts* zwischen der Vorstellung vom *begrenzten* und vom *wachsenden* „Kuchen" nieder. Als konkretes Beispiel dafür führt *Lippitt* den Umgang mit für den Etat verschiedener Abteilungen einer Universität zur Verfügung stehenden Geldmitteln an;

„... als die Abteilungen ... sich für die Idee des ‚wachsenden Kuchens' entschlossen und zusammenarbeiteten, statt sich zu bekämpfen, war das Ergebnis, daß am Ende *alle* mehr Geld zur Verfügung hatten als vorher".

Die Prozesse, auf die sich die im Vorangehenden geschilderte Form der Beratung erstreckt, sind „Kommunikationen, Funktionen und Rollen ..., Problemlösungs- und Entscheidungsverfahren ..., Normen und Wertsystem, Führung und Autorität sowie Kooperation und Konkurrenz ..." (*Sievers*, 1975). Wichtigstes Ziel des Prozeßberaters ist es, das im Klientensystem vorhandene Potential für die Lösung der Probleme zu aktivieren, seine Entfaltung zu fördern, nicht, dessen Probleme für ihn zu lösen.

Die häufigste Kritik am OE-Ansatz der Prozeßberatung nimmt zum einen ihren Ausgang in der Wahrnehmung, wie schwer sich das Verhalten des Änderers operationalisieren läßt, wie sehr es auf sein persönliches Engagement und sein Einfühlungsvermögen ankommt (z.B. *Sievers*, 1975), und zum anderen in der soziologisierenden Feststellung, daß sich aus übergreifenden gesellschaftlichen und organisatorischen Zusammenhängen herleitende Probleme nicht auf der Eben der Beziehung zwischen Individuum und Gruppen befriedigend bearbeiten lassen. Eine Variante der letztgenannten Kritik erscheint im Gewande der Ideologiekritik, wenn sie die ganzheitliche Sicht als Verschleierung unüberwindlicher gesellschaftlicher (Grund-)Widersprüche identifiziert.

Sieht man von dieser Variante ab, so besteht kein Anlaß, sich nicht in Einklang mit *Lewin*, der die Chance der Psychologie in einer sukzessiven Annäherung an das Optimale gesehen hat, zu fühlen, wenn man die Versuche, das Verhalten des Änderers zu operationalisieren und die Beziehungen zwischen Individuen, Kleingruppen und Großgruppen bzw. Organisationen umfassender in den Blick konkreter Veränderungsstrategien zu bekommen, ernst nimmt und auf ihre Brauchbarkeit überprüft. Eine Theorie wie ihre praktische Anwendung sind stets nur so viel wert, wie sie Verbesserungen zugänglich sind bzw. die Möglichkeiten zur Verbesserung schon in sich tragen. Daß dies für den Ansatz der Prozeßberatung gilt, dürften die vielen darauf aufbauenden Neuansätze belegen, die hier nicht näher erörtert werden konnten, von denen jedoch einige eingangs aufgezählt wurden.

Der erwähnten „ideologiekritischen" Variante der Skepsis gegenüber OE und Gruppendynamik überhaupt läßt sich dagegen nur mit Argumenten begegnen, die, auf empirischer Forschung fußend, belegen, daß es zum ganzheitlichen Verständnis gesellschaftlicher Vorgänge keine humane Alternative gibt (vgl. verschiedene Hinweise auf OE und *Aktionsforschung*, die viele der auch für *Prozeßberatung* geltenden Charakteristika aufweist, in Teil III).

Literatur

Adler, A., Deutsche Neuausgaben der Werke (Frankfurt/M., seit 1966).
Adorno, Th. W. u.a., Der autoritäre Charakter. Bd. 1 und Bd. 2 (Amsterdam 1968).
Ahrens, R., Beitrag zur Entwicklung des Physiognomie- und Mimikerkennens. *Z. Exper. Psychol.* 2 (1954).
Ahsen, A.; Lazarus, A. A.. Eidetische Analyse. Ein verhaltenstherapeutischer Ansatz, der die innere Welt einbezieht. In: *Lazarus*, Hg. (1976).
Allport, G. W., Persönlichkeit (amerikanisches Original: 1937) (Meisenheim/Glan 1960).
Ames, L. B., The development of the sense of time in the child. *J. Genet. Psych.*, 68 (1946).
Ammon, G., Gruppendynamik der Aggression. Beiträge zur psychoanalytischen Theorie (München 1973).
–, Psychoanalyse und Psychosomatik (München 1974).
Anderson, W., Personal growth and client-centered therapy: An information-processing view. In: *Wexler/Rice*, Hg. (1974).
Anderson, C. M., Assumption-centered psychotherapy. In: *Jurjevich*, Hg. (1974).
Ansbacher, H.; Ansbacher, R., Alfred Adlers Individualpsychologie (München/Basel 1972).
–, Die Wiederentdeckung Alfred Adlers in den Vereinigten Staaten. In: *Metzger, W.*, Hg. (München/Basel 1970).
Anzieu, D., Le groupe et l'inconscient (Paris 1975).
Arnold, W.; Eysenck, H. J.; Meili, R., Lexikon der Psychologie (Freiburg 1971).
Ash, M., Disziplinentwicklung und Wissenschaftstransfer – Deutschsprachige Psychologen in der Emigration. In: Berichte zur Wissenschaftsgeschichte (1984). DFG – Projekt „Psychologie im Exil" (Projektleiter: Fröhlich, W.D.).
Atkinson, J. W., Some general implications of conceptual developments in the study of achievement-oriented behavior. *Acta psych.*, 23 (1964).
–, *Walker, E. L.*, Das Gesellungs-Motiv und die selektive Sensibilität der Wahrnehmung von Gesichtern. In: *Irle*, Hg. (1973).

Bachmann, C. H., Hg. Psychoanalyse und Verhaltenstherapie (Frankfurt/M. 1972).
Balint, M., Der Arzt, sein Patient und die Krankheit. Mit einem Vorwort zur Neuauflage von Helmut Enke (Stuttgart 1976).
–, *Balint, E.*, Psychotherapeutische Techniken in der Medizin (Stuttgart 1976).
Bandura, A., Principles of behavior modification (New York 1969).
–, Lernen am Modell. Ansätze zu einer sozial-kognitiven Lerntheorie (Stuttgart 1976).
–, Self-Referent Thought: A Developmental Analysis of Self-Efficacy. *Gestalt Theory* 2, 147–174 (1980).

Barton, A., Freud, Jung und Rogers. Drei Systeme der Psychotherapie (Stuttgart 1979).
Bateson, G., Geist und Natur. Eine notwendige Einheit (Frankfurt 1982).
–, u.a. Schizophrenie und Familie (Frankfurt/M. 1975).
Beisser, A., The paradoxical theory of change. In: *Fagan/Shepherd* (Hg., 1971).
Benne, K. D., Geschichte der Trainingsgruppe im Laboratorium. In: *Bradford/ Gibb/Benne*, Hg. (1972).
Bennis, W. G., Die Anwendung der Verhaltenswissenschaft auf den planmäßigen Organisationswandel: Theorie und Methode. In: *Bennis/Benne/Chin*, Hg. (1975).
–, *Benne, K. D.; Chin, R.*, Hg., Änderung des Sozialverhaltens (Stuttgart 1975).
Bergius, R., Formen des Zukunftserlebens (München 1957).
Bertalanffy, L. von, Allgemeine Systemtheorie. *Dtsch. Universitätszeitg.* 12, 8–12 (1957).
Bieling, G., Psychologische Behandlung im Rahmen freiberuflicher Praxis. Gerlingen (bei der Autorin erhältlich, 1976).
Bion, W. R., Erfahrungen in Gruppen und andere Schriften (Stuttgart 1971).
Blanck, G.; Blanck, R., Angewandte Ich-Psychologie (Stuttgart 1977).
Bloch, E., Das Prinzip Hoffnung. In drei Bänden. Wissenschaftliche Sonderausgabe (Frankfurt/M. 1967).
Bommert, H. u. a., Einführung in die klientenzentrierte Gesprächspsychotherapie. Seminarskript. (1971).
Bornemann, E., 60 Jahre Individualpsychologie. *Psychologische Rundschau*, Nr. 2 (1970).
Brachfeld, O., Einleitung zu Adler, A.: Menschenkenntnis (1972).
Bradford, L. P.; Gibb, J. R.; Benne, K. D., Hg., Gruppen-Training. T-Gruppentheorie und Laboratoriumsmethode (Stuttgart 1972).
Brandstätter, H.; Schuler, H.; Stocker-Kreichgauer, G., Psychologie der Person (Stuttgart 1974).
Brenner, Ch., Grundzüge der Psychoanalyse (Frankfurt/M. 1955).
Broadbent, D. E., Decision and stress (London 1971).
Bronfenbrenner, U., Ökologische Sozialisationsforschung (Stuttgart 1976).
Brown, B. M., Die multiplen Techniken einer Breitspektrum-Psychotherapie. In: *Lazarus*, Hg. (1976).
Bruner, J. S.; Goodman, C. C., Value and need as organizing factors in perception, *J. Abn. Soc. Psychol.* 42, 33–44 (1947).
Bruns, A.; Metzger, W., Entstehung und Heilung einer kindlichen Phobie. In: *Mülher, R.; Fischl, J.*, Hg.: Gestalt und Wirklichkeit. Festgabe für Ferdinand Weinhandl (Berlin 1967).
Bühler, Ch.; Allen, M., Einführung in die humanistische Psychologie (Stuttgart 1974).
Bundesanstalt für Arbeit, Bd. 3: Blätter zur Berufskunde. Psychotherapeut (Bielefeld 1972).
Bundesregierung, Unterrichtung durch die –, Bericht über die Lage der Psychiatrie in der Bundesrepublik Deutschland. Zur psychiatrischen und psychotherapeutisch/psychosomatischen Versorgung der Bevölkerung (1975).

Bungard, W., Methodische Probleme der Erforschung positiver Verhaltensweisen. In: *Lück*, Hg. (1977).
–; *Lück, H. E.*, Forschungsartefakte und nicht-reaktive Meßverfahren (Stuttgart 1974).

Canestrari, R.; Trombini, G., Psychotherapie als Umstrukturierung des Feldes. In: *Ertel/Kemmler/Stadler*, Hg. (Darmstadt 1975).
Capra, F., Das Tao der Physik (München 1984).
Cardno, J. A., Stichwort: Kurt Lewin. In: *Arnold/Eysenck/Meili* (1971).
Casriel, D., Die Wiederentdeckung des Gefühls. Schreitherapie und Gruppendynamik (München 1975).
Cochrane, C. T.; Holloway, A. J., Client-centered therapy and gestalt therapy: In search of a merger. In: *Wexler/Rice*, Hg. (1974).
Cöllen, M., Professionalisierung in der Psychotherapie – eine notwendige Problemlösung. *Integrative Therapie. Zeitschrift für Verfahren humanistischer Psychologie und Pädagogik*, Nr. 2/3, 67–79 (1976).
Cohen, J.; Hansel, C. E. M., Risiko und Glück (Frankfurt/M. 1961).
Cohn, R. C., Von der Psychoanalyse zur themenzentrierten Interaktion (Stuttgart 1974).
Combs, A. W.; Avila, D. L.; Purkey, W. W., Die helfenden Berufe (Stuttgart 1976).
Cowen, E. L., Kommunal-psychiatrische Interventionen. *Gruppendynamik*, Nr. 6 (1975).
Cranach, M. von; Irle, M.; Vetter, H., Zur Analyse des Bumerang-Effektes – Größe und Richtung der Änderung sozialer Einstellungen als Funktion ihrer Verankerung in Wertsystemen. In: *Irle*, Hg. (1973).

Däumling, A. M., Meditative, imaginative und expressive Verfahren im Sensitivity-Training. *Gruppendynamik*, Nr. 3 (1976).
–; *Fengler, J.; Nellessen, L.; Svensson, A.*, Angewandte Gruppendynamik (Stuttgart 1974).
Dembo, T., Der Ärger als dynamisches Problem. *Psychol. Fo.*, 15, 1–44 (1931).
Dickstein, L. S.; Blatt, S. J., Death concern, futurity, and anticipation. *J. Cons. Psychol.*, 30 (1966).
Dinkmeyer, D. C., Muro, J. J., Theoretische Ansätze der Gruppenarbeit (group counseling). Auszug aus: *Dinkmeyer/Muro*: Group counseling. Theory and practice. Itasca, Ill. (Peacock); auch *Gruppendynamik*, Nr. 3 (1975).
Dörner, K.; Plog, U., Irren ist menschlich oder Lehrbuch der Psychiatrie/Psychotherapie (Rehburg-Loccum 1978).
Dollase, R., Soziometrie als Interventions- und Meßinstrument. *Gruppendynamik*. Nr. 2 (1975).
Dreikurs, R., Grundbegriffe der Individualpsychologie (Stuttgart 1969).
Duncker, K., Zur Psychologie des produktiven Denkens (Berlin/Göttingen/Heidelberg 1963).

Ehrenfels, Chr. von (1890), Über „Gestaltqualitäten". In: *Weinhandl*, Hg. (1974).
–, (1916), Höhe und Reinheit der Gestalt. In: *Weinhandl*, Hg. (1974).

–, (1922), Weiterführende Bemerkungen. In: *Weinhandl*, Hg. (1974).
–, (1932), Über Gestaltqualitäten. In: *Weinhandl*, Hg. (1974).
Ehrenstein, W., Christian von Ehrenfels' Kriterium der Gestalthöhe. In: *Weinhandl*, Hg. (1974).
Ellis, A., Humanistic psychotherapy. The rational-emotive approach (New York 1973a).
–, Rational-emotive therapy. In: *Jurjevich*, Hg. (1973).
Emerson, J. P., „Was hier geschieht, ist wirklich nichts besonderes". *Gruppendynamik*, Nr. 2 (1974).
Enke, H.; Walter, H.-J., Zur Identität des Psychoanalytikers und der psychoanalytischen Schulen. *Gruppendynamik*, Nr. 2 (1976).
Epley, D.; Ricks, D. R., Forsight and hindsight in the TAT. *J. Proj. Tech.* Nr. 27 (1963).
Ertel, S.; Kemmler, L.; Stadler, M., Hg. Gestalttheorie in der modernen Psychologie (Darmstadt 1975).
Eysenck, H. J., Die Ungleichheit der Menschen (München 1976a).
–, Vererbung und Gesellschaftspolitik. Vortrag, gehalten vor dem „Deutschen Industrie- und Handelstag (DIHT)" in Stuttgart (München 1976b).

Fagan, J., Personality theory and psychotherapy. The Counseling Psychologist, Bd. IV, Nr. 4, Themenheft: *Gestalt Therapy* (1974).
–; *Shepherd, I. L.* Hg., Gestalt therapy now (New York 1971).
Fajans, S., Die Bedeutung der Entfernung für die Stärke eines Aufforderungscharakters beim Säugling und Kleinkind. *Psychol. Fo.* Nr. 17 (1933).
Farau, A.; Cohn, R. C., Gelebte Geschichte der Psychotherapie. Zwei Perspektiven (Stuttgart 1984).
Fengler, J., Psychotherapie ohne Psychotherapeuten (Stuttgart 1978).
Ferdinand, W., Experimentelle Untersuchungen über die persönliche Wichtigkeit des Materials auf das Behalten. *Psychol. Fo.*, Nr. 25 (1959).
Festinger, L.; Carlsmith, J. M., Kognitive Folgen erzwungener Zustimmung. In: *Irle* (1973).
Flores d'Arcais, Einflüsse der Gestalttheorie auf die moderne kognitive Psychologie. In: *Ertel/Kemmler/Stadler*, Hg. (Darmstadt 1975).
Foulkes, S. H., Probleme der großen Gruppen vom gruppenanalytischen Standpunkt aus. In: *Kreeger*, Hg. (1977).
Frankl, V. E., Zeit und Verantwortung (Wien 1947).
–, Der Wille zum Sinn. Ausgewählte Vorträge über Logotherapie (Bern 1972).
–, Der Mensch auf der Suche nach Sinn. Zur Rehumanisierung der Psychotherapie (Freiburg 1973).
Franz, M.-L. von, Zur Psychologie der Gruppe. Gruppenprobleme in Jungscher Sicht (o. J.).
Freud, A., Das Ich und die Abwehrmechanismen (München 1964).
Freud, S., Totem und Tabu. Gesammelte Werke (G. W.), Bd. IX. (Frankfurt/M. 1913).
–, Erinnern, Wiederholen und Durcharbeiten. G. W., Bd. X. (Frankfurt/M. 1914).
–, Wege der psychoanalytischen Therapie. G. W., Bd. XII. (Frankfurt/M. 1918).
–, Massenpsychologie und Ich-Analyse. G.W., Bd. XIII. (Frankfurt/M. 1921).

–, Konstruktionen in der Analyse. G.W., Bd. XVI. (Frankfurt/M. 1937a).
–, Die endliche und die unendliche Analyse. G. W., Bd. XVI. (Frankfurt/M. 1937b).
–, Abriß der Psychoanalyse. G.W., Bd. XVII. (Frankfurt/M. 1938).
Friedemann, A., Psychodrama und sein Platz in der Psychoanalyse. *Gruppendynamik*, Nr. 2 (1975).
Fromm, E., Die Revolution der Hoffnung. Für eine humanisierte Technik (Stuttgart 1971).
–, Haben oder Sein (Stuttgart 1976).
Fürstenau, P., Probleme der vergleichenden Psychotherapieforschung. In: *Bachmann*, Hg. (1972).
–, Die Psychoanalyse und die neuen gruppenpsychotherapeutischen Verfahren. Vortrag, gehalten auf der 7. Arbeitstagung des „Deutschen Arbeitskreises für Gruppenpsychotherapie und Gruppendynamik" vom 29.10.–1.11.1976 in Stuttgart.
–, Über die politische Relevanz psychoanalytischer Praxis. Eine praxeologische Studie zur Erinnerung an die kritische Funktion der Psychoanalyse. *Gruppendynamik*, Nr. 1 (1977).
–, Zur Theorie psychoanalytischer Praxis (Stuttgart 1979).
–, Paradigmawechsel in der Psychoanalyse. In: *Studt, H. H.*, Hg., Psychosomatik in Forschung und Praxis (München 1983).

Galli, G., Struktur und Dynamik des phänomenalen Ich. In: *Ertel/Kemmler/Stadler*, Hg. (Darmstadt 1975).
–, Psychoanalyse und Gestalttheorie. Zwei Methoden im Vergleich. *Gestalt Theory*, Nr. 5, 23–29 (1983).
Garfinkel, H., Bedingungen für den Erfolg von Degradierungszermonien. *Gruppendynamik*, Nr. 2 (1974).
Glasser, W., Reality therapy. In: *Jurjevich*, Hg. (1973).
Goldstein, A. G.; Stein, N., Hg., P. Massengeschneiderte Psychotherapien (Darmstadt 1980).
Goldstein, K., fotomechanischer Nachdruck von 1934: Der Aufbau des Organismus (Den Haag 1963).
Gottschaldt, K., Über Sättigung der sozialen Beziehungen jugendlicher Psychopathen. In: *Klemm, O.*, Hg., Bericht über den XIII. Kongreß der Dtsch. Gesell. Psychol., 135–137 (1934).
–, Dynamik und Entwicklung des Gemeinschaftslebens. 1. Zur psychischen Dynamik des Gemeinschaftslebens. In: *Klemm, O.*, Hg.: Psychologie des Gemeinschaftslebens. Bericht über den XIV. Kongreß der Dtsch. Gesell. Psychol., 237–246 (1935).
–, Zur Psychologie der Wir-Gruppe. *Z. Psychol.*, Heft 3–4 (1959).
Graefe, O., Über Notwendigkeit und Möglichkeit der psychologischen Wahrnehmungslehre. *Psychol. Fo.*, Nr. 26, 262–298 (1961).
–, Versuche über visuelle Wahrnehmung im Säuglingsalter. *Psychol. Fo.*, Nr. 27 (1963).
Graves, T. D., Time perspective and the deferred gratification pattern in a triethnic community. Zusammenfassung in den Diss. abstr. (1962).
Green, H. B.; Knapp, R. H., Time judgement, aesthetic preference, and need for achievement. *J. Soc. Psychol.*, Nr. 58 (1959).

Greenfield, T. B., Organisationen als soziale Erfindungen: Annahmen über Veränderung – neu überdacht. *Gruppendynamik*, Nr. 1 (1975).
Greening, T. C.; Zielonka, W., Ein Workshop über die Beziehung: Rechtsanwalt – Klient. *Gruppendynamik*, Nr. 2 (1974).
Groeben, N., Gestalttheorie als Irrationalismusbasis? In: *Ertel/Kemmler/Stadler*, Hg. (Darmstadt 1975).
Guilford, J. P., Persönlichkeit (Weinheim 1964).
Guss, K., Psychologie als Erziehungswissenschaft (Stuttgart 1975a).
–, Eine psychologische Definition von Lohn und Strafe. In: *Guss*, Hg. (Stuttgart 1975b).
–, Hg., Gestalttheorie und Erziehung (Darmstadt 1975b).
GwG-Info (Informationsblätter der Gesellschaft für wissenschaftliche Gesprächspsychotherapie; verschiedene Ausgaben des Jahres 1976).

HAWIE (Hamburg-Wechsler-Intelligenztest für Erwachsene), siehe *Wechsler* (1964).
Heckhausen H., Hoffnung und Furcht in der Leistungsmotivation (Meisenheim/Glan 1963).
–, Leistungsmotivation: In: Handbuch der Psychologie, Bd. 2 (Göttingen 1965).
–, Allgemeine Psychologie in Experimenten (Göttingen 1969).
–, Motivationsanalysen (Heidelberg–Berlin–New York 1974).
–, Naive und wissenschaftliche Verhaltenstheorie. In: *Ertel/Kemmler/Stadler*, Hg. (Darmstadt 1975).
–, *Roelofsen, I.*, Anfänge und Entwicklung der Leistungsmotivation im Wetteifer des Kindes. *Psychol. Fo.*, Nr. 26 (1962).
Hege, M., Engagierter Dialog (München 1974).
Heider, F., The gestalt theory of motivation. Nebraska Symposium on Motivation (1960).
–, Soziale Wahrnehmung und phänomenale Kausalität. In: *Irle*, Hg. (1973).
–, Psychologie der interpersonalen Beziehungen (Stuttgart 1977).
Heigl-Evers, A.; Heigl, F., Gruppentherapie: interaktionell-tiefenpsychologisch fundiert (analytisch orientiert) – psychoanalytisch. *Gruppenpsychotherapie und Gruppendynamik*, Nr. 7, 130–157 (1973).
Heiß, R., Die Lehre vom Charakter (Berlin 1949).
Heim, J., Über Gestalttheorie und Persönlichkeitspsychologie. In: Handbuch der Psychologie, 4. Bd. (Göttingen 1960).
Henle, M., Gestalt Psychology and Gestalt Therapy. *Journal of the History of Behavioral Sciences* 14, 23–32 (1978).
Herbst, P. G., Die Entwicklung sozio-technischer Forschung. *Gruppendynamik*, Nr. 1 (1975).
Heubrock, D., Perspektiven einer psychologischen Utopie-Forschung. Analyse einiger Strukturanalogien zwischen Ernst Blochs Utopie-Konzept und gestalttheoretischen Basis-Kategorien. *Gestalt Theory* 4, 172–190 (1982).
Hilgard, E. R.; Bower, G. H., Theorien des Lernens. 2. Bde. (Stuttgart 1971).
Höhn, E.; Seidel, G., Soziometrie. In: Handbuch der Psychologie, 7. Bd., 1. Halbband (Göttingen 1969).
Hoeth, F., Gesetzlichkeit bei stroboskopischen Alternativbewegungen (Frankfurt/M. 1966).
–, Graphentheoretische Konzepte als Hilfsmittel bei der Analyse von Gruppenstrukturen und Kommunikationsprozessen. *Gruppendynamik*, Nr. 5 (1975).

–, Variabilität und Konstanz als phänomenologische Kategorien. *Gestalt Theory*, 1, 19–25 (1979).
–, Rezension zu Perls, Hefferline und Goodman (1979) *Gestalt Theory*, 2, 115–117 (1980).
Hofstätter, P. R., Sozialpsychologie (Berlin 1956).
–, Psychologie. Das Fischer-Lexikon (Frankfurt/M. 1957).
Hoppe, F., Erfolg und Mißerfolg. *Psychol. Fo.*, Nr. 14 (1931).
Horney, K., Neue Wege in der Psychoanalyse (München 1931).

Institut für Wissenschaft und Kunst (iwk), Komitee für Alternativen zum Psychologengesetz: Auseinandersetzung zwischen Vereinsmeierei, Demokratisierung und Expertenherrschaft (Wien 1980).
Irle, M., Hg., Texte aus der experimentellen Sozialpsychologie (Neuwied 1973).

Jacobi, J., Die Psychologie von C. G. Jung. Eine Einführung in das Gesamtwerk, mit einem Geleitwort von C. G. Jung (Olten 1971).
Jacobs, M., Eine ganzheitliche Methode der Verhaltenstherapie. In: *Lazarus*, Hg. (1976).
Janis, I. L.; Feshbach, S., Auswirkungen angsterregender Kommunikationen. In: *Irle*, Hg. (1973).
Janov, A., Der Urschrei (Frankfurt/M. 1973).
Johnson, J. E., Psychology of Religion (New York 1959).
Jung, C. G., Verschiedene Werke. Studienausgabe (Olten 1912, 1972).
Jung-Institut Stuttgart, Ausbildungsprogramm (1976).
Junker, E., Über unterschiedliches Behalten eigener Leistungen (Frankfurt 1960).
Jurjevich, R.-R. M., Direct psychotherapy. 28 American originals. *Coral Gablers*: 2 Bände (1973).

Kässner, R., Anfänge kindlichen Denkens in Umwegversuchen. Probl. Erg. Psychol. II (1961).
Kahn, P., Time orientation and reading achievement. *Perc. and motor skills*, Nr. 21 (1965).
Kaminski, G., Verhaltenstheorie und Verhaltensmodifikation. Entwurf einer integrativen Theorie psychologischer Praxis am Individuum (Stuttgart 1970).
Karsten, A., Psychische Sättigung. *Psychol. Fo.*, 10, 142–254 (1928).
Kastenbaum, R., Cognitive and personal futurity in later life. *J. Indiv. Psychol.*, Nr. 19 (1963).
–, On the meaning of time in later life. *J. Genet. Psychol.*, Nr. 109 (1966).
Katz, D., Gestaltpsychologie. 4. Auflage, bearbeitet und ergänzt von *Wolfgang Metzger, Michael Stadler* und *Heinrich Crabus* (Basel 1969).
Kebeck, G.; Sader, M., Phänomenologisch-experimentelle Methodenlehre. Ein gestalttheoretisch orientierter Versuch der Explikation und Weiterführung *Gestalt Theory*, 6, 193–245 (1984).
Kelly, G. A., Der Motivationsbegriff als irreführendes Konstrukt. In: *Thomae*, Hg. (1965).
–, Fixed role therapy. In: *Jurevich*, Hg. (1973).

Kelman, H. C., Die Einflußnahme auf menschliches Verhalten: Ein moralisches Problem für den Sozialwissenschaftler. In: *Bennis/Benne/Chin*, Hg. (1975).
Kemmler, L.; Schulte, D., Feldtheorie und funktionale Verhaltenstheorie, In: *Ertel/Kemmler/Stadler*, Hg. (Darmstadt 1975).
Kempler, W., Grundzüge der Gestalt-Familientherapie (Stuttgart 1975).
Keupp, H., Psychische Störungen als abweichendes Verhalten. Zur Soziogenese psychischer Störungen (München 1972).
–, Hg., Der Krankheitsmythos in der Psychopathologie. Darstellung einer Kontroverse (München 1972).
–, Der Widerspruch von Präventionsgedanken und „medizinischem Modell" in der Schulberatung. *Gruppendynamik*, Nr. 6 (1975).
Klages, L., Handschrift und Charakter (Leipzig 1936).
Klopfer, B.; Davidson, H. H., Das Rorschach-Verfahren (Bern 1967).
Köhler, W., Die physischen Gestalten in Ruhe und im stationären Zustand. Eine naturphilosophische Untersuchung (Erlangen 1920).
–, Werte und Tatsachen (Heidelberg-Berlin–New York 1968).
Köhler-Weisker, A., Freuds Behandlungstechnik und die Technik der klienten-zentrierten Gesprächspsychotherapie nach Rogers, *Psyche*, 32, 827–847 (1978).
Koffka, K., Die Grundlagen der psychischen Entwicklung (Darmstadt 1966).
–, Principles of gestalt psychology (New York 1935).
Kohut, H., Narzißmus, Empathie und die Fragmentierung des Selbst. Ein Gespräch mit David M. Moss. *Wege zum Menschen*, Nr. 2/3 (1977).
Kraft, T., Die Anwendung verhaltenstherapeutischer Methoden in der Psychotherapie. In: *Lazarus*, Hg. (1976).
Kreeger, L., Die Großgruppe (Stuttgart 1977).
Kretschmer, E., Geniale Menschen (Heidelberg–Berlin–New York 1929).
Kristen, H.; Mente, A., Ein Modell für partnerzentrierte Gruppenarbeit als Beitrag zur Hochschuldidaktik. *Gruppendynamik*, Nr. 4 (1975).
Krüger, H.-P., Nähe und Distanz in sozialen Beziehungen und ihre quantitative Erfassung. *Gruppendynamik*, Nr. 3 (1976).
Kühne, H.-H.; Schwaiger, H., Hg., Zum Recht der Heilbehandlung durch Psychologen (Bern 1976).
Künkel, F., Das Wir. Die Grundbegriffe der Wir-Psychologie (Darmstadt 1972).

Laing, R. D., Undurchschaubarkeit und Evidenz in modernen Sozialsystemen. *Kursbuch*, Nr. 16 (1969).
Langer, J.; Wapner, S.; Werner, H., The effect of danger upon experience of time. *Americ. J. of Psych.*, Nr. 74 (1961).
Laplanche, J.; Pontalis, J. B., Das Vokabular der Psychoanalyse (Frankfurt/M. 1972).
Lazarus, A. A., Behavior therapy and beyond (New York 1971).
–, Angewandte Verhaltenstherapie (Stuttgart 1976).
–; *Fay, A.*, Ich kann, wenn ich will. Eine Anleitung zur psychologischen Selbsthilfe (Stuttgart 1977).
Lersch, Ph., Aufbau der Person (München 1966).
Leuner, H., Weiterbildung zum Therapeuten in Katathymem Bilderleben (KB). *Integrative Therapie*. Zeitschrift für Verfahren humanistischer Psychologie und Pädagogik, Nr. 2/3 (1976).

Leutz, G. A., Psychodrama. Theorie und Praxis. 1. Das Klassische Psychodrama nach J. L. Moreno (Heidelberg–Berlin–New York 1974).
–, Imagination und Psychodrama. *Gruppendynamik*, Nr. 2 (1975).
Lewin, K., Vorsatz, Wille und Bedürfnis (Heidelberg–Berlin–New York 1926).
–, Die Entwicklung der experimentellen Willenspsychologie und die Psychotherapie (Darmstadt 1929, 1970).
–, Die psychologische Situation bei Lohn und Strafe (Darmstadt 1931, 1963).
–, Eine dynamische Theorie des Schwachsinns. In: Hommage a Dr. Decroly, Saint-Nicolas-W. (Belgique 1933).
–, A dynamic theory of personality. Selected papers of Kurt Lewin (New York 1935).
–, The research center for group dynamics at Massachusetts Institute of Technology. *Sociometry*, Nr. 8 (1945).
–, Feldtheorie in den Sozialwissenschaften. Ausgewählte theoretische Schriften (Berlin 1963).
–, Die Lösung sozialer Konflikte (Bad Nauheim 1968).
–, Grundzüge der topologischen Psychologie (Bern 1969).
–, Werkausgabe, hg. von *Graumann, C.-F.* (Bern und Stuttgart seit 1981).
–; *Dembo, T.; Festinger, L.; Sears, P.*, Level of aspiration. In: *Hunt* (Hg.): Personality and the behavior disorders (New York 1944).
Lieberman, M. A.; Yalom, I. D.; Miles, M. B., Die Wirkung von Encounter-Gruppen auf ihre Teilnehmer – einige vorläufige Hinweise. *Gruppendynamik*, Nr. 4 (1974).
Lippitt, R., The process of utilization of social research to improve social practice. In: *Bennis/Benne/Chin*, Hg., The planning of change. (Der Beitrag ist nicht enthalten in der im Klett Verlag unter dem Titel „Änderung des Sozialverhaltens" erschienenen gekürzten deutschen Ausgabe) (New York 1969).
Lorenzer, A., Sprachzerstörung und Rekonstruktion (Frankfurt 1970).
–, Über den Gegenstand der Psychoanalyse (Frankfurt 1973).
–, Die Wahrheit der psychoanalytischen Erkenntnis (Frankfurt 1974).
Lowen, A., The language of the body (New York 1971).
Luchins, A. S., On Training Clinical Psychologists in Psychotherapy. *Journal of Clinical Psychology* 5, 132–137 (1949).
–, Group Therapy. A Guide (New York 1964).
Lück, H. E., Prosoziales Verhalten. Empirische Untersuchungen zur Hilfeleistung (Köln 1975).
–, Mitleid, Vertrauen, Verantwortung (Stuttgart 1977).
Luft, J., Einführung in die Gruppendynamik (Stuttgart 1974).

Mahler, V., Ersatzhandlungen verschiedenen Realitätsgrades. *Psychol. Fo.*, Nr. 18 (1933).
Mandel, A.; Mandel, K. H.; Stadter, E.; Zimmer, D., Einübung in die Partnerschaft durch Kommunikationstherapie und Verhaltenstherapie (München 1972).
Marcel, G.; Petzold, H., Anthropologische Vorbemerkungen zur Bildungsarbeit mit alten Menschen. In: *Petzold/Bubholz*, Hg. (1976).
de Maré, P. B., Perspectives in group psychotherapy. A theoretical background (London 1972).

–, Die Politik großer Gruppen. In: *Kreeger*, Hg. (1977).
Marrow, A. J., Kurt Lewin – Leben und Werk (Stuttgart 1977).
Maslow, A. H., Psychologie des Seins. Ein Entwurf (München 1973).
Maturana, H. R., Erkennen: Die Organisation und Verkörperung von Wirlichkeit (Braunschweig/Wiesbaden 1982).
May, R., Der verdrängte Eros (Hamburg 1970).
Mayer, L., Die Technik der Hypnose. Praktische Anleitung für Ärzte und Studierende (München 1952).
Meili, R., Von der Gestaltpsychologie zur Psychologie. In: *Ertel/Kemmler/Stadler*, Hg. (Darmstadt 1975).
Mente, A.; Spittler, H.-D., Ambulante klientenzentrierte Gruppentherapie – ein Konzept und seine praktische Anwendung. *Gruppendynamik*, Nr. 4 (1975).
McDougall, W., Aufbaukräfte der Seele. Grundriß einer dynamischen Psychologie und Pathopsychologie (Stuttgart 1947).
Metzger, W., Grundbegriffe der Gestaltpsychologie. *Schweiz. Psychol.*, Nr. 13 (1954).
–, Schöpferische Freiheit (Frankfurt/M. 1962).
–, Zur Geschichte der Gestalttheorie in Deutschland. *Psychologia*, 6, 11–21 (1963).
–, (Hg.), Alfred Adler. Ein Psychologe der Gegenwart (München 1970).
–, Über die Verifikation tiefenpsychologischer Thesen. In: *Metzger,* W., Hg. (1970).
–, Psychologie für Erzieher, I. Psychologie in der Erziehung (Bochum 1972a).
–, Wolfgang Metzger. In: *Pongratz/Traxel/Wehner*, Hg. (1972b).
–, Psychologie und Pädagogik zwischen Lerntheorie, Tiefenpsychologie, Gestalttheorie und Verhaltensforschung (Bern 1975a).
–, Was ist Gestalttheorie? In: *Guss*, Hg. (Darmstadt 1975).
–, Gibt es eine gestalttheoretische Erziehung? In: *Guss*, Hg. (Darmstadt 1975).
–, Gestalttheorie und Gruppendynamik. *Gruppendynamik*, Nr. 5 (1975).
–, Psychologie. Entwicklung ihrer Grundannahmen seit der Einführung des Experiments, 3. Aufl. (Darmstadt 1963).
–, Vom Vorurteil zur Toleranz, 2. Aufl. (Darmstadt 1976).
–, Festlegungen und Vektoren als Grundlagen der Ordnung in Psychologie und Pädagogik. Beitrag zur Feier des 80. Geburtstages von Piaget in Paris (1977) (noch unveröffentlicht).
–; *Zöller, W.*, Simulierung einer buntfarbigen Beleuchtung durch Gegenstände gleicher Oberflächenfarben. In: Contemporary Research in Psychology of Perception (Helsinki 1971).
Miller, G. A.; Galanter, E.; Pribram, K. H., Strategien des Handelns (Stuttgart 1973).
Monopoly im Gesundheitswesen, Dokumentation, *psychologie heute*, Nr. 1–3 (1977).
Moreno, J. L., Gruppenpsychotherapie und Psychodrama. Einleitung in die Theorie und Praxis (Stuttgart 1959).
–, Die Psychiatrie des 20. Jahrhunderts als Funktion der Universalia, Zeit, Raum, Realität und Kosmos. In: *Petzold*, Hg. (1972).
Morin, P., Einführung in die angewandte Organisationspsychologie (Stuttgart 1974).

Moser, T. (1974): Laß die linke Hand wissen, was die rechte tut, und beide miteinander spielen. Rezension von F. Perls: Gestalt-Therapie in Aktion. *Frankfurter Allgemeine Zeitung*, 8. Oktober 1974.
Müller, K., Denken und Lernen als Organisieren. Handbuch der Psychologie, Bd. 1, 1. Halbband (Göttingen 1959).
–, Über die Verbreitung der Homunculus-Sprache in der Psychologie. *Gestalt Theory* 6, 185–192 (1984).
Murray, H. A., The effect of fear upon estimates of the maliciousness of other personalities. *J. Soc. Psychol.*, Nr. 4 (1933).

Nachmansohn, M., Hauptströmungen der Psychotherapie der Gegenwart (München 1932, Nachdruck 1965).
Neisser, U., Kognitive Psychologie (Stuttgart 1974).
Nellessen, L., Institutionelle Bedingungen der Sozialtherapie in Strafvollzugsanstalten. *Gruppendynamik*, Nr. 1 (1975).
–, Gruppendynamische Interventionen in sozialtherapeutischen Anstalten. *Gruppendynamik*, Nr. 5 (1976).
Nigsch, O., Zur sozialen Funktion von Soziogrammen in T-Gruppen. *Gruppendynamik*, Nr. 6 (1976).
Nuttin, J., Psychoanalyse und Persönlichkeit (Freiburg/Schweiz 1956).
–, The future time perspective in human motivation and learning. *Acta Psychol.*, Nr. 13 (1964).
Nye, R. D., Three views of man. Perspectives from Sigmund Freud, B.F. Skinner, and Carl Rogers (Monterey, California 1975).

Oaklander, V., Gestalttherapie mit Kindern und Jugendlichen (Stuttgart 1981).
Ortlieb, P., Soziale und kognitive Bedingungen der systematischen Desensibilisierung. *Gruppendynamik*, Nr. 3 (1975).
Ovsiankina (Rickers-), M. A., Die Wiederaufnahme unterbrochener Handlungen. *Psychol. Fo.*, 11, 302–379 (1928).
–, Rorschach Psychology (Huntington/New York 1977).

Pagès, M., Das affektive Leben der Gruppen. Eine Theorie der menschlichen Beziehung (Stuttgart 1974).
–, Neue Bemerkungen über das affektive Leben der Gruppen. *Gruppendynamik*, Nr. 2 (1974).
Pauls, I.; Walter, H.-J. P., Kognitive Verhaltenstherapie und gestalttheoretische Psychotherapie – ein Vergleich unter dem Aspekt „Selbstbestimmung“. *Gestalt Theory*, 3, 207–216 (1981).
Perls, F. S., Das Ich, der Hunger und die Aggression (1947, deutsch: Stuttgart 1978).
–, Gestalt-Wahrnehmung. Verworfenes und Wiedergefundenes aus meiner Mülltonne (1969, deutsch: Frankfurt/M. 1981).
–, Gestalt-Therapie in Aktion (Stuttgart 1974).
–; *Hefferline, R. F.; Goodman, P.*, Gestalt-Therapie, Bd. 1: Wiederbelebung des Selbst; Bd. 2: Lebensfreude und Persönlichkeitsentfaltung (1951, deutsch: Stuttgart 1979).

Petzold, H., Hg., Angewandtes Psychodrama in Therapie, Pädagogik, Theater und Wissenschaft (Paderborn 1972).
–, Gestalttherapie und Psychodrama (Kassel 1973).
–, Hg., Drogen-Therapie (Paderborn 1974).
–, Der Gestaltansatz in der psychotherapeutischen, soziotherapeutischen und pädagogischen Arbeit mit alten Menschen. *Gruppendynamik*, Nr. 1 (1977).
–, Hg., Die Rolle des Therapeuten und die therapeutische Beziehung (Paderborn 1980).
–; *Berger, A.*, Integrative Bewegungserziehung. In: *Petzold, H.*, Hg., Psychotherapie und Körperdynamik. Verfahren psycho-physischer Bewegungs- und Körpertherapie (Paderborn 1974).
–; *Bubolz, E.*, Hg., Bildungsarbeit mit alten Menschen (Stuttgart 1976).
–; *Sieper, J.*, Zur Ausbildung von Gestalttherapeuten. *Integrative Therapie*, Zeitschrift für Verfahren humanistischer Psychologie und Pädagogik, 2/3 (1976).
Pfeiffer, W. M., Entwicklungen der klientenzentrierten Psychotherapie nach C. R. Rogers. *Praxis der Psychotherapie*, 2 (1973).
Piaget, J., Nachahmung, Spiel und Traum. Gesammelte Werke, Bd. 5 (Stuttgart 1975).
–, Die Äquilibration der kognitiven Strukturen (Stuttgart 1976).
–, Jean Piaget über Jean Piaget, Der große Erforscher der kindlichen Intelligenzentwicklung schildert die Entwicklung seines eigenen Denkens. *psychologie heute*, Nr. 8 (1976).
Pöggeler, F., Bildung für das Alter. In: *Petzold/Bubolz*, Hg. (1976).
Pongratz, L. J.; Traxel, W.; Wehner, E. G., Hg., Psychologie in Selbstdarstellungen (Bern 1972).
Port, K., Die Enge des Bewußtseins (Esslingen 1955).
Portele, G., Max Wertheimers „Produktives Denken", Gestalttherapie und „Selbstorganisation". *Gestalt Theory*, 6, 42–54 (1984).
–; *Schmid, B. A.*, Brechts Verfremdungseffekt und soziales Lernen. *Gruppendynamik*, Nr. 6 (1976).
Preuss, H. G., Analytische Gruppenpsychotherapie. Grundlagen und Praxis (Hamburg 1972).

Rapaport, D., Die Struktur der psychoanalytischen Theorie (Stuttgart 1970).
–, Gefühl und Erinnerung (Stuttgart 1977).
Rausch, E., Variabilität und Konstanz als phänomenologische Kategorien. *Psychol. Fo.*, 23 (1949).
–, Das Eigenschaftsproblem in der Gestalttheorie der Wahrnehmung. Handbuch der Psychologie, Bd. 1, 1. Halbband (Göttingen 1966).
–, Vorlesungsskripte über Gedächtnis und Denken, Psychologie der Wahrnehmung, Psychologie des Verhaltens; außerdem Mitschriften aus den Seminaren über Gestalttheorie I und II (Johann-Wolfgang-Goethe-Universität 1966–1970).
–; *Hoeth, F.; Reisse, W.; Meyer, I.*, Kommunikationsstruktur und Gruppenleistung. *Psychol. Fo.*, 28 (1965).
Richter, H.-E., Eltern, Kind und Neurose. Die Rolle des Kindes in der Familie (Stuttgart 1963).
–, Familientherapie und psychosoziale Prävention. *Neue Sammlung*, Nr. 4 (1976).

Rogers, C., Die nicht-direktive Beratung. Counseling and Psychotherapy (1942, deutsch 1972).
–, Entwicklung der Persönlichkeit. (1961; deutsch: Stuttgart 1973).
–, Lernen in Freiheit. Zur Bildungsreform in Schule und Universität (1969; deutsch: München 1974).
–, Encounter-Gruppen. Das Erlebnis der menschlichen Begegnung (1970; deutsch: München 1974).
–, Remarks on the future of client-centered therapy. In: *Wexler/Rice*, Hg. (1974).
–, Lehrfilm, gezeigt auf dem GwG-Kongreß in Würzburg (1975).
Rom, P., Mitmenschlichkeit lernen – mit dem eigenen Lebensstil. Angewandte Individualpsychologie (Tübingen 1977).
Ronall, R.; Feder, B., Gestaltgruppen (Stuttgart 1983).
Rubin, Z.; Mitchell, C., Couples research as couples counseling: Some unintended effects of studying close relationships. *Amer. Psychol.*, 31, 17–25 (1976).
Rucker, W. R., Dynamik der Werte im Verhalten von Personen und Organisationen. In: *Wierer, O.*, Hg., Werte, Heute und Morgen? San Diego, Calif. (unveröffentlichtes Manuskript 1976).
Ruitenbeek, H. M., Die neuen Gruppentherapien (Stuttgart 1974).

Sader, M., Psychologie der Gruppe (München 1976).
–, Prozeßerfassung in Trainingsveranstaltungen. *Gruppendynamik*, Nr. 2 (1977).
–, Psychologie der Persönlichkeit (München 1980).
Salber, W., Qualitative Methoden der Persönlichkeitsforschung. Handbuch der Psychologie, 4. Bd. (Göttingen 1960).
Sandler, J.; Dare, Chr.; Holder, A., Die Grundbegriffe der psychoanalytischen Therapie (Stuttgart 1973).
Saner, R., Culture Bias of Gestalt Therapy Made-in-USA. *Gestalt Theory*, 6, 158–170 (1984).
Scheff, T. J., Reevaluation counseling: Social implications. *Journal of humanistic psychology*, Bd. 12, 58–71 (1972); deutsch erschienen in *Gruppendynamik*, Nr. 5 (1977).
Schein, E. H., Wie vollziehen sich Veränderungen? In: *Bennis/Benne/Chin*, Hg. (1975).
Schjelderup, H., Einführung in die Psychologie (Bern 1963).
Schmidtbauer, W., Die sogenannte Aggression (Hamburg 1972).
Schmidt, H. D., Leistungschance, Erfolgserwartung und Entscheidung (Berlin 1966).
Schmidt, R., Alfred Adler, eine Herausforderung zum Sozialismus? Gedanken zu einem Buch von Manès Sperber. In: *Metzger, W.*, Hg. (1970).
–, Träume und Tagträume (Stuttgart 1980).
Schönke, M., Der Aufbau einer Psychodrama-Sitzung. *Gruppendynamik*, Nr. 3 (1977).
Schülein, J. A., Das Gesellschaftsbild der Freudschen Theorie (Frankfurt 1975).
–, Psychoanalyse und Psychoboom. Psyche 32, 420–440 (1978).

Schützenberger, A., Precis de psychodrame. Introduction aux aspects techniques (Paris 1960).
–, Einführung in das Rollenspiel (Stuttgart 1976).
Schulte, H., Versuch einer Theorie der paranoischen Eigenbeziehung und Wahnbildung. *Psychol. Fo.*, 5, 1–23 (1924).
Schultz, I. H., Übungsheft für das Autogene Training (konzentrative Selbstentspannung (Stuttgart 1959).
Schultz-Hencke, H., Einführung in die Psychoanalyse (Göttingen 1927, Nachdruck 1972).
Schutz, C., Freude (Hamburg 1971).
Schwitzgebel, R. K.; Kolb, D. A., Changing human behavior. Principles of planned intervention (New York 1974); erschienen in deutsch (Stuttgart 1978).
Seifert, Th., Zur Aktualität der analytischen Psychologie C. G. Jungs. *Gruppendynamik*, Nr. 5 (1976).
Selvini-Palazzoli, M., Paradoxon und Gegenparadoxon (Stuttgart 1977).
Shaffer, J. B. P.; Galinsky, M. D., Models of group therapy and sensitivity training (Englewood Cliffs, New Jersey 1974).
Sherrill, R., Figure/ground: gestalt therapy/gestalt psychology. Relationships, with some neurological implications. Dissertation (The Union Graduates School 1974).
Sievers, B., Theorien und Methoden der Organisationsentwicklung in den USA. *Gruppendynamik*, Nr. 1 (1975).
Skinner, B. F., Beyond freedom and dignity (New York; deutsch 1971); Jenseits von Freiheit und Würde (Hamburg 1973).
–, Futurum Zwei (Hamburg 1972).
Slavson, S. R., Die historische Entwicklung der analytischen Gruppenpsychotherapie. In: *Preuss* Hg. (1972).
Smith, E. W. L., Hg., The growing edge of gestalt therapy (New York 1976).
Smith, P., Kleingruppen in Organisationen (Stuttgart 1976).
Solle, R., Der feldtheoretische Ansatz. Handbuch der Psychologie, 7. Bd., 1. Halbband (Göttingen 1969).
Speierer, G.-W., Einige Determinanten empirisch validierter Prozeßmerkmale der klientenzentrierten Selbsterfahrungsgruppe. *Gruppendynamik*, Nr. 4 (1975).
–, Dimensionen des Erlebens in Selbsterfahrungsgruppen (Göttingen 1976).
Sperber, M., Alfred Adler oder Das Elend der Psychologie (Wien 1970).
–, Individuum und Gemeinschaft (Stuttgart 1978).
–, Der freie Mensch (Zürich 1980).
–, Gespräche mit Manès Sperber am 5. und 6. August 1983 in Paris. Gesprächspartner: Schäfer, K.-H.; Walter, H.-J. P. *Gestalt Theory*, 6, 5–41 (1984).
Spitz, R. A., Die Entstehung der ersten Objektbeziehungen (Stuttgart 1973).
–, Vom Säugling zum Kleinkind (Stuttgart 1974).
–, Vom Dialog (Stuttgart 1976).
Spörli, S., Kritische Theorie diagnostischer Praxis – dargestellt am Beispiel Verkehrspsychologie (Bern 1978).
–, Rezension von Walter, H.-J. P.: Gestalttheorie und Psychotherapie. *Schweizer Zeitschrift für Psychologie*, 38, 170 (1979).

Stampfl, T. G.; Lewis, D. J., Implosive therapy. In: *Jurjevich*, Hg. (1974).
Steinert, H., Hg., Symbolische Interaktion (Stuttgart 1973).
Stevens, J.: Die Kunst der Wahrnehmung (München 1975).
Stierlin, H., Von der Psychoanalyse zur Familientherapie (Stuttgart 1975).
Straub, H. H., Vom Leiterverhalten abhängige Entwicklungsprozesse in Psychodrama-Gruppen. *Gruppendynamik*, Nr. 2 (1975).
Strotzka, H., Einführung in die Sozialpsychiatrie (Reinbeck 1965).
–, Hg., Psychotherapie heute und morgen (Wien 1983).
Süllwold, F., Theorie und Methodik der Einstellungsmessung. Handbuch der Psychologie, 7. Bd., 1. Halbband (Göttingen 1969).
Swildens, J., Einführende Betrachtungen zur „Client-centered Therapy". *Praxis der Psychotherapie*, 12, 197–205 (1967).
Szasz, T. S., Der Mythos von der seelischen Krankheit. In: *Keupp*, Hg. (1972).

Tack, W. H., Mathematische Modelle in der Sozialpsychologie. Handbuch der Psychologie, 7. Bd. 1. Halbband (Göttingen 1969).
Tausch, R., Gesprächspsychotherapie (Göttingen 1970).
–, Mein Rücktritt vom „wissenschaftlichen Beirat" und als „Ausbilder". GwG-Info. *Informationsblätter der Gesellschaft für wissenschaftliche Gesprächstherapie*, 25 (1976a).
–, Förderliche Dimensionen in zwischenmenschlichen Beziehungen: Prüfung der theoretischen Annahmen von Carl Rogers im Schulunterricht, Familienerziehung, Gesprächspsychotherapie und Encountergruppen, Referat, gehalten auf dem 30. Kongreß der „Deutschen Gesellschaft für Psychologie" vom 19.–23.9.1976; in: Kongreßbericht der „Deutschen Gesellschaft für Psychologie" (Hg. von *W. Tack*) (Göttingen 1977).
Teutsch, G. M., Lernziel Empathie. In: *Lück, H. E.*, Hg., Mitleid, Vertrauen, Verantwortung (Stuttgart 1977).
Teuwsen, E., Klientenzentrierte Selbsterfahrungsgruppen in der Studentenberatung. *Gruppendynamik*, Nr. 4 (1975).
Tholey, P., Zur Einzel- und Gruppenleistung unter eingeschränkten Kommunikationsbedingungen (Frankfurt/M. 1973).
–, Erkenntnistheoretische und systemtheoretische Grundlagen der Sensumotorik aus gestalttheoretischer Sicht. *Sportwissenschaft*, 10, 7–35 (1980).
–, Klarträume als Gegenstand empirischer Untersuchungen. *Gestalt Theory*, 2, 175–191 (1980).
–, Empirische Untersuchungen über Klarträume. *Gestalt Theory*, 3, 21–62 (1981).
–, Gestaltpsychologie. In: *Asanger, R.; Wenninger, G.*, Hg., Handwörterbuch der Psychologie (Weinheim 1982).
–, Gestalt Therapy Made-in-USA and Made-elsewhere. Bemerkungen zum Beitrag von Saner (1984). *Gestalt Theory*, 6, 171–174 (1984).
–, Haben Traumgestalten ein eigenes Bewußtsein? – Eine experimentell-phänomenologische Klartraumstudie. *Gestalt Theory*, 7 (1985).
Thomae, H., Das Problem der Konstanz und Variabilität der Eigenschaften. Handbuch der Psychologie, 4. Bd. (Göttingen 1960).
–, Zur allgemeinen Charakteristik des Motivationsgeschehens. Handbuch der Psychologie, 2. Bd. (Göttingen 1975).
–, Die Motivation menschlichen Handelns (Köln 1965).

Thomas, K., Praxis der Selbsthypnose des Autogenen Trainings (nach *I. H. Schultz*). Formelhafte Vorsatzbildung und Oberstufe (Stuttgart 1972).
Thorne, F. C., Conclusion, An eclectic evaluation of psychotherapeutic methods. In: *Jurjevich*, Hg. (1973).
Titze, B., Den Menschen verändern heißt seine Ziele ändern. *psychologie heute*, Heft 2 (1977).

Vansina, L. S., Organisationsentwicklung – quo vadis? *Gruppendynamik*, Nr. 2 (1976).
Varela, F., Die Biologie der Freiheit. Psychologie-Heute-Gespräch (Gesprächspartner: Rüdiger Runge; Rainer Kakuska). *psychologie heute*, Heft 9, 82–93 (1982).
Vogt, H., Kann das themenzentrierte interaktionelle System eine Methode emanzipatorischer Erwachsenenbildung sein? *Gruppendynamik*, Nr. 5 (1975).

Wagenschein, M., Gespräch mit Martin Wagenschein. Gesprächspartner: Horst Rumpf. *Neue Sammlung*, Nr. 6, 442–457 (1976).
Walter, H.-J. P., Die junge protestantische Gemeinde – Ziele und Vorstellungen. Frankfurter Kirchliches Jahrbuch (1970).
–, Der gestalttheoretische Ansatz in der Psychotherapie. In: *Guss*, Hg. (Darmstadt 1975).
–, Bedrohliche Schwarz-Weiß-Fiktionen. *psychologie heute*, Heft 7, 69–71 (1976).
–, Gestalt-Therapie, ein psychoanalytischer und gestalttheoretischer Ansatz. *Gruppendynamik*, Nr. 1 (1977).
–, Sozialarbeiter und Sozialpädagogen im Wechsel der humanwissenschaftlichen Paradigmen. In: *Guss, K.*, Hg., Gestalttheorie und Sozialarbeit (Darmstadt 1979).
–, Was haben Gestalt-Therapie und Gestalttheorie miteinander zu tun? *Gestalt Theory*, 6, 55–69 (1984).
–, Gestalttheorie als klinisch-psychologische Theorie der Selbstorganisation. *Gestalt Theory* 7, Heft 4 (1985).
–; *Heimburger, E.*, Gruppendynamik in Eigeninitiative – ein Selbsthilfemodell. In: *Sbandi, P.; Vogl, A.*, Hg., Kommunikation und Gruppe in psychischer Gesundheit und Krankheit (München 1978).
–; *Walter, I.*, Die Klinische Psychologie muß Gestalt annehmen. *psychologie heute*, Heft 6, 45–53 (1979).
Watson, J. B., Psychische Erziehung im frühen Kindesalter (Leipzig 1928).
–, Behaviorismus (Köln 1968).
Watzlawick, P.; Beavin, J. H.; Jackson, D. D., Menschliche Kommunikation (Bern 1969).
Wechsler, D., Die Messung der Intelligenz Erwachsener. Textband zum Hamburg-Wechsler-Intelligenztest für Erwachsene (HAWIE) (Bern 1964).
Weiner, H. B.; Knepler, A. F., Rollentheorie und Rollenspiel. In: *Petzold*, Hg. (1972).
Weinhandl, F., Gestalthaftes Sehen. Ergebnisse und Aufgaben der Morphologie. Zum 100jährigen Geburtstag von Christian von Ehrenfels (Darmstadt 1974).

Weitbrecht, H.-J., Psychiatrie im Grundriß (Heidelberg–Berlin–New York 1968).
Wellek, A., Die Polarität im Aufbau des Charakters. System der konkreten Charakterkunde (Bern/München 1966).
Wertheimer, M., Drei Abhandlungen zur Gestalttheorie (Darmstadt 1967).
–, Produktives Denken (Frankfurt 1964).
Wexberg, E., Individualpsychologie (Leipzig 1928).
Wexler, D. A., A theory of experience, selfactualization, and therapeutic process. In: *Wexler/Rice*, Hg. (1974).
–; *Rice, N. L.*, Innovations in client-centered therapy (Chichester 1974).
Whitmont, E. C.; Kaufmann, Y., Analytical psychology and gestalt therapy. In: *Smith, Edward W. L.*, Hg., The growing edge of gestalt therapy (New York 1976).
Wohlford, P. F., Determinants of extension of personal time. Zusammenfassung in den Diss. Abstr. (1964).

Yablonsky, L., Synanon (Stuttgart 1975).
–, Psychodrama. Die Lösung emotionaler Probleme durch das Rollenspiel (Stuttgart 1978).
Yontef, G. M., Gestalt Therapy: Its Inheritance from Gestalt Psychologie. *Gestalt Theory*, 4, 23–39 (1982).

Zand, D. E., Vertrauen und Problemlösungsverhalten von Managern. *Gruppendynamik*, Nr. 5 (1973).
Zeigarnik, B., Über das Behalten von erledigten und unerledigten Handlungen. *Psychol. Fo.*, 9, 1–85 (1927).
Zöller, W., Simulierung einer buntfarbigen Beleuchtung. Ein Beitrag zum Problem der Farbkonstanz. *Psychologische Beiträge*, 19, 463–486 (1977).
–, Tastentelefon contra Taschenrechner – einige Bemerkungen über bevorzugte Abfolgen. *Psychologie und Praxis*, 22, 132–141 (1978).

Namenverzeichnis

Sachverzeichnis

Über dieses Buch

Hans-Jürgen Walter stellt mit dem vorliegenden Buch einen Ansatz vor, der seine Wurzeln in der Tradition einer der bedeutendsten psychologischen Richtungen – der Gestalttheorie der Berliner Schule – hat; er wagt einen neuen (meiner Meinung nach allerdings längst fälligen) Schritt, indem er die Befunde und grundlegenden Auffassungen dieser Schule für die psychotherapeutische Praxis fruchtbar macht. Dabei ist hervorzuheben, daß die verarbeitete Literatur sowohl eine Art historischen Abriß themeneinschlägiger Entwicklungen in der Psychologie repräsentiert, als auch einen ungewöhnlich engen Kontakt zu allerneuesten Gedankengängen im Problembereich demonstriert. Bemerkenswert ist auch die Spannweite der Ansätze, die in die Diskussion einbezogen werden: Sie umfaßt relevante experimentell-psychologische Einzeluntersuchungen und der Gestalttheorie verwandte Auffassungen (*Piaget, Bühler, Wexler, Pagès, Rogers, Cohn* usw.) bis hin zu Thesen von *Bloch* oder Ansätzen der Frankfurter „Kritischen Schule".
Die ersten Teile der *Walter*schen Arbeit stellen mit eigener Strukturierung und Akzentuierung ältere und neuere experimentelle Befunde der gestalttheoretisch orientierten Wahrnehmungs-, Gedächtnis- und Denkpsychologie dar. In einem integrierten Gedankengang werden die Untersuchungen zur Handlungs- und Affektpsychologie und die im engeren Sinne sozialpsychologischen Untersuchungen der älteren und neueren Lewin-Schule einbezogen. Ein weiterer wichtiger Schritt gelingt dadurch, daß die im allgemeinen Verständnis vielfach vorwiegend sozialpsychologisch interpretierten Erörterungen von *Lewin* im Zusammenhang mit dem Konstrukt „Lebensraum" auch unter persönlichkeitstheoretischer Akzentuierung betrachtet und so die in diese Richtung weisenden Gedanken von *Lewin* systematisch zusammengestellt und damit auch weitergeführt werden.
Walter setzt sich schon bei der Diskussion der frühen Ansätze der Gestalttheorie entschieden von den mehr oder weniger explizit formulierten Grundannahmen des Atomismus, der Reflexologie und des Behaviorismus („Beliebigkeitsannahme", „Konstanzannahme", „Grundsatz der natürlichen Unordnung" – vgl. *W. Metzger*, Darmstadt 1963 –) ab. Er sieht sich in dieser kritischen Position durch die neueren Befunde und theoretischen Stellungnahmen des ursprünglich „verhaltenstheoretisch" orientierten *A. Bandura* bestätigt, dessen Untersuchungen ungefähr ab 1970 ihn 1974 zu einem vielbeachteten Vortrag vor der *American Psychological Association* führten, in dem er sich ebenfalls von entscheidenden Grundannahmen der „Verhaltenstheoretiker" distanziert (deutsch: Lernen am Modell, Stuttgart 1976). Von da aus ergibt sich vom grundsätzlich Theoreti-

schen her gesehen auch eine kritische Distanz zur Verhaltenstherapie, die ja aufgrund ihrer Ableitung aus der Lernpsychologie angelsächsischer Prägung letztlich auf den oben angegebenen (zumindest impliziten) Grundannahmen fußt. Eine pragmatische Einbeziehung verhaltenstherapeutischer Techniken in Therapieprogramme wird jedoch ausdrücklich akzeptiert und begründet. Überhaupt gehen die Intentionen des Autors bei aller Entschiedenheit in der Formulierung des eigenen theoretischen Standpunkts durchaus in Richtung auf eine konstruktive Integration der verschiedenen psychologischen Ansätze, keinesfalls in Richtung auf eine sektiererische Abkapselung im Rahmen einer bestimmten Schulmeinung.

Eine sehr wichtige Rolle für die weiterführenden Gedankengänge *Walter*s spielt *Wolfgang Metzger*s Werk „Schöpferische Freiheit" (Frankfurt 1962). Wie *Metzger* dort und an anderer Stelle die erziehungswissenschaftliche Bedeutung eines Menschenbildes, das sich an den gestalttheoretischen Grundannahmen orientiert, herausarbeitet, so stellt *Walter* die Therapiesituation als einen Ort „schöpferischer Freiheit" dar, wo Prozesse stattfinden können, die in anderen Situationen für einen Menschen aufgrund von Sach- und vor allem sozialen Zwängen nicht möglich waren oder sind. Von dieser theoretischen Position aus werden konkrete Regeln für therapeutisches Handeln abgeleitet. Damit setzt sich *Walter* von einem „medizinischen" Modell der Psychotherapie zugunsten eines „erzieherischen" Modells ab – vgl. auch schon *Walter,* 1975, in *Guss,* Hrsg.: „Gestalttheorie und Erziehung" (Darmstadt 1975). Wenn *Walter* in diesem Zusammenhang z. T. in Anlehnung an *Metzger* gelegentlich an fernöstliches Gedankengut anknüpft, ergibt sich natürlich eine Sprechweise, die vom Standpunkt einer auf experimentelle Verfahren festgelegten Psychologie fremd anmutet. Man wird aber zu respektieren haben, daß es psychologische Prozesse gibt, deren „Operationalisierung" z. Zt. auf den Rückgriff auf „Fabeln" angewiesen ist, um prinzipielle Möglichkeiten deutlich zu machen, weil die „exakte" Psychologie derartige Prozesse (noch) nicht faßbar machen kann.

An dieser Stelle sei ein methodologischer Exkurs erlaubt, der wegen der gebotenen Kürze notwendigerweise pointiert und damit vergröbernd ausfallen muß: Nach einer Phase der rapiden (und erfreulichen) Entwicklung exakter empirischer und im engeren Sinne experimenteller Verfahrensweisen in der Psychologie und verwandten Wissenschaftsbereichen (Zeitraum etwa 1940 bis 1960), die mit einer zunehmenden Tendenz zur Quantifizierung und Formalisierung einherging, wird ein deutliches Unbehagen gegenüber dem Absolutheitsanspruch dieses „methodischen Paradigmas" spürbar. In prägnanter Weise artikuliert dies z. B. schon recht früh *M. B. Smith,* der in seinem Editorial zu Band 63 der bedeutenden amerikanischen Fachzeitschrift „*Journal of Abnormal and Social Psychology*" aufgrund seiner langjährigen Erfahrungen bei der Sichtung der eingehenden Arbeiten erklärt (1961, a.a.O., S. 462): "There are occasions, when I have the unpleasant fantasy that psychology has become so enamoured of method, that techniques become our independent variables and our substantive problems only dependent ones" (zitiert nach *Holzkamp*, „Kritische Psychologie", 1972, S. 11).

Eine solche Skepsis gegenüber dem Primat ganz bestimmter Methoden und dem (naiven) Glauben an ihre unbeschränkte Leistungsfähigkeit wird in den letzten Jahren nicht nur in den Einzelwissenschaften, sondern auch im Rahmen allgemeinerer wissenschaftstheoretischer Ansätze zunehmend diskutiert. So glaubt *Holzkamp* (in: „Kritische Psychologie", Frankfurt 1972) einen „Rückzug der modernen Wissenschaftslehre" konstatieren zu können. *Thomas S. Kuhn* ("The structure of Scientific Revolution", 1962; deutsch: Frankfurt 1967, 1976[2]) verwendet bei der Beschreibung des Fortschritts der Wissenschaften das Konzept des „Paradigmas" als einer „selbstverständlichen" Übereinkunft einer bestimmten Gruppe von Wissenschaftlern zu einer bestimmten Zeit, über Methoden und theoretische Leitlinien, die den Rahmen abstecken, innerhalb dessen sich konkretes wissenschaftliches Arbeiten zu vollziehen hat. Damit ist zwar einerseits eine Einengung verbunden, aufgrund dessen jedoch andererseits eine Möglichkeit zur Konzentration und Vertiefung, die sonst nicht gegeben wäre. Funktioniert die aus einem bestimmten Paradigma sich ableitende Forschung nicht mehr zufriedenstellend (wird also das in einem gewissen Zeitraum anschaulich konstante Paradigma anschaulich variabilisiert – um diese in fast allen Bereichen menschlicher Kognition unerhört fruchtbaren und viel zu wenig beachteten, von *E. Rausch* inaugurierten Kategorien anzuwenden –), kann als Regulierungsprinzip der Wissenschaft ein Paradigmawechsel eintreten.

Paul Feyerabend fordert in seinem im letzten Jahr in wissenschaftstheoretisch interessierten Kreisen sehr intensiv diskutierten Buch „Wider den Methodenzwang" (Frankfurt 1976) einen solchen (methodologischen) Paradigmawechsel radikal und generell: „Der einzige Grundatz, der den Fortschritt nicht behindert, lautet: Anything goes (Mach, was Du willst)" (a.a.O. S. 35).

Wie man auch als Wissenschaftler zu einer derartig generellen und radikalen Forderung stehen mag, die Tatsache, daß sie in dieser Radikalität formuliert und in dieser Formulierung keineswegs übergangen wurde, scheint mir ein (weiterer) Beleg für eine mit einem Gefühl des „Unbehagens" einhergehende „Aufweichung" des Charakters der anschaulichen Konstanz bestimmter Aspekte wissenschaftlicher Paradigmen zu sein. In der Terminologie von *Kuhn* (a.a.O.) wird ein derartiges Phänomen „Paradigma-Krise" genannt. *Kuhn* zieht übrigens bezeichnenderweise zur Illustration dieses Phänomens das Beispiel der „Kippfiguren" in der optischen Wahrnehmung heran. – Man kann den Eindruck gewinnen, daß gerade in der Psychologie das Unbehagen gegenüber einem allzu „empiristischen" Paradigma in den letzten Jahren besonders deutlich wurde. In diesem Zusammenhang wären etwa *Holzkamps* kritische Äußerungen gegenüber einer allzu starken Zentrierung psychologischer Forschung auf den „Bestätigungsgrad von Hypothesen" und einer Vernachlässigung von Relevanzaspekten zu interpretieren, ebenso bestimmte Akzente der Diskussionen auf dem Kongreß für „Kritische Psychologie" im Frühjahr 1977. U.a. vor diesem Hintergrund ist das vorliegende Buch von *Walter* zu sehen. Allerdings nutzt der Autor den (vielleicht dubiosen) Spielraum der radikalen *Feyerabend*schen Forderung keineswegs aus, sondern bleibt durchaus innerhalb des Rahmens einer sich als empirische Wissenschaft verstehenden Psychologie. Wenn seine Arbeit auch nicht auf eigenen *systematisch*-empirischen Untersuchungen fußt, wird die „Erfahrungsbasis" des praktisch tätigen Therapeuten bei der Diskussion der Literaturquellen ebenso deutlich wie die Vertrautheit mit experimentellen Vorgehensweisen in der Psychologie, deren Ergebnisse er als Basis seiner Überlegungen sieht. *Walter* nimmt sich lediglich die „schöpferische Freiheit", die Befunde dieser Forschungen in Form heuristischer Analogien in einen Bereich zu extrapolieren, in dem die unmittelbare experimentelle Verifikation einen enormen Aufwand erfordern würde. Wenn man auch in der Psychologie die experimentelle Verifikation zwar nicht als anschauliche Konstante, aber als eine – im gestalttheoretischen Sinne – „ausgezeichnete" Variante wissenschaftlichen Vorgehens ansieht, wären derartige experimentelle bzw. systematisch empirische Verifikationen trotz der mit Sicherheit auftretenden Schwierigkeiten auf längere Sicht gesehen anzustreben. – Ferner wäre es sicher interessant, wenn das Verhältnis der Gestalttheorie zu den psychotherapeutischen Strömungen der Gegenwart in folgenden Untersuchungen noch systematischer behandelt würde als im vorliegenden Text, mit dem der Autor zunächst versuchen mußte, auf beschränktem Raum eine bestimmte Konzeption darzustellen.

Unabhängig davon läßt sich zum vorliegenden Buch sagen: Es vollzieht einen wichtigen Schritt in die Richtung, einer schon recht systematisch ausgebauten therapeutischen Anwendung der Lerntheorie ein psychotherapeutisches Modell gestaltpsychologischer Provenienz gegenüberzustellen, das auf experimentell abgesicherten Befunden basiert. Es ist zu hoffen, daß dadurch konstruktive Diskussionen und Weiterentwicklungen ausgelöst werden.

Darmstadt, im Juli 1977 — Prof. Dr. *Friedrich Hoeth*

Über den Verfasser

Hans-Jürgen P. Walter, Dr. phil., Dipl.-Psych., Klin. Psych. BDP, Psychotherapeut, geb. 25.3.1944 in Weisenhausen, Kreis Biedenkopf/Lahn. Von 1965–1971 Studium der Psychologie, zunächst auch der Germanistik, in Marburg und Frankfurt; 1977 Promotion in Darmstadt (*Thema der Diss.:* Die Gestalttheorie als wissenschaftliche Grundlage psychotherapeutischer Praxis und ihre Beziehung zu psychotherapeutischen Ansätzen der Gegenwart).

Von 1971–1973 Psychotherapeut und stellvertretender Leiter in einer Heilstätte für suchtkranke Männer/drogenabhängige Jugendliche; seitdem freiberuflich als Psychotherapeut und Supervisor tätig; von 1973–1979 verantwortlicher Redakteur der Zeitschrift „Gruppendynamik" und Lektor für Sozialpsychologie und Psychotherapie im Verlag Klett-Cotta, Stuttgart; seit 1980 niedergelassener Psychotherapeut in D-35216 Biedenkopf/Lahn und in A-3012 Wolfsgraben.

Seit 1977 ordentliches Mitglied der „Sektion Gruppendynamik" im „Deutschen Arbeitskreis für Gruppenpsychotherapie und Gruppendynamik e.V." (DAG); Mitbegründer und seit 1991 Erster Vorsitzender der „Gesellschaft für Gestalttheorie und ihre Anwendungen e.V." (GTA; gegründet 1978); Mitherausgeber (von 1979–1981 und seit 1992 wieder geschäftsführender Herausgeber) der Zeitschrift „Gestalt Theorie. An International Multidisciplinary Journal".

Nach Weiterbildungen in verschiedenen Psychotherapierichtungen (Klientenzentrierte Gesprächspsychotherapie, Psychoanalyse, Psychodrama, TZI) und einer gestalt-therapeutischen Ausbildung am Fritz-Perls-Institut e.V. (FPI), Düsseldorf, Lehrtätigkeit in Deutschland und Österreich u.a. als Lehrbeauftragter des FPI für Gestalt-Therapie (1975–1979), als Lehrtherapeut für Gestalt-Therapie im österreichischen „Arbeitskreis für Sozialpsychologie und Gruppendynamik" (asg), als Gastdozent am C. G. Jung-Institut Stuttgart e.V. (1976/77) und am Alfred Adler-Institut der „Deutschen Gesellschaft für Individualpsychologie e.V." (1978/1981), als Lektor am Psychologischen Institut der Universität Wien für Gestalttheoretische Psychotherapie (1986–1993), vor allem aber (seit 1979) als Lehrtherapeut in der GTA-Sektion Psychotherapie für Gestalttheoretische Psychotherapie, die im Januar 1994 als methodenspezifische Ausrichtung im Rahmen des österreichischen Psychotherapiegesetzes staatlich anerkannt wurde (zugleich wurde auch die „Österreichische Arbeitsgemeinschaft für Gestalttheoretische Psychotherapie" – ÖAGP – als psychotherapeutische Ausbildungseinrichtung staatlich anerkannt).

Veröffentlichungen: Zahlreiche Buch- und Zeitschriftenbeiträge zu Fragen organisationspsychologischer, gruppendynamischer und insbesondere psychotherapeutischer (Erkenntnis-)Theorie und Praxis.

GPSR Compliance

The European Union's (EU) General Product Safety Regulation (GPSR) is a set of rules that requires consumer products to be safe and our obligations to ensure this.

If you have any concerns about our products, you can contact us on ProductSafety@springernature.com

In case Publisher is established outside the EU, the EU authorized representative is:

Springer Nature Customer Service Center GmbH
Europaplatz 3
69115 Heidelberg, Germany

Batch number: 10809466

Printed by Printforce, the Netherlands